文化旅游项目策划与管理

靳 斌 王孟璟 著

中国国际广播出版社

图书在版编目（CIP）数据

文化旅游项目策划与管理/靳斌，王孟璟著.—北京：中国国际广播出版社，2022.11（2025.1重印）
ISBN 978-7-5078-5250-9

Ⅰ.①文…　Ⅱ.①靳…②王…　Ⅲ.①旅游市场－营销策划－高等学校－教材　Ⅳ.①F590.82

中国版本图书馆CIP数据核字（2022）第197976号

文化旅游项目策划与管理

著　　者	靳　斌　王孟璟
责任编辑	梁　媛
校　　对	张　娜
版式设计	邢秀娟
封面设计	赵冰波
出版发行	中国国际广播出版社有限公司［010-89508207（传真）］
社　　址	北京市丰台区榴乡路88号石榴中心1号楼2001 邮编：100079
印　　刷	天津市新科印刷有限公司
开　　本	710×1000　1/16
字　　数	420千字
印　　张	29.5
版　　次	2023 年 4 月　北京第一版
印　　次	2025 年 1 月　第二次印刷
定　　价	78.00 元

目　录

第一章　文化旅游融合概述

第一节　文化发展概述

一、文化的概念与内涵

（一）文化的词源

1. 中国词源

“文化”一词作为中国的传统词源，它的含义经历多番演变。在早期中国典籍中，“文”与“化”是独立的，“文”即文字，又指“文章”“文采”；“化”字则具有“改变、化生、造化”等含义。最初将“文”与“化”二字联系起来的是《周易·贲卦·彖传》，其中写道：“观乎天文，以察时变；观乎人文，以化成天下。”这里的“天文”有自然规律之意，“人文”则指人伦社会规范，所谓“化成天下”含有教化天下人之意。“文化”一词开始正式出现于文献中是在汉代，刘向的《说苑·指武》中写道：“凡武之兴，为不服也；文化不改，然后加诛。”这里的“文化”与“武力”相对应，具有“文治教化”之意。在中国古代其他文献中，例如《周易》、《吕氏春秋》、《史记》和《文心雕龙》等，都有许多关于文化现象的观察和文化含义的思索。近代中国人所讲述的“文化”，19世纪末自日文转译过来，它的内涵包括加工、修养、教育、礼貌及文化程度等多重意义。

2. 西方词源

在英文与法文中，目前与中文“文化”含义相近一词为“culture”。“culture”源于拉丁文“colere”，含有耕种、居住、练习、留心、注意和敬神等多种含义。如今一些英文单词如agriculture（农业）、deep culture（深耕）、horticulture（园艺）中就可见其最初具有“耕作与作物培育、养殖”等意义。因此，“culture”被用来意指经过人们对田园的耕作，将原始的荒野变为稼禾繁茂的田园，也象征着人类文化生活的开始与演变。可见，西方文化含义的深化，源于人类的物质生产活动逐渐引向精神领域的。由此，“culture”的外延逐渐扩大，内涵也逐渐丰富起来，渐渐接近了它的近代意义。

19世纪中叶，人类学、社会学、民族学等新兴人文学科在西方兴起，文化的概念也随之发生了变化，开始具有现代意义，并成为这些新兴学科的重要术语。最先把文化作为专门术语使用的是英国“人类学之父”——爱德华·伯内特·泰勒（1832—1917），他在1871年出版的《原始文化》一书中，把文化定义为：“最广泛民族意义上的综合性体系。主要包括知识、艺术、道德、信仰、法律、习俗以及作为社会成员的人所学到的其他能力和习惯。”自此以后，西方学者为“文化”下了诸多定义，从不同的角度、不同的层面给文化做了界定，在定义中普遍包括了“文化是人所创造的一切物质价值和精神价值的总和”的观点。

（二）文化的定义

文化的含义随着时代的发展在不断地变化，由于外延的不确定性，“文化”一词的概念也存在不同界定。对于文化的定义，我国学界一直进行着相关讨论。季羡林先生将文化分为两类：狭义的文化和广义的文化。狭义的文化指的是哲学、宗教、文学、艺术、政治、经济、伦理、道德等；广义的文化则指精神文明和物质文明所创造的一切东西。[①]梁漱溟认为中国人把文化的重点放在人伦关系上，解决人与人之间怎样相处；[②]《辞海》中

① 季羡林. 中国文化的内涵［J］. 党建文汇：上半月，2015(3)：34.

② 梁漱溟. 中国文化要义［M］. 上海：上海人民出版社，2011.

则将文化定义为一种历史现象，每一个社会都有与其相适应的文化，并随着社会物质生产的发展而发展，作为意识形态的文化，是一定社会的政治和经济的反映，又反作用于一定社会的政治和经济。

本书对文化的定义从狭义与广义两方面进行了归纳，在区别广义与狭义的文化同时，突出了历史性、社会性、民族性与阶级性。[①]从广义来说，指人类在社会实践过程中所创造的物质财富和精神财富的总和；从狭义来说，指社会的意识形态，以及与之相适应的制度和组织机构。纵观文化的发展与演变，文化的含义有广义和狭义两种。

1. 广义的文化

广义的文化又称“大文化”，重点在于人和自然的本质区分，它认为凡人类有意识地作用于自然界与人类社会的一切活动及其结果，都属于文化[②]。总之，广义的文化泛指人类在长期的历史发展过程中创造和形成的语言文字、性格特征、社会心理、传统道德、生活方式、思维模式及社会生产力水平等物质和精神要素及其相互作用的结果与表现。

2. 狭义的文化

狭义的文化，主要是排除广义文化概念中有关物质性的部分，将文化限定在人类精神创造活动及其结果层面，指人类创造的精神文明成果，包括文字、文学、思想、学术和教育等精神领域。狭义的文化相当于广义文化中的精神财富。

二、文化的特征与功能

（一）文化的特征

1. 普同性与多样性

文化的普同性表现为不同制度社会下文化形式的共同元素，不同民族的意识和行为往往具有共同的文化样式。

① 陈华文. 文化学概论新编［M］. 北京：首都经济贸易大学出版社，2009.

② 张宏梅，赵忠仲. 文化旅游产业概论［M］. 合肥：中国科学技术大学出版社，2015.

另外，不同的自然、历史和社会条件，形成了不同的文化种类和文化模式，使文化的形成发展呈现出多样性的特征。个人、民族、国家都会根据外界环境而形成自身特色的文化样式，且相互之间不可替代，是全人类的共同财富。

2.民族性与时代性

文化来源于民族，根植于民族，与民族的发展相生相伴。文化是表现民族特性的重要方式之一，在民族长期历史发展过程中自然创造和发展起来，内涵形式极其丰富。一个民族的社会发展程度越高、生产力水平越强、发展历史越长，文化精神往往越加丰富，民族性也越加突出与鲜明。

人类的文明具有鲜明的时代性特征，每个时代都有典型的文化代表，时代的更迭导致文化类型的变异，新的类型取代旧的类型。如以生产力和科技水平为标志的石器时代的文化、青铜器时代的文化、铁器时代的文化、蒸汽机时代的文化、电力时代的文化和信息时代的文化等，都是文化具有时代性的标志。

3.继承性与发展性

继承性是文化发展的基础，是文化连绵不绝的重要条件。在文化发展的进程中，每一个新的阶段在否定前一个阶段的同时，必须吸收它的进步内容，以及人类此前所取得的全部优秀成果。

同时，文化也是在继承中发展的。在19世纪，进化人类学认为人类文化是由低级向高级、由简单到复杂不断进化的①。从早期的茹毛饮血到今天的时尚盛会，从早期的刀耕火种到今天的数字化、人工智能，都是文化发展的结晶。以马林诺夫斯基为代表的功能学派认为，文化发展的过程就是文化变迁，文化变迁是现存的社会秩序，包括它的组织、信仰、知识以及工具和消费者的目的，或多或少地发生改变的过程。总的来说，文化稳定是相对的，变化发展是绝对的。

---

① 吕斌.文化进化导论［M］.上海：学林出版社，1994.

（二）文化的功能

《文化学引论》中将文化的功能总结为以下几种：满足需要的功能、认识的功能、规范的功能、凝聚的功能。[①]本书从社会、国家以及个人三个层面对文化的功能进行了总结与归纳。

1. 文化的社会功能

文化作为精神力量，能够在人们认识世界、改造世界的过程中转化为物质力量，对社会发展有着重要的影响，这种影响对个体的命运、民族的兴衰以及国家的历史都十分深刻。先进的文化对社会发展产生巨大的促进作用，而反动的、腐朽没落的文化则对社会的发展起着巨大的阻碍作用。

2. 文化的国家功能

当今世界，各国之间综合国力的竞争日趋激烈。文化在综合国力竞争中的地位和作用越来越突出。文化的力量，深深熔铸在民族的生命力、创造力和凝聚力之中，成为综合国力的重要标志。

3. 文化的人本功能

（1）优秀文化能丰富人类的精神世界。

人类创造了文化，文化也在塑造着人类，文化是人类高级智慧的体现，优秀文化能够丰富人类的精神世界，改变人类的实践活动、认识活动和思维方式，积极参加健康有益的文化活动是培养健全人格的重要途径。

（2）优秀文化能增强人的精神力量。

优秀的文化作品，总能以其特有的感染力和感召力，使人深受震撼、力量倍增，使人得到精神上的愉悦、情操上的陶冶，提高人的审美水平和道德素养。而由此产生的精神力量，往往历久不衰，激励人们不断创造美好幸福的生活。

（3）优秀文化能促进人的全面发展。

一个人的全面发展，表现在他的思想道德素质、科学文化素质和健康

---

① 杨镜江. 文化学引论［M］. 北京：北京师范大学出版社，1992.

素质等方面得到全面提高。优秀文化能为人的健康成长提供不可缺少的精神食粮，对促进人的全面发展起着不可替代的作用。随着物质生活需要逐步得到满足，优秀文化对促进人的全面发展的作用日益突出。

三、文化产业概念与分类

（一）文化产业的概念

“文化产业”一词产生于20世纪初，最早出现在西方马克思主义法兰克福学派代表人物霍克海姆和阿多诺合著的《启蒙辩证法》一书中，英文为“culture industry”，汉语可以译为“文化工业”或“文化产业”。文化产业作为一种特殊的文化和经济形态，不同社会组织对文化产业的定义也不尽相同。①

联合国教科文组织对文化产业进行了界定：文化产业就是按照工业标准，生产、再生产、储存以及分配文化产品和服务的一系列活动。从文化产品的工业标准化生产、流通、分配、消费的角度进行界定。

在美国，文化相关产业被称为“版权产业”，主要从文化产品具有知识产权的角度进行界定。日本政府则认为凡是与文化相关联的产业都属于文化产业，统称为“内容产业”，除传统的演出、展览、新闻出版社外，还包括休闲娱乐、广播电视、体育、旅游等，具有更强大内容的精神属性。英国则将“创意产业”界定为“源自个人创意、技巧及才华，通过知识产权的开发和运用，具有创造财富和就业潜力的行业”。我国文化和旅游部在《文化及相关产业分类（2018）》中对文化产业的界定是：“本分类规定的文化及相关产业是指为社会公众提供文化产品和文化相关产品的生产活动的集合。”②

尽管世界各国对文化产业从不同角度进行不同的定义，但文化产品精

① 李思屈，李涛.文化产业概论：第3版［M］.杭州：浙江大学出版社，2014.

② 国家统计局.文化及相关产业分类（2018）［EB/OL］.（2018-04-02）. http://www.stats.gov.cn/xxgk/tjbz/gjtjbz/201805/t20180509_1758925.html.

神性、娱乐性的特征不变，因此，将文化产业的定义总结为“文化产业是具有精神性、娱乐性的文化产品的生产、流通、消费活动”[①]。

（二）文化产业的分类

文化产业作为一种特殊的文化形态和特殊的经济形态，对人们把握文化产业的规定性有很大影响，因此站在不同的角度看文化产业，会有不同的理解，这就决定了对文化产业概念进行分类的难度。由于文化背景不同和行业分类指标体系的差异，人们会对文化产业内涵产生不同的理解和认识，因而会出现诸多不同的分类表述。按照国际上普遍采纳的三次产业分类方法，文化产业属于第三产业。但实际上，文化产业已经向第一产业和第二产业延伸，且有横跨一、二、三产业的趋势，文化产业与其他产业结合或从其他产业分离出来的现象将会越来越普遍。[②]

文化产业含义广泛、内容相互交叉，开放性很强，在分类时需要综合实际情况进行科学的划分与管理。国际标准产业分类中关于文化产业的统计范围包括文化内容发展、文化产品制造、文化内容的翻译与传播以及文化交流。除国际划分标准外，很多国家对文化相关产业分类都有明确的标准。

如美国的版权产业各部分都散见于美国产业分类的系统之中。SIC（Standard Industrial Classification，标准产业分类）分类是美国1940年启用的分类标准，根据该标准，美国可列入文化产业的有娱乐业与电子传媒业、印刷业与出版业、旅行与旅游产业。德国则把文化产业定义为“文化与创意经济（Kultur-und Kreativwirtschaft）”，主要涵盖音乐经济、图书市场、文化艺术市场、电影经济、广播电视业、设计业、建筑业、新闻出版、表演艺术市场、广告市场、软件与电子游戏产业等11个核心领域或分

---

① 李思屈，李涛. 文化产业概论：第3版［M］. 杭州：浙江大学出版社，2014.

② 张海燕，王忠云. 旅游产业与文化产业融合发展研究［J］. 资源开发与市场，2010（4）：322-326.

市场[①]。

我国文化产业相对于其他国家起步较晚，但是发展速度较快，理论体系也逐渐完善。2018年，国家统计局发布《文化及相关产业分类（2018）》[②]，这次的新标准以《国民经济行业分类》为基础，对《文化及相关产业分类（2012）》进行修订，在文化产业原有的定义、分类原则保持不变的基础上，新增了符合文化及相关产业定义的活动小类，重点是调整了分类方法和类别结构。将原来的大类由10个修订为9个、中类由50个修订为43个，小类由120个修订为146个（见表1-1）。

表1-1 《文化及相关产业分类（2018）》

代码			类别名称
大类	中类	小类（略）	
			文化核心领域
01			新闻信息服务
	011		新闻服务
	012		报纸信息服务
	013		广播电视信息服务
	014		互联网信息服务
02			内容创作生产
	021		出版服务
	022		广播影视节目制作
	023		创作表演服务
	024		数字内容服务
	025		内容保存服务

① 驻德国经商处.德国文化产业简介［EB/OL］.（2010-10-08）. http://de.mofcom.gov.cn/article/ztdy/201011/20101107267529.shtml.

② 国家统计局.文化及相关产业分类（2018）［EB/OL］.（2018-04-02）. http://www.stats.gov.cn/xxgk/tjbz/gjtjbz/201805/t20180509_1758925.html.

续表

代码			类别名称
大类	中类	小类（略）	
02	026		工艺美术品制造
	027		艺术陶瓷制造
03			创意设计服务
	031		广告服务
	032		设计服务
04			文化传播渠道
	041		出版物发行
	042		广播电视节目传输
	043		广播影视发行放映
	044		艺术表演
	045		互联网文化娱乐平台
	046		艺术品拍卖及代理
	047		工艺美术品销售
05			文化投资运营
	051		投资与资产管理
	052		运营管理
06			文化娱乐休闲服务
	061		娱乐服务
	062		景区游览服务
	063		休闲观光游览服务
			文化相关领域
07			文化辅助生产和中介服务
	071		文化辅助用品制造

续表

代码			类别名称
大类	中类	小类（略）	
07	072		印刷复制服务
	073		版权服务
	074		会议展览服务
	075		文化经纪代理服务
	076		文化设备（用品）出租服务
	077		文化科研培训服务
08			文化装备生产
	081		印刷设备制造
	082		广播电视电影设备制造及销售
	083		摄录设备制造及销售
	084		演艺设备制造及销售
	085		游乐游艺设备制造
	086		乐器制造及销售
09			文化消费终端生产
	091		文具制造及销售
	092		笔墨制造
	093		玩具制造
	094		节庆用品制造
	095		信息服务终端制造及销售

四、文化产业的属性与特征

文化产业作为按工业化标准进行的文化生产、流通和消费的现象，一方面具有商品生产的一般属性，同时又由于文化本身的特殊性，使文化产业具有了普通产品不具有的精神性、娱乐性和依附性。[①]

（一）产品的精神性

文化产业的特殊性，首先表现在其产品的精神性，是人类的精神构成了产品的精神内核。文化产品虽然具有一定的实物形态，但形式只是承载其精神内容的载体，精神生产才是文化产业的核心与价值。文化产品的精神性的特征使其具有意识形态特征，在发挥商品功能的同时也不可避免地发挥着意识形态的功能。

（二）消费的娱乐性

在消费的形式上，文化产业提供的价值主要是大众娱乐功能，我们把文化产业这种特性称为消费的娱乐性。人们消费文化产品的主要和直接原因，就在于它具有娱乐功能。文化产品的精神性，使人们在文化消费的时候能得到教育价值、认识价值和娱乐价值，但对于一般大众文化消费者而言，娱乐价值是文化产品价值的主要价值和基础价值，其他两种价值都是以娱乐价值为基础，并通过娱乐价值起作用。如果没有娱乐价值，文化产品的教育意义再大，也难以发挥广泛影响。因此，人们的喜闻乐见，就成为文化产品的重要要求和价值判断标准。

（三）产品的依附性

产品的依附性，是指相对于其他产业而言，文化产业对物质生产力水平和政策、制度环境有着更大的附属性和依赖性。首先，文化产业的发展高度依赖生产力发展水平。文化产品是精神产品，是物质生活得到满足后才会出现的高级精神需求，文化产业属于第三产业，只有在一定的社会生产力发展水平的基础上才有可能进一步发展，形成具有一定支付能力的市场基础。其次，文化产业的高度发展依赖于政策、制度环境。当文化产业的发展顺应了国家的政策制度环境时，就能得到快速发展；而当其与一定的政策制度环境不相适应时，发展就会减缓，甚至停滞。

---

① 李思屈，李涛. 文化产业概论：第3版［M］. 杭州：浙江大学出版社，2014.

第二节 旅游发展概述

一、旅游的概念与内涵

（一）国内关于旅游的界定

“旅游”一词最早见于我国南北朝时期诗人沈约所写的《悲哉行》，诗中提到的“旅游媚年春，年春媚游人”是“旅游”一词见于中国典籍的开始。在这之前，与“旅游”一词相近的“观光”和“旅行”在2000多年的古典文献中就已出现。《易经》中有“观国之光，利用宾于王”，《左传》中则有“观光上国”一词，《礼记·曾子问》中有“孔子曰：三年之丧，练，不群立，不旅行。”1931年商务印书馆出版的《辞源》中对“旅行”一词的解释是“今泛称外出做客”。1960年商务印书馆出版的《现代汉语词典》（试印本）中关于“旅游”的解释是“旅行游览”，实际上是将它作为一个复合词。1964年11月国务院召开“第一次旅游工作会议”以后，我国相继成立了中国旅游出版社、中国旅游报社和上海旅游专科学校，“旅游”一词在文献和社会上才被广泛使用。1982年，国家将最高旅游行政管理机构更名为“中华人民共和国国家旅游局”，从而肯定了“旅游”一词的客观存在性。①2018年，国家统计局在《国家旅游及相关产业统计分类（2018）》中将旅游定义为：“是指游客的活动，即游客的出行、住宿、餐饮、游览、购物、娱乐等活动。”②

① 库珀，弗莱彻，吉尔伯特，等.旅游学：原理与实践［M］.张俐俐，蔡利平，译.北京：高等教育出版社，2004.

② 国家旅游及相关产业统计分类（2018）［EB/OL］.（2018-05-29）. http://www.stats.gov.cn/xxgk/tjbzhzd/gjtjbz/201805/t20180530_1758926.html.

（二）国外关于旅游的界定

“tourism”这个词首次出现是在1811年出版的《牛津词典》中。在此之前，1800年出版的《牛津词典》中还出现过“tourist”一词。不论是“tourism”还是“tourist”，都是由“tour”这个词引申而来的。在英文和法文里，“tour”都含有“巡回”的意思，而其语源是法文“toured”。因此，在国外学者的观点中，“旅游”是从早期的“巡回”，即旅行发展而来的，是特指因消遣目的而离家外出的旅行和逗留。

1991年，世界旅游组织（World Tourism Organization，UN WTO）在加拿大召开了“旅游统计国际大会”，对旅游的概念进行了重新定义：“旅游是人们为了休闲、商务或其他目的，离开惯常的环境，到某些地方去以及在那些地方停留的活动。其访问的主要目的不应是所从事的活动从访问地获取报酬，暂时停留的时间不超过一年。”

1942年，瑞士学者汉泽克尔和克拉普夫将旅游定义为：“旅游是非定居者的旅行和暂时居留而引起的现象和关系的总和。这些人不会导致长期居住，并且不涉及盈利的活动。”[①]20世纪70年代，此定义被旅游科学专家国际联合会（AIEST）所认可采用，因此被称为“艾斯特（AIEST）定义”，它是目前为学界所普遍接受的旅游概念。

综合中外学界对于旅游的定义，本书将旅游定义归纳为：旅游是人们为满足社交、审美、求知、休闲等目的，在异地对于惯常生活和工作环境或熟悉的人地关系和人际关系的异化体验，是一种具有社会、休闲和消费属性短期的经历。

二、旅游的特征与功能

（一）旅游的特征

旅游形式多样、内容丰富、涉及面广，是一种短期性的特殊生活方

---

① WU Xiaotian. Discussions about “The AIEST Definition of Tourism”: Based on the Logic[J]. Tourism Tribune, 2013, 28(7): 82-89.

式。旅游作为特殊的消费模式，从各类社会活动中脱颖而出，具有普及性、地缘性和文化性的特征。[①]

1. 普及性

“二战”之后，大众阶层逐渐成为旅游的主要消费群体，旅游度假也成为普通大众可享有的基本权利。随着国际社会发展水平不断提高，各国开始推行人性化的工作制度，带薪假期也不断增多。1980年9月27日至10月10日，世界旅游组织在菲律宾首都马尼拉召开了世界旅游大会，大会一致通过了《马尼拉世界旅游宣言》，宣言全面提出了“旅游是人类社会最基本的需要之一”，可见旅游已经成为全球人民的一种生活方式，融入了普通民众的日常生活中。

随着我国居民收入水平不断提高，在2020年新冠疫情之前，已经达到了人均每年3次的旅游规模。自2012年至2019年，我国每年旅游人次逐渐递增，从2012年的26.41亿人次稳定增长到2019年的60.06亿人次。在2020年至2022年疫情期间，旅游经济呈阶梯形复苏、波动式回暖。2023年开年，旅游产业迅速回暖，据文旅部公布的2023年元旦节假期国内旅游市场数据，全国元旦出游5271.34万人次，同比增长0.44%；实现国内旅游收入265.17亿元，同比增长4.0%。[②]由此可见，旅游已经成为中国民众的基本消费之一，呈现普及化发展的趋势。

2. 地缘性

地缘性也称为地域集中性，是指旅游者并非平均分散于世界各地，而是集中到某些地区开展活动，旅游的地缘性是在区域旅游中表现出来的。在世界旅游发展中，区域旅游一直保持着绝对优势。在2020年之后，全球新冠疫情严重，各国旅游发展进入低迷期，本地旅游、本国旅游占据旅游市场主要份额，需要在疫情常态化的社会环境下寻找跨地域旅游新的突破口。

---

① 李锋. 文化产业与旅游产业的融合与创新发展研究［M］. 北京：中国环境出版社，2014.

② 2023年元旦节假期文化和旅游市场情况［EB/OL］.（2023-01-03）. http://www.gov.cn/xinwen/2023-01/03/content_5734777.htm.

3. 文化性

旅游活动具有文化属性，旅游活动的目的和形式多种多样，体验和感受异域或异质文化，游历名山大川、体验奇风异俗、欣赏音乐舞蹈、品尝美味佳肴、遍访名胜古迹，旅游主体期望在精神和物质两方面都有所收获。同时，旅游客体中的人文资源是人类历史与文化的结晶，是不同民族、国家和地区文化多样性的集中反映，自然资源作为旅游客体也在主体的参与中被赋予了丰富的文化内涵。综上，旅游是基于对人类文化差异性与共同性的理解，通过旅游这一介质，可以实现不同文化之间的沟通与交流。

（二）旅游的功能

旅游是个人以前往异地追求审美和愉悦为主要目的的活动，旅游活动的本质决定了其功能，在经济、社会、文化等方面发挥着重要作用，主要体现在文化交流功能、经济功能、教育功能以及休闲娱乐功能。①

1. 文化交流功能

旅游是一种人的空间移动，过程中必然引起文化交流。旅行者通过旅游的形式进行交际活动，拉近了社会各阶层以及民族之间的距离，帮助生活在不同文化背景下的社会个体消除偏见，增进感情。

文化交流伴随着文明的诞生而展开，但是在现代旅游业没有出现之前，文化交流是相对零散的，旅游的发展极大地拓展了文化交流的范围。中国古代的许多旅行家，如徐霞客、谢灵运、汪大渊等，在旅行过程中对地域文化的详细表述，让各地文化在信息交流较为闭塞的时代得以更广泛的传播与交流。

2. 经济功能

从宏观来说，现代旅游是一种规模大、范围广的综合性活动，涉及多个产业与部门，旅游活动的完成，需要各方的通力合作与支持。旅游的经

① 钟晟. 旅游产业与文化产业融合发展研究［M］. 北京：中国社会科学出版社，2015.

济功能主要体现在拉动旅游目的地的经济增长与产业发展，协调国家与区域之间的收入，同时由于其作为劳动密集型服务业，在提供大量就业机会的同时，可形成新的社会财富。

从微观来说，旅游企业涉及各个市场主体，包括旅行社、住宿接待、旅游车船公司、旅游商店、景区景点等。上述旅游企业共同努力，致力于满足旅游者的需求，在向旅游者提供旅游资源、旅游设施和旅游服务的同时，也获得了一定的经济效益，自身得以发展壮大。

3.教育功能

旅游是旅游主体到异地“求知、求新、求奇、求异、求乐”的综合性审美活动。当旅游主体确定了旅游目的地，在准备前行时，往往会查阅相关资料，借此了解目的地的信息，这是一个自觉的学习过程。到达目的地后，旅游者能更好地领略异国他乡的自然风光，理解文化古迹的历史和内涵，欣赏传统艺术所蕴含的美学价值，使旅游者对于目的地的认识更加丰富和全面。

15世纪末至16世纪初，人类历史开始了地理大发现，打破了新旧大陆之间相互隔绝的局面，不仅增加了人类对世界的认识，开阔了视野，而且改变了人们的地理观、世界观、宇宙观。16世纪中叶，旅游活动在西欧开始出现了新的发展，即以教育和社会认知为主要目的，通过求知旅行，增加对异地风土人情、生活方式以及整体组织等方面的了解，从而增长见识。17世纪至19世纪末，英国贵族为了延续权力垄断，通过到欧陆游历学习增长见闻，并把那个时代称为“大游学”时代。18世纪末，工业革命让大量的中产阶级和普通工薪阶级的子女加入“大游学”的队伍，从此“大游学”由最初的贵族化向平民化发展，在英国政府和教育行政部门介入后，“大游学”发展成了“研学旅行”，是如今研学旅游的前身。自此，旅游的教育功能更加凸显，并且随着旅游产业与教育产业的融合，研学旅游在世界范围内快速发展，使得“寓教于游”的趋势更加明显。

4. 休闲娱乐功能

旅游是在相对自由或闲暇的时间内所进行的自由的审美文化活动，是观光、游览、消遣、聊天、交流等众多休闲活动的重新组合，具有较为明显的休闲娱乐功能。城市化进程的快速推进让很多工作者无法适应快节奏的城市生活，为了消除紧张与乏味感，人们会通过其他途径来缓解负面情绪，而旅游就是重要的方式之一。一方面，旅游通过在异地获得新的生活体验，在观光、游览等活动中消解乏味感，获得新鲜的娱乐体验；另一方面，旅游过程相对于原有的工作生活来说，节奏相对缓慢，旅游主体可以根据自己的心理节奏对旅游过程进行把控，以达到愉悦身心的目的。

三、旅游产业的概念与分类

（一）旅游产业的概念

旅游产业是以旅游者为对象，为其旅游活动创造便利条件，并提供其所需要的商品和服务的综合性产业。[①]2018年，国家统计局制定了《国家旅游及相关产业统计分类（2018）》，在分类中对旅游业及旅游相关产业给出了明确定义："旅游业是指直接为游客提供出行、住宿、餐饮、游览、购物、娱乐等服务活动的集合；旅游相关产业是指为游客出行提供旅游辅助服务和政府旅游管理服务等活动的集合。"

旅游产业是连接旅游者（旅游主体）和旅游资源（旅游客体）的重要纽带，与其他产业融合趋势也逐渐明显。首先，旅游业是综合性产业，并非由同类企业所构成，这些企业的业务或产品自然也不尽相同。其次，旅游产业的投入和产出很难清晰地测算和确定。从微观上讲，任何一个旅游企业的服务对象都不仅限于旅游者或游客，企业投入还有部分非旅游业务的投入；而从宏观上讲，旅游业并非一个界限分明的产业，其产品由相关的诸多产业或行业共同提供。在测算和确定旅游业的投入和产出时，只能

① 唐留雄. 现代旅游产业经济学［M］. 广州：广东旅游出版社，2001.

在对相关的产业或行业进行调查、分析和综合的基础上进行估定。再次，绝大多数旅游企业都隶属于某一传统产业。

因此，可以将旅游产业的定义概括为：旅游业是以旅游资源为凭借，以旅游设施为条件，以旅游者为对象，为旅游者的旅游活动创造便利条件，并提供其所需商品和服务的综合性产业。

（二）旅游产业的分类

旅游产业关联性大、带动性强，可根据旅游动机和行业构成加以归类。在《国家旅游及相关产业统计分类（2018）》中将旅游及相关产业划分为三层，共有9个大类、27个中类和65个小类。其中，旅游业包括7个大类、21个中类和46个小类，旅游相关产业包括2个大类、6个中类和19个小类（见表1-2）。

表 1-2 《国家旅游及相关产业统计分类（2018）》

代码			类别名称
大类	中类	小类（略）	
			旅游业
11			旅游出行
	111		旅游铁路运输
	112		旅游道路运输
	113		旅游水上运输
	114		旅游空中运输
	115		其他旅游出行服务
12			旅游住宿
	121		一般旅游住宿服务
	122		休养旅游住宿服务
13			旅游餐饮
	131		旅游正餐服务

续表

代码			类别名称
大类	中类	小类（略）	
13	132		旅游快餐服务
	133		旅游饮料服务
	134		旅游小吃服务
	135		旅游餐饮配送服务
14			旅游游览
	141		公园景区游览
	142		其他旅游游览
15			旅游购物
	151		旅游出行工具及燃料购物
	152		旅游商品购物
16			旅游娱乐
	161		旅游文化娱乐
	162		旅游健身娱乐
	163		旅游休闲娱乐
17			旅游综合服务
	171		旅行社及相关服务
	172		其他旅游综合服务
			旅游相关产业
21			旅游辅助服务
	211		旅游出行辅助服务
	212		旅游金融服务
	213		旅游教育服务
	214		其他旅游辅助服务

续表

代码			类别名称
大类	中类	小类（略）	
22			政府旅游管理服务
	221		政府旅游事务管理
	222		涉外旅游事务管理

四、旅游产业的属性与特征

（一）旅游产业的综合性与关联性

旅游产业融各种服务功能于一体，为满足旅游者吃、住、行、游、购、娱等多种需求，就要有多种不同类型的企业为其提供服务，这必然涉及国民经济中的多个行业和部门。只有这些部门通力合作，才能保证旅游者的全部需求得到满足。

同时旅游产业无论是对国内还是对国际都有很强的关联性。对国内来说，旅游产业由于涉及多个部门和产业，因此旅游产业的运行会直接和间接对其他部门和产业产生影响，旅游产业的发达会直接刺激地区内住宿业、餐饮业、交通运输业、零售业、娱乐业等行业繁荣发展；同时还会间接促进区域地产经纪、外贸、金融等领域升级转型，旅游产业的发展对国内其他产业与部门的发展具有广泛的辐射性。对外来说，旅游产业是一项国际性产业与活动。首先交通运输业的发达让国与国的距离不断缩短，跨国旅行变得方便，同时全球化的趋势，也加大了各国的开放程度，世界各国社会水平的不断提高也为国家旅游产业的发展提供了保障。

（二）旅游产业的依托性

旅游业是一个具有高度依托性的产业。主要表现在三个方面：

第一，旅游业以旅游资源为依托。旅游资源是发展旅游业的客观基础，旅游资源的特点与丰厚度，在很大程度上影响着旅游业的发展。

第二，旅游业的发展依托于国民经济的发展。一方面，国民经济发展水平决定了人们的可自由支配收入水平的高低及闲暇时间的长短，从而决定了旅游者的数量、消费水平和消费频率；另一方面，国民经济发展水平又决定了旅游供给水平，表现为旅游资源和设施投入能力的提高。

第三，旅游业依托于各有关部门和行业的通力合作、协调发展。任何一个相关行业脱节，都会影响到旅游经营活动的正常进行。

（三）旅游产业的敏感性

旅游产业十分敏感，社会各种因素的变化都会作用于旅游产业的发展进程与产业繁荣，快速且明显。从旅游产业内部来看，旅游活动的“吃、住、行、游、购、娱”各环节联系紧密，如果某一环节失灵，则会造成旅游产业链的连锁反应，使得整个供给链失调。从旅游产业外部来看，自然的、政治的、经济的和社会的因素，都可能直接影响旅游产业的发展。近年，由于新冠疫情的影响以及国际形势的急剧变化，世界旅游产业陷入了低迷，旅游产业也需要在新的社会环境下不断寻找新的发展突破口。

第三节　文化旅游融合发展

一、文化旅游融合机制

文化产业与旅游产业融合发展本身就是一个具有系统性的社会活动，因此有着推动其发展的相应机制。在文化产业与旅游产业的融合进程中，“机制”需要以二者“融合”为特征，使文化产业和旅游产业在“有机结合”中发挥出自身的作用，进而推动文化旅游的融合发展。

(一)文化旅游产业融合机制影响因素

要抓住影响文化产业和旅游产业融合的主要因素，找到二者融合过程中的发展节点。根据文化旅游产业融合的发展特征，影响其发展的因素主要包括支持因素和障碍因素。支持因素由内部因素和外部因素组成，内部因素主要集中在发展过程中对产业供给、需求等产生直接影响的产业内部组织；外部因素主要指政策、经济、地理及历史等环境要素。障碍因素不同于支持因素，在文化旅游产业融合的进程中不断出现，因此要在融合过程中发现其相互联系、相互影响、相互作用、相互制约的发展矛盾点（见图1-1）。

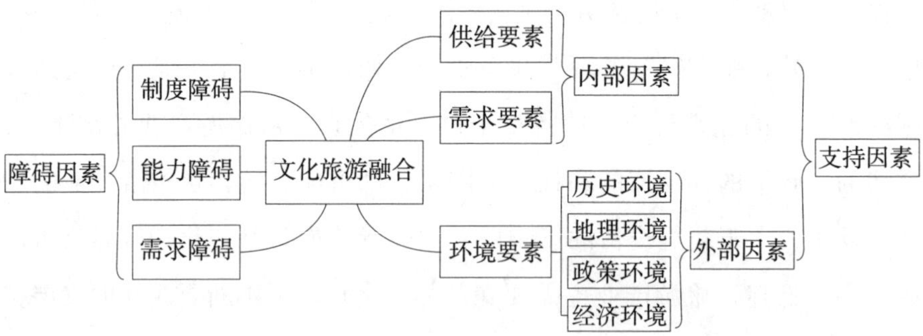

图 1-1 文化旅游产业融合机制

1. 供给要素

文化产业—旅游产业融合系统的供给条件即两种产业的融合能力，是文化旅游产业融合的基础性力量。产业发展、创意人才、资本资源、文化资源等因素都作用于文旅产业融合的供给要素的组成因素。

（1）产业发展。

在产业发展层面，首先需要以创意作为文化产业与旅游产业融合的基础。世界创意产业之父约翰·霍金斯说过“资本时代已经过去，创意时代已经到来”[①]。当前，全球经济进入以知识为核心竞争力的时代，现代经济

① 佛罗里达.重启：后危机时代如何再现繁荣［M］.龙志勇，魏薇，译.杭州：浙江人民出版社，2014.

增长主要依靠文化创意和科技创新“双引擎”拉动，“创意”也是决定经济效益的关键因素。新创意对新产品、新市场的产生有极大的推进作用，并且为财富的创造提供新机会，创意可谓是拉动经济增长的原动力。美国创意产业学者理查德·佛罗里达认为：从经济学的角度看，创意也是一种资本形式——可称为“创意资本”。人们的新理念、新技术、新商业模式、新文化形式和新产业，这些就是“创意资本”。文化产业与旅游产业广度融合、深度融合和多元融合的生成，在很大程度上也是创意性思维推动的结果。多年来产业分立思维的传达，使得文化产业和旅游产业都按照传统的惯性思维经营，从而导致产业内部发展陷入瓶颈。创意思维的融入使得文化旅游的产业资源、产业要素、产业运营可以围绕需求的不断更新进行动态组合，形成文化产业和旅游产业的创新性融合。

另外，创新是知识创造、转换和应用的过程，既包括产品创新、技术创新、管理创新、组织创新，也包括服务创新、文化创新等。文化产业和旅游产业融合，是二者各自发展到一定阶段的产物，其创新融合本身具有一定的复杂性，是各个部门环节相互渗透、相互影响、相互作用的结果，因此，文化产业和旅游产业的创新发展对文化旅游融合起到关键性的推动作用。文化旅游产业的创新性融合发展，主要包括创新主体（主要指具有社会实体结构直接承担创新功能的实体性创新要素）、创新环境（文化产业融合发展的创新活动所处的社会及自然环境）以及文旅资源三个部分。

（2）人才要素。

人力资源的质量、数量对地区文化旅游产业的融合具有重要影响。人力资源的知识素养、思想观念和技术素质等，直接影响地区文化旅游产业融合的形成。人才是旅游产业与文化产业融合发展过程中长期保持生命力、长久保持发展活力的前提和重要保障。

文化创意人才与旅游开发人才，都属于创意产业人才，主要指以自主知识产权为核心、以“头脑”服务为特征、以专业或特殊技能（如设计）

为手段的精英人才，[①]这类人才的培养侧重于“创意点”的产生，为产业的发展提供新的思维方式。文化创意人才经过对文化的认知、思考、研究、再加工，将文化精神融入产品的开发。旅游开发人才会对旅游的供给与需求进行更加精准的把握，将文化特点与当地旅游市场特点结合，进行整体市场与细分市场分析，最终形成符合当下文化旅游发展趋势的产品。

2. 需求要素

文化旅游产品的市场需求逐渐增多，需求作为市场交易行为的前提是旅游产业与文化产业融合发展的主要推动力。在文化产业与旅游产业的融合过程中，文化旅游者的身份逐渐从观光消费者转变为文化体验者。在旅游过程中，获得独特的文化体验，已经成为文化旅游消费群体最大的需求要素。

旅游消费者需求趋势是旅游产业发展方向的重要影响因素，旅游产业的发展离不开创意作为其支撑点，我们要不断创新旅游产品的表现手法。未来研学旅游、乡村旅游、红色旅游等各种旅游新类型的出现，也愈加表明文化旅游融合性产品有着巨大的市场需求量，同时也说明文化产业与旅游产业融合具有很大的潜力。

文化消费则是在消费者自主选择的基础上选择文化产品和服务，以满足精神需求的消费活动。随着我国主要矛盾的变化，人民对于文化消费的需求不断增大，文化产品消费者不断增多，消费层次也越来越高。现在，文化消费人群呈现出个性化、高素质、年轻化的特征，新奇个性的创意性、创新化的文化旅游方式更能够引起文化旅游消费者的兴趣，从而可以得出，文化产品消费者数量和特征影响着文化产业和旅游产业的融合发展。

3. 环境要素

（1）历史环境。

所谓历史环境，是指人类历史上遗存的、蕴含历史文化内涵的人文景

① 李津. 创意产业人才素质要求与胜任力研究［J］. 科学学与科学技术管理，2007（8）：193-195.

观，是历史文化的物质载体和见证。文化产业和旅游产业的融合过程中，离不开历史环境的支持。在国家标准《旅游资源分类、调查与评价》中，将历史类人文景观分为26类，即古文化遗址、古城遗址、古墓葬、古园林、古代水利工程等。[①]历史环境包含的人文景观已经成为除自然环境外游客欣赏的游览对象，人文景观在不同历史时期呈现的特点，是某一时代人类进行社会活动的产物，是人类文明活动的遗迹，历史环境的完善必然大大推动旅游业发展，实现新突破。我国有大量的旅游资源与历史环境紧密相关，众多景点的开发也是伴随历史资料的发现逐渐成为有名的风景旅游胜地。如西安兵马俑、曲阜孔子庙、洛阳古都等，都是旅游产业在历史文化的基础上蓬勃发展的结果，也是文化旅游融合的鲜明代表。

（2）地理环境。

地理环境作为一种自然且重要的旅游资源，同时是地域文化形成的重要影响因素，也是文化旅游吸引力的形成核心。地理环境作为文化旅游融合的重要支持因素，与文化和旅游都有着很强的关联性。

一方面，由于不同地理环境的形成原因、形成过程，产生了各地区的文化差异。传统地域文化经文明的演化而形成，反映出在独特地理环境下的民族风貌与文化，是地区思想文化、观念形态的总体表征，也是文化生态和精神等层面的综合体现。首先，具有地域特色的文化景观对于异地旅行者的吸引力很强，能体现出传统地域文化的内涵，形成文化旅游的地理文化支持要素[②]。其次，传统地域文化有较高的生态价值，反映出人类对土地的利用方式，有助于维持景观的多样性和可持续发展的景观体系，加强文化景观的识别性，从而吸引更多游客。

另一方面，旅游产业的形成发展与地理自然资源有着密不可分的关系。旅游与地理有着天然的关联性。从旅游业是国民经济的一种新兴产业

① 彭德成，张树民，方言，等.旅游资源分类、调查与评价［S］.北京：中国标准出版社，2017.

② ANTROP M. Why landscapes of the past are important for the future［J］. Landscape & Urban Planning, 2005, 70（1/2）: 21-34.

来看，旅游地理学可视为部门经济地理学，旅游产业中的地理要素包括了人类旅行游览、休息疗养、康乐消遣以及社会经济发展互相关联的一门学科。因此，地理自然资源很多时候可以转变为旅游资源，如张掖的丹霞地貌、新疆的雅丹地貌等。

（3）政策环境。

文化旅游产业作为现代服务业的重要组成部分，政策支持与顶层设计对加快二者的融合与发展起着至关重要的作用。政策为文化旅游提供了科学的管理系统、协调顺畅的管理体系，同时是保证文化旅游产业融合发展的重要条件，充分挖掘文化旅游的发展潜力。对文化旅游产业的融合发展，政策环境的支持从宏观决策、地方管理和行政管理三个层面出发，对旅游产业和文旅产业融合的重视度、政策倾斜度、法律保障性和协调管理能力等进行支持保障[①]。首先在宏观决策层面，政府作用于旅游产业与文化产业融合的方式主要有：采用财政税收政策扶持和刺激文化产业与旅游产业的融合；制定中长期的发展战略与规划，为文化旅游产业融合指明方向。其次在地方管理层面，政府因地制宜制定地区文化旅游发展规划；建立文化旅游产业协调机构，包括外事、工商、物价、交通等。再次在行政管理层面，政府作用于旅游产业与文化产业融合的方式还有通过长远规划和短期计划引导行业的投资和经营方向；运用国家法律和行业法规建立市场规则；建立执法队伍进行市场监督；协调各个有关部门形成多方支持，保障健康的政策发展环境。

我国中央政府从顶层设计的角度，不断为文化旅游的融合发展提供建设性的政策意见，保障文化旅游融合发展拥有健康的政策发展环境。1993年11月，国务院办公厅转发国家旅游局《关于积极发展国内旅游业的意见》，首次在国家层面的政府文件中提到旅游业发展对满足人民群众文化需求、带动文化事业发展的重要意义。2018年4月8日，文化和旅游部正式在北京挂牌，也正式拉开了文化和旅游融合发展的序幕。自2009年以

① 李锋. 文化产业与旅游产业的融合与创新发展研究［M］. 北京：中国环境出版社，2014.

来，国家出台多项政策法规助力文化旅游的融合发展。2009—2020年，文化旅游政策主要集中在培育文化旅游消费新热点；提升文化旅游产品品质；建设新型文化旅游功能区；推进红色旅游发展；将文化旅游融合进乡村；文创产品的创新发展等方面。

（4）经济环境。

经济的快速发展与高度发达，可以促使地区有充足的资金进行文化旅游产业的建设，为文化旅游产业的建设提供了资金支柱。同时，伴随着经济的发展，地区的区域形象与地位也在不断提升，转而吸引更多的外来人员的到来，为文化旅游产业的发展提供了潜在的广阔市场和强大的内动力。经济的发展在一定程度上有益于地区高端技术与创新文化的引入发展，使得文化旅游产业的形式不断得到突破与创新，在激烈的文化竞争中处于不败地位，为地区文化旅游产业注入了新鲜的活力、提供了智力支持。

另外，健康的经济环境不仅能推动产业结构的调整，提升产业核心竞争力及附加值，而且能为文化旅游产业向高质量发展迈进提供新动能。在稳增长、调结构、促改革、惠民生的新时代背景下，经济发展能够推动文化和旅游产业升级转型，催动新兴产业，激发文化企业、旅游企业发展活力，满足人们多样化、个性化、高品质的文化消费需求。

4.障碍因素

文化和旅游产业融合是产业融合大趋势下的创新发展方式，它从需求的角度适应了旅游主体更加精细化、个性化、多样化的消费特点。同时从供给角度创造了更大的产业空间。认识和克服文化和旅游产业融合中的障碍因素，将会为产业融合视角下的文化旅游产业竞争力提升奠定良好的基础。结合文化产业和旅游产业的融合特征，可以将融合的障碍因素归纳为制度障碍、能力障碍、需求障碍。

（1）制度障碍。

2018年3月13日，国务院机构改革方案提出将组建文化和旅游部，在文化和旅游部成立之前，文化和旅游两个部门相对独立，政策与市场的融合都存在一定的壁垒。2018年4月8日上午，文化和旅游部正式挂牌，统筹规划文化事业、文化产业、旅游业发展，维护各类文化市场包括旅游市场秩序。[①]如今，文化旅游在各方面的交互已经深入肌理，有了更加深入的融合发展，但是随着文化旅游融合发展不断深入，外延不断扩大，涉及的政府部门和市场行业也不断增多。

自文化和旅游部成立以来，文化旅游产业的发展已经受到国家层面的支持，各政府部门也出于各自管理目标的需要形成了各自的政策和制度规定。在纵向体制上必须遵循上级管理部门的管制，但横向关系上又共同构成对用户服务中的不同模块，因此，文化旅游融合进程中存在一定的政治制度障碍。

作为综合性产业，文化旅游产业接受各产业、各行业发展的支持助力，但是一定程度上也受到各个产业与行业的制度限制。文化旅游的融合面不断扩大，更多市场行业涉入其中，如与教育产业融合的研学旅游、与农业融合的乡村旅游、与红色文化结合的红色旅游等。由于各自所处市场竞争与垄断程度的不同，其他产业企业要素进入时面临了不同程度的障碍。未来，在文化旅游融合发展过程中，随着融合面的不断扩大，涉及的部门与行业也会不断增多，因此要克服市场壁垒与政策管制的障碍，进一步推进文化旅游产业的融合进程。

（2）能力障碍。

文化旅游融合的能力障碍，集中在创新能力上。文化旅游创新包括两方面的内容：一是对旅游地文化本身的创新，即文化内涵自身的不断丰富、扩展、创新；二是旅游地文化的外化创新[②]，即不断与其他产品组合创新，相互作用和影响，共同促进文化旅游融合的进程。

---

① 王莹.文化和旅游部今日正式挂牌［EB/OL］.（2018-04-08）. https://baijiahao.baidu.com/s?id=1597160149306945494.

② 宋振春，纪晓君，吕璐颖，等.文化旅游创新体系的结构与性质研究［J］.旅游学刊，2012，27（2）：80-87.

目前来看，文化旅游融合需要以文化创新为核心依托，不断丰富旅游形式。文化因素创新是活水之源，会推动文化旅游产品的整体性变化，如果没有文化的创新，文化旅游融合背景下市场产品的出现就会陷入困境。同时，服务要素如服务组织、服务技术等，也会为文化旅游融合带来新的发展契机，比如VR（Virtual Reality，虚拟现实）技术带来的沉浸式体验、骨传导提升游览感受等。但是失去文化内涵的服务创新也会失去核心支撑力，无法产生进一步的变革与发展。因此，文化旅游融合需要不断克服创新能力障碍，打破旧有桎梏与壁垒，从文化内核找到创新突破口，实现文化旅游的更好融合。

（3）需求障碍。

需求障碍主要包括消费能力、消费习惯的障碍。文化旅游融合的过程中，新的文化旅游产品不断被推出，市场的接受效果是影响文化旅游产品能否进一步发展的重要因素。文化旅游产品如果与需求者的消费能力、消费习惯不匹配，无法适应消费市场，那么将很难形成具有竞争力的融合型产品。

在消费能力方面，文化旅游产品目前的定价机制尚未完善，受到品牌效应、需求量、产品成本、市场竞争等多重因素影响[①]，因此对消费者的消费能力的考虑往往欠缺，出现了较多定价偏高的问题。在消费习惯方面，虽然消费行为具有路径依赖性，但是消费者的观念在时刻更新，文化旅游产品的消费群体已经形成了学习能力强且愿意接受创新事物的观念，因此文化旅游产品不能只顺应消费者的消费习惯，应从供给角度出发对消费者习惯进行引导与创新。

（二）文化旅游融合机制确立

1.政策机制确立

文化旅游融合需要树立全新的产业融合发展意识，把握文化产业与旅

① 麦克切尔，克罗斯.文化旅游与文化遗产管理［M］.朱路平，译.天津：南开大学出版社，2006.

游产业融合发展方向，建立文旅融合发展的政策机制，充分发挥政府在文化旅游融合进程中的规划、引导、管制等方面的作用，组织协调文化旅游更好融合。

首先，政府及各相关部门要充分认识到，文化旅游融合发展对于区域经济协调发展的促进作用，制定和完善推动产业融合发展的产业政策，扶持文化产业与旅游产业融合发展过程中的规制体系，在推动文化产业和旅游产业融合过程中，确立融合性发展政策机制，完善产业融合性发展的政策。

其次，在已有文化产业和旅游产业的发展规划基础上，全面梳理当地文化资源与旅游资源，制定融合发展的整体政策规划，确定文化旅游融合发展定位，明确各阶段的发展目标及任务，为各地文化旅游产业融合发展提供科学的指导。

最后，政府管理明确分级，不断推进文化产业与旅游产业的管理机构归并合作，引导专业文化旅游领导小组成立，发挥其领导和协调作用，清除文化旅游融合过程中的政策与部门壁垒，从而确立文化旅游融合全新政策体制机制。

2. 市场机制确立

文化旅游产业在市场方面的融合主要体现在市场运作、市场营销的创新、品牌整合与培育、资本运营等方面。具体来看，原有的文化资源传播渠道与方式创新性运用到旅游产业中，使得文化要素流动到旅游产业之后，其融合性产品的销售渠道不断扩张。

如果能够在相互的市场上创造新的机会和激励，产业融合可以看作不断增加竞争的一种资源。[①]因此文化产业与旅游产业的融合应该以市场为导向，充分发挥市场对资源配置的基础性作用，确立文化旅游融合的市场机制，营造良好的市场环境与发展空间。在文化产业与旅游产业融合过程

① 郝雯芳. 论我国电信与传媒产业边界融合的路径选择［J］. 科技情报开发与经济，2007（23）：128-129.

中，必将加大文化市场与旅游市场各自的开发与开放力度，为文化旅游融合打开市场。

（三）文化旅游融合机制特征

文化产业与旅游产业融合发展机制的最大特征就是让融合发展系统内的诸多要素都参与到文化旅游融合的进程中。综合旅游产业与文化产业二者的发展特征，发现两大产业融合发展的机制还具有以下特征：

1. 规律性

规律性是有效机制形成与完善的重要影响因素，即在一定条件下经常起作用，并且决定着事物必然向着某种趋向发展。作为一种社会机制，文化旅游融合发展会受到主观因素和客观因素的双重影响，往往在发展条件与环境已经变换的情况下，旧有因素还在起作用。文化旅游产业融合在纵向和横向都存在很强的规律性，从纵向来看，文化旅游产业融合的过程是阶段性的[①]；从横向来看，文化旅游产业融合涉及政府、企业等多个部门，抓住各部门之间的合作节点，摸清文旅融合的横向规律性。

2. 普遍性

文化旅游产业融合机制存在于二者融合发展的整个过程中。在文化产业与旅游产业融合发展的过程中，二者的子系统也会产生相应联系，从而反向推动文旅融合系统进一步发展。

3. 层次性

文化产业和旅游产业的融合发展是系统与系统之间构成的关联机制，系统的层次性在二者融合的过程中尤为突出，低层次的机制是高层次机制的展开与具体化，每个部门与系统都受到了若干机制的制约。

4. 灵活性

当旅游产业与文化产业融合发展系统遇到社会环境的变迁、游客对精神文化追求的升华、旅游工作中心的转移、相关部门政策调整等情况时，

---

① 详见本节第二部分“文化旅游融合阶段”。

必须能够跟随时代的变化而改变，随时跟上时代的步伐。这就需要其机制具有可控性、灵活性，这种机制能随着环境、目标等方向变化而调整一致，能随时保证融合过程的科学化，从而使之真正达到适应旅游产业与文化产业融合发展的要求。

二、文化旅游融合阶段

文化产业与旅游产业融合是二者相互渗透、交叉，从而形成新业态、新的产业增长点的动态发展过程。虽然文化产业和旅游产业在产品、市场、企业等领域都存在着一定的边界，但是近年来，在各方推进下的文旅融合不断发展，旅游产业中的很多产业节点，如参观、游览以及产品开发环节都有文化企业的参与或承接；同时旅游产业也在不断开发文化资源的进程中得以发展。文化产业和旅游产业的构成要素在融合发展的进程中不断增加，二者的发展边界在不断模糊，开放性极高且衍生空间极为广阔，由此可见，文化产业和旅游产业的融合在各自的发展中已经出现了明显的趋势。为了把文化旅游的融合机制分析得更加透彻，我们将文化旅游融合分成四个阶段，分别是前期的产业分立阶段，中期的多层面融合阶段，后期在产业边界模糊化的基础上新产业的应运而生，以及二者融合扩散，延展到其他产业的阶段。①

（一）融合前期：产业分立

在文化产业和旅游产业发展的初期，二者是相对独立的。旅游产业作为传统产业，已经具有了相对完整的理论体系与产业发展体系，文化产业是新兴产业，其各要素的建构在快速发展并亟待完善，因此在这个阶段，文化产业与旅游产业的边界感很强。文化产业和旅游产业在前期阶段，创新能力不强，由于融合发展的知识积累不足，企业学习能力较弱，开发者在不断发挥自身优势和能动性的同时需要不断试错，此阶段的文化产业和

① 李锋.文化产业与旅游产业的融合与创新发展研究［M］.北京：中国环境出版社，2014：82.

旅游产业融合效率处于较低阶段。

前期阶段，文化产业和旅游产业的企业之间互动较少，旅游产业对传统自然资源与历史资源依赖较大，和文化产业的互动频率较低，互动水平也有限，不同的企业之间较难产生交流，知识的创新与扩散受到阻碍，融合程度整体较低，文化产业和旅游产业基本处于分离状态。

（二）融合中期：多层面融合

文化产业的涵盖面广，下层产业分类多，且因自身的功能作用、技术优势、特色等不同，在与其他产业的碰撞中产生不同的融合特点。旅游产业作为传统产业已经具备了较为完整的产业链结构。文化产业与旅游产业的融合过程也是两大产业各自结构不断调整升级的过程，融合过程中每一层级的产业形态都发生了变化，产生了与之相对应的多个不同层面融合，形成新的产业类别，因此中期阶段是文化产业与旅游产业融合的核心阶段。

在中期阶段，经过前期阶段的积累，文化旅游融合的创新能力有了较大幅度的提升。文化旅游融合产品类型相较于前期阶段更加丰富，文化企业和旅游企业都在主动探寻融合性产品的开发路径，企业间互动增多，开始从局部逐渐扩大，市场出现了多样化的旅游产品，但是市场仍未建立起成熟的筛选机制，企业之间不可避免地出现了模仿行为，主导型产品也尚未出现。

（三）融合后期：新产业、新业态出现

后期阶段，文化产业和旅游产业的边界进一步模糊化，在经历了前两个阶段的知识和技术积累后，文化产业和旅游产业都在各自的企业中筛选出主导型的新产品，新产业的出现标志着文化旅游融合开始逐渐进入相对成熟的后期阶段。这一阶段，文化产业与旅游产业相互交叉渗透，跨产业融合创新成为文化旅游产业发展的常态，在文化产业和旅游产业市场中出现了竞争优势较为明显的产品。新业态的出现，是顺应多元化、

多样化、个性化的产品或服务需求，文化旅游融合的新业态在现有的领域中不断衍生叠加出新环节、新链条、新活动形态。目前，文化旅游新业态包括文化旅游综合体、研学旅游、展演旅游、康养旅游、主题公园与影视基地。①

同时随着创新能力的降低，很多文化旅游产品都是在同类产品基础上改进，实施模仿性创新。产生此种现象的原因主要在于后期阶段市场对文化旅游融合性产品的选择能力增强，受众群体的消费偏好更加明显，市场选择对产业融合性创新的影响力更大，提高了文化旅游市场的进入门槛。新型产品若想进入市场，必须具有更强的创新能力，不断创造出种类更加丰富多样、层次也更为鲜明的细分化文化旅游产品。

（四）延展期阶段：融合扩散

融合扩散过程是整个产业系统融合过程中产生的后续过程，文化旅游产业在延展期阶段已经基本完成融合，二者融合产生的产业结构系统搭建逐步成熟，产业间的关联行业不断增多，文化旅游产业体系结构逐渐形成。在延展期阶段融合扩散的过程中，文化旅游产业的创新能力不断增强，在成熟市场的选择机制导向下，随着技术的不断进步以及知识积累的不断增多，文化旅游外延不断扩大，内涵不断丰富。文化旅游的融合不再只局限于某个企业或某个部门，它对社会影响力不断增强，文化旅游经济产生周期性的变化，整个产业结构高度合理化，最终形成融合型产业体系。

三、文化旅游融合路径

文化旅游融合是新时代背景下我国践行社会主义思想的新目标和新使命，解决文化和旅游发展分立化是文化旅游融合的核心命题。当前，我国各地积极促进文化旅游融合发展，但是很多只停留在概念层面，对真正的

① 详见本书第九章“文化旅游新业态的策划与开发”。

文化旅游融合机制研究尚不明确，没有形成明确的发展思路与策略。文化旅游具有天然的耦合性，又有着各自的发展规律。2019年，文化和旅游部提出文化旅游要做到“宜融则融、能融尽融、以文促旅、以旅彰文”的十六字方针。在此方针的引导下，将文化旅游的融合路径归纳从理念、职能、产业、市场、服务五方面进行详述，以促进文化旅游产业融合的进一步升级。

（一）理念融合

理念融合要摆在文化旅游融合的首要位置，有了成熟的融合理念与思想，才能筑牢文化旅游发展的基础，不断推动文化旅游由外到内、由表及里的深度融合与真正融合。

一方面，要树立以文促旅的理念，文化需求和文化资源推动旅游活动发展的重要推动因素和发展核心，文化创意促进旅游产品提升质量，坚持文化特色塑魂，以特色文化形态和底蕴提升目的地旅游吸引力；打造各地区文化品牌，通过文化品牌的塑造拉动居民消费，提高地区受众生活质量；举办具有地方特色的文化展演活动，如具有地方特色的文化演出、节庆表演等活动，提升旅游的参与性和体验性；生产有地方或主题特色的文化创意产品，提升产品工艺，解决旅游商品缺乏特色的问题；树立可实现价值转化的文旅IP（Intellectual Property，知识产权），增强IP变现能力，构建跨界营销策略。另一方面，要树立以旅彰文的理念，旅游是文化建设的重要动力，是文化传播的重要载体，是文化交流的重要纽带。[①]将文化融入旅游产品，实现文化产品化，将文化融入旅游的业态化创新之中，丰富文化表现形式，将文化业态化；在文旅融合过程中，以旅游为载体进行文化定位，围绕主题定位，凸显以旅彰文的独特卖点；以地域旅游为依托，将文化打造为地域品牌符号，实现文化品牌化；将文化旅游进行数字化、互动化、演艺化展现，推动文化体验化与互动化；在传统游乐与旅游情境

① 中国非物质文化遗产保护中心. 2019年全国文化和旅游厅局长会议内容要览［EB/OL］.（2019-01-10）. https://www.ihchina.cn/Article/Index/detail?id=18312.

的基础上，将文化与游乐设施结合，改造景区环境，制造文化情境，创新游憩方式。

文化是旅游的灵魂，旅游是文化的载体，只有二者互相支撑、相互促进才能形成新的发展优势、新的增长点，开创文化旅游融合新局面。

（二）职能融合

2018年，文化部和旅游部的合并迈开了文化旅游职能融合的第一步。2019年，全国文化和旅游系统坚持以习近平新时代中国特色社会主义思想为指导，全面深化改革，推动国家治理体系和治理能力的现代化。

文化产业与旅游产业的发展视角不同，需要通过人事、财务一体化、管理职能一体化进行功能化管理职能合并。打通部门之间的管理壁垒，从部门融合、信息系统、组织机构以及工作人员意识等方面，对文化部门和旅游部门的融合工作进行探索，完成机构搭建与启动；理顺文化部门与旅游部门职责，解决多年来文化主管部门和旅游主管部门在行政管理体制上多头管理、职责分散交叉等问题，实现文化旅游管理职能融合。

（三）产业融合

文化和旅游产业链各环节都在积极对接，发挥文化与旅游的各自优势，形成新的增长点。一是促进业态融合，文化旅游要向内、向外融合，不断推动文化、旅游及相关产业融合发展，不断培育新业态。“十四五”文化和旅游发展规划中提出要推进文化和旅游业态融合、产品融合、市场融合，推动旅游演艺、文化遗产旅游、文化主题酒店、特色节庆展等提质升级，支持建设集文化创意、旅游休闲等于一体的文化和旅游综合体。二是促进产品融合，加大文化资源和旅游资源普查、梳理、挖掘力度，以文化创意为依托，推动更多资源转化为旅游产品。三是激发文化与旅游场所民众消费潜力，释放受众文化旅游需求。建立健全促进文化和旅游消费长效机制，顺应居民消费升级趋势，积极培育新业态消费习惯及消费新热点，完善行业服务标准体系，不断完善文旅产业融合供需机制。

（四）市场融合

统一有序、供给有效、富有活力的市场是文化和旅游融合发展的重要基础。要以文化市场综合执法改革为契机，推动文化和旅游市场培育监管工作一体部署、一体推进。

第一，培育壮大市场主体。推动传统文化旅游行业的升级转型，要引导支持新兴文化和旅游业态规范发展，支持文旅企业国际化发展，为文化和旅游市场培育更有活力、创造力和竞争力的文化和旅游市场主体。第二，支持建设集歌舞娱乐、游艺娱乐、上网服务、小剧场、画廊画店等多业态共同经营或混业经营的演艺、娱乐空间。加强对体验式演艺、沉浸式娱乐、在线演出、在线艺术品拍卖、自助式上网、电竞酒店、电竞娱乐赛事等新业态、新模式及综合性文化娱乐场所的引导、管理和服务，培育新型文化市场主体。统筹用地、治安、消防、卫生等方面政策，推动旅游民宿高质量发展。第三，推动线上线下融合发展，推动文化和旅游市场主体数字化转型，鼓励文化和旅游企业广泛应用5G、大数据、云计算、人工智能等技术，创新产品和服务供给，提升服务水平。

（五）服务融合

协同推进公共文化服务和旅游公共服务、为居民服务和游客服务，文化服务的公共性和市场服务性本身融合性不高，如何发挥好综合效益，让城市文化场所成为游客目的地，让旅游场所成为文化的活动地，让旅游接待区成为文化的载体是文化旅游服务融合的重点内容。

文化旅游服务的融合，需要文化场所通过融入观赏性和体验元素进行转化，形成旅游游乐休闲场所。同时，旅游交通、食宿、游乐、购物等服务如何将各自特色文化元素实现产业化融入，从而提升文化在旅游服务中的存在感，促进文化旅游化和旅游文化化，让城市文化场所成为文化旅游受众的目的地，让旅游场所成为文化的活动地，让旅游接待区成为文化载体，用具有地域特色的文化元素和旅游服务吸引游客，实现公共服务的设施管理、机构功能与资源配置统一。

第二章　文化旅游产业发展

文化旅游以产业属性成为一种实践内容，并在学术界成为理论研究的对象，在我国出现的时间并不算长。但就是在这短短的时间内，它以丰富的实践经验和显著的产业发展态势，已成为我国经济社会发展中一道亮丽的风景线。回首文化旅游产业的发展历程，可以看出文化和旅游结合的产业发展具有一定的渊源，在政策机制、市场发展和社会环境的综合作用下，文化旅游融合发展的产业样态呼之欲出。在经历了具体范围的尝试后，文化旅游产业逐步完善，形成了一整套完整的产业发展格局。伴随着时代的发展和现代化进程的推进，文化强国的战略目标和数字经济的深入推进激励了文化旅游产业发展的新蓝图。在新时代中国特色社会主义建设的背景下，文化旅游产业与数字经济的融合促使文化旅游新业态层出不穷，全国范围内各级、各类文化旅游资源不断被挖掘与利用，产业的发展进入了前所未有的新阶段……

第一节　文化旅游产业的发展背景

人类对文化的感知与传承伴随着整个文明发展的历程，文化是人们精神生活中重要的组成部分，文化在人类文明传播、彰显存在价值和思想反思总结中成为无法替代的重要媒介。现代化进程使人们对美好生活的需求越来越强烈，休闲旅游已成为人们工作之余放松身心、修养性情、消遣娱乐的主要选择。文化与旅游的结合基于人们对幸福生活的追求，伴随着时代发展的步伐，在市场机制的作用下文化与旅游的产业融合更加深化，一系列促进产业发展的政策前提为文化旅游产业融合发展创造了良好外部环境。在政策支持和资源开发利用的潮流中，文化旅游产业逐渐找到自身融合发展的全新模式，市场经济纵深化发展为其提供强劲的驱动力，文化旅游产业发展进入了新的历史阶段。

一、文化旅游产业政策的支持

改革开放进入加速阶段之后，伴随着经济结构的调整和人们生活条件的逐渐提高，在国家对于经济社会发展方向的把控下，立足于人们对于幸福生活的向往与追求，沉寂的旅游产业逐渐被唤醒。同时，随着经济结构的转型发展，文化产业作为一支独立的力量出现在国民经济体系中，逐渐发挥着重要的作用。在此情形下，国家相关部门连续发布了促进旅游产业、文化产业发展的新政策、新规划，有效地激发了文化旅游产业的发展潜力，推动文化旅游产业在新的时代背景下的长足发展，也为之后的文化旅游产业的融合制定了政策基础和决策依据。

（一）文化旅游产业政策的提出

文化旅游产业政策的提出，可以追溯到20世纪90年代我国旅游业转型发展的新阶段。伴随着改革开放的持续深入，人民生活水平在逐年增长，人们对旅游的新期待促使我国旅游业进入快速发展的新阶段。持续的产业探索，直到21世纪初期，随着中国加入世界贸易组织，国家在旅游业领域制定了一系列的鼓励与优化的政策，更加侧重于激发旅游业的经济潜力。本着可持续发展的基本要求，国家从经济社会的实际需求出发，立足于社会主义物质文明和精神文明的建设，通过制定有效的政策来驱动旅游业的快速发展，形成旅游产业与国民经济发展的契合。旅游业在这一时期的实践探索中，旅游的拓展对于文化的依赖已经不可回避，与此同时，对于旅游和文化的关系问题也成为人们关注的重点，旅游业的持续发展逐渐显现出文化的资源保障和运行动力的基本作用。早在1993年11月，国务院办公厅转发国家旅游局出台的《关于积极发展国内旅游业的意见》(简称《意见》),《意见》中提出了将旅游业的发展同社会主义文化事业结合起来，指出了国内旅游业的发展能够满足人民群众日益增长的物质文化需求，旅游业的兴起与持续发展也能增强人民群众热爱祖国的凝聚力，带动国家文化事业的发展。进入21世纪以来，文化与旅游在实践探索中逐渐融合的趋势日益明显，这一时期文化与旅游结合发展的案例在全国各地都有新的表现。通过几年的探索，在融合发展的基础上，一系列相关政策陆续出台：2001年4月11日，国务院发布的《关于进一步加快旅游业发展的通知》中制定了文化与旅游同步发展的政策基调，明确提出发展旅游业要结合社会主义精神文明建设，并针对文化遗产保护与旅游开发利用的协同关系、旅游产品开发过程中的科技应用问题、旅游业发展的地域特色和民族特色等一系列问题做出了规定；2004年12月19日，中共中央办公厅、国务院办公厅印发了《2004—2010年全国红色旅游发展规划纲要》，这是21世纪以来对红色旅游发布的第一个政策规划，其中对于红色旅游的界定、红色旅游的特征，以及红色旅游今后的发展目标都做出了详细说明，尤其对红色文化资源与红色旅游的协同关系做出了规定，将文化与旅游的融合发展在具体领域制定了具体要求。

全国范围内文化旅游融合发展的新形势与新经验，以及世界各国文化旅游融合发展的模式为我国文化旅游发展政策的出台提供了动力和经验支持。我国在多年的文化产业发展过程中，逐渐探索出具有中国特色的文化产业发展新道路，而借助于文化产业的快速发展，我国的旅游产业也在逐步与文化产业靠拢中积累了丰富的发展经验。全国各地在多年的旅游业实践探索中，逐步形成了深度运用地域文化资源、彰显地域文化价值的共识，旅游产业的推进和发展越来越重视本地文化资源的挖掘与利用。随着国家对于文化遗产保护工作的加强，地方政府对本地的文化遗迹、非物质文化遗产进行了全方位的统计，并制定了地方政策进行保护与传承。地方旅游部门利用文化遗产统计、保护和传承的契机，针对当地文化遗产资源规划旅游产业发展的新机制，谋求文化资源与旅游发展的新契合，促进文化与旅游产业的融合，各地在旅游产业发展探索中逐渐形成了新的实践模式，以当地文化资源与旅游产业融合的方式谋求地域经济社会的发展。这些实践探索，为之后国家和地方制定文化旅游产业发展政策提供了丰富的案例支撑。

纵观文化旅游产业发展的脉络，不难发现这两者的组合与发展都离不开时代背景下的经济发展环境。进入21世纪以来，中国的文化产业发展也出现了旺盛的势头，文化产业逐渐成为国民经济的重要组成部分。根据国家统计局提供的数据显示，2006年我国文化产业增加值占GDP的比重为2.45%，2007年我国文化产业增加值占GDP的比重为2.6%，文化产业的增加值呈现逐年攀升的趋势。2008年开始的全球金融危机，学术界认为很可能是国家文化产业振兴发展的一次难得的机遇。纵观历史的发展脉络，充足的历史经验表明了金融危机也可能是国家文化产业振兴的机遇。“1929—1939年的世界金融危机促进了美国文化的大繁荣，并为美国最终成为世界第一大文化产业强国铺就了道路。1997年的亚洲金融危机造就了日本、韩国两大文化强国的崛起。一定意义上，当今世界的文化产业格局是由历史上两大金融危机奠定的。”①2008年，美国次贷危机引发的全球金融危机对世界各国的经济发展提出了挑战，也对我国社会主义市场经济的转型与发展带来深刻影响。以应对国际金融危机为目的，国家出台了一系列优化措施与应对机制，立足于“保增长、扩内需、调结构、促改革、惠民生”的政策方向，这期间不仅为我国文化产业的发展带来新的机遇，也为旅游产

① 蔡尚伟，刘锐．文化产业进入国家后续产业调整和振兴规划之构想［EB/OL］．(2009-04-22)［2022-03-05］. https://m.aisixiang.com/data/26522.html.

业持续快速发展带来了新的条件，因为金融危机让文化产业和旅游产业在国民经济中的结构调整作用逐渐显现，这成为文化产业和旅游产业融合发展的新探索。文化产业和旅游产业在其产业属性的体认中，立足于国家发展中的战略定位，从宏观视角和全球化发展的格局出发，深刻总结了发展过程与发展规律，为文化旅游深度结合提出了时代命题，为后面一系列文化旅游发展政策的出台提供了契机。

正是在这样的全球经济发展格局下，我国顺应时代发展需求，针对文化和旅游融合发展进行了初步的研究与探索，形成了关于融合发展和创新发展的鼓励新机制。通过文化产业和旅游产业进入全新发展阶段的具体实践，并参照国外的相关经验，文化旅游融合发展的相关政策在这之后纷纷出台。2009年9月23日，文化部和国家旅游局在北京举行新闻发布会，针对共同发布的《关于促进文化与旅游结合发展的指导意见》做出说明与解释。会议指出，文化是旅游的灵魂，旅游是文化的重要载体。加强文化和旅游的深度结合，有助于推进文化体制改革，加快文化产业发展，促进旅游产业转型升级，满足人民群众的消费需求。在新形势下促进文化与旅游深度结合，是文化和旅游部门的共同责任。时任国家旅游局局长邵琪伟在这次发布会上重点强调："文化产业面临着体制改革和支柱性产业发展的历史任务，旅游产业发展也已进入转型升级、全面提升产业素质的关键时期。"[1]随着我国文化产业的发展探索与逐步完善，文化产业的外延与扩张成为调整产业结构、促进产业持续发展的重要命题，文化产业与旅游产业的融合逐渐成为一种时代的共识和历史的选择。同时，随着物质生活条件的改善促进了人们生活水平的提高，旅游业由传统的观光游逐渐过渡到休闲游和体验游，过去那种蜻蜓点水、流于形式的观光游已经远远不能满足游客的需求。游客在游览名山大川的同时，深度体验其中的文化内涵，在旅游中充分挖掘其中的价值底蕴成为新要求，以文化为基础的旅游体验成

① "促进文化与旅游结合发展的指导意见"发布会召开［EB/OL］.（2009-09-24）［2022-03-05］. http://www.gov.cn/gzdt/2009-09/24/content_1425087.htm.

为一种新时尚。文化产业和旅游产业在各自领域中的创新发展实践与探索，为出台促进文化旅游结合发展的政策提供了历史契机。在2009年11月25日国务院常务会议上，讨论并原则通过了《关于加快发展旅游业的意见》(简称《意见》)，该《意见》是在当时环境下对旅游业发展做出的科学规划，其中指出“旅游业兼具经济功能和社会功能，资源消耗低，带动系数大，就业机会多，综合效益好”[①]。《意见》还提出要放宽旅游市场准入，鼓励社会资本和各种所有制企业公平参与；优化旅游消费环境，加快以旅游交通、游客服务、旅游安全等为重点的基础设施建设；推动旅游产品多样化发展，积极发展休闲度假旅游，继续发展红色旅游；加强旅游从业人员素质建设和旅游市场监管；推进节能环保，大力倡导健康旅游、文明旅游、绿色旅游等，该《意见》多处涉及旅游业发展与文化结合的事宜。

（二）文化旅游产业政策的发展

2009年，对于文化与旅游的融合发展来说是一个重要的年份，这一年国家从文化视角和旅游视角都制定了相关政策，促进了文化和旅游的结合。

2009年7月22日，国务院常务会议审议通过《文化产业振兴规划》，这是我国第一部关于文化产业振兴发展的专项规划。在国家出台的关于钢铁、汽车、纺织等十大产业振兴规划后，文化产业振兴规划也相继出台，表明了国家从长远发展的战略角度对文化产业的重视，标志着文化产业已经上升为国家的战略性产业。通过规划明确了国家将重点推进文化创意、影视制作、出版发行、印刷复制、广告、演艺娱乐、文化会展、数字内容和动漫等文化产业的发展，并且在重点任务中明确了文化产业与旅游产业发展的协同关系，强调要扩大文化消费，开发与文化结合的教育培训、健身、旅游、休闲等服务性消费，带动相关产业发展。

2009年8月31日，文化部与国家旅游局联合发布了《关于促进文化与

① 国务院常务会议通过《关于加快发展旅游业的意见》[EB/OL].(2009-11-25)[2022-03-05].http://www.gov.cn/ldhd/2009-11/25/content_1473006.htm.

旅游结合发展的指导意见》(简称《指导意见》),这是我国第一次将文化与旅游并列呈现在标题和主题中的文件。《指导意见》对文化和旅游的结合进行了明确说明,并通过十项保障措施加强文化和旅游在新的发展领域中的结合。同时,《指导意见》立足于构建社会主义和谐社会的高度,以“树形象、提品质、增效益”为目标,通过文化与旅游的结合推动社会主义文化大发展大繁荣。为保障文化与旅游的结合与协同发展,《指导意见》从打造文化旅游系列活动品牌;打造高品质旅游演艺产品;利用非物质文化遗产资源优势,开发文化旅游产品;实施品牌引领战略,引导文化旅游产品开展品牌化经营;鼓励主题公园、旅游度假区设立连锁网吧、游戏游艺场所;举办文化旅游项目推介洽谈会,推动文化旅游企业开展合作;深度开发文化旅游工艺品(纪念品);加强文化旅游产品的市场推广;积极培育文化旅游人才;规范文化旅游市场经营秩序等十个方面的举措进行了规定,为之后文化与旅游的结合发展制定了规划蓝图和行动路径。

2009年9月,文化部出台《文化部关于加快文化产业发展的指导意见》(简称《指导意见》),《指导意见》进一步明确了要促进文化与旅游相结合,以文化提升旅游的内涵,以旅游扩大文化的传播和消费。同时还强调了要打造文化旅游系列活动品牌,扶持具有地方、民族特色的文化旅游项目,推出“全国文化旅游节庆活动扶持名录”和“国家文化旅游重点项目名录”。鼓励对演艺与旅游资源的整合,在知名旅游景区打造高品质、有特色的演艺精品。在有效保护的基础上,对历史文化名城、文物古迹进行科学开发利用,合理开发传统手工技艺类和表演类非物质文化遗产,深度开发文化旅游工艺品,提升品位,拓宽市场等。

2009年12月,国务院出台《国务院关于加快发展旅游业的意见》(简称《意见》),《意见》提出要大力推进旅游与文化、体育、农业、工业、林业、商业、水利、地质、海洋、环保、气象等相关产业和行业的融合发展。以措施与机制不断丰富旅游文化内涵,强化旅游文化的表现形式,把提升文化内涵贯穿到“吃、住、行、游、购、娱”各环节和旅游业发展全过程。这一《意见》强调了旅游开发建设要加强自然文化遗产保护，深挖文化内涵，普及科学知识。旅游商品要提高文化创意水平，旅游餐饮要突出文化特色，旅游经营服务要体现人文特质。鼓励各地要发挥文化资源优势，推出具有地方特色和民族特色的演艺、节庆等文化旅游产品。充分利用博物馆、纪念馆、体育场馆等设施，开展多种形式的文体旅游活动。集中力量塑造国家旅游整体形象，提升文化软实力。

从2009年的文化与旅游结合发展的政策规划出台与实施开始，在不断的实践与总结中，关于文化与旅游结合发展的政策如同雨后春笋般出现，这些政策涉及文化产业的具体领域和旅游产业的不同层面，共同促使文化与旅游在不同视角和不同层面的结合，为以后文化旅游的全方位融合提供了政策支持。

2011年5月，中共中央办公厅、国务院办公厅联合下发了《2011—2015年全国红色旅游发展规划纲要》，明确提出了今后五年全国红色旅游发展的指导思想、基本原则、发展目标、主要任务及保障措施等，是指导以后五年国家红色旅游发展的纲领性文件，其中涉及了红色旅游发展和红色文化保护传承的关系；2011年10月18日，党的十七届六中全会通过了《中共中央关于深化文化体制改革、推动社会主义文化大发展大繁荣若干重大问题的决定》，提出了要加强爱国主义教育基地建设，用好红色旅游资源，使之成为弘扬培育民族精神和时代精神的重要课堂，并提出了要推动文化产业与旅游、体育、信息、物流、建筑等产业融合发展和积极发展文化旅游，促进非物质文化遗产保护传承与旅游相结合，发挥旅游对文化消费的促进作用等；2011年11月16日，《国家旅游局关于进一步加快发展旅游业促进社会主义文化大发展大繁荣的指导意见》中提出要科学引导和积极培育健康丰富的旅游文化。通过重点支持一批全国性的文化旅游活动品牌，逐步建立国家和地方层面的文化旅游活动重点名录库，围绕非物质文化遗产的传承保护推出一批旅游精品，继续提升一批具有地方文化特色的旅游演艺精品，继续引导、支持和规范文化旅游名街、名镇发展，加快推进文化旅游实验区、示范区建设，探索建设文化旅游特色产业聚集区，继续鼓励创意和制作具有地方文化特色的旅游工艺品、纪念品，不断丰富中国特色旅游商品体系等方面对建设文化旅游项目提出了具体要求。

2012年2月，中共中央办公厅、国务院办公厅联合印发《国家“十二五”时期文化改革发展规划纲要》，提出了要加快发展文化产业，积极扩大文化消费。这一纲要还明确了要积极发展文化旅游，促进非物质文化遗产保护传承与旅游相结合，提升旅游的文化内涵，发挥旅游对文化消费的促进作用等要求，同时也提出要支持海南等重点旅游区建设等要求与举措；2012年2月28日，文化部正式向社会发布了《文化部“十二五”时期文化产业倍增计划》，通过科学编制文化旅游发展规划，打造文化旅游特色产业集聚区、全国文化旅游实验区、国际知名旅游演艺及文化旅游系列活动品牌。对历史文化名城、文物古迹、手工技艺类和表演类非物质文化遗产进行开发利用，深度开发文化旅游工艺品。这一计划要求从2010年开始，文化部、国家旅游局每四年推出一个中国文化旅游主题年，每两年举办一届中国国际文化旅游周，定期发布《国家文化旅游重点项目名录》等，有效地促进文化与旅游的进一步融合发展；2012年12月，国务院印发《关于进一步做好旅游等开发建设活动中文物保护工作的意见》，对旅游开发建设提出重点要求，提出要在文物保护的基础上做好旅游开发，进一步明确了文物保护与旅游产业发展之间的关系。

2013年公布并施行的《中华人民共和国旅游法》明确国务院和县级以上地方人民政府应当将旅游业发展纳入国民经济和社会发展规划，特别强调公益性的城市公园、博物馆、纪念馆等，除重点文物保护单位和珍贵文物收藏单位外，应当逐步免费开放，并就诚信经营和文明旅游等做了具体规定；2013年2月2日，国务院办公厅印发的《国民旅游休闲纲要（2013—2020年）》，从国家层面首次对休闲发展进行部署，涉及红色旅游、文化演艺、科普教育、诚信经营等，提出要鼓励和支持私人博物馆、书画院、展览馆、体育健身场所、音乐室、手工技艺等民间休闲设施和业态发展。

2014年2月，国务院出台了《关于推进文化创意和设计服务与相关产业融合发展的若干意见》，提出的7条重点任务中专门设立提升旅游发展文化内涵这一要求，并对挖掘特色农业发展潜力做出了规划，鼓励用文化创意和设计提升乡村旅游和休闲农业发展水平；2014年9月，中央精神文明建设指导委员会印发的《关于进一步加强文明旅游工作的意见》，指出了文明旅游的措施保障，提出了旅游者行为等问题；2014年8月，《关于促进旅游业改革发展的若干意见》出台，提出了要更加注重文化传承创新，专门就创新文化旅游产品、积极开展研学旅行等进行了阐述，还在大力发展乡村旅游、扩大旅游购物消费、加强市场诚信建设等方面提到了文化旅游开发和旅游文化建设的相关内容。

2016年10月23日，中共中央办公厅、国务院办公厅印发了《2016—2020年全国红色旅游发展规划纲要》，连续对红色旅游发展做出部署，尤其对红色资源的保护与利用提出了新要求；2016年3月8日，国务院发布了《关于进一步加强文物工作的指导意见》（简称《意见》），《意见》要求建立文物、文化、旅游等部门和单位参加行政执法联动机制，发挥文物资源在壮大旅游业中的重要作用，打造文物旅游品牌，培育以文物保护单位、博物馆为支撑的体验旅游、研学旅行和传统村落休闲旅游线路，设计生产较高文化品位的旅游纪念品等；2016年5月，国务院办公厅转发文化部等部门《关于推动文化文物单位文化创意产品开发的若干意见》，多处提及文化和旅游的结合，其中提出了要支持文化资源与创意设计、旅游等相关产业跨界融合，提升文化旅游产品和服务的设计水平，开发具有地域特色、民族风情、文化品位的旅游商品和纪念品等；2016年11月20日，《国务院办公厅关于进一步扩大旅游文化体育健康养老教育培训等领域消费的意见》出台，涉及旅游与文化协同发展的规定，提出支持实体书店融入文化旅游等相关的举措；2016年12月7日，国务院印发的《"十三五"旅游业发展规划》（简称《规划》），这是首次由国务院印发的五年旅游业发展规划，《规划》的制定与发布，强化了旅游业的地位，其中涉及大量关于文化旅游发展的要求，以及旅游文化建设的机制与措施。

2017年3月12日，国务院办公厅转发文化部等部门制定的《中国传统工艺振兴计划》(简称《计划》)，其中多处涉及文化与旅游的融合发展问题。《计划》中提出，要依托乡村旅游创客示范基地和返乡下乡人员创业创新培训园区（基地），推动传统工艺品的生产、设计等和发展乡村旅游有机结合，推动传统工艺与旅游市场的结合，在非物质文化遗产、旅游等相关节会上设立传统工艺专区，将传统工艺展示、传统基础设施建设纳入“十三五”时期文化旅游提升工程等；2017年5月8日，中共中央办公厅、国务院办公厅印发了《国家“十三五”时期文化发展改革规划纲要》，正式提出要发展文化旅游，扩大休闲娱乐消费的要求，并部署开展红色旅游活动和文明旅游行动的具体举措，同时还对建设国家文化公园和文化教育基地提出了要求。

2018年3月22日，国务院办公厅印发《关于促进全域旅游发展的指导意见》(简称《指导意见》)，这是一个专门涉及旅游的国家出台的政策，也是在组建文化和旅游部之前国家出台的最后一个旅游文件。《指导意见》中强调了旅游与文化的融合发展相关问题，并且将丰富文化内涵作为提升旅游产品品质的重要内容，提出了一系列具体措施和保障策略。

2018年2月，党的十九届三中全会通过了《中共中央关于深化党和国家机构改革的决定》和《深化党和国家机构改革方案》，决定组建中华人民共和国文化和旅游部，组建后的文旅部重要职责就是统筹文化事业、文化产业发展和旅游资源开发，推动文化事业、文化产业和旅游业融合发展，自此之后，文化和旅游统筹发展、融合发展进入新的历史阶段。文化和旅游部组建以来，为保障文化与旅游的深度融合，国家又出台了若干政策与文化，全面推进文旅产业的融合发展：2018年5月，文化和旅游部等20多个部门联合签署了《关于对旅游领域严重失信相关责任主体实施联合惩戒的合作备忘录》，对旅游领域严重失信相关责任主体的联合惩戒进行了规定；2018年7月，中共中央办公厅、国务院办公厅印发了《关于实施革命文物保护利用工程（2018—2022年）的意见》（简称《意见》），该《意见》在基本原则、拓展利用途径、重点项目、实施保障等多处规定了文化与旅游融合发展措施与机制；2018年9月26日，中共中央、国务院印发了《乡村振兴战略规划（2018—2022年）》，在特色保护类村庄、乡村特色文化产业等方面对乡村振兴的文化和旅游产业发展进行了规划；2018年10月8日，中共中央办公厅、国务院办公厅印发了《关于加强文物保护利用改革的若干意见》，提出促进文物旅游融合发展，推介文物领域研学旅行、体验旅游、休闲旅游项目和精品旅游线路等；2018年11月，文化和旅游部、国家发展改革委等17个部门联合印发《关于促进乡村旅游可持续发展的指导意见》（简称《指导意见》），《指导意见》以文化和旅游融合发展为基本思路，为脱贫攻坚和乡村振兴战略背景下推动乡村旅游的可持续发展做出了规划；2018年12月，文化和旅游部印发了《国家级文化生态保护区管理办法》，明确提出国家级文化生态保护区应该依托区域内独具特色的文化生态资源开展相应的旅游活动。

2019年3月15日，文化和旅游部联合中央文明办印发了《2019年文化和旅游志愿服务工作方案》（简称《工作方案》），《工作方案》中明确从2019年起，"'春雨工程'——全国文化志愿者边疆行"活动调整为"'春雨工程'——全国文化和旅游志愿服务行动计划"，为文化和旅游的融合向具体项目中延伸提供了制度保障；2019年5月7日，文化和旅游部印发了《文化和旅游规划管理办法》，对文化和旅游部相关司局或单位编制的以文化和旅游部名义发布的总体规划、专项规划、区域规划，地方文化和旅游行政部门编制的地方文化和旅游发展规划进行了规定；2020年8月18日，文化和旅游部关于印发《文化和旅游统计管理办法》的通知，对文化与旅游的统计机构和统计人员、统计调查管理、统计资料管理和公布、统计工作的监督检查等进行了规定；2021年1月28日，文化和旅游部遴选推出"建党百年百条精品红色旅游线路"，围绕"重温红色历史、传承奋斗精神""走近大国重器、感受中国力量""体验美丽乡村、助力乡村振兴"等主题，体现了红色文化与红色旅游的深度融合。

文化和旅游部成立以来，面向“十四五”规划的目标，依托于文化和旅游融合发展的要求，纷纷制定了一系列发展规划。2021年4月26日，文化和旅游部印发了《“十四五”文化和旅游科技创新规划》，这一规划以文化和旅游科技前沿、文化事业建设重大需求、文化产业和旅游业发展需求和人民群众美好生活新期待为出发点，以高质量发展为主题，以深化现代科技在文化和旅游领域的应用为主线，以自主研发和重点领域关键技术攻关为重要支撑，通过科技促进文化和旅游生产方式、体验方式、服务方式、管理模式的创新，提高文化事业的保障能力，提升文化产业和旅游产业的供给质量；2021年4月29日，文化和旅游部关于印发《“十四五”文化和旅游发展规划》的通知，对新时代艺术创作体系、文化遗产保护传承利用体系、现代公共文化服务体系、现代文化产业体系、现代旅游业体系、现代文化和旅游市场体系、对外和对港澳台文化交流和旅游推广体系进行了规划，提出了要推进文化铸魂、发挥文化赋能作用，推进旅游为民、发挥旅游带动作用，推进文旅融合、努力实现创新发展，为提高国家文化软实力、建设社会主义文化强国作出积极贡献等目标；2021年5月6日，文化和旅游部印发了《“十四五”文化产业发展规划》，其中关于推动文化产业融合发展的规划中，明确了要发展文化和旅游融合重点业态，推进数字经济格局下的文化和旅游融合，加强数字文化企业与互联网旅游企业对接合作，促进数字内容向旅游领域延伸，强化文化对旅游的内容支撑和创意提升作用。同时，着力打造文化和旅游融合发展载体，建设一批文化和旅游资源丰富、产业优势明显、产业链深度融合互促的国家文化产业和旅游产业融合发展示范区，着力打通上下游产业链，进一步提高供给质量；2021年5月17日，文化和旅游部印发了《“十四五”文化和旅游市场发展规划》，提出到2025年，文化和旅游市场监管机制进一步完善，市场主体活力进一步增强，服务质量进一步提升，市场治理能力进一步提高，文化市场综合执法改革深入推进，综合执法效能进一步增强，高标准现代文化和旅游市场体系基本建成，为社会主义文化强国建设打下坚实基础的发展目标；2021年5月25日，文化和旅游部印发了《“十四五”非物质文化遗产保护规划》，提出要坚持创造性转化、创新性发展，坚守中华文化立场、传承中国文化基因，贯彻“保护为主、抢救第一、合理利用、传承发展”工作方针，深入实施非物质文化遗产传承发展工程，切实提升非遗保护传承工作水平；2022年1月20日，国务院印发了《“十四五”旅游业发展规划》（简称《规划》），《规划》基本原则的第一条就提出了要坚持以文塑旅、以旅彰文，明确了要以社会主义核心价值观为引领，让旅游成为人们感悟中华文化、增强文化自信的过程，推动旅游业实现社会效益和经济效益有机统一，提出了到2025年，旅游业发展水平不断提升，现代旅游业体系更加健全，旅游有效供给、优质供给、弹性供给更为丰富，大众旅游消费需求得到更好满足的发展目标。

二、文化旅游产业资源的开发

伴随着文化旅游产业的融合发展，国家和地方都对文化与旅游资源的开发与利用越来越重视。纵观旅游业的发展历程，不难发现旅游业是极富有创新性的产业，自旅游业出现以来就经历了各种各样的转型发展。在漫长的旅游业发展的历程中，旅游业管理者通过对旅游产品规划、旅游市场调研、旅游方式优化等形式创新，达到更加符合人们需求的发展样态。旅游业的长远发展必然需要与文化进行联姻已成为不争的事实，因为文化可以用持续的资源动力和无限的创意为旅游业的发展提供源源不断的后劲。新的历史时期，文化旅游产业资源的持续开发与规范利用成为人们关注的热点，文化旅游产业资源是人类在漫长的历史时期创造出的文明成果，是人类智慧的结晶，开发与利用文化旅游产业资源能够弘扬优秀历史文化，增强文化自信。同时，通过因地制宜的资源开发，大力发展文化旅游产业，能够繁荣社会主义精神文化，提高人民收入，达到共同富裕。

（一）文化旅游产业资源的特征

文化旅游产业资源是两者融合发展的前提与基础，资源作为产业的基础与保障，是文旅产业可持续发展的核心要素。在文化与旅游还没有从形式上完全融合发展之前，国家和地方对于旅游产业的资源就已经展开了研究与规划，力图从旅游资源的调研与挖掘中，寻求资源在旅游产业中的利用，促进旅游业的振兴与发展。随着对旅游资源研究的持续和深入，关于旅游资源的界定也逐渐朝向文化属性，旅游资源的归属问题成为新的讨论对象。这主要是因为多年来关于“文化”话题的逐渐升温，旅游结合文化一度成为旅游产业的热门话题，所以就产生了文化性旅游资源的说法，也就是以人文为特征的具有文化属性的旅游资源。随着我国文化旅游产业的纵深发展，文化与旅游成为一组紧密联系的融合体，文化旅游产业资源也就有了新的阐释。许多研究者对于文化旅游资源都有不同的研究和界定，任冠文在《文化旅游相关概念辨析》一文中对文化旅游资源是这样界定的：“凡能被旅游业所利用来开展旅游活动，能够吸引旅游者产生旅游动机，并能满足旅游者对文化需求的各种自然、人文客体或其他因素，都可以称为文化旅游资源。”①纵览文化产业与旅游产业的演进历程，融合发展已经成为新常态，特别是在2018年文化和旅游部成立以后，文化与旅游融合的发展已经成为全社会的共识。所以，当下关于文化旅游产业资源的界定更加趋向于文化与旅游的整体性表达，也就是资源本身应该具有文化和旅游的双重属性，因而文化旅游产业资源是在文化与旅游共同属性基础上的产业化表现。

针对文化旅游产业资源的界定尚未形成定论，根据国家规定与要求，我国对于文化旅游资源的分类一般还是沿用《旅游资源分类、调查与评价》这一国家标准。它是由中华人民共和国国家质量监督检验检疫总局和中国国家标准化管理委员会联合发布的，最新的版本于2017年12月29日发布，

① 任冠文.文化旅游相关概念辨析［J］.旅游论坛，2009，2(2)：159-162.

并于2018年7月1日实施。《旅游资源分类、调查与评价》（GB/T 18972-2017）中对旅游资源的定义是："自然界和人类社会凡能对旅游者产生吸引力，可以为旅游业开发利用，并可产生经济效益、社会效益和环境效益的各种事物和因素，均称为旅游资源。"[①]这一标准对旅游资源的界定十分全面，结合文化与旅游产业的统筹发展，以及在旅游资源界定的基础上，文化旅游产业资源一般呈现以下三个特征。

1.涵盖整个自然界和人类社会

文化旅游产业资源涵盖的范围十分宽泛，包括一切自然资源和人文社会资源，既有物质性的实物资源，也有非物质性的精神文化资源。这些资源都是人类生存与发展过程中依赖的重要物质基础或者积累与创造的各种文明成果。文化旅游产业资源是全人类共同的财产，在文化资源保护和未来发展中，全世界各个国家都逐渐树立起文化旅游产业资源的保护意识，在保护中开发与利用，实现物质文明与精神文明的共同进步。

2.具备人类生存发展的吸引力效应

文化旅游产业资源必须具备一定的吸引力作用，才能够依据自身的资源特征来引起人们的关注，吸引人们对此进行感知、体验、交流、分享。这种资源往往具有深刻的发展潜力，适应人们从不同层面对其进行挖掘、研究、阐释和理解，并且往往通过对其进行解读与创造时形成一定的效应，在资源运行或创造过程中逐渐满足人们对于娱乐休闲、康养保健、运动体验、精神回归等多层面的需求。尤其是在社会快速发展的当代社会，文化旅游资源的吸引力效应逐渐被文旅产业开发者所重视，文化旅游产业的开发与运行，产业链的延伸与业态的创新，始终离不开围绕吸引力效应而进行的开发与策划。只有利用文化旅游资源的本身价值内涵，深入挖掘文旅项目的吸引力因素，不断把握人们的心理，才能寻求在吸引力创造和人们需求方面的真正契合，才能促进文旅产业的高质量发展。

① 旅游资源分类、调查与评价［EB/OL］.（2018-07-01）［2022-03-05］. http://www.gb688.cn/bzgk/gb/newGbInfo?hcno=B8AFA5B524438117E00F3BC259B6831C.

3.具有产业发展的动能与潜力

文化旅游产业资源的开发必然要充分考虑其经济效益，也就是在现有经济机制的框架内，运用市场的调控，利用资源优势全方位发展文化产业与旅游产业带动区域经济增长，谋求经济社会的可持续发展。有优势的文化旅游产业项目应该立足于产业发展的实际情况，在文化旅游资源的体认中把握其价值内涵，对文化旅游资源的市场化开发进行全方位预测；在不断地研判中挖掘文化旅游产业资源的经济效益和市场价值，总结资源本身的文化价值和旅游价值；在不断地对比中研究文化旅游资源的价值含量，并将资源有机汇入产业发展的宏观视野中，结合地域经济发展的实际需求，谋求文化旅游资源的产业发展潜力与动能。

（二）文化旅游产业资源的挖掘与开发

文化旅游产业资源的挖掘与开发，首要的问题就是要确定这一资源的特征。立足于文化旅游融合发展的需求，在文化属性与旅游属性体认的基础上研判资源的产业化发展潜力，以促进文旅产业在资源保障的基础上可持续发展。关于文化旅游产业资源的挖掘与利用，需要针对不同类别的资源进行区分对待，而针对文化旅游产业资源的划分还没有完整与通用的标准，因为构成文化旅游产业的资源十分丰富，按照不同的分类标准会有不同的类型，文化和旅游融合发展进入新阶段，对于文旅产业的类型需要有新的标准确立。参照现行的《旅游资源分类、调查与评价》（GB/T 18972-2017）标准，在文化旅游融合发展的新时代，目前我国对于文化旅游产业资源的挖掘与开发需要从以下六个不同的类型中找准方向。

1.地文景观

地文景观资源包括自然景观综合体、地质与构造行迹、地表形态、自然标记与自然现象。地文景观的基础是地球的地貌特征，形成于漫长的地壳运动和地质变化过程中，其展现的景观样态具有天然性。这一资源的挖掘与利用的重点就是保持原生态基础上的观光与体验，比如分布于我国广阔区域的丹霞地貌就是典型的地文景观，丹霞地貌是以陆相为主的红层发育的具有陡崖坡的地貌，丹霞地貌分布十分广阔，在热带、亚热带湿润区、温带湿润-半湿润、半干旱-干旱区和青藏高原高寒区均有分布。中国是丹霞地貌地文景观资源丰富的国家，“中国丹霞”的名称在2010年7月提交到第34届世界遗产大会表决，并于同年8月1日经联合国教科文组织世界遗产委员会批准，正式列入《世界遗产名录》。像国家对于丹霞地貌的保护性开发一样，地文景观的挖掘与开发要尊重自然规律，在保证不被人为破坏的基础上进行创造性转换，挖掘其中蕴含的丰富自然价值，寻求在旅游观光、科学普及、研学教育等方面的创新发展。

2.水域景观

水域景观资源包括河系、湖泊、地下水、冰雪地、海面等。水域景观就是指地表以水的状态存在的景观形式，我国幅员辽阔，水域景观十分丰富，其中最为重要的是分布于东部与南部的渤海、黄海、东海和南海的水域景观资源，沿海城市和岛屿在开发水域景观资源中已有许多尝试；另外我国南方和北方的两条被誉为“母亲河”的长江与黄河，也具有丰富的水域景观的展示，这两条主要河流和其支流都蕴含了丰富的水域自然价值，连同流经区域的历史人文景观，成为近年来主要的旅游目的地。从国家层面和地方发展战略中，推出了关于长江、黄河、大运河等国家文化公园，这些文化公园的规划与开发，对于展现水域景观、融合文化与旅游协同发展的目标具有重要作用。水域景观资源的挖掘与开发也要尊重水利、海洋、湖泊的自然规律，在生态保护的基础上注重挖掘资源本身的人文内涵，使水域景观资源能够在文化与旅游双重价值体系中整体推进，寻求文化旅游资源挖掘与开发的协同创新与可持续性发展。

3.生物景观

生物景观资源包括植被景观、野生动物栖息地等。生物景观在我国分布较为广阔，尤其是伴随着国家对于生物多样性保护和生态保护的加强，我国生物景观及其在文旅挖掘与开发中逐渐形成新的面貌。在我国东北与西南的广阔区域中，丰富的原始丛林与野生动物栖息地成为吸引人们旅游的好去处，以生物景观为基础的文化旅游项目的开发，主要是注重旅游参观者的休闲放松与自然体验，比如原始森林露营旅游，能够让人们返璞归真，享受丰富负氧离子带来的精神愉悦，也能够让人们以家庭为主体走进自然的怀抱，通过亲子活动等形式建立人与自然的和谐关系。像森林露营这种文旅项目在特定时间内也会成为人们喜爱的户外旅游活动，尤其是在近几年新冠疫情期间，国内游和出境游一度受到冲击，城市郊区的森林露营就成了市民首选的旅游项目。生物景观的挖掘与开发要立足于保护的现实基础，以绿色生态的开发方式，满足人们回归自然的心理特征，树立人与自然、人与动物和谐共存的发展目标，以集约化、生态化的创新发展思路进行挖掘与开发。

4. 天象与气候景观

天象与气候景观资源包括天象景观、天气与气候现象等。此类资源与地理环境有重要的关系，由于我国是世界上唯一一个同时拥有热带、亚热带和温带季风气候的国家，在不同的季节会产生不同的天气与气候景观，这些景观连同地域的文化遗产，尤其是民俗类的非物质文化遗产，往往能够吸引许多人的关注。此类资源的挖掘与开发与资源本身独特性有重要关系，由于这类资源具有个性化特征，属于地域性珍稀资源，所以在挖掘与开发过程中除了注重自然环境的保护以外，还要有良好的策划与宣传，不仅增强人们对于天象与气候的直接感观，结合民宿旅游和乡村旅游等，还能推行科学普及与研学教育，增强文化旅游挖掘开发的知识性、趣味性和体验感。

5. 建筑与设施

建筑与设施资源包括人文景观综合体、实用建筑与核心设施、景观与小品建筑等。以建筑与设施为主要参观对象的人文景观使人们具有丰富的体验与感受，而建筑与设施中呈现的科技和人文的内涵往往成为人们关注的焦点，通过对此类景观的参观与体验，能够让人们惊奇于人类的创造力和创新性，感叹人类在自然与社会生存中的智慧。建筑与设施的文化旅游资源具有的文化与旅游双重属性十分显著，尤其是其中蕴含了丰富的历史与人文信息，成为人们关注、学习、体验的对象。建筑与设施资源在文旅融合发展中需要找准其中最为显著的内涵要素，挖掘其中有关历史、人文、科技、地理等相关价值。尤其值得关注的是建筑与设施本身就具有较高的科技含量，往往是人们在生存发展中积累的智慧结晶，这一资源具有实用价值与旅游价值，能够通过展示与体验让人们身处其中感受独特的人文智慧，这类资源适合科学普及和研学教育的开发与利用。此类资源的挖掘与开发要注重建筑与设施本身的价值内涵，用其中独特的人文价值作为文化旅游发展的诉求点，在融合中不断创新形式与内容。

6.历史遗迹

历史遗迹是比较常见的一种文化旅游资源，它包括物质类文化遗存、非物质类文化遗存等。历史遗迹类的旅游资源是人类共同的财富，对其保护的意识已经成为各个国家的共识，通常来说，物质类和非物质类的文化遗存是全世界主要的旅游内容。尤其是在中国，五千年华夏文明的延续，各类历史遗迹构成了丰富的文明宝库，在国家文物保护与利用相关政策机制的驱动下，历史遗迹的文化旅游资源逐步被合理利用，成为人们最为青睐的一种文化旅游资源。对文化旅游资源的挖掘与开发，一定要建立在科学保护基础上，因为这类资源属于不可再生资源，而且历史遗迹蕴含着极为丰富的人类历史文化信息，其文化价值和历史价值都具有独特性和唯一性。我国在历史遗迹的保护中积累了丰富的经验，特别是在近几年，根据历史遗迹保护与利用的相关政策机制，运用数字技术和各类创新手段，极大地提高了历史遗迹的保护能力，创新了历史遗迹的保护手段，增强了各类相关遗产的利用与转换水平。历史遗迹蕴含了人类丰富的历史进程与发展信息，所以在文旅融合发展中一定要坚持保护为主，科学开发，并运用创新性手段和科学严谨的技术进行合理规划，寻求历史遗迹文化旅游资源更好的保护与传承。

三、文化旅游产业融合的深入

文化是旅游的灵魂，旅游是文化的载体，文化为旅游产业的发展提供了内容，旅游则为文化产业的发展增加了活力。在现代化进程中，同为国民经济着力发展的两大支柱性产业，文化产业与旅游产业的发展决定了国家经济社会发展的水平与发展的高度。文化资源与旅游资源的契合为两者在产品生产、服务提升、市场开拓、创意落地等诸多方面提供了前提与基础，在不断产业化发展潮流中，文化与旅游已经在诸多方面打破边界、互相渗透。随着发展的实践与政策的驱动，文化和旅游在相互渗透中形成新的发展模式，以两者的交叉与渗透诞生了许多新业态，这些交叉而产生的新业态依然保持了文化与旅游各自的优势，成为一种优势互补、形态流动、状态新颖、潜力巨大的产业发展生力军。进入21世纪以来，我国在文化和旅游融合发展中进行了积极的尝试，2009年，国家对文化与旅游产业融合制定了框架与方向；2018年，文化和旅游部的成立为两者的深度融合开启了新的篇章，促进文化产业和旅游产业融合发展的政策陆续出台。各种鼓励性机制不断实施，为两大产业间进一步打破制约发展的壁垒，实现深度交叉与渗透、创新融合与发展提供了有力的支撑。

（一）文化旅游产业融合的背景

2001年12月11日，我国正式加入世界贸易组织，从此中国的经济发展进入崭新阶段，催生了各行各业继续深化发展的动能。这一时期，转型升级成为文化产业和旅游产业都必须面对的深刻命题，两者都在为实现成为国家战略性支柱产业的目标而互动前行。通过实践的摸索与国外经验的借鉴，文化与旅游在产业推动与发展中的交叉日益频繁，人们逐渐认识到只有通过融合发展的方式才能实现文化旅游成为国民经济支柱产业这一宏大发展目标。于是，文化产业与旅游产业在其边界的渗透中逐步找准定位，运用产业发展相互渗透与相互交叉的形式衍生出一个个全新的业态，新业态带动产业融合的加剧，逐渐在新业态发展与文旅融合中形成循环发展机制，“文化旅游产业”就是在机制的驱动下呼之欲出。生产与消费模式的创新驱动，文化和旅游的产业链逐渐拓展，这种文化旅游产业的新形式虽然是一个新的产业形态，但是兼具文化和旅游在资源、市场、生产与消费等层面的各自特征，能够融合两个产业发展的优势，从而为这两大产业的优化升级带来新机遇。

综观历史发展规律和产业发展趋势，文化产业与旅游产业的融合是大势所趋，只有融合发展，才能促进国民经济在结构调整方面继续深化改革，为国民经济相关的产业升级创造优化途径，以更加得当的机制促进经济社会全面快速发展。文化和旅游产业的融合为各自的发展空间创造了前提，让旅游产业寻求到有力的支撑，促进旅游产业在市场机制下的转型升级，同时也激发了旅游产业发展中的内在文化价值呈现，推动产业资源的挖掘与利用，延伸产业发展链条；让文化产业的发展找到了突破口，为文化价值的挖掘与文化内涵的提升提供了源源不断的动力，促进文化产业内部结构的调整，促使文化产业朝向更为生动、更为具体、更具潜力的方向发展，拓宽了文化产业的服务人群，拓展了文化产业的市场。文化旅游产业的融合还产生了相加倍增的效果，以市场为前提、用户需求为目标的文化旅游产品也在这种融合变革中层出不穷，新兴的产品和服务巧妙地利用了两者的价值意蕴发挥了各自优势，从而进一步推动了文化旅游品牌的传播。如《又见平遥》这类聚合文化与旅游双重价值的实景演艺产品纷纷推出，丰富了地域文化的挖掘与利用形式，为地域文化创新性传播提供了资源与市场。这类实景演艺产品将地域文化资源与旅游业的发展深度融合，通过叙事与抒情表达了深刻的文化内涵，成为游客在平遥古城旅游中重要的组成部分，不仅延展了旅游产业市场，丰富了文化表现形式，也大大提升了地域文化旅游品质。

除了两者在融合的实践探索之外，文化产业与旅游产业的融合发展需要政府提供体制改革的政策支持，以促进两者融合的持久力，并在深度和广度中寻求更为深远的发展空间。为了促进旅游产业的文化价值进一步提升，激发文化产业在旅游方面的深度融合，文化产业与旅游产业各自发展到新的阶段，面临着同样的转型升级需求。根据行业调研，国家相继出台了一系列促进文旅融合的文件与政策。其中最具有历史意义的就是2009年9月由文化部与国家旅游局共同制定并发布的《关于促进文化与旅游结合发展的指导意见》(简称《指导意见》)，这也是第一次国家对文化和旅游的结合发展给予政策支持的文件。《指导意见》强调了通过加强文化和旅游的深度结合，有助于推进文化体制改革，加快文化产业发展，促进旅游产业转型升级，满足人民群众的消费需求。同时还指出文化和旅游的深度结合有助于推动中华文化遗产的传承保护，扩大中华文化的影响，提升国家软实力，促进社会和谐发展。《指导意见》对于文化与旅游结合的价值效应给出了科学判断。从2009年开始，国家和地方政策中多次提出要加强文旅融合，实施文化旅游品牌化战略，推动国家和地方文化软实力建设等政策。这一系列政策的出台可以看出从国家层面对于文化与旅游融合发展的重视，在产业化的驱动下，通过政策机制具体提出了积极发展文化旅游、促进文化资源的产业化、市场化开发的要求与步骤，并将文化与旅游相结合，提升旅游文化内涵，打造文化旅游系列活动品牌，以资源利用为出发点，打造具有地方文化特色的旅游演艺品牌等做出规划。这些政策的推动为促进文化产业与旅游产业的融合与发展提供了强有力的外部支撑和政策基础，也为2018年文化和旅游部的成立创造了体制与机制的发展基础。

（二）文化旅游产业融合的发展

文化产业和旅游产业在发展的过程中不仅对融合具有巨大的需求，综观现代化产业发展的态势，不难看出，各类产业在新条件与新机制的作用下都会谋求融合发展的方向。文化产业与旅游产业的融合是历史的选择和时代的规律，两者的融合发展是产业推进的必然发展阶段，也是经济社会发展的趋势。文化产业和旅游产业在诸多方面具有高度的关联性和产业渗透性，两者可在资源、市场、人才、科技、产品、创意等各个方面进行深度的融合与创新发展，也能够以产业融合实现体制机制的优化，形成文化、旅游、科技、人文等元素的融合与创新发展格局，带动文化和旅游及其相关产业的协同创新发展。文化产业和旅游产业以文化资源的挖掘与利用为基本要求，其产业发展促使两者之间的耦合关系更加明确，旅游产业的地理空间和经济市场为文化产业的发展提供基本动能，文化产业的精神属性和发展机制为旅游产业的持续发展提供源源不断的资源和价值内涵。文化与旅游的融合丰富了各自的主体价值，具有相得益彰的特点，两者的融合推进能够延展文化产业的发展空间，提升旅游产业的发展品质，促进文化创意产业、国家文化公园、文化旅游带等相关产业的持续推进，为打造具有现代气息和兼具科技与人文内涵的文化旅游品牌奠定了坚实的基础。

自2018年文化和旅游部成立以来，我国文化产业和旅游产业的融合发展进入了新的时空，全国自上而下的文旅融合，不仅仅表现在形式层面，更是将管理机制、资源配置、市场经济、生产与消费、人才与技术等各个层面进行了系统化融合。在文化和旅游部成立以后的融合实践中，通过不断的创新驱动，其规模与效应逐渐显现。文化旅游产业的融合发展不仅可以促进两大产业的转型升级，促进文化和旅游融合的新生业态不断出现，而且还推动了文化产业的市场拓展与旅游产业的提质增效，并吸收两者融合的业态形成文化旅游产品和服务品牌。通过文化价值的植入，不断丰富品牌的内涵，塑造品牌的个性，提升文化与旅游产品和服务的质量，满足了人们日益增长的对于美好生活的追求和期望。

坚定文化自信，提高中华优秀传统文化、革命文化和社会主义先进文化的认同感，促进文化软实力建设，提高文化识别度和文化认同感，是当代文化强国建设的主旨。面对国外文化产品品牌的冲击，提升文化在不同层面的融合与拓展，强化文化旅游的品牌价值和精神空间，中国文化旅游产业也需要创建自己的品牌文化、品牌价值、品牌产品和品牌服务来应对各种冲击与挑战。因此，文化与旅游的深度融合是维护国家文化安全、提升国家文化自信的重要举措。从旅游产业发展的角度而言，文化与旅游的融合机制与实践更具有深远的意义，随着旅游市场竞争的加剧，人们对旅游产品个性化需求不断增强，旅游的产品与服务逐渐呈现多元化与定制化的发展趋势，旅游目的地的建设与打造首先要依据当前文旅融合的发展趋势，为游客提供针对性、人性化，并且极具价值内涵的产品与服务，文化旅游产业的生产者必须要了解消费者对旅游产品、服务的需求，将构建特色文化旅游品牌作为重要的发展方向。同时，文化旅游景区的打造也呈现出文化产业与旅游产业融合发展的趋势，在融合发展与协同创新机制的驱动下，文化旅游景区不仅仅是提供观赏与游览的主体，也不满足于对住宿、餐饮、交通、购物、娱乐等相关产业的开发，而是在产业拓展的同时，寻求文化与旅游在产业发展的新业态，促进文化价值内涵塑造的旅游品牌传播。随着文化产业和旅游产业不断融合发展，两者在融合中精准定位文化旅游的发展方向，积极建立自己的文化品牌，各类文化旅游景区纷纷通过文旅品牌的打造来提升自身知名度和竞争力。

四、文化旅游产业市场的完善

文化旅游发展的原始推动力是人们对于文化的向往与旅游的需求，但基于这种向往与需求而进行的文旅产业开发，必须要以深刻的人文诉求为基础，依托人们对于“诗与远方”的信念，优化产业发展的市场环境，建立生产与消费相对应的产业发展链条。也就是从文化旅游产业发展模式的角度出发，研判消费者的需求与满足需求的过程，研究文化旅游产业中买方市场和卖方市场的经济交换行为，这就是文化旅游产业市场的问题。从2018年文化和旅游部成立以来，随着文化与旅游产业融合步伐的加快，文化旅游产业市场也在逐渐完善之中。

（一）文化旅游产业市场的形成与发展

文化旅游产业必然要面向市场，只有以市场为导向，建立生产与消费的正向流通机制，才能打造完整的产业链条和产业循环体系，促进文化旅游产业的可持续、高质量发展。文化旅游产业发展包含了市场需求的结构与内容，同时也有需求量的客观分析，面向市场机制的需求结构包含空间造型、时间分配、产品和服务类型与消费者构成等；文化旅游市场的需求量涉及整体市场的需求总量和不同区域、不同类型的需求量，也有因为市场环境而形成需求的时间变化等。文化旅游产业市场的思维是在文旅开发过程中逐渐建立的，也就是以市场为导向进行的产业开发策划，正是基于这种产业开发思路，并不断在实践中总结经验，通过外部环境的优化与内部机制的创新形成了文化旅游产业市场。

随着文化产业和旅游产业的融合发展，特别是在国家相应的机制与政策驱动下，文化旅游产业市场也在逐渐完善。以市场为导向的文旅产业项目规划逐渐深入人心。从市场需求出发，找出本地资源与市场需求的对接点与连接方式，并对其中蕴含的文化价值与旅游效应进行充分的研判，以此为依据来开发文化旅游资源，提升文旅资源的利用效能，充实文化的解读力与旅游的消费力，实现文化与旅游围绕市场机制进行的产业运转，推进经济效益和社会效益的持续产生。文化旅游市场的发展也是生产主体和生产机构逐渐研究市场需求的结果，市场需求与经济发展环境、社会环境、政治环境，以及人们的心理特征有着重要的关系，文化和旅游从形式到内容在不断融合的过程中，伴随着经济与社会的发展，人民生活水平有了明显提高，人们对旅游产品和文化消费产生了新的需求，文化旅游必须要以独特的内涵与个性化、定制化体验才能赢得广大公众的青睐。文化旅游产业的市场也在不断完善与发展中，从市场潜力来看，文化与旅游的结合是利用文化强大的人文魅力与旺盛的生命力，文化旅游产品与服务要能够满足人们在精神上的需求，又能利用旅游的生活方式与经济效能使文化旅游产业从过去流于形式的游览中，逐渐走向深度体验与文化价值熏陶下的精神提升和心灵回归，充分满足了当代社会人们对高层次旅游的要求。文化旅游市场在精神空间和物质空间的交汇与拓展中不断深化，使得市场的经济价值与人们的精神空间广泛交融，形成独具魅力的市场体系。因而，文化旅游的市场就是在这种不断的需求增长中慢慢地完善与成熟的，也是在这种文化赋能与旅游增效的机制下不断平衡供需关系，为文化旅游产业市场的纵深发展创造持久的发展动力。

（二）文化旅游产业市场的管理

在客源市场需求的推动下，文化旅游产业市场逐渐走向纵深发展。新时代中国特色社会主义建设新征程，国家对社会主义市场经济体制的管理也逐步完善。文化旅游市场从形成到发展经历了曲折变化的过程，在市场发展规律的指引下，通过产业发展与社会主义市场经济体制的结合，以文化产业的融合发展与产业拓展为基础，在旅游产业转型发展和提质增效的驱动下，面对市场的选择机制、供需关系、生产与消费、买方与卖方等出现的各种新情况，文化旅游产业的市场管理也在逐步规范。

经济社会进入新的发展阶段，文化旅游产业的融合发展与持续推进，让文化旅游产业市场形成了新的变化，针对文化旅游产业市场的管理一直以来就是备受瞩目的热点。有效的管理能够提升文化旅游产业高效发展，促进文化旅游市场的繁荣，增强文化旅游产业核心竞争力，提升经济社会发展的动力与潜能。文化旅游产业的发展与地域其他产业密切相关，产业的发展依赖周围环境的完善，文化旅游产业参与的人群巨大，其产业发展又具有大众化特征；文化旅游活动涉及诸多领域和众多管理部门，产业管理与当地的政策、税收、财政密切相连，市场运行与当地的治安、市政、交通、医疗、环境等各个部门息息相关；文化旅游产品的开发与维护，公共基础设施的完善与运行，涉及区域形象和行业形象。近几年，结合文化旅游市场的新变化，国家和地方相应的管理举措纷纷出台并实施，有效地促进了文化旅游市场的健康良性发展。文化旅游产业的持续快速发展，离不开相对应的政策与管理机制，进一步完善文化旅游产业市场的管理体制与管理效能，促进文化旅游产业的人力资源与就业、营销收入、服务业等深度融合，已经成为文化旅游产业管理部门面对的主要问题。

按照社会主义市场经济规律的要求，在文化旅游产业管理的要求下，文化旅游产业结构也要不断优化升级。以管理促改革，以改革促创新，只有进行有效的市场管理，促进结构调整，才能激发市场主体的能动性，促进文化旅游产业和经济社会的协同发展。未来，基于产业融合需求和高质量发展的期望，文化旅游产业市场在具体的管理中要不断改善各种经济成分的行业分布，形成良好的产业分布格局，实现社会资源的优化配置。

通过经济发展模式的观察，必须深刻认识到加快发展服务业特别是现代服务业是实现产业结构优化升级的重要方面，也是促进文化旅游市场进一步完善的必由之路。文化旅游业作为现代服务业的重要组成部分，在社会主义市场经济机制的调节下，已逐渐成为第三产业的支柱行业，推动文化旅游市场的管理与完善，是当代推动区域产业结构优化升级的有效形式。服务业的兴旺发达是现代经济的一个显著特征，通过管理创新和市场机制，文化旅游产业作为服务业的代表，应该在市场经济发展运行中不断进行自我革新，以创新意识推动产业的管理升级。通过对文化旅游产业的有效管理，还能够为产业市场的延伸创造机遇，现代社会大力发展以文化旅游产业为代表的服务业是加快工业化、现代化的必然要求，也是实现文化强国战略的重要途径。有效进行文化旅游产业的市场管理，将社会主义市场经济体制的精神贯彻于文化旅游产业的推进中，对于促进国民经济协调发展，提升社会主义物质文明与精神文明的建设水平，打破城乡二元结构的对立，提高居民的收入，推进乡村振兴战略纵深发展，改善民生条件，推进共同富裕目标实现都起着重大的作用。

第二节　文化旅游产业的发展现状

文化旅游产业在经过价值体认、边界触动和交叉结合的一系列发展过程后，以融合创新为产业发展的诉求已经逐渐成为业内的共识。新一轮科技革命和数字经济的持续发展，都为文化旅游产业的勃兴带来了前所未有的机遇，同时，席卷全球的新冠疫情和各种不确定的因素也为文化旅游产业的融合推进带来了新的挑战。但是，纵观历史发展的脉络，文化与旅游的融合已成为不可阻挡的历史趋势，文化与旅游产业的融合与市场拓展必然会走向更加深入的新境界。党的二十大提出，要以中国式现代化全面推进中华民族伟大复兴，中国式现代化是全体人民共同富裕的现代化，是物质文明和精神文明相协调的现代化。随着国力的提升和人民收入的增加，人们越来越注重精神享受与物质满足的结合，文化旅游产业的发展必然要面向消费市场的需求。建立文化与旅游协同发展的新机制，促进文化产业在融合推进中的高质量发展，加强对旅游产品与服务的文化内涵、文化品位的提升，提高文化旅游产业的品牌传播能力，让传统的文化旅游模式不断丰富与创新，打造符合新时代人民需求的新型文化旅游产业。

一、新环境战略布局

以文化与旅游的融合为综合主体的产业形态在消费市场已经成为主流，而且这种综合产业的发展对文化价值与旅游内涵的彰显具有重要意义和积极表现。随着市场的逐步完善，外部环境为文化旅游产业创造了新发展机遇，内部结构的优化与调整也为文化旅游产业的发展带来新的动能，种种迹象表明，文化旅游产业的发展潜力日趋明显。目前，文化旅游已逐渐成为国际社会普遍看好的重要产业，也被许多国家和地区用来彰显个性形象、展现文化特征的特色卖点。文化旅游产业的战略布局既要尊重文化精神产品、满足人们精神需求的现实特征，又要使旅游产品与服务在文化含量与文化效能上得到不断提高，从而稳步提升文化旅游产业的经济附加值，带动经济社会全面发展，提升文化旅游产业的社会效应。在历史发展的新阶段，运用外部环境的机遇，文化旅游产业表现出了强大的魅力与旺盛的生命力，成为中国经济新兴增长点，也是当今世界发展的新潮流。

（一）政策环境的影响

文化与旅游产业的融合发展是大势所趋。在我国改革开放朝着纵深方向发展的过程中，从2009年国家开始多次提出要加强文旅融合，强化文化和旅游两个方面的快速发展，实施文化旅游融合发展和品牌化建设战略，这是国家从文化与旅游两者的性质与发展趋势做出的判断，也是在吸收与借鉴世界上许多国家的发展经验而做出的选择。随之为了促进文化与旅游的加速融合，国家又出台了许多相关政策，从体制机制、政策举措等方面对融合发展进行了明确的规划，并从内容形式上对两者的融合进行了详细的规定。这一系列政策的出台，足以证明国家对文化产业与旅游产业的融合十分重视，也把文化旅游产业融合发展上升到国家战略的高度，这是国家在新的历史时期对于文化软实力建设和综合国力提升方面做出的重大决定。自2018年以来，特别是在2021年文化和旅游部相继出台《“十四五”文化和旅游科技创新规划》《“十四五”文化和旅游发展规划》《“十四五”文化产业发展规划》《“十四五”文化和旅游市场发展规划》《“十四五”非物质文化遗产保护规划》等涉及文化和旅游产业发展的“十四五”规划中，更加明确了新时期文化旅游产业发展的目标和保障措施。特别值得一提的是在2022年初，国务院正式印发了《“十四五”旅游业发展规划》，将旅游业的发展提升到更加重要的层面，对于推动“十四五”期间旅游产业的发展和文化旅游产业的融合发展具有重要意义。

政策机制的相继出台，为文化旅游产业的发展创造了良好的政策环境。从顶层设计规划了文化旅游产业的发展框架与发展格局，并通过政策驱动对积极发展文化旅游、促进文化遗产资源的产业化和市场化开发，加强文化与旅游相结合，提升旅游文化内涵，打造文化旅游系列活动品牌，鼓励创作具有地方文化特色的旅游演艺品牌等做出了细致的规划。在国家政策的指引下，许多地方政府也纷纷出台相应的政策，结合当地的文化旅游产业资源，针对性地制定文化与旅游产业融合发展的地方政策，有力地促进了文化与旅游产业的融合推进，为促进文旅产业的高质量发展提供了强劲有力的外部支撑和政策基础。

（二）市场环境的影响

文化旅游产业的融合发展对市场环境的依赖越来越显著，依据经济运行机制，通过买方市场和卖方市场的精准研判，文化旅游产业在市场机制的调节下逐渐完善产业运行规律，朝着更加符合社会主义市场经济体制的环境快速发展。改革开放40多年，人们的物质生活水平在逐年提升，按照需求理论的表现，在人们满足于基本的生活需求之后，对精神文化生活的追求会越来越强烈。教育事业的推进提升了社会文化水平，人们的文化素质不断提高，闲暇时间也变得更为充足，家庭和个人的消费结构也在逐渐升级，其中对文化和旅游的需求与消费逐渐增长。"文化旅游需求决定供给，成为产业融合发展的源泉，转化商品价值的文旅旅游需求，成为融合发展、产业结构调整、整个经济可持续发展的动力。"[①]随着人们对个性化、多元化、高层次、精神类的文化旅游产品需求越来越强烈，文化与旅游融合发展的市场开始逐渐形成。特别是在党的十八大以来，在社会主义市场经济良好的政策机制引导下，人们的生活水平和文化消费逐渐升级，旅游出行不再是为了满足低层次走马观花式游览，也不再仅仅满足好奇心和新鲜感，而是变成一种文化上的心理目标与心理诉求。新的文化旅游消费表现在人们对文化旅游目的地的人文资源的全方位体验与认知，对于旅游中的历史建筑、风土人情、民俗节庆、文化表演、人居环境等文化资源的全

① 李锋.文化产业与旅游产业的融合与创新发展研究［M］.北京：中国环境出版社，2014：82.

方位考虑和切身性体验。游客的消费行为由原先的单纯观光游览转变成了实际的文化认知、体验、感受、参与和互动，并且在这种参与和互动中增加了数字媒介等新分享手段，通过社交媒体的传播让文化旅游产业的消费进一步升级。文化遗产类的文旅产业项目是人们消费的主要方面，人们希望能够在对文化遗产类旅游目的地的深度体验之中，沉浸式感受其中丰富的文化内涵，体会其中的文化价值，丰富自己的审美感悟，提高自己的知识水平，从而在文化旅游体验中得到高层次的精神文化享受，实现心灵的放松与灵魂的回归。由此可见，文化旅游市场环境对文旅产业的深度融合具有重要意义，通过市场机制能够为产业发展提供动力，所以，市场机制是文化产业与旅游产业融合发展的动因与基础。

二、新格局业已形成

在不断的政策优化和市场机制的驱动下，文化旅游产业在融合发展中不断推进，文化旅游资源的挖掘也在不断拓展。中国是幅员辽阔的文明古国，五千年的历史孕育了博大精深的文明，拥有着丰富的历史文化资源和独特的自然文化资源。随着文旅产业融合的深入，文化资源与旅游开发的形式结合也越来越多样，新业态促进文化旅游产业新生态的出现，尤其是推动文化遗产的产业化发展逐渐成熟，文化遗产在新的机制环境中的传播与传承变得更加优化。基于深厚的文化旅游资源挖掘与开发，以及政策机制与市场环境的驱动，文化和旅游产业融合发展的新格局也逐渐呈现出来。

（一）文化与旅游的融合发展逐渐加强

依托人们对文化和旅游产业更高层次的需求，从国家到地方又有一系列鼓励机制与举措，使得文旅产业融合发展与快速推进的内在驱动力不断增强，促使文化和旅游产业发展的新格局不断完善。中华人民共和国文化和旅游部的正式挂牌，对于文化旅游产业融合发展具有重要意义，文化与旅游机构上的重组赋予政府管理上的新职能。自此之后，全国自上而下对文化旅游产业的融合发展制定了一系列政策机制和鼓励措施，产业融合发展的新格局逐渐显现。文化和旅游部以及各地的文化旅游主管单位纷纷挂牌成立，新的机构带来了全新的职能转变与管理体制，依托地域文化旅游资源，文化旅游项目的建设与品牌的打造均在文旅融合发展的框架内，改变了从前文化和旅游两个部门的管理脱节现象，使文化和旅游的产业融合从观念上深入人心，形态上已经不分彼此。以文化旅游产业融合发展形成的新格局为基础，其"宜融则融、能融尽融、以文促旅、以旅彰文"的理念在这种新的发展格局中逐渐成为现实，文化和旅游产业的融合发展正在朝向纵深方向迈进。

（二）市场机制进一步完善

文化和旅游部成立以来，面对国内国外经济形势的新变化，特别是2020年初暴发的新冠疫情对文化旅游产业带来前所未有的冲击。以供给侧结构性改革为依托，在经济双循环的机制引导下，面对经济新常态的发展环境，国家立足于新的发展战略，依据当前经济发展的阶段性特征，从各个层面进行全面的深化改革，以改革清除制约新型城镇化、产业升级、消费升级和科技创新等方面发展的体制机制界限，依托全面改革的深入，文化和旅游产业融合发展的市场机制也在探索中逐渐完善。一方面，利用文化产业自身的市场优势和经济属性，为旅游产业的健全与发展提供保障，促进在文化产业视野中旅游产业的健康发展，催发新业态的出现，激活旅游产业的结构性调整和转型升级，激发产业发展动能，促进产业生态的优化和文化产业视域下的旅游产业高质量发展；另一方面，利用旅游产业的市场探索和产业规划，在经济与产业的双重属性中增强产业发展与用户的关联，提升以旅游产业发展带动精神文化消费，促进文化产业在稳增长、调结构、促改革、惠民生的发展背景下稳步前进，既能满足人们多样化、个性化、高品质的文化消费需求，又能增强人们的文化感受与文化体验，提升人们文化消费的品质，促进人们对于美好生活需求的愿望实现。

以市场机制为驱动的文化旅游产业的融合发展能够带动产业的转型升级，激发产业发展的持久动力，促进以文化旅游为基础的新业态呈现，增强社会主义市场经济体制下相关主体的活力，提升文化旅游企业的生命力与竞争力，增强国家意识形态的安全，促进文化软实力建设和国际文化传播能力，增强文化自信和文化认同，促进文化强国战略的持续推进。

三、新业态层出不穷

文化和旅游部的成立，使得文化旅游产业融合发展进入新的阶段，在市场体系与政策机制的双重驱动下，文化旅游产业演化与衍生的新业态层出不穷，这些新业态为文化旅游产业带来了新生态和新气象。2019年中央经济工作会议指出，要更多依靠现代科技创新推动文化、旅游等生活性服务业向高品质和多样化升级中实现高质量发展。文化与旅游产业是生态与文化资源丰富区域培育发展新动能的生力军，产业以其创新性与融合力拥有巨大的发展潜力，事实证明，文化旅游产业是推进经济高质量发展的重要支撑。从国家对新时代经济发展的判断中，文化旅游产业以其绿色生态和高附加值的特性，成为国家重点鼓励发展的产业。因此，文化旅游产业应该在国家经济发展政策的驱动下，依据新思维、新判断，结合数字化和智能化产业的发展，以科技创新为突破，逐步探索文旅产业发展的新业态。

（一）新思维带来融合新表现

通过文旅融合的实践，特别是在文化和旅游部成立以来，各地在政策机制的指引下，结合本地文旅资源对文化旅游产业的融合发展进行了诸多尝试，在不断的探索中逐渐得出一个共同的结论，那就是全方位文化旅游产业的融合发展并非简单的相加，而是一种耦合性的深度结合。随着市场环境的变化和人们心理诉求的调整，文旅产业新业态的发展必然要建立全新的思维。这种思维要以市场为准绳，以客户为出发点，运用科学的发展规划与思路，推进文旅融合模式下的新业态出现。立足于全新的思维，全方位思考文化与旅游融合发展的新业态的规划，立足于文化旅游产业资源的基础和创新发展的思维，这种新业态并非简单的文化资源旅游开发思维，也不是旅游开发过程中文化元素的简单植入，而是在充分研判文化产业和旅游产业发展现状的基础上，通过对地域性发展环境的掌握，运用市场思维和用户思维，对文化旅游产业融合发展新业态的一种全新互联互动式规划。以“文旅+”的融合发展模式为基础，在新业态规划中充分考虑地域经济、社会、文化、政治等因素，打造融合科技与人文等元素的、具有经济发展潜力的新型项目体系。新型的文旅融合新业态思维必然要立足于国家和地方发展的战略与发展的实际，从经济效益和社会效益两个方面进行综合的思维判断，进一步深化文化旅游产业融合与经济社会发展新形势的思考，树立理念与思维的全方位融合意识。

（二）科技赋能提供技术支撑

科技发展的日新月异为文化旅游产业新业态的呈现提供了无限的可能，近年来以数字赋能促进文旅产业发展的案例已经比比皆是。伴随着以人工智能、大数据、区块链、5G等现代信息技术为核心的新技术革命的来临，全球范围内正在进入全新的数字时代，技术的发展为人类带来了生活方式的变革。数字经济颠覆了传统思维，数字化的发展模式为社会生产力和生产关系带来了全新的面貌，数字化是人们未来生活的新航标，数字经济成为全球经济创新发展的新动力。文化旅游产业深度融合与发展，依托于数字经济的推进将会成为未来一段时间我国文化和旅游发展趋势的重中之重。文化旅游产业数字化是利用数字技术对文旅产业进行立体化、全方位、多角度的改造，深化生产资料和流通方式的改进，对于产业链条进行的全新变革，旨在进一步打破文化和旅游产业的边界，实现文旅产业深度融合发展，以数字科技为文化旅游产业新业态的形成创造无限的动能。数字时代的来临，推动着数字技术在文化旅游产业中的加快渗透与运用，以数字技术为基础的文化旅游产业新业态，不仅本身具有数字智能化的表现，也会加快新业态同其他产业之间的融合；以数字技术赋能推进新业态与其他产业的融合理念、融合方式、融合路径、融合模式等多方面的变革，加剧新业态融合发展的新表现，促进社会生产力的集约化和智能化改进，推动文旅产业新业态更好地服务大众，逐渐满足人们日益增长的对于美好生活的向往。总之，数字文旅产业为基础的新业态是数字技术和互联网发展的必然选择，也是数字文旅产业发展新时代的必然要求，在科技发展与创新应用的驱动下，尽管依然面临着席卷全球的新冠疫情和国际国内各种不确定因素，但是数字文旅产业新业态的问世与推进仍然是不可阻挡的趋势。近年来，以元宇宙为代表的新技术思维不断呈现，新兴数字化、智能化文旅产业新业态加速调整与优化，激发了文化旅游产业相关部门对于线上与线下文旅新业态的广泛探索。

第三节　文化旅游产业的发展趋势

以人工智能、大数据、区块链、5G等现代信息技术为核心的新技术革命蓬勃发展，全球范围内正在进入全新的数字时代。同时，国际与国内环境的变化，使文化产业与旅游产业的加速融合面临着挑战与机遇并存的局面，文化旅游产业的发展在经济新常态的背景下呈现了更为复杂的趋势。一方面，各种不确定因素的频频出现，给文化旅游产业带来了新的冲击。突如其来的各种公共卫生事件、突发的自然灾害和冲突都对文化和旅游产业的发展带来新的挑战。在全球化发展趋势逐渐加强的时代，国际与国内出现的新情况都会给我国文化旅游产业带来不同程度的影响，文旅产业在一系列不确定因素的阴霾中寻求艰难的生存与发展；另一方面，数字时代新的科技革命也为文旅产业的科技赋能发展带来了全新机遇，以数字化、网络化和智能化为依托的数字文旅产业新业态层出不穷，文化和旅游产业在科技赋能的新机制下具有更为深远的发展潜能。尤其是在类似元宇宙这种新概念从想象到现实呈现的过程中，数字化为文化旅游产业开启了新的思维，数字化的赛道促使文化旅游产业必须转换思路，加速在新科技视野下的布局，筹划数字经济体系下文化旅游产业发展的新格局，未来文旅产业的发展一定是在危机中寻求发展，在发展中不断壮大。

一、数字经济成为新增长点

伴随着新技术从实验走向应用，数字经济已经成为席卷全球的发展走向。以2018年为例，根据中国信息通信研究院发布的报告显示，2018年全球有47个主要国家数字经济总规模超30.2万亿美元，占GDP比重高达40.3%；我国作为数字经济发展大国，2018年数字经济规模达31.3万亿元，占GDP比重为34.8%。数字技术不仅作为技术要素促进了生产率的提升，还作为一种经济发展模式和思维方式塑造了经济社会形态①，数字经济触动了文化旅游产业的整合，加速了文化旅游产业的改进，使落后的、不适合数字经济发展模式的产业元素快速淘汰，促使以数字赋能全新文旅产业新业态的呈现，数字经济让文化旅游产业的发展进入数字时空的新赛道。

（一）数字经济与文旅产业的渊源

文化旅游产业本身具有高度的黏合性，在产业布局与产业链拓展中，文化旅游产业的发展不仅表现在内部文化和旅游的融合，更表现在文旅产业与其他产业的融合中，而文化旅游产业对于科技的支撑作用向来就十分重视，科技为文化旅游产业的产品制造与服务设定带来生产力的革新与生产效率的提高。科技革命发展的新阶段，在计算机、互联网等信息技术发展的驱动下，依托于大数据和人工智能、5G等新技术而产生的数字经济给社会生活带来全新面貌，数字经济高度的扩张性和智能化服务功能影响了社会各个层面。数字经济与文旅产业的发展也有天然的贴合性，在我国，文化旅游产业作为第三产业，本身就不同于第一产业和第二产业形态

① 中国信息通信研究院．全球数字经济新图景（2019年）[EB/OL].（2019-10-11）. http://www.caict.ac.cn/kxyj/qwfb/bps/201910/t20191011_214714.htm.

相对稳定的特征。第三产业涵盖的类型宽泛，对于新兴思维和先进技术从场景实验到实践应用具有天然接纳力，新技术为第三产业带来便捷性和灵活度，新技术能够最先在第三产业得到应用和推广，因而文化旅游产业的性质与特征为数字经济的应用提供了基础条件；另外，文化旅游产业的发展过程中，尤其是在2018年文化和旅游部成立以后，文化和旅游的融合从形式到内容深入人心，文化旅游从产业拓展到效益增长都离不开新兴技术的支撑。随着文化旅游产业融合的纵深发展，人们对于文化和旅游的需求已经不再仅仅满足于浅层的观光和认知，也不仅仅是为了稀奇产品的购买和生活服务的简单体验，而是更加追求文化和旅游高度凝合下的体验与感知，或者是一种休闲娱乐的生活感官享受。新文旅消费必然建立在丰富的精神文化享受基础上，因而新兴科技的应用为文化旅游产业的休闲与体验带来全新的感受，增添了产品与服务的趣味性和科技感，更好地满足了人们放松与娱乐的消费需求。

（二）数字经济与文旅产业的结合

数字技术赋能于文化旅游产业的发展，能够将文化和旅游融合的产业形态进行多角度、全方位的改造，以数字化和智能化重新定义产业链，催生以大数据和人工智能为代表的新业态出现，加速淘汰落后的不适应数字经济体系的产业元素，使得文化旅游产业的产品与服务更具有人性化、个性化和定制化的特点，促进文化旅游目标消费人群的幸福感、获得感的精神构建。数字经济能够进一步激发文化和旅游发展的动能，科学研判两者的边界与交点，并将文化和旅游的产业形态置于经济社会发展的具体时空中，不断用技术手段和观念机制打破文化与旅游融合的障碍，促进文旅产业在新经济视野中全新面貌的产生。数字经济能够推动文化旅游产业的发展，这对我国的经济社会新发展格局具有重要的意义，一方面，利用数字赋能文化旅游产业的融合发展，能够促进文化软实力建设，提升数字文化产业的品质，激发旅游产业的智慧化转型，催生旅游目的地数字化改进，加快文化旅游产业自身融合与外部延伸，更好地满足人们对于美好生活的向往。以数字经济发展为文化旅游产业带来的新业态和新产品、新服务，能够促进数字文化产业和数字旅游产业发展的新思维，驱动文化旅游产业全链条的改进，带动数字文化旅游产业的提质增效；另一方面，数字经济赋能文化旅游产业的发展，能够在一定程度上抵御不可预知的不确定因素的影响。新冠疫情席卷全球以来，给各国的文化旅游产业都带来了巨大影响，利用数字技术，将文旅产业的发展从线下转移到云端，运用数字虚拟的时空技术实现文旅产业的跨时空转移，将在一定程度上缓解突发公共事件的影响，促进文旅产业的良性发展。

二、创新机制打造内涵建设

文化和旅游产业的深度融合，不单单是两者之间的产业属性认同和发展规划同步的问题，以数字经济为导向，文化旅游产业要深入发展，走向纵深化、数字化、智能化融合新境界，必然要通过外部机制的完善和内涵建设的跟进，才能逐渐适应数字时代的发展趋势。在中国经济进入新常态的背景下，以文化旅游产业融合发展和高质量发展为目标，合理利用数字技术，使之成为推动文化旅游产业纵深方向发展的重要驱动力，促进数字化环境下的产业统筹推进。同时，在文化旅游产业数字化发展环境下，也要避免数字时代泛数字化等不良倾向，加强法制建设和政策保障，强化自我完善的能力。只有全方位理性认识数字经济体系下文化旅游产业发展面临的问题，才能创新机制体制，适应数字时代发展走向，强化供给侧结构性改革，多措并举全方位推动文化旅游产业的高质量发展。

（一）文化旅游产业的质量提升

文化旅游产业的质量提升和高速发展离不开一定的制度机制。首先，要通过有效的法律保障手段来规范文化旅游产业的发展，促进产业发展的法治保障。尤其是在数字经济时代，通过法律机制，完善数字文旅产业关于数据资源的法律界定，保护消费者的个人隐私安全，强化网络安全的法律意识，遵守国家关于互联网和数字经济的相关法律法规，在法律允许的范围内使用大数据手段支撑产业的快速发展；其次，要通过政府的政策机制进行有效的支持与引导，有力地保障文化旅游产业的健康发展。通过政策指引，促进国务院、文化和旅游部等国家层面的政策落地，加速完善或制定地方人民政府的相关配套政策，推进政策的针对性和适应性，保障政策机制的落实，促进文旅产业发展的政策机制进一步完善；最后，加强文化旅游产业制度机制的实践，促进政策措施的对应性落地。通过文化旅游产业的各种实践建立反馈互动机制，在反馈中建立地方文化旅游产业政策的因地制宜举措，进一步完善制度的规划，推动制度的科学化、建设性和针对性落地。依托文化旅游产业融合发展制度的顶层设计，强化文旅产业发展的战略规划，从国家层面到省级层面，以及市县级层面建立体制机制的立体规划格局，以实践反馈互动机制，推动国家文化旅游产业的相关行业标准、技术标准的制定，各地要因地制宜进一步规范文旅产业的财税、金融、人才等保障措施。深化文化旅游产业内部结构调整，以及与其他行业的协同创新发展，促进制度优化背景下文化旅游产业的进一步提质增效。

（二）文化旅游产业的内涵建设

文化旅游产业发展的外部环境依赖于制度措施和市场环境，只有在有效的制度保障和健全的市场机制下，才能促进文化旅游产业的加快发展，外部环境的驱动也加速了文化旅游产业内部结构的调整。一方面，文化旅游产业要强化自身的融合样态。发挥文化产业和旅游产业各自的优势，形成产业融合发展的合力，促进在新发展思路与规划下文旅融合新业态的呈现，增强文化旅游产业的市场竞争力，促进文化与旅游优势互补、协同发展机制下的产业高质量发展；另一方面，文化旅游产业要注重自身内部结构与内部元素的优化改进，促进结构调整和内涵建设。加速对内部结构元素的研判，立足于市场机制与政策环境，增强核心竞争力，不断适应高速发展的数字经济运行环境，不断满足人们日益增长的对于美好生活的新期待。文化旅游产业的内部结构优化和内涵建设离不开转化思维，在融合推进的整体策略下，强化文化旅游产业的创新观念，推进文旅产业与数字经济在新的时空进一步融合。同时，数字技术为文化旅游产业的内部结构优化和内涵建设提供了思路与方法。近年来，数字经济在文旅产业的场景应用空间越来越大，尤其是在新冠疫情以来，在线旅游、云端游、数字文创等新概念不断从想象变成现实，文化旅游产业利用数字经济和互联网的运行机制，促进了产业的优化与革新，加速了文化旅游产业内部结构的调整，促进了云直播、云娱乐、云展览等新业态的发展，拓展了文化旅游产业的在线服务和云端时空。面向未来，依托于数字经济发展背景，文化旅游产业的内涵建设将进一步加强，以数字化引发文化旅游项目策划思维的转变，依托大数据、5G、人工智能、物联网等新技术的发展机遇，推进数字文化旅游产业新业态和新发展格局的出现，以供给侧结构性改革为基础，建立数字经济体系下文化旅游产业新模式，加快内部结构优化组合，适应经济新常态发展的现实需要，促进新兴文化旅游消费的实现。以内涵建设与外部环境的互动，加快谋划与数字经济相适应的基础设施、人才保障、资金机制等，立足于本地文化旅游资源，促进文化旅游产业迈向数字化、智能化和网络化的发展的新布局。

第四节　案例分析

文旅融合，数字应用：北京故宫博物院的前世今生

北京故宫博物院原为紫禁城，由明朝第三任皇帝朱棣于1406年开始建造，并于1420年建成，随后于1421年将明代的都城由南京迁至北京。明代灭亡后，清朝皇帝于1644年入住紫禁城，继续封建统治，直到1912年

清朝灭亡，紫禁城作为皇权的象征完成其历史职责。北京故宫博物院于1925年10月10日成立，并成为文化与旅游目的地开始向社会开放。

北京故宫博物院位于北京市中心，在北京城的中轴线上，占地72万平方米。北京故宫博物院是在皇宫的旧址上整体保存下来的，也是世界上现存的最完整的、规模最大的皇宫古建筑群。作为明、清两朝的皇家宫殿，在近500年的封建王朝使用与修缮中，形成了规制严格、布局有序、等级森严、极富美感、浓缩智慧的独一无二的文化遗产，故宫博物院不仅是古代建筑艺术的宝库，也荟萃了古代各种文物遗存，形成了全人类共同珍视的文化资源宝库和共同的旅游目的地。1987年，故宫被列入世界文化遗产，世界遗产组织对故宫的评价是："紫禁城是中国 5 个多世纪以来的最高权力中心，它以园林景观和容纳了家具及工艺品的9000个房间的庞大建筑群，成为明清时代中国文明无价的历史见证。"1993年出版的《中国大百科全书：文物、博物馆》卷被定义为"是中国最大的古代文化艺术博物馆"。

一、北京故宫博物院文化旅游发展概况

1925年，北京故宫博物院开始正式对外开放，昔日的皇宫禁地，一朝对外开放便形成了参观热潮。据故宫博物院老一辈文物专家吴瀛回忆当时的情况为："万人空巷，咸欲乘此国庆佳节，以一窥此数千年神秘之蕴藏。在坤宁宫东夹道，自己竟堵在观众当中，两个小时动弹不得。"这成为北京故宫博物院旅游的开端。1925年以后，故宫博物院变成公众的博物馆和旅游参观目的地。故宫博物院的成立，也标志着故宫文物保护与研究的开始，自此之后，故宫博物院文化与旅游的融合发展也就拉开了帷幕。

抗日战争期间，为免于战火中文物的厄运，故宫文物被打包分批南迁。人民解放战争以后，故宫文物一部分被保存于台北故宫博物院，一部分被运回到北京故宫博物院。北京故宫博物院目前拥有一百多万件藏品，包括陶瓷、绘画、法书、铭刻、青铜器、珐琅、漆器、雕塑、金银锡器、玉石器、玺印、织绣、文房用品、钟表仪器等。

故宫文化旅游在国内外都享有重要的声誉，自新中国成立以来，北京故宫博物院在文物保护、文化研究、文物修复、旅游接待等方面做了大量工作，不但保证了故宫文物在保护前提下的旅游开放，也为展现中国历史文化形象、开展爱国主义教育、推进文化旅游融合改革、提升旅游产业品质等方面作出了积极尝试和卓越贡献。改革开放以后，北京故宫博物院更是迎来了新发展阶段，在旅游接待方面的规模与人数逐年增高，北京故宫博物院已然成为国家形象和北京形象的代言，文化旅游产业的发展不断创造历史新高。有关数据显示，从1949年故宫参观人数100万，增长到2002年的700万，经历了50多年时间。而从2002年的700万，增长到2011年的1400万，仅仅用了10年时间，10年之内，故宫参观人数整整翻了一番。[①]文化旅游产业的热潮一方面得益于北京故宫独一无二的历史文化遗产资源，另一方面也得益于北京故宫博物院在文化旅游产业中的探索与实践。

二、北京故宫博物院数字文旅产业的实践与发展

北京故宫博物院数字文化旅游产业的实践至少可以追溯到2010年，这一年的3月5日，“故宫博物院”官方微博开启，通过网络拉近了博物馆和网民的距离，为故宫博物院文化历史资源的传播和旅游资讯的发布创新了网络渠道；2010年另外一件值得关注的事是数字文旅的尝试，11月15日，北京故宫博物院官方淘宝账户“故宫淘宝”上线，推出了宫廷娃娃、Q版大兵、八旗娃娃、大明潮人、御花园、皇城根等原创形象及产品，尤其是宫廷娃娃系列形象不仅荣获了2010年博物馆文化产品一等奖，其系列产品也在推入市场不到半年的时间里，销售额在故宫所有文化产品销售排名中升至首位。故宫博物院运用网络销售文创产品的方式创新了故宫文化和旅游产业的融合，为北京故宫博物院数字文化旅游产业的发展奠定了坚实的基础。

2013年，北京故宫博物院从台北故宫博物院“朕知道了”胶带文创

---

① 廖翊.故宫76%的面积将开放［N］.广州日报，2012-02-15.

产品走俏中吸收经验，着手进行文创转型，加快进行数字文化旅游产业的布局。这期间，北京故宫博物院注重以市场为导向，创新文化旅游产业机制与体制，增强网络媒介和数字媒介的传播意识，强化现代营销体系的建设，推出“胤禛美人图”首款App，一时成为热门话题风靡国内外。

2014年，北京故宫博物院与腾讯合作开设官方微信公众服务号“微故宫”，通过微信的形式继续加深与公众的联系和互动。这一微信公众服务号定位于博物馆文化推广与公共服务，通过不断完善，增强了微信公众服务号的信息发布、游客服务、参观互动的数字旅游体验功能，通过“看一看”“逛一逛”“聚一聚”等信息选项，公众可以从微信公众服务号内获得数字智能旅游服务和体验。2014年10月30日，北京故宫博物院官方出品的首款儿童类iPad版应用《皇帝的一天》正式发布，这一款应用主要针对9岁到11岁的儿童群体而设计，它也是故宫首款以卡通版为风格的App，带孩子沉浸式深入皇宫内各大主体建筑，以游戏的设计和角色的扮演还原皇帝的一天，贯穿着历史知识、宫廷生活和民俗文化等信息。这款App融合知识性和趣味性的应用场景，一时间成为社会流行文化现象。

2015年，故宫推出一系列“乾隆表情包”使公众对故宫的形象有了全新认识。北京故宫博物院除了推出线上数字文化旅游产品之外，也注重线下游客的数字展示，2015年10月，故宫端门展厅开放了“数字博物馆”，这是北京故宫博物院首个交互式的数字展览，通过数字形象和数字展示，丰富了游客对故宫文化的体验与感知。

2016年，纪录片《我在故宫修文物》播出，以真实记录的影像，从文物修缮的角度让观众对故宫文化有了深刻的认识。2018年，《上新了·故宫》上架，节目以明星探秘的方式来吸引大众眼球，尤其注重故宫文化在年轻群体中的传播。节目更是将故宫未开放区域以录播的方式展现在公众面前，增强了数字媒体传播效果，并且结合节目又同期推出文创产品，使数字文化旅游产业得到深入发展。2019年，“紫禁城上元之夜”开创了夜间文化旅游产业新突破，这一项目一经推出便是一票难求，使博物馆之夜的实践与尝试逐渐在全国推广。

除了微博、微信、网站的网络传播，以及文创产品开发与营销，北京故宫博物院还在数字展览、动漫创作等方面也有广泛的尝试。以互联网技术和数字场景应用开创的交互设计和数字展示，为北京故宫博物院在藏品展示、旅游导览等方面带来了全新的用户体验，丰富了博物院公共文化服务功能的延伸，改变了传统的观众参与方式。2017年，故宫数字展览开始上线，通过故宫官方网站和手机App就可以让参观者身临其境，依托数字化的展示让观众从更多的角度去参观展览。通过网络媒介展示的数字地图和数字展品能够以虚拟体验的方式增强参观者的游览感受，并且在沉浸式体验中获取各类历史与人文知识，数字化的手段也使故宫文化旅游产业的发展进入新境界。未来，故宫将继续在数字经济发展背景下，以及在国家政策的激励机制下，利用文化和旅游融合发展的契机，创新以故宫历史文化资源为基础、博物院旅游产业提质增效为目标的文化旅游产业发展实践，在数字文化旅游产业的拓展中不断取得新的成就。

第三章　文化旅游项目策划

第一节　文化旅游项目策划的内涵

一、文化旅游项目策划的概念界定

（一）文化旅游项目

1. 文化旅游

“文化旅游”是旅游市场需求转变而出现的概念，文化产业和旅游产业相互渗透，游客对旅游的文化需要日益增长。1985年，联合国世界旅游组织（United Nations World Tourism Organization，UNWTO）对“文化旅游”进行了不同的定义。广义定义认为“文化旅游应该包括文化旅游地的所有方面，包括旅游地的历史文化遗产、生活方式乃至于思想”；狭义定义则从旅游者的心理出发，认为文化旅游是“出于文化动机而产生的旅游行为，包括研学旅行、演艺参观、宗教朝圣等各类具体的文化事件旅游”[①]。本章所提到的“文化旅游”主要是从其狭义的概念出发，针对文化事件旅游做相关的项目策划活动。

2. 文化旅游项目

美国项目管理协会（Project Management Institute，PMI）将项目定义为

① 黄安民. 旅游学概论［M］. 北京：清华大学出版社，2015.

“项目是指为创造一种特殊的产品或者服务而进行的一项临时性工作”。[①]即在特定的时间段里，根据事物本身的内在规律，运用有限的资源去达成一个明确目标，这样的项目通常都是一次性的任务。也有学者提出，旅游项目是在科学分析总结消费者需求、动机和行为方式基础上，为达到旅游目标[②]或旅游活动投资建设的项目，是一种为了刺激消费需求，以此获得利润的活动。

文化旅游项目则是在文化产业和旅游产业融合建设的背景下而产生的概念。既具有文化项目的内核，也有展现出旅游项目的特征，主要指的就是以文化为基础，为实现当前人们的旅游文化需求体验的一种新的旅游模式。文化旅游项目的核心是“创新+创意”，强调“创造或依托一种文化符号，然后销售这种文化和文化符号”。

3. 文化旅游项目的特征

文化旅游项目随着文化产业和旅游产业的深度融合应运而生，在一定程度上体现出文化和旅游两方面的特性，本章所探讨的文化旅游项目特征是在旅游项目特征的基础上结合文化的主题所抽象出来的。文化旅游项目主要体现出主题性、互动性和多要素融合的特征。

（1）主题性。

文化旅游不同于传统的观光性旅游，而是有鲜明的主题和内涵，是旅游者在旅游的过程中深入体验不同的文化。文化旅游项目的主题是指以当地文化为依托的一个系统性的整体概念，文化项目策划的各个方面都要兼顾是否能够体现其主题性。

（2）互动性。

文化旅游项目具有明显的互动性，这种互动性包括文化与文化之间的互动以及文化与旅游者之间的互动。当旅游者到不同的文化旅游地进行旅游活动时，旅游者的文化价值观和当地的文化特色进行接触、碰撞，

① 项目管理协会.项目管理知识体系指南（PMBOK®指南）：第4版［M］.王勇，张斌，译.北京：电子工业出版社，2009.

② 张述林.旅游项目策划：理论与实践［M］.重庆：重庆出版社，2004.

这是两种不同文化间的互动；在旅游过程中，文化演出项目通过突出的视听效果和先进的科技让游客参与其中，让游客不仅觉得“好看”，也要觉得“好玩”，在体验互动中更深刻地了解当地文化，这是文化与旅游者的互动。

（3）多要素融合。

文化旅游项目作为文化产业和旅游产业深度融合背景下而产生的一种项目模式，是“文化+创意+技术”的多要素融合的整体，因此具有多要素的特征。文化是文化旅游项目的基础性要素，不管是作为旅游地开发的文化资源，还是作为面向游客的旅游产品和服务，以及旅游体验内容，都是以文化内核作为基础的。文化旅游产品和服务如果失去文化意义，那么它就失去了它的价值和活力。而在文化产业和旅游产业的融合过程中，创意是主导因素，创意的激发是提高文化生产力，促进文化产业价值生成的一个重要过程。技术是促进旅游业与文化产业融合发展的重要支撑因素，文化旅游技术已经成为文化旅游生产力的重要组成部分。

（二）项目策划

1.策划

在哈佛企业管理丛书中，“策划”被定义为：“是一种针对即将发生的事件做出当前决策的程序，是经过一种思考后的理性行为。”[①]也就是说，策划行为要有明确目标，并理性判断事物变化趋势，选择合理的资源配置方式，最后形成正确的决策和执行方案。

2.项目策划

项目策划是项目管理领域的学者提出的项目管理的重要组成部分。哈佛企业管理丛书编纂委员会提出：“项目策划是通过在现实基础之上，以科学创意逻辑取胜并预测项目未来发展方向的一种程序。经过组合组织内

① 哈佛企业管理丛书编纂委员会. 企业管理百科全书［M］. 中国对外翻译出版公司，2000.

外部的有效资源，确保目标在既定条件下顺利进行。”[①]

结合项目和策划的定义来说，本章所探讨的项目策划指的是一种以项目为单位，在资料搜集的基础上以最大限度的理性分析所有可能影响决策的决定，找到能产生“最佳效果”的方案来实施，最终实现项目目标为目的的逻辑思维过程。

3. 项目策划的过程

进行项目策划的最终目的是确定项目的最佳方案，从项目策划的定义角度出发，项目策划的一般流程包括六个部分（见图3-1）。在进行项目策划的过程中需要我们不断加强对项目的了解，加入独特性的创意，充分整合资源，从而确定最佳方案。

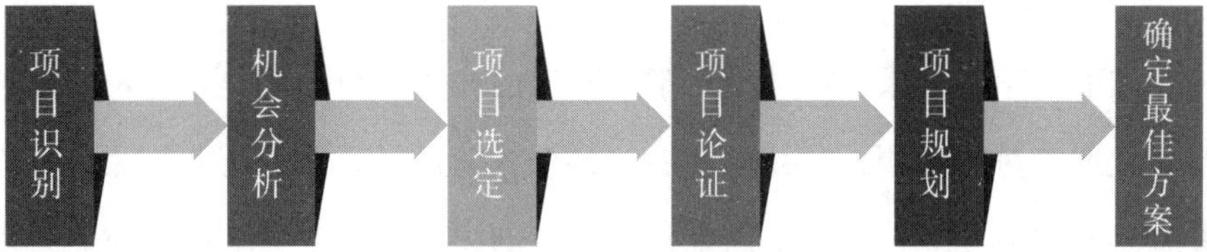

图 3-1　项目策划的一般流程

4. 项目策划的特征

文化旅游项目策划是针对目标市场，对文化旅游资源进行整合规划的过程，结合文化旅游项目及项目策划的定义，一般具有社会性、创造性、超前性、盈利性四个自然属性[②]。

（1）社会性。

任何项目策划都需要置身社会发展的大背景下，在国家和社会两个大环境中根据具体的状况来进行策划。在项目策划的过程中常常会提到“双赢”一词，也就是说要体现经济价值和社会价值的双重效果。文化旅游项目的策划更加能够体现其社会性。国家政策的发展是文化旅游项目策划的

① 符筱. 我国演艺业项目策划模式应用研究［D］. 北京：中国音乐学院，2015.

② 符筱. 我国演艺业项目策划模式应用研究［D］. 北京：中国音乐学院，2015.

导向，而实现经济价值和社会价值的共生则是策划的重要目标。文化旅游产品具有满足人的精神文化需求这一特性，因此文化旅游项目策划的社会性就显得尤为重要。

（2）创造性。

创造性是项目策划必不可少的属性。任何项目策划如果一味模仿前人的策划方案，往往陈旧且不具吸引力，只有具备冒险和创造意识，根据客观条件的改变把知识化为智慧，才能体现项目独一无二的生命力。文化旅游项目近年来一直有新的类型出现，例如沉浸式的文旅演艺、文化主题公园等，正是因为具有创造性，才能让项目策划拥有与众不同的活力，从新的角度吸引受众，打动受众，带给人们前所未有的精神享受。

（3）超前性。

超前性指的是策划活动过程中需要提前考虑和布局。一方面表现为对社会发展趋势的预测，对社会发展的各个方面进行评估，让策划的内容符合发展的潮流和大众的审美需求；另一方面表现为对策划结果的预测，包括全面评价考量并评估项目发展方向、盈利规模等，因此一个好的项目策划需要在前期进行充分且深入的调研。策划所追求的超前性，并不意味着脱离现实进行毫无根据的凭空想象，而是一种立足于当前的客观现实，对未来发展的预测。文化旅游项目超前性的满足，一方面可以更好地顺应市场需求，另一方面可以引领文化发展的潮流。

（4）盈利性。

项目策划的盈利性指的是通过策划结果给项目各方带来的经济盈利和经济满足感。项目方进行系统的策划就是为了能够更加合理地配置资源，实现利益最大化。因此，在项目策划的过程中，盈利性可以作为策划方向拟定、策划方法选择、策划方案执行的立足点，也是策划效果评估的重要参考指标。盈利性的满足能够提升文化旅游项目策划的经济效益，从而提升文化旅游地的自造血功能，实现长效可持续的发展。

二、文化旅游项目策划的基本原理

对文化旅游项目策划基本原理的掌握，能够提升策划的科学性和可行性，使策划更符合受众的需求、更好实现文化资源价值的多样性转化、更容易满足游客的体验心理。

（一）需求导向原理

1. 原理概述

旅游项目策划中的需求导向指的是将旅游消费者作为策划活动的中心对象，把市场的需求作为策划行为的出发点。策划活动需要根据不同的客源市场来进行灵活调整。通常来说，旅游市场的需求具有多层次、多样化和不确定等特点，因此在策划时要求策划人员对消费者的消费行为、消费偏好、消费能力、价值取向等一系列的因素进行全面而细致的研究，根据不同目标人群来策划文化演艺活动、文化服务项目和文化旅游产品。同时要开展个性化的营销，让文化旅游项目真正符合旅游者的内心需求，真正为文化旅游经营管理者所用，为文化旅游经营管理者带来效益。

2. 实现途径

（1）消费者心理特征分析。

消费者的心理特征分析是文化旅游市场需求分析的重要依据，通过对游客的心理特点研究，可以有效地了解文化旅游过程中消费者的实际需要。因此，充分了解文化旅游需求的发展模式，把握消费者更深层次的、复杂且不断变化的心理表现对于文化旅游项目的策划来说十分重要。一般而言，文化旅游消费者的主流心理特征主要表现为以下五种（见表3-1）。

表 3-1　文化旅游消费者的主流心理特征表

心理特征	具体表现
休闲愉悦的心理	随着生活水平的提高，旅游逐渐成为人们调剂生活的主要方式，并以此来提高生活品质。旅游包含的基本要素是吃、住、行、游、购、娱，然而娱乐、消遣、游玩正好迎合了人们的这一追求。在全新的生活中去享受自由，释放压力；在旅游中得到放松，全方面地满足游客的物质享受和精神享受。
求新心理	知识水平的整体提高使人们不想再拘束于自己生长的那个小范围里，大多数人更想走出去看看，看看外面的大千世界。一个人到异地他乡旅游，摆脱了紧张的生活和学习，或烦琐的事物，或忙碌的工作，不仅仅是想在新的环境中释放压力，获得自由，更想自由自在地享受新的环境。新的空间变化，环境的更新，文化的差异，以及各地不同的饮食差异。
求知心理	中华民族有着五千年的悠久历史，俗话说："中华文化，博大精深。"在旅游过程中的求知应该是最愉快的，毫无精神压力的。越来越多的人通过文化旅游来扩大认知世界的视野，满足旅游活动中的求知欲。
审美心理	旅游的本质就是审美，旅游的过程就是一个感受美的历程。旅途中一些奇特的景物、活动及现象，能够通过游客的一些直觉，如视觉、听觉等器官产生美好的心理享受。
怀旧心理	文化旅游地具有历史的厚重感，游客能够在游览过程中对悠久的文化内涵产生共鸣，能够在游览中获得心灵震撼和思想启迪。另外，文化旅游地也有可能是消费者曾经工作过、生活过、相知过、相识过、相恋过的地方，更加能够引起回忆。

消费者心理具有明显的目的性，在文化旅游产品和服务的满足的选择上主要是为了得到期望的消费体验；此外消费者心理还具有明显的自觉性，任何购买行为是在人们自觉地支付了相应的货币之后才能实现的。因此对消费者心理特征进行研究，是掌握文旅市场需求的基础，也是衡量文化旅游商品和服务所带来的效益与价值是否符合文旅市场的现实需要和未来发展趋势的重要依据。

（2）市场需求预测及分析。

通过对市场的需求和文化旅游消费者的心理特征研究，可以对文化旅游的潜在需要做出合理的预测，并根据预测结果来确定相关的策划主题、项目内容等，在一定程度上对未来经济效益做出评估。

在文化旅游项目策划实际操作中，我们可以根据文化旅游目的地和旅游类型的差别对项目中的热点旅游类型、热门文化景点、可营销的精彩卖点等进行一个基础预测，贴合市场的导向来确定文化旅游项目的策划方向。同时运用一些创意方法去挖掘和显化消费者的潜在需求，比如举办大型的热点活动、演艺秀的展示等，提升文化旅游目标群体对旅游目的地的向往，继而通过完善的配套设施、优质的文化产品和服务来激发消费者的购买欲望，引导市场需求乃至于创造需求。

（二）价值转换原理

1. 原理概述

文化产业是以精神消费为主要生产目的、以符号生产为主要生产内容、以创意管理为主要治理模式的新型产业形态。[①]在文化、旅游产业融合建设的过程中，文化的价值得到了进一步的提升。文化已经由抽象的观念向有形的可利用的资源转化，在新的时代背景下，呈现出更多的创新形态和多样化的表达形式。因此如何合理利用文化资源，实现文化的资源价值向文化价值的合理转换，挖掘文化资源的潜在价值，将其转化为可利用的现实价值，最终实现旅游目的地文化的有限价值向无限价值的合理转化。

2. 实现途径

（1）资源价值转化为文化价值。

文化资源，往往呈现散落化、隐形化、基因化的特征。[②]一方面由于地域条件的差异，不同地区的文化发展速度存在区别；另一方面由于各种媒介的差异，文化的传播方式也不尽相同，而且由于人类的知识体系越来

① 推动文化产业高质量发展 建设社会主义文化强国［N］. 中国文化报，2021-06-08.

② 中国文化报. 从文化资源走向文化叙事［EB/OL］.（2018-12-29）［2022-06-21］. http://bgimg.ce.cn/culture/gd/201812/29/t20181229_31141086.shtml.

越专业化、细分化，某一个系统的专家并不能完全呈现某一类资源背后的文化信息全貌。

文化价值内涵包括文化判断、文化心理、文化情感、文化美学等诸多带有情感属性的内容。因此文化资源向文化价值的转化过程是不同文化要素碰撞、融合、对话、取舍的过程。这个过程是漫长的、多阶段的，最重要的是把文化资源转化为文化符号和审美符号的过程。这个过程也是文化项目策划的主要内容，项目策划人员通过创意来赋予文化资源独特的审美内涵和价值，最后通过现代化的传播手段来进一步解码，使其成为具有普遍意义的文化符号和美学符号，让消费者更容易理解并乐于接受。

（2）潜在价值转化为现实价值。

将潜在价值转化为现实价值的关键在于提升文化旅游产品的价值转化能力，核心是通过一定的策划和创意设计使得文化旅游产品的价值增值，在市场上得到更多的显现和认可。

正确地认识和发掘文化旅游IP，是让文化的潜在价值转化为现实价值的重要途径。这就需要我们从文化旅游规划的角度去寻求文化资源和旅游开发的内在关联性，进而对文化旅游的可开发资源进行合理的价值甄别。通过识别和挖掘具有深厚文化底蕴和满足市场需要的文化旅游资源，并通过两轮或多轮次的开发，让资源所承载的文化基因活起来，进而构建出具有生命力的文化旅游IP系统。同时，通过创意多元的展示形式，让文化旅游消费者有更多的机会去亲身体验当地的文化，让文化资源具象化，转化为可以消费的现实产品和服务。

（3）有限价值转化为无限价值。

文化旅游地的文化资源是有限的，但是对文化旅游策划而言，创意性的设计和呈现形式是无限的。如何将有限的价值转换为无限的价值是文化旅游项目策划的一个重要环节。

首先要对旅游目的地的文化旅游资源进行全面的梳理盘点，确定开发标准和开发程度，避免过度开发；根据文化的代表性、独特性和差异性，精确地识别并挖掘出合适的文化IP，让其能够充分体现地域文化特色、吸引客源市场且具有市场竞争优势。其次要活化文化遗产，讲好文化故事，让文化旅游具有持久生命力。最后，也是最重要的一点，在文化旅游项目策划的过程中，要做好文化的传承工作。文化因传承而存活、延续，因此，将文化传承的理念纳入文化旅游项目策划的每一个环节，是将有限价值转化为无限价值的关键。

（三）旅游体验原理

1.原理概述

从本质上而言，旅游体验是人们在满足基本物质需求和生理需求后所追求的一种精神满足。近年来，旅游市场出现的“体验经济”核心就是以旅游体验为主的服务型经济。因此在文化旅游项目的实际策划过程中，应充分考虑到当地的文化资源和特色，为不同的人群创造丰富而独特的旅游体验，这是文化旅游项目策划获得成功的重要原因之一。

旅游体验作为一种非功能性、超功利性的综合性体验感受，[①]可以分为在旅游过程中获得的世俗类的愉悦感和审美上的愉悦感。世俗愉悦的体验指的是人通常的愉悦形式，是除了审美愉悦外，游客在文化旅游项目中可以产生的一切愉悦心理，主要是由视觉和听觉之外的其他感官体验所获取，具有普遍性。审美愉悦的体验则可以表现为文化旅游者在欣赏自然、艺术品，或观看演艺活动和其他文化产品时所产生的心理体验和审美享受，这种体验在本质上是“一项集自然美、艺术美和社会生活美之大成的综合性审美实践活动”[②]。

因此，旅游体验原理能够为文化旅游项目内容策划的思考方向提供参考，尤其是随着体验经济的流行和发展，从用户角度去调整策划内容，对策划者来说显得尤为重要。

2.实现途径

未来的文化旅游项目策划离不开文化创意和体验经济的结合，新一代的创意消费群体更加看重旅游的可体验性，因此如何打造富有市场吸引力

① 参见MBA智库百科的旅游体验：https://wiki.mbalib.com/wiki/旅游体验。

② 国家旅游局人事劳动教育司.旅游美学新编［M］.北京：旅游教育出版社，2000.

的旅游体验，需要我们进一步思考。

（1）关注情感需求。

根据旅游者的旅游动机划分，旅游体验可以分为情感体验型、文化体验型、生存体验型、民族风情体验型、学习体验型和娱乐体验型。根据马斯洛的人类需求层次理论，对于情感的需求是人们感情需求的重要组成部分之一。情感体验型在文化旅游过程中的具体表现为加强情感联系，满足人们对于亲情、友情、爱情等情感的需求，如亲子游、闺密行、情侣游等。

（2）重视感官刺激。

文化体验型最直观的表达形式就是游客在旅游活动中所接收到的各种类型的感官刺激，尤其是随着沉浸式旅游成为热点，如何打造沉浸式的深度文化体验是文化旅游项目策划的重点。通过先进的技术来打造逼真的场景，然后高度全景式的视、触、听、嗅、味觉交互体验来刺激游客的感官，同时通过注意氛围的烘托、文化内容的设计和活动组织，全方位提升文化旅游的沉浸感。

（3）提供纪念载体。

文化旅游的纪念载体通常表现为具有旅游地特色的创意纪念品，这种创意纪念品既可以作为一种可反复回忆的记忆载体，又可以被当作礼物赠送给亲友。旅游纪念物作为旅游体验的重要一环，在融入文化内涵后能够展现当地的独特的人文历史风情，能够代表部分民族及民俗特色文化，具有一定的艺术价值。因此，开发和设计旅游纪念物是一种将游客的体验社会化的直接手段，也是旅游体验转换为经济价值的重要方式。

第二节　文化旅游项目策划的原则与方法

一、文化旅游项目策划的原则

文化旅游项目策划的基本原则是对策划行为规范的一种规律性总结，

符合不同类型文化旅游项目策划的内在逻辑。不同的文化旅游景区性质不同，拥有的资源和所处的环境也各不相同，其旅游产品策划自然也千差万别，但仍然有一些基本原则是旅游产品策划应该遵循的。

（一）文化性原则

文化性原则是文化旅游项目策划最基本的原则。文化是文化旅游的灵魂，缺乏文化基础、文化背景和文化内涵的策划，是缺乏生命力和吸引力的。文化旅游策划的本质就是通过策划的形式来营造和表达旅游地抽象、静态的文化符号，使其变成旅游者可感知的丰富旅游要素。旅游本身是一种跨地域文化体验的实现，而旅游者又都是在特定的文化环境中成长并且在特定的文化背景中生活的。旅游产品策划必然会由于扎根于特定的文化土壤而带有鲜明的地域性和民族特色。因此，在进行文化旅游项目策划时一定要对当地的文化底蕴有非常深的把握，善于发掘和引导需求背后的文化动机。旅游地不同的文化内涵决定了文化旅游项目的独特性，近年来，尤其是在文化旅游地的实景演出中都会以当地的文化故事传说为蓝本打造具有当地特色的大型演出项目，如《又见平遥》《宋城千古情》《印象丽江》等，通过融合一些先进的技术来展现文化旅游地具有代表性的民间艺术。

（二）系统性原则

文化旅游活动是一个系统，文化旅游项目策划是其中的一个子系统。文化旅游活动系统由吃、住、行、游、购、娱这六个相对独立的子系统构成，同时要融入文化的内涵和意义，因此，文化旅游项目策划首先是作为文化创意和旅游产业的主线来组织所有旅游活动的内容或项目。其次，文化旅游产业是一个系统，在“文旅融合”和“全域旅游”思想的主导下，文化旅游业可以和其他产业形态融合发展，形成文化旅游产业集群的发展体系。最后，文化旅游项目策划是一个系统，它由旅游策划目标、旅游策划对象、旅游战略策划、旅游产品策划、旅游营销策划等多个子系统组成，每一个部分都是文化旅游项目策划的重要过程。因此，策划者要着眼于全局观念和战略目标需要，从整体出发，进行整体的、系统的策划。

（三）创新性原则

策划需要创新性的思维，应伴随着具体情况而发生改变，只有这样，策划才能吸引人、打动人，才能取得成效。[①]文化旅游项目策划的创新性体现在文化知识积累和创意策划两个方面。一方面，知识积累是创造性思维的基础。只有具备渊博的知识，才能形成策划人员的文化沉淀，并在这种文化沉淀中培养创新的思维；没有知识沉淀和文化沉淀的旅游策划人员是很难做好文化产业和旅游产业的结合的。另一方面，创意是创新思维的关键。产品策划的关键在于创意，只有不断推出新的旅游产品才能有效提升旅游目的地的吸引力。创新能够不断增强文化旅游产品的时代感和吸引力，将创意运用到文化旅游项目的策划中，不断创造一个个新的文化旅游产品，才能实现文化产业和旅游产业的融合发展。

（四）灵活性原则

文化旅游需求是随着时间、地点、技术等多方面因素的变化而不断变化的，因此文化旅游项目策划必须保持相当的弹性，为后续策划留有余地。文化旅游项目策划中的灵活性原则，主要是指一种充满灵活性、懂得变通的策略和方法，能够使文化旅游产品策划一张一弛、刚柔结合、攻守相济、进退互补，如战略性旅游产品策划与战术性旅游产品策划、核心旅游产品策划与辅助旅游产品策划、淡季旅游产品策划与旺季旅游产品策划、近期旅游产品策划与长期旅游产品策划等。以文化旅游项目策划中的季节性问题为例，文化旅游产品策划强调对文化资源和旅游资源特色以及旅游者出行规律进行把握，根据季节的差异策划出不同的旅游产品，或者同一季节针对南北方不同客源地的游客推出不同的旅游产品。例如夏季的贵阳避暑节、秋季的浙江天台山红枫节、冬季的哈尔滨冰雪节等活动也会根据气候的变化、环境的变化进行灵活的调整和改进。另外，文化旅游项

① 张述林.旅游项目策划：理论与实践［M］.重庆：重庆出版社，2004.

目策划要根据实际情况开发一些线上体验项目，也是一种根据技术进步而进行的灵活性调整。因此灵活性原则主要就是要优化文化旅游策划的系统结构，调整策划过程中的合理跨度和层次，使文化旅游项目策划的实现目标更加明确，策划过程运转有序，保持充分的弹性和稳定。

（五）多重效益并重原则

文化旅游项目策划的目的是充分挖掘文化资源和旅游资源的潜在价值，追求经济、社会和生态环境三方面最大的综合效益。[①]一切要按照文化旅游市场来进行项目设置，同时要预测未来文化旅游市场的发展趋势，从而对文化旅游项目做出合理的实施开发。文化旅游项目的策划，首先是一定要把经济效益作为重要的指标，对文化旅游地的投入和产出要进行深度的分析和规划。其次是社会效益，文化旅游的社会效益是指文化旅游活动的开展给所在地区带来的社会影响和作用。这些社会影响通常表现在文化旅游地的管理及服务、文化旅游资源和环境的保护、文化旅游地的知名度，以及居民生活质量、文化交流等各个方面，这些社会影响通常是间接的、长远的，难以量化的，往往要在一段比较长的时间后才能发挥出来。景区、旅游者和社区的诸多因素影响着文化旅游社会效益水平的发挥，因此在文化旅游项目策划过程中要充分考虑项目落地后带来的社会影响及社会效益。最后是文化旅游地的生态效益，也就是在文化资源和旅游资源的开发过程中，要充分考虑到当地生态环境的协调发展。

（六）可行性原则

任何一个文化旅游产品策划在本质上都是一种设想，无论看起来多么完善，在实施的过程中必然会遇到各种阻碍，甚至根本无法落地实施。[②]因此，进行文化旅游产品策划一定要考虑其可行性，包括在经济上、环境上和技术上的可行性，并将可行性分析贯穿于整个策划的全过程。在文化

① 深圳市创艺园旅游规划设计院.旅游开发中的旅游策划创意如何做？［EB/OL］.［2020-06-09］（2022-03-20）. https://zhuanlan.zhihu.com/p/146980951.

② 钟晟.旅游策划：理论、案例与实践［M］.上海：华东师范大学出版社，2017.

旅游项目策划方案落地之前，一定要做可行性分析，以确保文化旅游策划目标的实现。可行性分析主要应从三个方面进行。一是合法性分析，即考虑文化旅游项目策划方案是否符合相关法律、法规的要求，一方面，策划方案需要经过一定的合法程序和审批流程；另一方面，策划方案的内容一定要符合现行法律、法规的政策规定和要求。二是经济性分析，即分析文化旅游项目策划方案预期产生的利益、效果和可能面临的危险情况、风险程度，综合考虑、全面衡量策划方案的利害得失，考虑策划方案是否实现了最优的资源配置，能否以最低的价格来获得最大的产出，展现最优效果。三是科学性分析，主要是思考策划方案是否建立在实际调查、研究、预测的基础上，是否严格按照策划程序进行创造性思维和科学构想。

（七）可持续发展原则

文化旅游项目策划的可持续发展原则是指生态可持续发展和文化可持续发展。在文化旅游开发过程中一定要突出生态化、原始化、自然化，从植被保护到服务设施皆要营造生态化的环境氛围。文化旅游项目策划中的可持续具体表现在两个方面，一方面是文化旅游地自然资源的可持续发展，另一方面是旅游地的文化传承。自然资源的开发关系到旅游地的生态环境，旅游区人民未来的生存环境，因此在自然资源开发过程中要把保护放在首位，在保护的基础上合理开发，永续利用旅游资源。在文化资源开发策划时，要充分考虑到优秀传统文化的续存，坚持“有效保护，合理利用，加强管理”的思想，保证优秀文化的可持续发展。

二、文化旅游项目策划的方法

对文化旅游项目策划方法的探讨，目的是寻找策划方法中一般性、多适用性的方法。文化旅游项目策划在具体执行过程中会根据旅游目的地、文化旅游资源、当地人口构成等多种因素的不同而进行调整，但整体上都受一般方法的指导。因为策划本身就是思维的过程，因此，思维学中的一些方法经常被用到策划中，如头脑风暴法、德尔菲法等。策划中使用的方法是非常多变的，因此本章仅介绍经常采用且效果突出的几种文化旅游项目策划的方法。

（一）头脑风暴法

头脑风暴法是在项目策划过程中最常用的一种方法，它在文化旅游的项目策划过程中也是一种相对较好实施且应用较为广泛的一种方法。

1.定义

头脑风暴法（Brain Storming，BS法），又称智力激励法，是一种比较常规的、用来发挥群体智慧的策划方法。1939年由美国创造工程学家亚历克斯·奥斯本首次提出，开始主要运用于创造发明学上，后来逐步引进策划领域，成为重要的群体策划方法之一。[①]头脑风暴法将具有相关专业能力和知识素养的人集中成一个小组进行集体讨论，相互启发和激励，引起创造性设想的连锁反应，从而收集尽可能多的创意。它通过对提出的设想方案逐一进行客观连续的分析，以寻找切实可行的最佳方案。[②]

头脑风暴法根据实施形式的不同，又分为默写式头脑风暴法（635法）、卡片智力激励法（CBS法），随着互联网的发展，又产生了电子头脑风暴法，以此来尽可能多地收集想法和创意。

2.实施流程

（1）会前准备。

会前准备有四步。

第一步是确定会议主题，也就是确定策划中需要集中解决的问题。

第二步是选择引导整个会议流程的主持人。所选择的主持人一定要对会议主题十分熟悉，并且熟练掌握头脑风暴法的要义，同时要具备专业的沟通能力，在整个会议过程中要善于启发思考并在合适时机给出提示。此外还需要活跃讨论气氛，营造良好的氛围，以此来调动讨论组成员们的积

① 参见MBA智库百科的头脑风暴法：https://wiki.mbalib.com/wiki/头脑风暴法。

② 戴力农.设计调研［M］.北京：电子工业出版社，2014.

极性。

第三步是组成专家小组，专家小组成员应包括多领域人员。小组成员的选取原则一般来说有三条：首先为避免造成与会者的心理压力，领导人员原则上不参与讨论；其次是如果与会者互相认识，要从同一级别的人员中选取，如果与会者互相不认识，则可以从不同级别的人员中选取合适的成员；最后也是最重要的一点是与会者的专业应该与讨论的中心问题存在关联度，要包括一些学识渊博、对讨论议题有较深理解的其他领域的专家。

第四步是协调并确定会议时间，一次讨论的时间一般在20—60分钟。

（2）会议召开。

会议程序一般也有四步（见图3-2）。

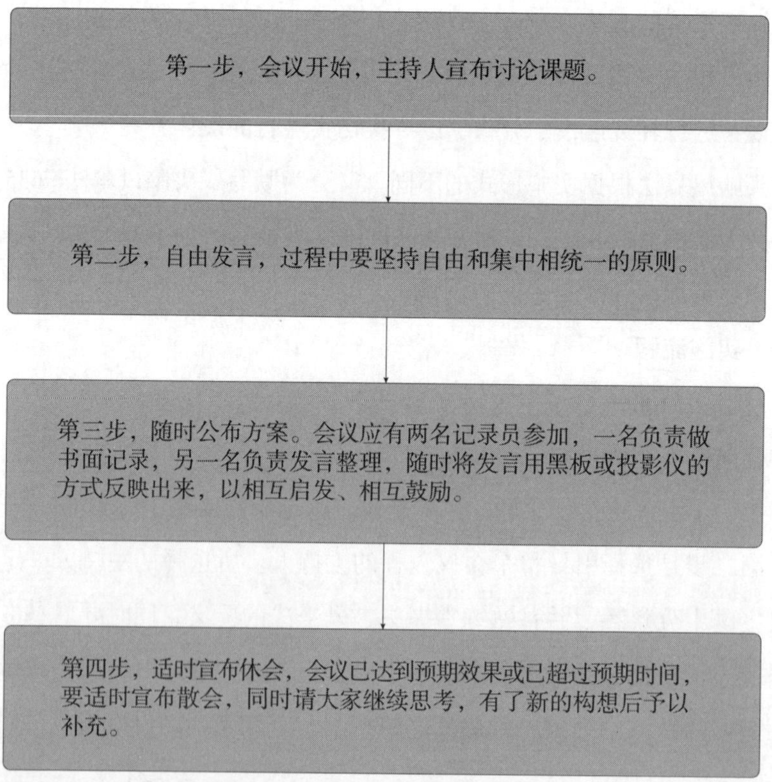

图3-2　头脑风暴法会议流程图

（3）会议总结。

会议结束后，需要将会议中提出的问题进行归纳和分类，然后进行全面的可行性分析论证和评估，同时进行系统化处理来做进一步的技术分析。针对有些方案可以做出可视化的模型，一并报送以供策划人员进行方案选取和优化。

头脑风暴法的本质就是通过自由联想来获得创造性设想，主要目的是进行创意决策和策划方案的设计，多人会议的形式可以尽可能多地收集创意。在文化旅游项目的策划过程中，头脑风暴法的应用是很常见的。一般来说，我们可以由专业项目策划人员、业界投资人、文化界专业人员、旅游界专业人员等多领域专家来组成专家小组，选择主持人来引导各方人员积极讨论。保证会议在一种非常融洽、轻松的气氛下进行，让各界人员自由联想，充分表达自己的看法，畅所欲言，最后汇总并分类归纳文化旅游项目的创造性思考，让策划人员来选择最优方案。在头脑风暴法实施过程中，它可以创造不同领域知识互补、创意思维共鸣共振、有趣想法互相激发、思路不断开拓的条件，能够通过讨论来产生更多的新思想、新观念、新方法、新成果。

（二）德尔菲法

1. 定义

德尔菲法是通过问卷的形式来多轮次调查各领域专家对有关问题的看法，属于专家调查法中非常重要的一种方法。凭借专家的知识和经验，经过对专家意见的反复征询、归纳、修改和技术处理，对研究对象或中心议题进行综合性分析，探寻其特性和发展规律，并在此基础上对其发展趋势进行预测的一种方法。[①]

在文化产业和旅游产业深度融合的大背景下，文化旅游项目的策划领域越来越多地运用德尔菲法，通过大量调查来收集专家的专业性意见，对

① 参见MBA智库百科的德尔菲法：https://wiki.mbalib.com/wiki/德尔菲法。

文化旅游的发展趋势、流行方向进行预测，从而在具体的项目的策划中对策划内容进行及时调整与改进。

2.实施流程

德尔菲法的实施有一套完整的流程，主要分为四个步骤。

（1）组成专家小组。

在文化旅游项目的策划过程中的专家小组成员可以根据具体项目的大小和涉及的产业来决定各个领域的专家人员，专家人数一般不超过20人，专家的专业领域需要涉及文旅项目投资开发落地的全过程。

（2）明确预测目标，制订实施计划。

德尔菲法的重要目的就是对研究对象运行及发展的趋势进行预测，因此在实施的过程中要十分注重明确预测目标。这里的预测目标通常是指项目在实践过程中可能涌现出来的大家普遍关心且意见分歧较大的问题。选择和规划预测内容的阶段十分关键，它决定了德尔菲法的实施方向，因此在此阶段内必须要十分明确预测的目标，并根据该目标来制订相应的实施计划。

（3）编制调查表。

专家调查表是德尔菲法实施的基础工具。在明确预测目标并制订实施计划之后，需要编制具体的调查表。在调查表中要对项目目标、实施途径、项目时间安排、技术实施方案、产品设计方案等问题做出具体的说明。在此基础上向所有专家提出所预测的调查问题及有关要求，同时附上有关这个问题的所有背景材料，询问专家还需要什么材料，让专家能够进行深入的研究与思考，最后由专家针对调查表来给出书面答复。

（4）反馈调查、专家意见统计分析与预测。

在调查表发放之后，经典的德尔菲法一般要经过四轮的征询调查来对专家的意见进行统计分析，每一轮间都会有具体的调查反馈。

第一轮是开放式的问题调查表，主要是请专家围绕预测主题来提出需要预测的事件；

第二轮是在第一轮的基础上，请专家针对提出的每个事件，对其可能发生的时间、空间、规模等因素做出具体的预测，并需要简单附上预测的理由；

第三轮是详细的预测理由调查。需要对第二轮的反馈结果进行统计分析，并根据分析结果修订新的调查表再发给专家，要求专家充分陈述理由并再次做出预测，然后组织回收详细调查表，并汇总整理，进行深入统计与分析；

第四轮需要在第三轮的基础上重新修订第四张调查表，请专家在充分研究、评价与权衡的基础上做出新的预测，并同时要给出详细、充分的论证过程。最后组织者将所有回收的调查表进行汇总，统计分析集中程度较高的专家意见。

上述的四轮调查不是简单重复的过程，而是一种螺旋式提升的过程。经过每一轮调查和论证，专家都吸收了更多的新信息，对预测对象和预测事件的认识也更加深刻且全面，因此反馈回来的预测结果精确度也会逐轮提高（见图3-3）。

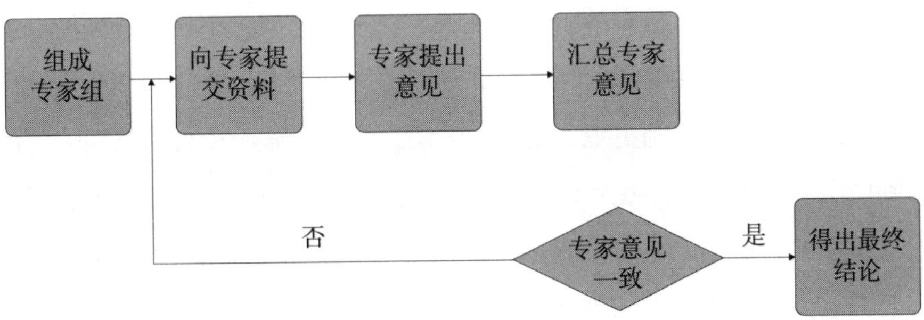

图 3-3　德尔菲法流程示意图

3.特点

（1）匿名性。

匿名性保证了专家意见的充分性和可靠性。由于专家调查表是点对点发放地，从事预测结果的专家们彼此不知道有哪些人参加预测，因此他们在进行思想的交流与碰撞是完全匿名的。德尔菲法采用这种匿名发函进行调查的方式能够最大限度上克服专家会议易受权威影响的缺点，同时也一定程度上摆脱了会议形式、紧张气氛和其他心理上的影响。专家可以完全独立思考，不受干扰地对调查表的问题发表自己的意见，而且专家可以有充足的时间来查阅资料，从而进行调查研究。

（2）反馈性。

调查结果的反馈在德尔菲法的应用过程中非常重要。在一轮调查的反馈中，专家的意见往往比较分散，不易做出结论，因此在实际实施的时候，通常会有多轮的调查和论证。组织发起者一方面需要接收多轮专家意见的反馈，同时还要将每一轮汇总、整理、分析之后的意见在下一轮调查中重新反馈给受邀的专家们，因此德尔菲法的反馈性十分重要，能够便于受邀专家根据新的调查表来进一步地做出精确预测。

（3）统计性。

德尔菲法实施后得出的预测结果并不是由组织者或分析人员得出的，也不是由个别专家得出的，而是对所有受邀专家的调查回复进行统计学处理之后给出的结论。因此德尔菲法具有统计性，它使一批专家的意见趋同。所以，德尔菲法所得的结果既反映了专家意见的集中程度，又可以反映专家意见的离散程度。①

德尔菲法作为一种主观、定性的方法，在文化旅游项目的策划中可以得到广泛应用，尤其是在确定项目评估的具体指标和建立项目的各类评价指标体系时，德尔菲法必不可少。例如我们在文化旅游项目落地实施前，需要考虑该项目的市场吸引力，并对此做出一定的预测。因此可以先向专家开放式征询影响项目市场吸引力的因素，如整体市场规模、旅游人口增长率、旅游地环境影响、项目技术实施难度、同类型旅游地的竞争强度等。根据这些因素重新征询专家意见，建立该文化旅游项目市场吸引力的评价指标，最后根据集中反馈的意见来调整策划内容。

① 戴力农. 设计调研［M］. 北京：电子工业出版社，2014.

（三）昂谱分析法

1.定义

昂谱（RMP）分析法是旅游规划中的重点分析方法之一，1999年由北京大学吴必虎教授提出。理论定义是这么解释的："以旅游产品为中心，进行资源性（R）分析（Resources Analysis）和市场性（M）分析（Market Analysis），以此为基础进行产品性（P）分析（Product Analysis），并最终提出以旅游产品为中心的规划框架，即所谓RMP（昂谱分析理论）。"[①]该理论主要是针对当时旅游开发时存在的现实问题，为区域旅游规划提供的一种基本思维方式。也就是说，区域旅游开发需要从资源、市场、产品三个方面来进行分析论证。文化旅游项目作为旅游的形式之一，完全适用昂谱分析法。

2.昂谱分析法的具体内容

（1）R：资源性分析。

资源性分析主要分析的是旅游目的地可开发资源的单体吸引力、组合吸引力以及目前开发利用的程度。因此R性分析要对旅游地的资源进行全面而深入的调查，并对这些资源进行全方位的评估。其次，要分析文化旅游资源所处的外部环境对资源开发的影响，以及整合资源可开发的独特要素。最后因地制宜，在把握现有文化旅游资源与文化产品之间的内在联系基础上开发出有文化生命力和市场吸引力的文化旅游项目。

（2）M：市场性分析。

市场性分析是通过了解目标受众的偏好来挖掘文化旅游产品的需求弹性。把握文化旅游产品需求是文化旅游项目开发的前提条件。文化旅游产品市场需求具有需求弹性大、敏感度高、时空上集中、扩展性强、不确定性大等特点。R性分析要求策划者对文化市场和旅游市场的产品需求弹性都有充分的了解，在此基础上有针对性地"投其所好"，尤其是在文化方

① 吴必虎，俞曦.旅游规划原理［M］.北京：北京旅游出版社，2010：112.

面进一步设计满足消费者需求的产品，提高市场竞争力。

（3）P：产品性分析。

产品性分析是分析旅游产品的组合开发。根据文化旅游资源的特点和文化旅游市场的需求来开发不同类型的文化旅游产品体系，从而体现出文化旅游产业的经济效益。旅游资源奠定了旅游产品开发的基础，在分析旅游资源进行的基础上充分挖掘优质旅游资源价值，从而因地制宜地开发出有吸引力和竞争力的特色旅游产品。客源市场需求是体验式旅游产品开发的导向，分析客源市场需求和确定市场定位，从而开发出满足客源市场需求的旅游产品类型。①

因此，昂谱分析法作为一种研究方法，在广泛运用于旅游产业研究的同时，也越来越多地开始应用在文化旅游项目策划的过程中。特别是对文化旅游地的文创产品开发提供了很多思考的方向和设计思路。例如，我们在考虑文化旅游项目的衍生品开发过程中，需要对该文化旅游地的资源背景和市场吸引力进行调查，在了解观众需求的基础上，策划具有当地文化特色的文创产品，从而使文化旅游项目更具价值和吸引力。

（四）类比策划法

1. 定义

类比策划法，顾名思义，就是在项目策划的过程中，简单地在两事物之间建立联系的类比方法。即使是差别很大的两个事物之间依然可以进行类比。通过类比，我们策划创意的视野将得到极大的拓展。②

2. 实现途径

（1）直接借鉴。

直接借鉴指的是从别人的成功经验中得到启迪，从而策划出属于自己的项目方案。在文化旅游项目的实际策划过程中可以是文旅项目成功模式

① 吴必虎. 区域旅游开发的RMP分析：以河南省洛阳市为例［J］. 地理研究，2001（1）：103-110.

② 转引自王晓冬. 旅游目的地项目策划的初步研究［D］. 福州：福建师范大学，2006.

的异地复制。也就是在分析其他文化旅游地的成功经验基础上，照搬一些可借鉴可复制的成功经验。当然在经验借鉴的同时更要考虑因地制宜，注意避免抄袭与简单的复制，尊重他人的创意成果。文化旅游项目的策划人员要不断进行国内外文化旅游成功模式的理论分析与研究，并对代表性文化旅游地进行实地考察，在成功的模式中获得启发。

案例分析1：宋城模式轻资产输出加速“印钞”模式能否借鉴？[①]

2017年7月，宋城演艺发布公告称，旗下全资控股公司霍城宋城旅游发展有限公司与宜春市明月山旅游投资有限公司正式签署明月千古情项目合作协议。在整个合作中，宋城演艺完全在扮演“技术支持”的角色，项目的经营成本均由明月山旅游方面负责。明月山项目已经是宋城演艺重启轻资产品牌输出的第三个项目，显然也不会是最后一个。东方证券的施红梅表示：“轻资产模式是旅游市场给予宋城的极大红利，一方面给予了品牌及管理价值变现的重要渠道，另一方面是快速扩大版图布局及影响力，同时降低经营风险的重要方式。”2016年6月，宋城演艺与宁乡炭河里文化主题公园签订项目合作协议，同时宋城演艺还中标佛山听音湖项目。

对于大部分旅游企业来说，宋城演艺的轻资产输出模式看起来美好，却与自家情况相差太远，很难直接化为己用。一方面，轻资产输出的模式对输出方的品牌价值、管理价值有极强的要求。宋城演艺作为国内堪称独此一家的演艺品牌，积淀深厚，同时也有大量成功运营项目背书，对于景区来说是“名牌”。宋城演艺方面也坦言：“国内众多旅游文化休闲项目正在与我们积极接触，希望能够开展合作，共同打造当地文化精品，宋城的品牌和专业运作能力有巨大的市场需求。”另一方面，要让景区等旅游文化休闲项目心甘情愿掏出真金白银“借势”，输出方所能够为景区提供的产品必然需要拥有自己的独特竞争力，才能避免与其他品牌打造出同质化

① 饶贤君.宋城模式轻资产输出加速“印钞”模式能否借鉴?［EB/OL］.(2017-07-07)［2022-06-16］. https://mp.weixin.qq.com/s/v2HuSHxzn-zDqlBowpFKPg.

的产品。这一点是阻碍了不少大规模、大品牌旅游企业以轻资产扩张的主要原因之一。

不过，直接套用虽然存在困难，但宋城重视品牌及IP打造的发展轨迹足以为鉴。尽管是因地制宜打造不同地方特色的项目，宋城演艺将所有可以标准化、流程化的产品打造成了可以轻松异地复制的模板，这对于后期由重资产模式转向轻资产输出提供了便利。

图 3-4 宋城千古情演艺模式的异地演出展示图[①]

（2）推陈出新。

推陈出新指的是从别人司空见惯的事物中发现新意，从而产生与众不同的效果。在文化项目策划的具体应用中主要是指在原有文化旅游项目的基础上，结合新的潮流趋势来开发旅游新热点，使文化旅游项目焕发出新的生机。在科技创新不断发展的当下，资源已不再是文化旅游业发展的决定性因素，创新的思路挖掘、整合和激活旅游资源的“文化之魂”才是文化旅游项目策划的关键。文化内涵挖掘不够，文化创意缺乏，城市旅游产品内容单一，开发深度不够，缺少极具民族特色的文艺表演，旅游文化氛围不浓等问题深深制约着文化旅游地的发展，尤其是在疫情影响下，如何

① 参见宋城演艺官网：https://www.songcn.com/。

推陈出新，培养新的产业链或者展现数字化的新技术，更好地吸引消费者兴趣成为文化旅游项目策划的关键。

因此，类比策划法可以根据比较完善的文化旅游融合发展模式的某些特点，判断成功经验可否应用于目前的项目策划中，某种文化旅游活动的形式和思路可否应用于当地的活动等，从而得到启发，开拓新思路。

案例分析2：千年运河文脉焕发新活力[①]

2021年7月，杭州拱墅区上塘古运河景区推出沉浸式夜游项目《如梦上塘》，用光影再现千年古运河场景。未来，杭州将以大运河国家文化公园建设为契机，促使千年运河文脉焕发新活力。夜幕降临，船只缓缓前行，市民游客泛舟于上塘古运河，开启了《如梦上塘》沉浸式夜游。演出内容贯穿上塘古运河2200多年的文化历史，再现了秦始皇、岳飞、李清照等历史人物。这是中国首部江南古运河文化实景演出，演出集游船、戏剧戏曲等演绎形式于一体。通过演出展现中国古运河的文化底蕴，充分挖掘运河文化、市井文化以及民俗文化三大文化内核，重现上塘古运河昔日的繁华。据介绍，上塘河原由秦始皇开凿，命名为“陵水道”，后经隋炀帝拓宽、疏浚，是杭州历史上第一条人工河，在当时也是入杭的唯一水路。《如梦上塘》实景演出自10月1日开业以来，收到了不少人的好评，大大促进了大运河文旅融合发展。

2020年杭州大运河国家文化公园杭州项目群在大运河畔集中开工。这些项目包括京杭大运河博物院、小河公园、大运河杭钢工业旧址综保项目等。例如，京杭大运河博物院项目定位为体验型博物馆和高品质文旅目的地，总建筑面积约18万平方米，建筑方案由普利兹克奖得主设计。其设计灵感源于大运河水道，展览空间悬停于距地13.5米的空中，建筑的玻璃立面与运河水波交相辉映。上部的空中花园和下部的城市广场创造了丰富多彩的公共活动空间，环形的博物馆和山形的文化交流中心相得益彰，将成为杭州市的公共文化客厅和文化地标。项目计划于2023年底试运营。大运

① 杭州之声.文旅项目推陈出新 千年运河文脉焕发新活力 | 听见大运河［EB/OL］.（2021-12-09）［2022-06-16］. https://mp.weixin.qq.com/s/eFLkv9LifwXlu6c7ZTJL3A.

河国家文化公园不仅是市民游客的“生活观光之地”，更是文艺、产业和文化齐头并进的兴盛之地。按照公园化运营管理的需求，杭州提升结合创新，形成与大运河国家文化公园配套的中国（杭州）新年祈福走运大会、京杭大运河国际诗歌大会、大运河庙会等六大常态节庆活动，将运河文物、沿岸文化遗产和公园有机结合起来，创造出新的文化景观。

图 3-5　千年运河旅游宣传图[①]

文化项目的创意策划过程会应用到很多种方法或方法的组合。这些方法的合理运用会给文化旅游项目创意的视觉体验和展现效果带来一些很重要的改变。除了上述提到的这些基础方法以外，还有组合策划法、经验分析法、项目归纳法、嫁接法等多种多样的策划方法，都可以在具体的文化旅游项目策划过程中得到综合运用，从而为策划人员寻求最佳的策划方案。

第三节　文化旅游项目策划的流程

一、项目策划阶段划分

项目的策划有多个环节，各个环节之间存在内在的联系并遵循一定的

① 参见京杭大运河旅游官网：http://grandcanaltravel.com/zt/qnyh/subject/index.html。

程序。对于项目策划的具体流程，不同的学者有不同的划分方式，综合来看，一般一个完整的项目策划可以分为四个阶段，第一个阶段是项目背景分析与研判，从而确定策划的明确主题；第二个阶段是描绘出策划的大致轮廓，设定策划实现时可期待的策划成果目标[①]；第三个阶段是行动路线的设计[②]，也就是将充满创意构想的具体策划案整理成策划书；第四个阶段是将策划案付诸实施，并对结果进行比较评估。

文化旅游项目策划作为项目策划的具体类别，尽管在落实到具体的文化旅游地项目时会有所不同，但基本的策划流程是相似的。

二、文化旅游项目策划的流程

文化旅游项目策划作为一项综合性的工程，涉及项目目标、文化主题、实施策略、市场反馈、效果评估等多个要素，整个策划的过程是一个相对复杂的整体。尽管落实到具体的文化旅游项目时，整个策划流程会进行一定的调整，但大致都经历这样一个程序：对宏观背景进行深入分析，根据市场需求的预测来明确策划内容和主题；然后通过横向或纵向的文化旅游地案例的分析评估，来明确本策划具体的目标；接着基于时间、资源、质量三要素的基础上制定完整的策划方案；最后是执行策划方案并评估方案。下面分别就每一阶段的工作来进行具体的阐述。

（一）项目背景研判

文化旅游项目策划的基础是旅游目的地的空间场域，因此当地的文化旅游发展政策、地区资源条件、区域风土人情等都会对项目策划及实施产生影响。因此对文化旅游项目的整体发展条件和发展环境进行深入的背景调查和研究判断。区域发展条件和发展环境的主要背景包括文化旅游产业外部环境对项目策划及实施的影响、项目所在地域的区位环境对项目发

① 陆耿.文化产业项目策划与实务［M］.北京：中国科学技术大学出版社，2013.

② 苏伟伦.项目策划与运用［M］.北京：中国纺织出版社，2000.

展的影响以及项目所在地域本身的内部空间结构等。[①]在项目策划前进行这些因素的深入分析很大程度上直接影响着文化旅游项目策划实施的可行性，能够让文旅项目策划方案更具科学性和可操作性。

1. 文化旅游项目的外部环境分析

（1）外部环境分析方法。

如何确定文化旅游项目外部环境调查与分析的要素，目前已有很多方法。其中具有代表性且经常用到的用于宏观背景研判的方法是SWOT分析法和PEST分析法。

第一，SWOT分析法。

SWOT分析法（也称TOWS分析法、道斯矩阵分析法）即态势分析法，20世纪80年代初由美国旧金山大学的管理学教授韦里克提出，用于客观地分析和研究一个企业或产品发展中面临的现实情况[②]。

旅游项目策划的SWOT分析法，主要是指分析文化旅游项目策划及落地实施过程中的优势（Strength）、劣势（Weakness）、机遇（Opportunity）和威胁（Threats）四个部分来进行深入。其中，优势和劣势分析指对文化旅游项目本身内在能力的分析，可以是文化特色、资源条件、生产要素、市场份额、管理水平等因素；机遇和威胁分析则是对旅游项目外部环境的分析，包括文旅市场供求、同质项目竞争对手、政策环境变化、文旅融合发展趋势等方面的内容，以找出文化旅游项目开发的机遇和潜在市场，同时明确旅游项目开发面临的竞争和挑战。[③]

第二，PEST分析法。

PEST分析法是战略咨询顾问用来帮助企业检阅其外部宏观环境的一种方法，宏观环境又称一般环境，是指影响一切行业的各种宏观力量[④]，主要分为四类：政治因素（Political）、经济因素（Economic）、社会因素（Social）、

① 杨振之. 旅游项目策划［M］. 北京：清华大学出版社，2007.

② 参见MBA智库百科的SWOT分析模型：https://wiki.mbalib.com/wiki/SWOT。

③ 陆耿. 文化产业项目策划与实务［M］. 北京：中国科学技术大学出版社，2013.

④ 参见MBA智库百科的PEST分析模型：https://wiki.mbalib.com/wiki/PEST。

技术因素（Technological）。典型的PEST分析法包括以下内容（见表3-2）。

表3-2 典型的PEST分析法因素表[①]

政治（包括法律）	经济	社会	技术
环保制度	经济增长	收入分布	政府研究开支
税收政策	利率与货币政策	人口统计、人口增长率与年龄	产业技术关注
国际贸易章程与限制	政府开支	劳动力与社会流动性	新型发明与技术发展
合同执行法 消费者保护法	失业政策	生活方式变革	技术转让率
雇用法律	征税	职业与休闲态度 企业家精神	技术更新速度与生命周期
政府组织/态度	汇率	教育	能源利用与成本
竞争规则	通货膨胀率	潮流与风尚	信息技术变革
政治稳定性	商业周期的所处阶段	健康意识、社会福利及安全感	互联网的变革
安全规定	消费者信心	生活条件	移动技术变革

（2）宏观环境变化对文化旅游项目策划的影响。

在落地实施时对文化旅游宏观环境分析的常用方法是PEST分析法，本章会采用该框架作为基本分析原则，并在此基础上进行深入探讨，对文化旅游项目策划时所面对的政治环境、经济环境、社会文化环境和技术环境予以分析。

第一，政治法律环境变化对文化旅游项目策划构思的影响。

政治法律环境是指一个国家或地区的政治制度、体制、政治形势、方针政策和法律。[②]政治因素像一只无形之手，调节着文化企业经营和营销

① 参见MBA智库百科的PEST分析模型：https://wiki.mbalib.com/wiki/PEST。

② 陆耿. 文化产业项目策划与实务［M］. 北京：中国科学技术大学出版社，2013.

活动的方向；法律则为文化旅游规定商贸活动行为准则。政治与法律相互联系，共同对文旅市场发展和项目策划落地产生影响和作用。

一方面，文化旅游项目在文化产业和旅游产业融合发展的大背景下运行，因此产业发展政策、产业法律规范等都会对文化旅游项目的发展状况、内容策划等产生限制；另一方面，文化旅游产品更注重文化的内容，因此也更加受到国家意识形态的影响。国际、国内的政局稳定与否，国家政策方针的变动，都会给文化旅游行业、文化旅游企业的发展及其项目选择带来决定性的影响。因此，任何的文化旅游项目策划无论是内容还是形式都要符合国家的方针政策要求，按照国家的有关规定生产和经营，符合国家的法律规范。

第二，经济环境对文化旅游项目策划构思的影响。

经济环境是指项目开发过程中所面临的各种经济条件、经济特征和经济联系等因素。[①]文化旅游的项目开发都是在一定的经济环境中运作的，经济环境直接影响项目实施的可行性和经济效益。[②]经济环境因素中对项目制约最大的因素是社会购买力。市场是由具备一定的购买力的人口构成的，购买力水平是影响市场规模大小的决定因素，对文化旅游项目策划的方向也会产生很大影响。

消费者的收入水平、消费者的支出模式和消费结构、消费者的心理偏好等都是文化旅游项目策划过程中需要考虑的因素。随着消费者收入水平的提高，文化娱乐等消费开支占国民生产总值和国民收入的比重上升。在文化旅游项目策划的时候要重视消费者消费结构的变化，尤其应掌握拟进入的目标市场中支出模式和消费结构的情况。[③]除了消费者的因素以外，地区经济发展水平、经济体制、地区的行业发展状况和城市化程度等因素都对文化旅游项目的内容选择和策划主题产生或多或少的影响。例如城

① 周志民，刘世雄. 文化市场营销［M］. 大连：大连理工大学出版社，2013.

② 苏伟伦. 项目策划与运用［M］. 北京：中国纺织出版社，2000.

③ 张立波. 文化产业项目策划与管理［M］. 北京：北京大学出版社，2013.

乡之间因为经济文化发展水平的不同，对文化产品和服务的需求差异也很大。因此面对城市文化旅游和乡村文化旅游的策划方案是完全不同的。

第三，文化环境对文化旅游项目策划构思的影响。

社会文化环境是指一个国家或地区的民族特征、文化传统、价值观、宗教信仰、教育水平、社会结构和风俗习惯等。社会文化环境中许多因素都具有继承性和稳定性，受到传统文化和历史继承的制约。①

地区教育水平的高低会影响消费者的消费观，还会影响文化旅游项目开发的方向，以及后续的营销推广方案。例如，在教育水平低的地区，应选择适合大众化的、通俗易懂的、价格相对较为低廉的文化旅游产品和服务；而教育水平高的地区，可能会更需要高品位的、高质量的文化旅游产品和服务。一般来讲，教育水平高的地区，消费者对精神生活的要求较高，容易接受更多元化的文化旅游产品和服务。

不同的文化修养会产生不同的审美观，审美观念对文化旅游项目策划的影响也很大。不同的价值观念和审美观念会引起不同的消费需求，因此在文化旅游项目策划的过程中要特别把握不同文化背景下的消费者价值观念和审美观念的变化趋势，以适应市场需求的变化。

风俗习惯、语言文字等也是影响文化产业项目策划的重要因素。例如，不同的国家、民族对图案、颜色、数字、动植物等都有不同的喜好和不同的使用习惯，这些因素都会对消费者的消费嗜好、消费模式、消费行为等产生影响，因此在文化项目策划的过程中要尽量了解各个国家、地区和民族之间风俗习惯、文化背景、语言文字等方面的差异。

第四，技术环境对文化旅游项目策划构思的影响。

技术环境是指一个国家或地区的技术水平、技术政策、新产品开发能力以及技术发展的动向等。科技发展的革命性成果大大改变了社会生产方式、生活方式乃至人口结构。科学技术的每一步发展都将对文化项目策划

① 陆耿. 文化产业项目策划与实务［M］. 北京：中国科学技术大学出版社，2013.

的构思产生影响。①

在文化旅游项目策划过程中，科技的发展直接引发一系列新产品的构思和开发，也有可能会成为文化项目宣传推广的亮点。新能源和新材料的运用则能够推动文化旅游项目建设过程中的便利性，对于能源优化、地区可持续发展等都具有重要意义。新技术的运用则让文化旅游项目的想象成为可能。例如VR、AR（Augmented Reality，增强现实）技术的发展，让沉浸式文旅项目的实现多了更多的可能性。

2. 文化旅游项目的内部条件分析

文化旅游项目的内部条件分析指的是这个文化旅游项目本身的资源条件分析。目前对于旅游地文化旅游资源的调查主要从三个层面进行：自然旅游资源、历史文化资源、民俗风情资源。自然旅游资源主要包括水体、地质地貌、林木、气象等旅游资源；历史文化资源是历代文明变迁的见证，包括名人、名事、民迹等；民俗风情资源包括地方的生活民情、节庆、民居等。在深入整理挖掘这些文化旅游资源之后，根据《国家旅游资源分类、调查与评价标准》（GB/T18972—2003）进行分类评估、评价。②

（1）区域自然旅游资源。

旅游资源的区域分布对旅游产品的特色定位影响较大，有时候区域旅游部门甚至有可能完全放弃很有影响力的旅游资源，而选择其他更能使其“突围”的旅游资源。对自然资源的主要调查内容包括地质、地形、气候、水文、动植物、生态系统和自然资源地区等。对自然环境的分析可以包括三个方面：一是对可以成为旅游吸引物或是对项目有利的自然条件的识别与甄选；二是通过对自然环境调查资料和数据的分析，要能够识别出对旅游项目造成不利影响的自然环境要素，尤其是可能造成自然灾害的要素，例如台风、洪水、泥石流、滑坡等，从而在项目策划中寻求趋利避害的解决措施；三是要寻找出自然环境的脆弱因素和脆弱地带，在旅游项目

① 陆嵬喆. 中国文化旅游的多维研究［M］. 北京：中国商务出版社，2016.

② 陆嵬喆. 中国文化旅游的多维研究［M］. 北京：中国商务出版社，2016.

策划中要通过合理途径来减轻旅游活动及旅游建设对自然环境造成的负面影响。

（2）区域历史文化资源。

任何一个旅游目的地都离不开其所处区域的历史文化环境。在进行旅游资源考察、挖掘旅游资源特色的过程中，有必要对区域环境进行全面深入考察，寻找到具有地域代表性、典型性和独特性的特色文化资源，对其进行深入发掘、设计与包装。了解项目所在地域的历史和文化对旅游项目策划来说是非常重要的。一方面，如考古和历史遗址、历史事件的发生地、当地的风俗民情等本身就可能是非常重要的旅游吸引物；另一方面，它们还对当地社区居民的生活方式、习俗、艺术、手工艺和价值观等有着深刻的影响，它们影响着旅游业，但也受到旅游所带来的种种正面或负面的影响。

（3）区域民俗风情资源。

民俗风情旅游资源，包括显而易见的建筑、服饰、饮食、传统节日、婚丧嫁娶、礼仪、节庆活动，以及需要细心观察、体会的心理特征、审美趣味、思维方式和道德观念等。[①]它是人文旅游资源中最绚丽多彩的部分，其文化内涵十分丰富，具有震撼心灵的力量。伴随着旅游业的发展，民俗风情旅游资源在未来的文化旅游项目策划过程中将发挥越来越重要的作用，挖掘民俗风情旅游资源，发挥民俗风情旅游资源的旅游价值，能够充实、丰富一个地区的旅游资源，改善其旅游资源状况，增强该地区的旅游资源吸引力，吸引更多的旅游者前来旅游，从而扩大该地区旅游资源的市场需求。民俗风情旅游资源能够体现一个民族或一个区域群体的气质和心理，反映一个民族或区域的历史和现状，从而能为策划人员定位区域整体形象、挖掘旅游地特色提供重要的参考方向。

此外，文化旅游项目策划人员在整理策划区的文化旅游资源时，不仅要在本策划区内进行资源的评估，而且要与相类似的资源地进行比较，评估本策划区的旅游资源是否在这一领域具有别具特色的魄力，从而在后期

① 巴兆祥. 中国民俗旅游［M］. 福州：福建人民出版社，1999.

的项目策划定位中做到扬长避短。

（二）明确项目定位

项目定位有两个基本的层面，即市场定位和目标客户群定位[①]。

1.文化旅游项目市场定位

要了解文化旅游项目市场定位的概念，就必须先了解旅游市场定位的概念。在旅游市场的语境下，旅游市场定位概念可理解为是一个国家、地区旅游企业通过识别旅游者需求，根据自身资源和能力状况，运用营销策略，设计、开发、包装并向旅游者传播与竞争者不同的特色产品，塑造旅游企业产品形象及企业形象，使之在旅游者心目中占有独特位置的营销战略体系。根据对旅游市场定位解释的延展，可以说文化旅游市场定位指的是文化旅游企业根据“对目标市场的旅游者的兴趣、特征，以及自身的竞争优势，确定自身的文化旅游产品和服务在目标市场所处的竞争位置”[②]。

（1）目标客源市场定位。

指的是文化旅游产品指向什么样的目标市场，并针对目标市场确定相应的营销策略。[③]目标市场的定位要以市场细分作为基础。一般而言，目标客源市场的定位可以分为以下四种。

第一，无差别市场定位。

指的是在文化旅游产品的策划和营销中，将目标市场作为一个整体，不进行市场细分，所有的产品和服务面向整个市场进行推广和营销。这一方法只强调共性，在当今游客个性化需求不断增加和市场竞争越发激烈的背景下，此方法的局限性越来越大，在实践中运用极少。

第二，广泛性市场定位。

指的是文化旅游产品和服务的提供者虽然对目标市场进行了初步细

---

① 陆耿．文化产业项目策划与实务［M］．北京：中国科学技术大学出版社，2013.

② 张宏梅，赵忠仲．文化旅游产业概论［M］．合肥：中国科学技术大学出版社，2015：79.

③ 杨振之．旅游资源开发与规划［M］．成都：四川人民出版社，2003.

分，但在营销上将所有细分市场都作为自己的目标市场，营销策略缺乏针对性。其结果与无差别市场没有多大区别。

第三，选择性市场定位。

指的是将客源市场划分为若干细分市场，只选择其中一部分细分市场作为自己的营销目标。选择性市场就是有差别的市场，它会针对细分市场的不同需求采取相应的营销策略，销售“适销对路”的产品。这样，旅游产品的个性将更加鲜明。

第四，单一性市场定位。

指的是将目标市场确定为一个特定的市场，进行垂直营销。其优点是指向明确、市场集中；缺点则是旅游产品单一，虽有特色但不能形成组合优势，市场风险大。但在实践中，若针对单一市场采取了行之有效的营销策略，仍是可行的。

总体来说，无差别市场定位和广泛性市场定位已经越来越不符合当今旅游的发展趋势，而选择性市场定位和单一性市场定位特色鲜明，定位明确，在实践中逐渐受到重视。尤其是选择性目标市场定位，已成为目前文化旅游策划和规划使用最为普遍的一种市场定位方法。

（2）市场定位原则

旅游企业要使自己的文化旅游产品获得稳定的销路，必须与众不同，创出自有的特色。对此，文化旅游企业进行市场定位应遵循本企业的文化旅游产品、价格、设备、服务、人员、传播、形象等几个方面的差异化原则，这些原则最后构成了文化旅游企业的市场形象策略，旅游企业以鲜明的个性、生动的形象来奠定自身的市场营销基础。梳理目前的文化旅游市场定位的通用原则，大概分为以下几种（见表3-3）。

表 3-3　市场定位原则表

原则	内容表述
产品差异化	主要包括文化旅游产品的质量、文化特色及产品形式等方面。寻求产品特征是产品差别化战略经常使用的手段。

续表

原则	内容表述
设备差异化	文化旅游产品及服务高价或低价都可作为定位的因素来吸引不同的用户群体。
价格差异化	主要体现在文化旅游地的硬件的规格、档次、类型、时髦等方面。
服务差异化	主要体现在文化旅游地提供的服务能力、品德以及质量等方面。旅游企业的竞争力越好地体现在对顾客的服务上，市场差别化就越容易实现。
人员差异化	主要体现在文化项目相关人员能力、品德、知识和仪表等方面。一般是通过聘用和培训比竞争者更为优秀的人员来获取差别优势。
传播差异化	旅游企业一旦选定了目标市场，就不应仅仅停留在为某种产品设计和塑造个性与形象的阶段，更重要的是如何通过一系列营销活动把这种个性与形象传达给消费者。
形象差异化	在产品的核心部分与竞争者雷同的情况下塑造不同的产品形象以获取差别优势。

（3）文化旅游市场定位的步骤。

文化旅游项目策划过程中进行市场定位，要按部就班地做好以下几项工作。

第一，调研竞争优势。

从文化旅游地和文化旅游产品的竞争优势和差异性的角度来看，在目前的旅游市场上，文化旅游项目的市场竞争主要通过文化旅游产品的质量、服务、品种、品牌、成本与价格、渠道、沟通与促销等来进行。虽然如此，但不同的文化旅游项目竞争的方式各有其特色和优势，因此文化旅游项目策划进行市场定位时，首先必须了解哪些是目标旅游地的比较优势，哪些是竞争对手的比较优势，做到心中有数。

第二，选择比较优势。

文化旅游项目的市场定位不仅需要资金实力的支持，更重要的是需要竞争智慧的支持。因此，进行文化旅游项目的市场定位时，不仅要讲究战略、战术的运用，而且要在某些细分市场上通过自身的比较优势来凸显当地文化旅游特色。因此，进行市场定位应注意选择目标旅游地的比较优势，以提高市场竞争力。

第三，强化并凸显竞争优势。

看清了比较优势后，文化旅游项目策划人员必须对其进行深入挖掘，并采取一系列措施培植并强化这些优势，同时还要注意向旅游者展现这些优势，以便将比较优势转变为市场竞争的胜势。

2. 文化旅游项目用户定位

文化旅游项目的用户群体，通常指的是游客。因此对于游客的基本情况进行研究，能够对用户定位起到很好的参考作用。游客基本情况调查分析可以分为以下几个类别：地理、人口特征、旅游动机、行为模式。这四类中的每一类都包括几个可供选择的特征，它们之间可以任意组合，所以这四个类别是进行用户定位的重要参考方向。

（1）地理细分法。

这是在旅游服务业中运用最广泛的市场细分方法，也能很好地运用于文化旅游服务业的用户群体定位过程中。地理细分法意味着将市场划分成具有相同地理位置的顾客群，他们的地理范围可能很大（如几个国家或几个洲），也可能很小（如一个社区）。一些旅游目的地的营销组织，如澳大利亚旅游委员会和英国旅游局，都使用客源国作为基本的市场细分基础，我国也不例外。

（2）人口特征细分法。

人口特征细分法意味着基于人口的统计学的特征来划分市场。这些资料主要来源于人口普查信息，包括年龄、性别、家庭总收入和平均收入、家庭大小和构成、职业、受教育水平、宗教信仰、族裔、住房类型以及其他因素。

同时运用人口特征和地理两种细分方法的情况是非常普遍的，从而产生了一种称为人口地理细分法（一种使用地理特征和人口特征的两阶段细分法）的技术。[①]

（3）旅游动机细分法。

旅游动机是基于顾客的旅游目的来进行市场细分的方法。例如商务旅游、娱乐旅游、研学旅游等，根据旅游动机的差异可以对目标市场进行细分。通过对细分市场的差异分析来调整策划的产品和服务内容，例如，商务旅游者更喜欢住宿设施接近他们的工作场所；而在度假时，同样的一些人却希望选择接近景点的住宿设施。娱乐旅游者花费自己的金钱，而商务旅游者由单位付费，所以娱乐旅游者对价格更为敏感。

（4）行为模式细分法。

行为模式细分法是通过顾客的行为模式来划分目标群体。也就是说，它使用了消费者对某类特殊产品或服务（如餐馆、酒店、航空公司、旅行社）或特定商标（如“嘉年华”“迪士尼”）的使用场景、效益、使用者身份、使用频率、忠诚度情况、购买力阶段和对服务产品的态度等因素来对消费者进行进一步的划分。

（三）文化旅游活动项目策划方案确定

一个完整的文化旅游活动项目策划方案在确定的过程中一般要经历计划拟订、可行性分析、项目立项申请三个环节，每个环节中的详细内容环环相扣。

1.计划拟订

一个完整的文化旅游活动项目策划必须要有计划性，这是策划前期工作的重点。文化旅游活动项目策划的计划要根据策划委托方的要求去制订，主要内容包括以下几个方面。

（1）文化旅游活动项目策划的目标。

（2）文化旅游活动项目策划应该包括几个阶段。

---

① 杨振之. 旅游资源开发［M］. 成都：四川人民出版社，1996.

（3）每个阶段的详细工作及分工。

（4）每个阶段最后完成的时间。

（5）每个阶段的使用经费等。

计划拟订阶段最重要的一个问题，就是要明确整个策划项目的目标。一般而言，文化旅游活动项目策划的目标有以下几点。

（1）文化旅游活动项目策划一般是在当地政府或旅游企业的规划当中的，因此策划的目标之一就是要使文化旅游活动项目成为当地政府或旅游企业的支柱项目。

（2）以所要策划的文化旅游内容为核心，将文化旅游活动项目做大、做精、做活。

（3）文化旅游活动项目策划要以成为生态、自然和人文三位一体，并能可持续发展的结合体为目标。

文化旅游活动项目在计划拟订之后，就要按照计划的安排，组织每个小组成员按照各自的要求进行自己的工作，同时分组要有特色，让每个小组成员都能够发挥自己在策划方面的特长，职责分明地做好每个环节的工作。

2. 可行性分析

（1）含义。

文化旅游项目可行性分析，又称项目论证、项目评估，是项目投资决策之前对项目方案进行充分分析、研究、讨论与评价的过程[①]。可行性论证通常要组织各领域的专家进行讨论、分析、测评、认定，对项目建议方案中不妥之处作适当的修改。论证要求记录论证的会谈纪要，并要求专家出具意见书。专家在进行全面、深入、严格的论证后，出具论证意见书并签字。

（2）必要性。

项目可行性分析是项目策划的重要内容，是对项目建议的论证，是进一步项目策划的关键。如果项目本身不可行却仍要实施，就会直接导致经

① 杨振之，等. 旅游原创策划［M］. 成都：四川大学出版社，2005.

济效益和社会效益不佳，失败的可能性很大。对项目进行可行性分析的目的在于从技术、经济等多方面为投资者决策提供科学依据，提高项目投资决策的水平，提高项目的社会效益和经济效益。项目可行性分析的必要性体现在以下几个方面。

第一，项目科学决策的依据。

任何一个项目的成功与否都要受到经济、社会、自然环境、技术等多方面的影响和制约，存在许多不稳定因素。个人很难凭借经验把一个复杂的项目分析得很清楚，对项目进行可行性分析，有利于利用各种专项方法有层次全面分析和识别相关因素，从而依据分析论证的结果采取有效措施，修改项目策划方案，提高项目的效益，实现项目决策的科学化。

第二，项目筹集资金的依据。

项目可行性分析结果是文化产业项目能否筹集资金的基础。银行的项目贷款融资、企业的项目赞助、社会的投资等方式的筹集资金判断依据就是项目的可行性分析。

第三，项目计划的基础。

在文化产业项目策划的内容中，项目立项后的项目计划是在项目策划方案和可行性分析之后，从前到后一步步地详细计划。项目计划严格按照批准的项目策划案和可行性分析报告的内容进行，不能随意改变前者规定的规模、标准、项目目标等指标和内容。如果有具体的情况变化，则需要再次对项目可行性分析。

第四，项目实施与控制的依据。

项目策划案和项目可行性分析报告中需要对文化旅游项目的性质、任务、时间、市场定位等进行详尽阐述，因此批准后的项目可行性分析报告是文化旅游项目的策划人员进行各种具体工作安排的基础，也是项目进程规划和执行的重要参考。另外，文化旅游项目的可行性分析报告还是相关部门审查审批的基础文件，为项目方寻找合适的合作单位提供了参考依据。

（3）可行性分析的三阶段。

对文化旅游项目进行详细的可行性分析时，要从粗到细，由浅入深，细致而全面地逐步进行分析。在进行项目可行性分析时，主要包括三个方面：项目机会分析、项目初步可行性分析、项目详细可行性分析。

第一，项目机会分析。

在文化旅游项目的前期构思和内容规划时，就已经在进行机会分析，具体内容会体现在项目策划方案和项目建议书中，机会分析的作用是对该项目的发展前景进行一个前瞻性的预测，以及展示它对企业、对国民经济的积极影响。

项目机会分析与评价一般包括区域评估、行业评估和资源评估。[①]区域评估的重点在于对区域地理位置、自然特征、民族特征、人文习俗、区域经济结构、经济发展状况、受教育程度、消费特征等进行综合分析，并在此基础上选择地区优势项目；行业评估的内容包括行业特征、企业或合作伙伴在行业内的地位和作用、成长状况等方面的指导性决策，从而对项目发展方向和合作伙伴进行选择；资源评估是文化旅游项目的最重要组成，它包括文化资源丰富、资本丰富、技术水平的综合分析与评价，是文化旅游项目实现的基础。

第二，项目初步可行性分析。

项目初步可行性分析与评价是对文化旅游项目策划方案是否可行做出的评估和论证。

项目前期可行性研究的重点在于对项目的规划内容、主题的选择、文化旅游产品与服务的规划设计是否符合国民经济和社会发展的长期规划、行业规划和地区规划以及国家产业政策，对项目的开发前景进行初步的分析。若判断该文化旅游项目能够盘活当地文化资源，具有一定的投资价值，则可以开展进一步的详细可行性研究；若在项目初期判定该方案没有落地执行的价值，则该方案将中止，无须进行下一阶段的具体研究。

① 舒心. 文化产业项目风险管理体系研究［D］. 成都：西南石油大学，2014.

第三，项目详细可行性分析。

项目详细可行性分析的结果是项目详细的可行性研究报告，这份报告是文化旅游项目能否落地执行的重要依据。通过对项目方案的初步可行性研究，对各项实施技术和项目进程安排进行较为详尽的对比与论证，并对项目建成后的经济效益和社会效益进行了预测与评价，是项目详细可行性分析的重要内容。

对项目进行详细的可行性分析，可以运用多种专项方法，有层次地对项目方案进行全面的分析与辨识，进而根据分析和论证的结论，制定出有针对性的对策。对项目策划内容采取有效措施，修改项目策划方案，最大限度地提高项目的经济效益和社会效益，实现项目决策的科学化。

3.项目立项申请

（1）立项的概念。

文化旅游项目立项是指由项目的发起者通过正式的书面报告向相关行政主管部门进行项目申请，并最终获得相关行政主管部门批准或承认的过程。①

（2）立项申请书的内容撰写。

文化旅游项目立项申请书是文化旅游项目策划方案的实施前提。文化旅游项目在立项时，不同地区的行政主管部门对项目立项提出的申请文件形式差异较大，有些不对内容和形式做出要求，项目方可以自由发挥；有些则严格限制了格式，并会给出参考形式。但一般而言，文化旅游项目的立项申请通常由以下四个部分组成。

第一，项目名称、项目来源、发展背景等概述性内容。

通过对该项目方案的前期论证，文化旅游项目的主题和内容方向已经大致确定。首先，在项目申请时要确定一个可以高度概括项目内容的名称，这个名称要通俗易懂，能够准确表达策划内容，又需要有特点，同时让人印象深刻。项目来源和发展背景是对旅游目的地历史发展和现状的描

① 陆耿.文化产业项目策划与实务［M］.北京：中国科学技术大学出版社，2013.

述，要强调项目策划内容和当地历史文化背景、人文风情特色的适配性，还要增加项目能够对当地产生的效益和积极影响等正向的内容。

第二，项目的核心内容、时间安排、预算和难点等项目重点内容。

项目立项申请文件最关键的内容包括项目目标及其实现方式；项目主题及其具体内容；项目进程安排；项目运行模式的选取；项目实施过程的简易方案；与地方政府和其他组织合作的方案；等等。项目时间安排是指文化旅游项目整体规划和各个具体阶段的起止日期，主要是为了合理安排工期并让项目按时投入运行。项目预算是从人工成本、费用、设备、原材料、劳务和外包成本等方面对实施过程中的总成本进行估算。项目难点是指在项目实施过程中可能遇到的技术难点和现实难点。

第三，项目参与人员、项目合作者等项目具体执行的内容。

项目的具体执行信息，如文化旅游项目的整体主持人、项目的主要负责人、直接参与建设的人员、项目合作伙伴、项目外包参与人员等。在填写项目立项申请资料时，要将项目执行的主体人员的详细资料填写清楚，包括学历、职业经历、项目运作经验、该领域的主要研究经历等，还需要列出主要合作方的基本资料、合作的具体形式以及相关的合作承诺书等具有法律效力的文件。

第四，项目预期成果等目标性内容。

在项目立项申请书中，项目预期成果等目标性内容指的是该项目所期望获得的成果。例如项目的各项消费指标、品牌营造效果、商业化运营成果等。目标性内容可以填写阶段性的项目中期成果说明，也可以是整体的成果说明。除此之外，还需要附上对实现目标成果过程中可能出现的项目风险及项目风险管理等项目辅助性内容，并且能够提供相应的证明性附件。

（四）文化旅游项目评估

文化旅游项目的方案策划与落地实施不仅仅是文化旅游地单方面的事情，而是要在政府和社区的协助、参与、监督之下完成，与政府、社区、居民等各方面都息息相关。项目评估是在策划方案初步完成后，从技术、经济、财务、社会等多个角度对其进行综合审核与评价的过程。主要目的是对文化旅游项目的策划方案进行进一步的完善与补充，在方案实施前进行全面优化，使策划方案充分体现出可操作性、科学性和前瞻性。

1. 文化旅游项目操作性评估

文化旅游项目要做到符合实际，再好的项目策划如果没有落地实施，就只能是纸上谈兵。对于文化旅游项目的可操作性评估，主要有如下几个指标。

（1）文化旅游项目与市场是否密切结合，是否符合市场需求，能否抓住旅游者消费心理。

（2）文化旅游地大多属于公共资源，当地人口作为一种文化资源存在，会对文化旅游项目活动产生重要影响，社区的支持程度和参与程度在一定程度上直接反映文化旅游项目能否在当地实施。

（3）文化旅游地的生态环境因素，文化旅游项目的开发是旅游业与文化产业结合的产物，必然涉及资源的开发与环境的保护，因此环境评价对文化旅游项目具有决定性作用。

（4）文化旅游项目一旦通过专家审查，就必须进行严格的注册备案，因此将文化旅游项目变成法律行为时，要高度注意其合法性，需要在立法层面上对其进行深度评估。

2. 旅游项目科学性评估

（1）文化旅游项目对旅游目的地文化内涵的挖掘和创意策划、演绎内容不违背当地的历史现实。

（2）文化旅游项目策划是建立在对文化资源和旅游资源的科学分析基础上的，对于“无中生有”的文化旅游项目亦是有其时代背景和历史根源的，与科学并不相悖。

（3）综合性的文化旅游项目策划要符合科学逻辑，对其他学科的引证态度严格，不违反科学原则。

（4）文化旅游项目要发展高新技术产业必须经过严谨的可行性分析，采取的生态环保措施要科学化、切实可行。

3.旅游项目前瞻性评估

（1）文化旅游项目是否根植于丰富的文化内涵，体现文化自信。

（2）文化旅游项目能否体现时代特征。

（3）文化旅游项目能否体现文化消费者的心理需求特征，并具有弹性，能够根据文化旅游消费者的心理需求特征的变化而变化。

第四章　文化旅游项目管理

文化旅游的项目管理是在策划工作完成后具体运作与实施执行的工作内容，作为项目策划的延续或扩展，文化旅游的项目管理是文化旅游项目由潜在的策划方案转化为现实形态和产品的关键环节。本章将从文化旅游项目管理概述、管理与开发、管理执行和案例分析四大部分进行阐述。

第一节　文化旅游项目管理概述

文化旅游项目管理是文旅产业发展过程中项目具体运作的重要组成部分。文化旅游项目管理是在立项的基础上，对项目策划目标进行选择和考察后，经由专业人士和相关组织的把关与指导，借由社会政策和资本市场的支持与配合，在一定的资源约束下，运用系统的认识论和方法论，对项目进行风险和质量控制，最终实现项目对象的综合呈现和项目全过程管理的动态把控。

一、起源与发展

1960年，我国项目管理应用进入起步阶段，项目管理领域逐渐出现“统筹兼顾，全面安排”的指导风向，在引进网络计划这一核心项目管理技术后，“统筹法”进入行业从业人员的视野。1980年前后，我国开始推广应用现代化管理方法，加深了统筹技术对于项目管理过程的重要作用，由此在理念和实践上，传统项目管理和现代项目管理逐渐区分开来。1991年，现代项目管理业务在我国迎来政策和市场的首次红利期，项目经理负责制也进一步被业界接受和应用。在此过程中，中国项目管理研究委员会（Project Management Research Committee，China，PMRC）成立，该委员会的成立意味着我国的项目管理应用由发展转向成熟，代表着中国项目管理学科体系迈向了新的阶段。

项目知识体系和模块管理结构是组成我国项目管理的重要支柱，鉴于两者具备多种组合的可能性，其构成的管理项目也具备更强的适应性。文化旅游项目管理是项目管理的重要应用领域。根据不同时期的政策导向和市场运作，可以把文化旅游项目管理分为四大阶段：起步萌芽期、探索发展期、转型升级期和高质量发展期。

（一）起步萌芽期

1978年3月，中国旅行游览事业管理局由最初隶属于外交部改为直属国务院，从服务于外交部的行政管理机构转变为经济管理部门。1983年，我国正式加入世界旅游组织，成为该组织的第106个成员国。1985年底，国务院常务会议决定把旅游业纳入国民经济和社会发展计划，正式确立了旅游业在我国国民经济中的产业地位。1990年，率先开放中国公民赴新加坡、马来西亚和泰国自费旅游，旅游产业开始在国际市场中得到发展。在这个过程中，我国文化旅游项目管理的发展处于一种萌芽状态，政策支持与市场培育都有待完善。

（二）探索发展期

1992年6月，中共中央、国务院在《关于加快发展第三产业的决定》中将旅游业确定为第三产业中的重点产业。同年，国家旅游局以“中国友好观光年”为主题，拉开全国旅游主题年的序幕，为发展旅游产业，集中开展地区宣传和产品推广活动。1995年3月，国家旅游局发出《关于开展创建和评选中国优秀旅游城市活动的通知》，“中国优秀旅游城市创建工作”正式启动。2000年6月，国务院办公厅转发《关于进一步发展假日旅游的若干意见》，正式确立“黄金周”假日制度。2006年，《中国旅游业发展“十一五”规划纲要》明确提出，要把旅游业培育成为国民经济的重要产业。2009年12月，国务院下发《关于加快发展旅游业的意见》，提出“把旅游业培育成国民经济的战略性支柱产业和人民群众更加满意的现代服务业”的指示。2011年3月，中国正式设立国家旅游日，时间确定为5月19日。在这个过程中，文旅产业作为战略性支柱产业，影响力得到全面提升，文化旅游项目管理也逐步被大众所认知。

（三）转型升级期

2013年，中央全面深化改革领导小组成立，旅游被划入了文化体制改革的专项小组，不同行业与旅游行业进行实质性的跨界融合，“旅游+”等多种模式应运而生。2015年，全国旅游工作会议上提出了“商、养、学、闲、情、奇”旅游新六大要素。2016年，首届世界旅游发展大会在北京人民大会堂举办，来自107个国家和15个国际组织的代表出席会议并发布《北京宣言》，这是首个由中国倡议、中国组织的世界旅游大会。在这个过程中，文化旅游成为旅游行业的发展热点，国内旅游产业处于一个提质升级的阶段，传播力进一步得到提升，对于文化旅游项目管理的行业实践也更具规范性。

（四）高质量发展期

2018年，国家旅游局与文化部合并，组建文化和旅游部，各省区市的文旅主管部门相继挂牌，相关业态也积极响应，进行深度融合的尝试。2019年，文化产业发展迎来了“融合推进年、夜游经济走红年、全域旅游验收年、景区质量提升年”，文化和旅游的融合发展如火如荼，整体更新迭代，成为中国经济增长新极点。2020年，受到新冠疫情的影响，经过线下转线上的政策引导，数字文旅逐渐落地，文旅市场逐步回暖。在这个过程中，文旅市场上呈现出更有活力、更强竞争力和抗风险能力的行业主体，专业高效的项目管理为文化旅游的高质量发展积蓄了能量。

二、定义与特征

对于项目管理的定义，美国项目管理协会（Project Management Institute，PMI）界定如下："项目管理就是把各种知识、技能、手段和技术应用于项目中以达到人们的需要和期望"。[①]换言之，项目管理是一种贯穿项目始终的工作模式，即从策划到试运行，再到最终落地的全过程的操作手段。

基于此，本书认为文化旅游项目管理是在立项的基础上，对项目策划目标进行选择和考察后，经由专业人士和相关组织的把关与指导，借由社会政策和资本市场的支持与配合，在一定的资源约束下，运用系统的认识论和方法论，对项目进行风险和质量控制，最终实现项目对象的综合呈现和项目管理全过程的动态把控。

文化旅游项目管理的基本特征如下：

（1）目标性。一切项目管理活动都是具有指向性的，文化旅游项目管理有两大指向，一是把文化市场主体与文化消费个体当作对象，获得更多收益。二是把文化项目主体和相关利益者的投资回报作为对象，确保更少成本。此外，文化旅游项目多采取目标管理的方式，也就是创造和保持必要的条件和环境，使得项目顺利完成。

（2）综合性。文化旅游项目管理的对象、资源和组织等诸多要素，都要围绕项目总体目标的实现进行集成和整合。文化旅游项目管理以团队管理的个人负责制为基础，整体始终保持着统一标准的管理体系和技术方法。总的来说，文化旅游项目涉及管理吃、住、行、游、购、娱诸多要素及服务，是一项综合的系统工程。

---

① Project Management Institute. A guide to the project management body of knowledge［M］. New York: Pearson Education, 1996: 43.

（3）约束性。文化旅游项目管理是一种综合管理，在合力联动的同时也会产生牵一发而动全身的结果。对项目的时间周期和预算成本有明确限定等，属于狭义的约束，而对人力、物力和精力的部署，则属于广义的约束。其中，对范围、成本和时间三方面的权衡是文化旅游项目管理过程中最核心的考量尺度，其约束性为文化旅游项目的最终成功发挥了核心作用。

三、意义与问题

文化旅游项目管理的意义侧重于项目、组织和社会三个角度。

首先，项目管理是将文化旅游项目认识论转化为生产力的重要途径，是文化产业发展的一个主要内容。在文化产品和服务的开发过程中，高效有序的文化旅游项目管理能够减少项目费用，降低投资风险，从而推动项目的成功落地和长久发展。其次，项目管理是实现组织发展战略的载体，成功的文化旅游项目管理不仅能够实现组织的发展目标和利润、扩大规模，而且能强化项目背后组织团队的品牌效应，有利于文化企业进行IP的积累和口碑的沉淀。最后，项目管理是平衡市场供需关系的重要方式，文化旅游项目管理通过前期专业的调查研究，充分认知政策导向和市场方向，为人民群众提供公共文化服务以及文化市场的产品与服务，以此实现市场供给的调节和用户需求的引导，在社会层面帮助文化旅游产业走可持续和高质量发展之路。

在认识到文化旅游项目管理的重大意义之外，也应该意识到现阶段其存在的问题和不足：关于项目策划，如何突破同质化和形式化的桎梏，找准产品特色和市场需求，进行差异化和内核式竞争？关于项目营收，如何从单一化和一次性的模式拓宽市场边界，以此获得多元化和稳定化的收益回报？关于项目运营，如何让消费者放下偏见，重新建立起管理标准化、服务人性化的行业印象？诸如此类都是行业发展所面临的挑战，在相关注意事项的基础上，正确进行文旅项目的开发建设才能确保推动项目稳步走向专业和成熟。

第二节　文化旅游项目管理与开发

一、立项管理——选择与调查

立项管理作为项目管理的开端与关键，其流程可大致分为三个阶段：立项建议阶段、立项评审阶段以及项目筹备阶段，主要包括评审项目建议书、组织项目可行性论证以及签订项目合同或任务委托书等进程，具体还涉及项目发掘与初步调研，撰写立项报告与等待项目审批等程序。

目前文化旅游项目的立项组织方式主要有三种，即“自上而下”的组织方式、“自下而上”的组织方式以及“自上而下与自下而上”相结合的组织方式。[①]

首先，“自上而下”的组织方式是指重大项目投资方或其代表，按照重大项目计划的目标确定项目选择范围，组织重大项目备选项目。这种组织方式的好处是可以从整体上把握项目的宏观战略目标，但是由于难以全面了解组织内部状况，忽视市场意见而丧失灵活性，可能会导致相应的资源不充分使用。其次，“自下而上”的组织方式指由相关领域的权威组织，结合自身优势和市场趋势，提出文化旅游领域的立项备选项目。这种组织方式有利于发挥市场和市场个体的自主性和创造性，但是存在项目目标偏离计划目标的可能性，例如可能会由于个体逐利，将互不相关课题组成“拼盘”项目的可能性，使得最终在形式上满足了要求，实际内核上却难以达到项目计划的标准与目标。最后，采取“自上而下与自下而上”相结合的组织方式得以克服上述两种方式的弊端。无论采用何种组织方式，项目建议的评审工作都无一例外地由项目投资方或投资方代表

① 穆荣平，连燕华.重大科研项目计划管理方法研究［J］.科研管理，1997(4)：13.

负责组织。

（一）立项建议阶段

在立项建议阶段，项目总规划人员会成立前期考察小组，小组将会对文化旅游项目本身及其相关因素进行立项调查、产品构思和可行性分析等综合考察，为所负责的文化旅游项目打牢坚实的根基。具体来说，小组成员需要科学筛选投资项目、考察社会环境因素、建立风险评估程序，项目策划者与团队则需要分析调查数据并撰写《立项建议书》，并向有关部门申请文化旅游项目立项。值得注意的是，与最终落实于项目方案的文字形式对比，立项调查和可行性分析在具体实践中，往往由于时间跨度长、效果呈现弱等被人忽视。但鉴于两者又是相互影响的关系，立项调查和可行性分析如果仅仅停留于现象表面，《立项建议书》就会存在主观臆断和覆盖不全等诸多问题，这对于开发全产业链的项目在其初始阶段便可能埋下了不确定因素，因此项目负责人和团队需要在此多加留意，保证两者的平衡。此外，对于产品构思的要求不可速求，也不能闭门造车。这便需要考察人员进行深入调查，助益于产品构思和立项评审的工作。

（二）立项评审阶段

在立项评审阶段，项目管理者或组织负责人会根据上一阶段完成的工作成果，着手组建评审委员会。该评审委员将会根据《立项建议书》、《立项调查报告》、《立项可行性分析报告》以及立项建议小组的表决意见，按照少数服从多数的原则进行投票，以此决定所考察的文化旅游项目是否确定立项和投入建设。评审委员会应根据机构的实际情况和发展战略、资金资产以及人力资源等因素，对《立项建议书》提出进一步改进意见。其中，评审委员会的个体对项目具有个人投票权，组织负责人具有最终审批权，如果两者达成一致，那决策责任将由两者共同分担。如果后者行使一票否决权或一票通过权，项目决策风险将由组织负责人单独承担。因此，在立项评审阶段一方面需要组建风险分析团队，充分吸纳金融学、管理学、统计学、市场学等学科领域的专业人才。另一方面需要把握各方风险偏好，主要把握关键岗位人员的决策偏向，预先拟定相关控制措施，避免因个人风险偏好问题给系统带来损失。

（三）项目筹备阶段

在项目筹备阶段，项目建议被最终确立后，组织负责人将会在部署全局工作的基础上，任命项目负责人组织安排相对应的具体工作。此后，项目负责人将召开项目启动会，再次明确项目目标和内容，以此调动项目成员的积极性和创造性，项目负责人需要根据《立项建议书》不断细化任务，各分支部门应当跟进《项目任务书》的具体要求。其中，由于组织的资金资产与人力资源等供给是有限的，可能会出现难以完全按照《立项建议书》要求为项目分配资源的情况。在这种情况下，项目负责人应当合理调配资源，为项目推进提供保障。

二、决策管理——把关与指导

决策，顾名思义是及时决定某项方案或行动，达到项目效益大于成本的效果。决策管理就是决策者通过制定决策，找到与项目合适匹配的决策模式。作为项目管理的中心线，决策管理属于一种高度动态性、复杂性的管理行为，对项目经营发展状态具有重大影响。当前，我国文化旅游项目的决策管理，面临着诸多不确定性因素，为了得到科学化、民主化与高效化的决策结果，决策者一般要考虑到项目的进度、资金与组织架构等问题。

（一）项目的进度决策

根据前期项目策划，项目的进度决策主要是根据项目总体目标，为各阶段活动制订计划，明确各个活动的初始时间和完成日期，以及具体的实施方案和措施。决策者需要根据项目网格图估算项目活动的持续时间，明确项目执行的工作日历，对项目的进度设限制。一般来说，项目决策者会在项目执行过程中对关键路径进行优化，结合成本因素、资源因素、工作时间因素对整个计划进行调整，直到关键路径所用的时间不能被压缩为止，从而得到最佳的进度决策计划。

（二）项目的资金决策

项目的资金决策，最主要的内容便是项目所有者决定采用何种方式为项目开发筹备资金。项目所有者需要对所考察项目进行相当周密的投资决策分析，包括宏观经济形势的判断，中观的行业市场分析，以及微观项目的可行性研究等内容。项目决策人需要熟悉不同金融市场的业务活动，以便更多地从资本市场上获得支持。

（三）项目的组织架构决策

项目的组织架构决策是根据项目的目标、项目的活动进展情况以及资金成本的因素，对项目成员进行调整，其过程必须始终遵循“人员配备为项目目标服务”的核心准则。项目决策者通常采用责任分配矩阵（Responsibility Assignment Matrix）明确项目成员的角色和职责，具体来说，就是将工作分解成任务、子任务、工作任务包等各个层级，确定每个成员需要达到的绩效、成本、进度等各方面的数据，从而在不同层次上实现职责编制。

三、风险管理——识别与调控

项目风险指的是项目负责人或相关者，因不能预见或控制项目的不确定因素发生，从而使项目的最终效果与计划预期产生背离，并存在实体损失和转换消耗的情况。与此对应，项目风险管理则是在项目进行的整个过程中，对一切影响项目推进、质量、收益等诸多不确定因素的预测、判断和管理。从项目环境本身来看，可以划分为对外部风险和内部风险的管理；从项目元素来看，可以划分为对主观风险和客观风险的管理。

（一）文旅项目风险的成因

1.项目外部因素

其一是社会环境因素，主要有消费市场的波动、法律政策的干预等情况。通货膨胀、外汇汇率、失业形势等造成宏观经济的波动因素，可能会对内容型文旅项目和园区型文化项目带来不同的冷热感受。其二是外在自然环境因素，如果受到意外事故、天气突变等不可抗力因素影响，许多项目被迫暂停，甚至完全终止，对文化旅游项目的影响无疑是致命的。

2. 项目内部因素

项目内部造成项目整体风险的因素涉及方方面面，诸如项目进度或成本的变化，资金不到位或资金链出现断裂，团队不协调或项目经理管理不善等情况，都可能会诱发或造成某种风险。

3. 项目主观因素

从主观角度来说，人不可能无所不知，决策人员与项目成员的认识能力是有限的，对于内外环境变化的把控有一定的滞后性，项目风险的主观因素主要体现在项目决策失误与项目成员个人能力不足的情况。

4. 项目客观因素

从客观角度来说，事情的发展本身便具有不确定性、非完整性甚至滞后性。环境是复杂的、多维的和动态变化的，在非个人交换形式中，项目交接的各个环节面对的不确定性便更为复杂。

（二）文旅项目风险管理的措施

文化旅游项目风险管理是识别和评估风险，建立、选择和管理风险的可选择方案的组织方法。文化旅游项目风险管理的具体措施包括全程管理、全员管理和全要素管理。

1. 全程管理

项目风险管理的全过程管理，既不是在项目实施前凭空列举影响项目的不确定因素，也不是当实际的项目风险发生时随机应变的危机管理，更不是在项目风险发生后简单地总结经验教训和制定补救方案。对于项目风险的管理，要求管理人员放眼全局，审时度势，做到全过程管理。

文旅项目风险的全过程管理对于项目负责人具有风险意识，要具备见微知著的敏锐力和高瞻远瞩的预见性，能够最大程度地将风险和危机扼杀在摇篮里。除此之外，在风险识别阶段，实现对项目风险的预警预控，则需要项目管理者和风控负责人能够冷静地处理突发情况，采用高效的风险管理工具与采取恰当的风险处理方法，以此来分散和降低项目风险对于项目核心业务的冲击力。更重要的是，项目管理者在化解风险危机后需要做出复盘，即对于本次风险的经验总结和应对相似危机时的有效策略。

2. 全员管理

项目风险管理，不仅仅是面对政治政策、市场经济、媒介科技、社会文化等外部环境所带来的不确定因素的管理，还涵盖项目本身在其前期策划计划、中期执行、后期协调等过程中所产生的不可控因素的管理。综上所述，项目管理牵一发而动全身，项目风险管理绝不仅仅是项目风险管理某一部门的事情，风险防控需要项目的全体成员承担起识别、分析、应对与控制风险的责任和义务。

项目风险管理，对项目全部参与者产生约束效应的同时，也针对项目对共同参与者产生规范的作用。也就是说，项目风险的全员管理，并不仅仅是对于项目运行参与方或参与人员的管理，而是要求所有人员均能够参与项目风险的管理。对于后者而言，就需要有更精细的规则设计。

3. 全要素管理

项目风险管理的过程是追求项目活动持续时间最短、成本最低、质量最优的决策过程，由于活动的持续时间、成本收益与质量进度等几大因素直接或间接地对项目产生影响，项目活动持续时间的提前或滞后将直接影响成本的高低，项目质量的优劣与项目工程成本直接相关，项目的活动持续时间与质量的波动均受成本因素的影响。因此，项目风险管理不能仅仅局限于某个环节或某一内容的把控，而是对活动持续时间、成本以及质量的全要素管理。

第三节　文化旅游项目管理执行

一、人力管理——团队与组织

在文化旅游项目中，人力管理主要是指其团队与组织的计划编制，即确定、分配项目中的不同工作人员的角色、职责和回报关系，涉及原则、权限以及方法三方力量，是关系到最活跃生产力的排兵布阵。项目的人力资源规划是要作为人员上岗和开展工作的依据，因此提前进行整体人力资源规划是非常必要的。在进行组织计划编制时，项目负责人需要在参考资源计划编制中人力资源需求子集的基础上，参考项目中各种汇报关系，如组织界面、技术界面、人际关系界面等项目内容。其中，对团队与组织计划编制的人力管理需要明晰完成以下三个方面任务。

（一）项目团队成员的配备

1.项目成员配备的原则

在对项目成员配备时，一般需考虑四点原则：一是人员配备必须要为项目目标服务。项目角色和职责在项目管理中必须明确，否则容易造成同一项工作没人负责，最终影响项目目标的实现。为了使每项工作能够顺利进行，就必须将每项工作分配到具体的个人（或小组），明确不同的个人在这项工作中的职责，而且每项工作只能有唯一的负责人。同时由于角色和职责可能随时间而变化，在结果中也需要明确这层关系。二是以岗定员，保证人员配备的效率。充分利用人力资源，不能以人定岗；或者从公司各部门抽调相关的人员，在短期组成一个团队完成项目；或是通过临时的招聘，聚集一些相应的专业人员来完成项目的开发和生产。三是留出适量备用人员。项目不同阶段所需人力资源种类、数量不同，要安排较小比例的弹性工作人员，根据项目对需求进行动态调整。四是以适配为首要前提。团队必须是在既定投资总额的基础上确定，通过较合理的人员组合形成投入产出效益的最大化。

2. 岗位角色和素质要求

一个文化产业项目的创作和运营需要许多专业人员。项目团队中常见的岗位角色包括项目经理、艺术总监、创意专家、技术专家、数据库管理员、市场营销人员等。根据项目目标为人力资源设定标准，寻找符合岗位角色要求的人才，就是分析每个步骤和环节所需要的资源、相关的人员配备和分工，对工作分解形成任务、子任务、工作任务包等各个层级，确定每个环节需要达到的绩效、成本、进度等方面的目标，以及每个环节和层次的分工和责任。为项目设定标准和责任最常用的方式是制作责任分配矩阵，它是用来对项目团队成员进行分工，明确其角色与职责的有效工具。对于大型文化产业项目，可在不同层次编制职责分配明细。①

（二）人员培训与奖惩机制

项目人力资源管理的核心任务是培训。通过对团队成员的培训，可以提高项目团队的综合素质、工作技能和技术水平，同时有助于提高项目成员的工作满意度，降低项目人员的流动比例和人力资源管理成本。

建立项目团队培训机制也是把培训作为解决人力资源需求不足、尽快培养项目发展所需紧缺人才的办法。良好的培训机制离不开科学的培训规划以及合理的控制制度。团队可以充分利用高等教育专业院校、各种社会辅助教育等形式来开展员工培训工作，既要注重培训的内容，又要注重培训的层次。同时项目组织也应根据自身的实际需要，制定多渠道、多形式的业内培训，以提高员工业务技能和敬业精神。培训费用通常由项目组织支付。培训是旨在提高项目团队运作技能的所有活动，需要建立项目团队培训机制。培训可以是正式的（如专题培训班、岗前培训等系统性培训）

① Project Management Institute. A guide to the project management body of knowledge［M］. New York: Pearson Education, 2009: 88.

或非正式的（如师傅带徒弟在实践中学习和提高素质）。如果项目团队缺乏必要的管理技能或技术技能，那么这些技能必须作为项目的一部分被开发，或必须采取适当的措施为项目重新分配人员。

绩效评估是通过对项目团队成员工作业绩的评价来反映成员的实际能力以及对某种工作职位的适应程度。项目团队是由项目成员组成的、为实现项目目标而协同工作的组织。项目团队工作是否有效是项目成功的关键因素，任何项目要获得成功就必须有一个有效的项目团队。而绩效评估与激励是提高项目团队工作效率的最常用的方法，它是对团队成员的工作表现、业务能力、实际效果的测量过程，即用制定的标准和责任来记录工作绩效、并将绩效评估结果反馈给成员的过程。

绩效评估的关键是完善绩效评估标准，建立良性竞争机制，为人员成长和脱颖而出创造良好的环境。建立和完善以业绩为导向，以品德、知识、能力等主要要素为内容的评价考核体系，通过绩效评估工作，调动团队成员的积极性、主动性与创造性。团队成员的绩效评估程序一般包括建立项目业绩考核体系、将业绩期望告知团队所有成员、测量和评价实际业绩、比较实际业绩和标准、进行矫正和相应调整等内容。

（三）提升项目整体配合力

首先，需要提高项目经理的基本素质，项目经理是项目管理的最高领导层，项目经理必须提高自身的专业知识和管理技能等基本素养才能在工作中发挥出重要的领导作用。其次，要运用科学先进的人力资源管理理念来保证项目人员能够顺利有层次地开展工作。最后，在项目人力资源管理当中还包括提升项目团队建设，项目团队建设是为了提高项目人员之间的契合度，提高项目的效率。在项目团队建设中要将每位项目成员的任务、内容进行明确，要让成员之间相互配合，只有协调好成员之间的工作关系才能促进他们友好愉快地合作，同时对于整个团队来说需要强烈的团队凝聚力，只有所有成员团结在一起，项目才能顺利地进行。因此要提升项目团队建设，从而促进项目更加高效地进行。

二、资金管理——成本与效益

针对文化旅游项目策划与管理的各个流程，始终绕不开执行过程中对资金的管理。在实际操作中，文化旅游项目的风险与回报并存，机遇与考验同在。任何一个投资项目得以落地并获取相应的效益都离不开对于其项目资金的合理把控和调配。在项目资金管理的过程中，首先应该综合考虑项目投资目标可能会受到的各方面不确定的因素，明晰合理的多层次多阶段目标，以此确保效益的稳定性和实现回报的最大化。其次针对项目本身，需要在投资过程中学会科学管控，合理分布，以此减少项目受到政策与市场以及不确定因素的影响而产生的波动。

近几年来，随着我国物质生活水平不断提升，消费者更加侧重于精神文化的消费，其中对于文化旅游产业更是大力支持，因此我国各大省份与地区均在加大对文化旅游项目的投资力度。事实上，文化旅游产业的商业模式本质是通过文化旅游产品与项目的打造，使其成为一种可长期获得收益的经营性的资产。但文化旅游项目开发和投资将会面临诸多风险因素，因此结合当前文旅项目资金管理的问题，重点分析文旅项目资金管理的可行性方案对于行业发展是重要且必要的。

（一）文化旅游项目资金管理的关键问题

一方面，文化产业投融资风险相对较高。据统计，在我国文化产业中，中小企业比重达到95%以上，这些中小文化企业由于经营管理等问题往往难以达到银行的现有信贷支持标准，从而会增加银行的成本，并不符合商业银行追求利润的初衷。另外，由于文化产品的特殊性也相对缺少抵押品和有效的担保，再加上双方信息不对称等问题，造成银行不愿意冒风险给文化企业发放贷款。而且文化旅游项目作为无形资产也难以进行抵押。商业银行一般都以不动产等实物作为信贷担保，而文化旅游项目这种轻资产结构的特点导致了企业机构不能像其他传统企业那样以土地、房产、设备等传统资产作为与银行对接的基础。因此，在文化旅游项目投融资时面临的阻碍较大。

另一方面，文化产权缺乏有效评估体系。金融机构经营的目标是追求利润的，并不是所有的文化产业项目都可以从容地获得银行等机构的支持，而且无形资产难以评估和保值空间的不确定性导致了版权转让、交易、抵押、融资等一系列资本运作的不确定性。其实，版权只是银行创新的一个题材和外表，是银行向文化产业项目开放绿色通道的一个接口而已。银行真正抵押的是对文化企业的信心，这个信心的来源便是品牌或预期价值的支撑，但并不是所有的文化企业都有品牌知名度和美誉度，这便要求一个相对客观的价值评价体系，即无形资产评估体系。目前，一般会从企业融资能力、盈利能力以及偿债能力等信用指标进行可量化的客观评估体系的建立，才可有效地提高文化企业的信息透明度，让金融机构对文化企业充满信心。

（二）文化旅游项目资金管理的可行性建议

一方面，要对资金进行全面的剖析，以正确的方式识别资金风险，对资金风险进行合理的归类处理，根据其性质、属性、类别、来源等进行全面的分析，明确企业内部资金运营风险的重点管理内容。应用过程中以坐标方式明确资金风险等级，并根据实际风险等级制定相应的应对策略，强化资金风险的管控模式。

通过版权经济与文化交易、权证、资产、资本评估与认证，开发权利质押贷款的金融产品，并进一步开发收益权质押贷款的金融产品。抓紧制定和完善专利权、著作权等无形资产评估、质押、登记、托管、流转和变现的管理办法，根据《中华人民共和国物权法》修订有关质押登记规定。积极培育流转市场，充分发挥上海文化产权交易所、深圳文化产权交易所等交易平台的作用，为文化企业的著作权交易、商标权交易和专利技术交易等文化产权交易提供专业化服务。进一步加强对文化市场的有效监管和知识产权保护力度，完善各类无形资产二级交易市场，切实保障投资者、债权人和消费者的权益。总之，要建立文化产业项目无形资产评估体系，为金融机构处置文化类无形资产提供保障。

另一方面，要对资金账户进行统一管理，该种方式能够有效缩减企业账目的总量，将没有分类的临时账户、限额账户归入总分账户管理体系之内。资金与业务之间需要符合文旅企业的实际运营状况，将整个资金管理与业务进行全面且系统的融合，让业务部门与财务部门增加联系，让资金的运转更加明确化。同时要与银行之间进行密切合作，为企业资金风险管理打好基础。强化企业资金管理、监控力度，制定资金管理制度。

通过打破市场准入壁垒，开放私营资本进入金融服务领域的方式盘活文旅市场资金流，开放私人资本进入金融服务市场，成立更多地区性、专业性私营银行与非银行金融机构，是缓解文化产业项目融资困境的长远之计。2009年至今，国家陆续出台了《文化产业振兴规划》、《关于金融支持文化产业振兴和发展繁荣的指导意见》及《国务院关于鼓励和引导民间投资健康发展的若干意见》等，为金融资本和民间资本进入文化产业领域提供了政策保障。但是文化产业融资渠道仍然有待于进一步打通和拓宽。加大文化产业信贷业务发展方面，有必要对商业银行开展文化产业融资业务给予政策支持。具体来说，一是政府进一步加强文化产业企业政策性担保机构或再担保机构的设立和引导，对商业银行为文化产业企业的融资提供担保，与银行共同承担文化产业企业融资风险；二是设立一定的文化产业风险补偿基金对于金融机构在文化产业融资上的损失，由基金进行一定比例的风险补偿。

三、质量管理——进程与成果

近年来，旅游行业服务质量意识和管理水平不断提升，监管能力进一步增强，为维护游客合法权益、规范市场秩序提供了有力保障。但从文化旅游产业高质量发展阶段的新要求来看，旅游服务质量意识不强、管理水平不高、品牌知名度和美誉度不强、质量基础设施不完善、质量人才匮乏、监管手段不硬、质量持续提升动力不足等问题依然突出，旅游服务质量仍是旅游业高质量发展的制约性因素。为贯彻落实党中央、国务院关于高质量发展的重大决策部署，推动“十四五”时期我国旅游业高质量发展，在广泛向社会征求意见后，文化和旅游部于2021年5月21日正式发布了《关于加强旅游服务质量监管　提升旅游服务质量的指导意见》(简称《指导意见》)。《指导意见》提出，“十四五”时期，要把持续提升旅游服务质量作为旅游业高质量发展的重点领域，一手抓服务质量监管不放松，一手抓优质服务促进不动摇，积极服务于扩大内需战略基点，以高质量旅游服务供给引领和创造新需求，助力建设高标准旅游市场体系。到2025年，解决一批影响旅游服务质量的突出问题，高质量旅游服务供给更加丰富，人民群众的满意度进一步提高。

《指导意见》分别从旅游服务质量主体、旅游服务品牌、旅游服务质量基础、旅游人才队伍、旅游信用体系五大方面，提出发挥行业组织作用，促进企业服务创新；培育壮大旅游服务品牌，完善旅游服务品牌建设制度；建立旅游服务品牌创建激励机制，加强旅游服务品牌宣传推广；推进旅游服务相关标准制修订工作，探索建立旅游服务质量认证体系；完善教育培训体系，大力培养旅游服务质量人才；加快推进旅游信用体系建设，完善旅游市场信用监管制度等六项建议。

(一)落实旅游服务质量主体责任

旅游企业是提升旅游服务质量的主体。要引导和激励A级旅游景区、星级饭店、旅行社、在线旅游经营者、等级旅游民宿等市场主体将提升旅游服务质量作为增强市场竞争力的重要手段。

1.培育企业质量文化

大力弘扬企业家精神和工匠精神，提高管理人员和从业人员质量意识和质量素养，推动旅游企业树立以质取胜发展战略和质量第一的企业文化。

2.提升质量管理水平

鼓励和支持旅游企业建立健全质量管理体系，大力推广应用先进质量管理方法，创新旅游服务质量管理模式，完善消费后评价体系。鼓励和支持有条件的旅游企业建立“首席质量官”“标杆服务员”制度。支持和引导旅游企业公开旅游服务质量信息，发布旅游服务质量承诺，加快建立优质旅游服务承诺标识和管理制度，接受社会监督。

3.促进企业服务创新

促进旅游企业线上线下融合，推动旅游企业数字化发展，支持大数据、云计算、区块链、人工智能等在旅游服务中的应用，提高旅游企业个性化、多样化、定制化服务能力，提升旅游服务效能，增强旅游服务体验。

4.增强旅游服务质量保障

旅行社要规范经营内容和行为，防范系统性经营风险，加快理念、技术、产品、服务、模式和业态创新，实现数字化转型。星级饭店和等级旅游民宿要全面提升管理水平和服务质量。A级旅游景区要落实“错峰、预约、限量”要求，依法落实最大承载量核定要求，完善流量控制制度，实现国有旅游景区门票网上预约全覆盖，进一步提高景区线上预约便利度。在线旅游经营者要提高专业服务能力。鼓励旅游购物企业建立完善旅游购物无理由退货制度，切实保障游客旅游购物权益。市场主体应针对老年人等特殊群体，有效提升旅游服务便利性。

（二）夯实旅游服务质量基础

进一步夯实旅游服务质量提升的工作基础，充分发挥旅游服务标准、旅游服务质量监测和评价、旅游服务质量认证等对提升旅游服务质量的基础性作用。

1.开展质量监测评价

加强旅游服务质量评价指标、模型和方法研究，建立以游客为中心的旅游服务质量评价体系。加快建立区域、业态、企业等旅游服务质量监测机制，推进监测结果应用，督促引导社会各方提升旅游服务质量水平。加强旅游服务质量数据归集和共享，探索在主要旅游服务场所推广旅游服务质量评价二维码，建设旅游服务质量大数据平台。

2. 探索建立旅游服务质量认证体系

组织和引导各方面力量加强旅游服务质量认证技术和规范研究，探索推进高质量旅游服务认证工作。鼓励旅游市场主体、相关合格评定机构及各类社会力量积极参与旅游服务质量认证工作，提升旅游服务质量管理水平。推进旅游服务相关标准制修订工作，完善旅游标准体系，推动各层级旅游标准协调发展。提升旅游服务标准制修订水平，增强旅游服务标准的科学性、先进性、有效性和适用性，对接国际规则体系，不断提升旅游标准国际化水平。重点加强旅游新产品新业态、在线旅游服务、旅游服务质量评价等领域的标准制定。在具备一定发展基础、形成一定规模和可复制、可推广经验的基础上，有序制定旅游新业态、新模式等方面的标准。在《旅行社等级的划分与评定》《导游服务规范》《旅游饭店星级的划分与评定》《旅游景区质量等级的划分与评定》《旅游度假区等级划分》等国家标准及相关行业标准、地方标准的修订中，进一步突出旅游服务质量方面要求。支持和引导市场主体和各类社会机构积极参与旅游服务标准制定，鼓励行业协会、学会等完善团体标准，激发企业制定发布标准积极性。

3. 大力培养旅游服务质量人才

将旅游服务质量培训纳入高级经营管理人才培养、高质量产业人才培养扶持、专业人才培养及乡村文化和旅游人才支持等各级各类培养项目，加强对艰苦边远地区和基层一线旅游人才的旅游服务质量培训，提升乡村旅游人才旅游服务质量意识和专业化水平。建立鼓励旅游区、景点聘请专业技术人员担任义务讲解员制度。实施更加开放的旅游人才引进政策，鼓励各地制定有利于旅游服务质量人才引进的政策措施。

（三）加强行业旅游服务质量监管

质量监管是规范旅游企业行为、落实旅游企业质量责任的重要手段。要加强旅游服务质量监管，综合运用市场监管和综合执法手段，规范旅游市场秩序，净化旅游消费环境，促进旅游服务质量整体提升。

1.构建高效协调的旅游服务质量监管体系

加强旅游服务质量基础理论研究。推动旅游服务质量监管立法研究。加快制定旅游服务质量监管目录、流程和标准，构建高效协同的旅游服务质量监管体系。依法实施旅游服务质量监管，强化服务质量源头管控。开展不合理低价游的综合治理行动。

2.创新质量监管方式

推进“互联网+监管”，完善“全国旅游监管服务平台”，推广旅游电子合同，推进旅游电子合同技术标准应用，全面提高数字化、智能化监管水平。建立健全旅游服务质量暗访制度和旅游服务质量重大事故约谈制度。在旅游领域探索建立“吹哨人”、内部举报人等制度，对举报严重违法违规行为和重大风险隐患的人员予以奖励和严格保护。研究建立旅游市场主体信息面向社会开放查询功能，依法公开市场主体信息。

第四节　案例分析

上海迪士尼度假区

上海迪士尼度假区占地约3.9平方千米，包括上海迪士尼乐园（0.91平方千米）、两座主题酒店、大型零售、餐饮和娱乐中心、人工湖以及相关的停车场和交通枢纽等。项目预算投资包括投入主题乐园建设的约245亿元人民币（约合37亿美元）及度假区其他部分建设的45亿元人民币（约合7亿美元），包括酒店和零售、餐饮和娱乐中心。上海迪士尼乐园无论是其项目投资金额还是其对社会的影响，都可以称为标杆性的工程，它除了给消费者带来欢乐盛宴的同时，也将对中国的主题乐园，甚至是文旅项目的发展带来深刻的影响。

一、立项管理

早在20世纪90年代，上海就规划要兴建世界级高水准的游乐园，迪士尼乐园一直是首选目标。1999年11月，香港特别行政区政府与华特·迪士尼公司公布香港迪士尼乐园的幻想工程计划。同年12月10日香港特别行政区政府与华特·迪士尼公司正式签署合约。在此之前，全世界仅有4家已建成的迪士尼度假区和坐落于其中的10座迪士尼主题乐园：美国本土2家，巴黎1家，东京1家。香港迪士尼乐园（坐落于世界第5家迪士尼度假区和世界第11座迪士尼主题乐园）尘埃落定后，东亚地区已有两家同类型主题乐园度假区，以迪士尼在全球布局来看，对于迪士尼落地在上海的原因扑朔迷离。

2004年9月，华特·迪士尼乐园及度假区总裁杰伊·罗苏洛在参加福布斯全球总裁会议时表态，“从长期来看，公司希望可以在中国有两座迪士尼乐园，这是对中国的人口、经济增长和地理情况做综合考虑得出的结论”。2006年3月初，时任上海市市长的韩正在回答时透露，上海有条件建设好一座迪士尼乐园，各项前期准备工作正在进行中，最后要由中央和国务院决定。当被问到是否会与香港迪士尼乐园出现竞争时表示，香港和上海在紧密的经贸关系（Closer Economic Partnership Arrangement，CEPA）框架下的合作进展顺利。在迪士尼乐园的问题上，亦希望与香港合作。同年3月中旬举行的上海市政府新闻发布会上，新闻发言人焦扬在回答记者提问时表示，对于引进迪士尼乐园，上海有条件也有愿望，同时也做了一些前期准备，上海坚决服从国家的决定。

二、决策管理

迪士尼的计划与决策管控的特点是计划节点非常细化，计划节点分布均匀，并且针对供方的提交成果通常召开初始审核会、最终审核会两次会议，以评审供方提交成果是否满足合同的要求。迪士尼乐园游乐项目的各个环节都有详细的"计划里程碑"，迪士尼对各供方工期进度的要求非常严格，要求供方在合同签署之后按迪士尼正式指令开始工作，并严格遵照项目的"计划里程碑"执行。如果供方未严格遵照计划执行工作，迪士尼可根据实际情况追究供方的责任，必要时有权利终止合同。如果因为特殊情况供方无法遵照计划完成合同约定的工作内容，供方应立即告知迪士尼，并应立即向迪士尼提交恢复方案和补救方案，如果恢复方案和补救方案未获迪士尼认可，则供方须承担所有的直接损失和后续损失。

三、风险管理

迪士尼乐园非常重视运营风险中的安全事项，从设计阶段到运营阶段整个过程都有完善、成熟的安全管控体系。迪士尼有强大、专业的创意设计团队和游乐项目设计团队，这些团队在设计每一个阶段都会考虑到安全事项。例如建筑是否能给游乐设施提供足够的安全距离、疏散设施和通道是否满足规范和标准的要求等。在设备安全方面，迪士尼在采购合同中对安全事项进行了明确的约束，如设备的结构稳定性、抗倾覆稳定性、安全系数、强度、刚度等。迪士尼有特有的项目施工安全管理规定，如设备进场安全、设备安装安全、设备调试安全、设备验收安全等。①

迪士尼设有专门的知识产权管理部门，极其重视知识产权的传统保证了项目后期对市场风险最小化。迪士尼乐园绝大部分游乐项目的创意和设计都是由自己的团队完成，所以迪士尼每建成一个游乐项目，就会申请所

① 余林峰.建筑施工现场安全风险管理评价与对策研究［D］.南昌：南昌大学，2017.

有该项目涉及的知识产权。一个较为复杂的游乐项目，迪士尼能申请到数十项创意专利和技术专利。完善的知识产权管控体系使得很多迪士尼乐园项目成为世界经典项目，经久不衰。

四、人力管理

作为行业“第一把交椅”的迪士尼乐园拥有了成熟、完善的项目管理团队，主要管理人员有项目经理、商务经理、进度副经理、质量副经理、成本副经理、安全副经理及环保副经理。其中项目经理统筹全局，主管整个项目，各副经理分管进度、质量、成本、安全、环保等核心工作，商务经理除了管理合同、法律事务外，还全面管理专利调查、申请等事务。迪士尼致力于提高员工素质，培养热情友好的员工。迪士尼将“不能让顾客失望”的理念融入工作中，其将“给游客以欢乐”的经营理念落实到每一位工作人员中，定期对员工进行考核。迪士尼乐园有世界一流的规划团队、创意团队、设计团队、项目建造管理团队和运营管理团队，这些优秀的团队参与迪士尼乐园规划、创意、设计、建设、运营的不同阶段。其中迪士尼乐园管理团队管控自己的规划团队、创意团队和设计团队，迪士尼极少委托其他公司完成规划、创意、设计工作。在市场竞争日益激烈的情况下，文化旅游项目的竞争优势越来越依赖于高质量的服务人员，建设一支优秀的服务人才队伍，提升企业服务人员的技术，是增强IP核心竞争力的有力手段。因此，相关项目管理人员应保证服务质量，提升服务人员素质，使企业在竞争中战胜对手，提高企业知名度。

五、资金管理

成本管理是整个项目管理的核心，成本目标处于整个项目管理目标体系的中心地位。迪士尼乐园有成熟的成本管理体系，主要包括成本计划、成本优化、成本检查和成本执行四大部分。具体来说成本计划中包括成本调研、成本目标、成本计划；成本优化包括成本评估、优化计划与成本调整；成本检查中包括成本核算、收支预测和风险分析；成本执行中包括岗位职责、流程控制和凭据归档。

上海迪士尼项目投资达到245亿元人民币，所有投资中40%资金为中方和迪士尼双方共同持有的股权，其中中方政府占57%，迪士尼占43%。其余占总投资的60%的资金则为债权，其中政府拥有80%，另外20%则为商业机构拥有。具体来说，对于上海迪士尼项目的投资结构主要由三个部分组成：上海国际主题乐园有限公司，中美双方持股比例分别为57%和43%；上海国际主题乐园配套设施有限公司，中美双方持股比例分别为57%和43%；上海国际主题乐园和度假区管理有限公司，中美双方持股比例分别为30%和70%。迪士尼公司的项目投资主要以品牌估值入股参与一期园区的建设。在迪士尼公司看来，把过多的钱投在乐园的建设上将会承担一定的风险，而上海地区则希望通过迪士尼项目，促进并带动上海旅游业和第三产业的发展，对项目的期待使得前者在投资金额的比例上做出让步，承担项目主要的资金风险。①

六、质量管理

迪士尼以追求质量品质而耀眼于世，对项目的质量要求非常严格，迪士尼有庞大的质量管控团队，如土建质量管控团队、设备质量管控团队、包装质量管控团队、集成效果管控团队等。在采购、驻厂阶段，迪士尼管理团队负责游乐设施、主题包装、影音设备等设备及材料的招标或竞争性谈判，确定供方之后，迪士尼驻厂管理团队进驻各供方工厂，监督和管控设备或材料的设计、制造、装配、调试及检验等各个环节。设备及材料加工完毕进场后，迪士尼的管理团队管控现场的土建总包、包装总包、设备供方及其他专业分包商。在保护环境方面，迪士尼在2019年中实现在全球所有经营场所取消塑料吸管；迪士尼在公园中制定强有力的回收计划，在

① 杨勇，任苏敏.基于利益相关者视角的上海迪士尼度假区经营风险评价研究［J］.旅游导刊，2019，3(6)：10-25.

2018年实现了运营废物54%的转化率；同时还制定节水计划以降低水消耗，保护水资源。例如，香港迪士尼乐园有完备的乘骑设备质量管控体系和团队，美国迪士尼集团公司总部技术副总裁对香港迪士尼乐园的乘骑设备质量管控负总责、分管总部机械总工程师和电气工程师。机械总工程师对乘骑设备的机械质量负责，带领机械质量管控团队监管供方的设计、制造、安装、调试、检验等各个环节。

上海迪士尼项目建设工作留给我们很多值得思考的空间。中国的工程项目建设行业历经多年的快速发展，项目管理历经从学习引进国外经验到自主创新，很多领域已经成熟甚至国际领先，建造了很多超级工程，中国的项目管理应该发挥主导性的作用。

第五章　文化旅游项目市场推广与营销

优质高效的文化旅游市场推广与营销策略有助于扩大文化旅游项目影响力，推进文化旅游项目价值最大化从而实现社会效益与经济效益双丰收。本章将从文化旅游项目市场推广与营销的内涵、营销特点类型及现状、营销模式与方法、营销的基本流程以及案例分析五个方面对文化旅游项目市场的推广与营销进行阐述。

第一节　文化旅游项目市场推广与营销的内涵

一、概念界定

20世纪50年代“营销”的概念第一次出现，之后英国营销特许协会（Chartered Institute of Marketing，CIM）对营销的定义受到广泛认可，即“确定、预期并满足顾客需求并可以获利的管理过程”[①]。推广则是指企业为了扩大市场产品份额，提升知名度，将有关产品和服务的信息传递给目标消费者，激发其购买动机并转化为实际购买行为所采取的一系列措施。但其实营销包含着推广，且营销重在策略层面。例如，一个文化企业决

① 佩吉，布伦特，巴斯比，等.现代旅游管理导论［M］.刘劼莉，等译.北京：电子工业出版社，2004.

定通过微信来作为其传播渠道之一，这是该企业的营销策略。具体的推广策略则是在该企业的个人简介中加入微信号信息，给用户提供可以进入的端口。

文化旅游项目作为文化产业活动的一个分支，不可避免地携带着市场性的特征，传统旅游营销的对象是旅游产品，当下所发展的文化旅游市场营销在此基础上更加重视对文化旅游理念的营销，其价值的实现需要依靠一定策略的推广与营销才能够完成。文化旅游项目市场营销是指文化企业通过赋予旅游资源以文化内核的方式来提升旅游产品及服务的附加值，在满足和创造旅游消费者对文化需求的前提下，实现市场交换的一种营销手段。旅游经营者需要根据市场环境的变化，满足消费者的文化需求，挖掘市场中潜在且可转化的利益点，从而有效地实现该项目的目标。

二、推广与营销的目的

（一）传递信息

文化旅游项目市场推广与营销的首要目的是向消费者提供文化旅游活动的信息，通过不同渠道的宣传来传播项目或项目产品的相关信息，如名称、主题、时间、地点、周期、参与主体、项目产品的功能、购买价格以及购买渠道等信息。只有通过推广与营销让消费者意识到该文化旅游项目的存在，才可以触发后续的一系列行为。

（二）沟通市场

在传递基本信息的基础上，文化旅游项目作为面向市场的文化产业项目，需要通过推广与营销来提升文化组织形象、提升项目或项目产品品牌知名度、增进组织与市场其他各方面的沟通、收集文化消费市场的反馈意见等。

（三）打造品牌

用好地方文化资源、打造特色文旅品牌是文化旅游项目营销与推广的最终目的。一个优质的文化旅游项目是需要通过一系列营销手段深度挖掘地方文化资源，为旅游企业找准市场定位，创新文化旅游产品，提升游客的文化体验并创造盈利模式，实现文化旅游项目的提质。建立特色的文化旅游品牌有助于该文化旅游项目的稳定发展，也有助于提升自身在文化旅游市场中的竞争优势，从根本上吸引游客。

（四）检验项目

文化旅游项目的制作、运行以及销售都要面向市场，最终是否真正传达了该项目的文化旅游理念，促成了顾客对于文化旅游产品的消费，能在一定程度上反映出消费市场对该项目是接受还是排斥。

三、营销的发展演进

市场营销的思想起始于20世纪初的美国，营销组合理论在最初的4P理论基础上不断发展、扩充。1960年，美国杰罗姆·麦卡锡教授在其《基础营销》一书中提出营销4P理论，即产品（Product）、价格（Price）、渠道（Place）、促销（Promotion）。该理论是站在企业的角度来看待营销的，是自上而下的运行原则。[①]1990年，美国学者罗伯特·劳特朋提出了与传统营销的4P相对应的4C营销理论，即消费者（Consumer）、成本（Cost）、便利（Convenience）、沟通（Communication），该理论是以消费者为导向的。[②]随后艾略特·艾登伯格又在《4R营销》中提出新的营销理论。4R分别指代关联（Relevance）、反应（Reaction）、关系（Relationship）和回报（Reward）。该营销理论以关系营销为核心，站在消费者角度的同时也注重竞争对手。[③]在通晓以上这些营销理论之后，营销人员开始运用4S理论来完善自己的理论知识，分别是：满意

① 佩罗特，麦卡锡.基础营销学：第15版［M］.胡修浩，译.上海：上海人民出版社，2006.

② LAUTERBORN R.New marketing litany: four ps passé: c-words take over［J］. Advertising age, 1990.

③ 艾登伯格.4R营销［M］.文武，穆蕊，蒋洁，译.北京：企业管理出版社，2003.

（Satisfaction）、服务（Service）、速度（Speed）、诚意（Sincerity）。4S理论严格意义上来说并不是一项针对市场的营销理论，更多的是对营销者的一种要求和标准。

20世纪90年代，美国市场营销学教授唐·舒尔茨提出以整合营销理论为基础的网络整合营销4I理论①，即趣味原则（Interesting）、利益原则（Interests）、互动原则（Interaction）、个性原则（Individuality）。作为新时代的营销理论，它更侧重于与消费者之间的互动，通过这种交流来引导消费者们对企业对产品产生认同。随着互联网营销的氛围越来越浓厚，著名营销理论研究学者傅明武老师针对电商市场，提出4E理论，指体验（Experience）、花费（Expense）、电铺（E-shop）、展现（Exhibition），鉴于当时电商市场还在发展阶段，该理论还需要更多的市场考验与磨合。

除了上述营销组合理论之外，还有其他营销理论也被广泛运用在市场营销中。USP理论由美国人罗瑟·瑞夫斯提出②，要求向消费者表明一个"独特的销售主张"（Unique Selling Proposition）。艾·里斯和杰克·特劳特于20世纪70年代提出定位理论，即把产品定位在未来潜在客户的心中，强调在客户的心理上下功夫。③ 1992年，全球第一部IMC（Integrated Marketing Communications）专著《整合营销传播：创造企业价值的五大关键步骤》出版，作者是唐·舒尔茨、海蒂·舒尔茨及其合作者斯坦利·田纳本、罗伯特·劳特朋，书中提出整合营销的概念④，一方面把广告、促销、公关、直销、CI（Corporate Identity，企业识别理念）、包装、新闻媒体等一切传播活

① SCHLTZ D E. Opinion piece: the next generation of integrated marketing communication［J］. Interaction marketing, 2003（4）: 318-319.

② 瑞夫斯.实效的广告——达彼思广告公司经营哲学：USP［M］.张冰梅，译.呼和浩特：内蒙古人民出版社，1999.

③ 里斯，特劳特.定位：头脑争夺战［M］.王恩冕，于少蔚，译.北京：中国财政经济出版社，2002.

④ 唐·舒尔茨，海蒂·舒尔茨.整合营销传播：创造企业价值的五大关键步骤［M］.王茁，顾洁，译.北京：清华大学出版社，2013.

动都涵盖到营销活动的范围之内；另一方面则使企业能够将统一的传播资讯传达给消费者。因此，整合营销传播也被称为“Speak With One Voice”（用一个声音说话），即营销传播的一元化策略。2004年，克里斯·安德森在《连线》（*Wired*）杂志上发表《长尾理论》（*The Long Tail*），其中提到“我们可以把长尾理论浓缩为简单的一句话：我们的文化和经济重心正在加速转移，从需求曲线头部的少数大热门（主流产品和市场）转向需求曲线尾部的大量利基产品和市场。”[①]（利基产品指的是和大热门产品相对应的普通产品。）

国内的学者也做了相应的研究。20世纪末至21世纪初，高新科技产业迅速崛起，互联通信技术不断革新，营销观念也得到了不断的丰富，学者吴金明教授提出4V营销理论[②]，即差异化（Variation）、功能化（Versatility）、附加价值（Value）、共鸣（Vibration）。北京大学教授陈刚等首次在学界提出CCM（Creative Communication Management）创意传播管理理论[③]，一是首次提出“数字生活空间”，明确数字营销和消费场景营销；二是把企业角色定位为“生活服务者”，消费者不再只是冷冰冰的类型化的消费主体，其内涵扩充为生活者，这也就意味着企业在数字生活空间中承担着生活服务者的角色；三是提出“沟通元”的概念以及“创意管理”理念。简而言之，创意传播就是立足于生活服务者的决策和传播目标，依托沟通元进行创意构想，利用传播资源将沟通元的各种表现形式充分展现，激活生活者，在与生活者的互动中创造传播效果的营销传播模式。

随着时代的发展，营销理论也在不断扩充自身，既有的营销理论给当下的市场营销与推广奠定了丰富的理论基础，文化旅游项目市场营销想要达到预期的效果便要根据项目自身的独特性，找准定位，选择恰当的营销方式并综合运用。

---

① 安德森.长尾理论：为什么商业的未来是小众市场［M］.乔江涛，石晓燕，译.北京：中信出版集团，2015：55.

② 吴金明.新经济时代的“4V”营销组合［J］.中国工业经济，2001（6）：70-75.

③ 陈刚，等.创意传播管理：数字时代的营销革命［M］.北京：机械工业出版社，2012：8.

第二节 文化旅游项目的营销特点、类型及现状

一、文化旅游项目的营销特点

（一）时代性

文化旅游项目市场推广与营销是展现旅游资源所携带的文化属性的活动，这种价值性活动总是反映着自己时代的思想与观念。每个时代都有其独特的精神文化特征，不同时代的消费者所持有的旅游文化观念也存在着非常大的差异，这直接影响到文化旅游项目的推广与营销。因此，文化旅游项目的市场推广与营销势必要与时俱进，汲取时代的精华，把握好社会给旅游市场的机会，才能为消费者打造和谐高效的文化旅游体验，实现文化旅游项目价值最大化。

（二）个性化

正如罗瑟·瑞夫斯提出的“独特的销售主张”（USP理论），差异化营销是文化旅游项目不可或缺的一项营销手段。一个优质的文化旅游项目之所以可以吸引消费者，是因为该文化旅游项目具备了与其他项目所不同的特点，可以给消费者带来别样的文化体验。因此在文化旅游项目的营销中，要善于挖掘项目的个性化特点，即提供别具一格的文化旅游产品或营造让人流连忘返的环境氛围。或者通过合适的营销方式放大其特点，使得旅游消费者可以快速捕捉到该文化旅游消费的独特之处。除此之外，文化旅游项目的个性化也是该项目在市场中所要发挥的竞争优势。

（三）地域性

一个地方的人文因素非常丰富，可以反映人们的生活、工作和娱乐。

不同地区的文化差异既成就了该地旅游资源的独特性，也造成了文化旅游营销的地域性特征。这些差异性实际上也是文化旅游产品本身的独特吸引力，但需要注意的是，在借鉴其他成功的文化旅游营销手段时，需注意本土化转化，对于不同的地区应尊重该区域的文化，采用与之相适应的文化旅游营销手段。

（四）引导性

文化旅游营销的引导性表现为两个方面，一是用文化理念规范引导营销活动过程，从深层次上同社会以及消费者进行价值沟通。二是引导文化旅游需求的满足朝着健康自我完善的方向发展。因此，应该在满足游客消费需求的基础上，借助文化旅游营销来发现、培养或营造某种核心价值观念，正确引导游客的消费行为。只有游客具有健康合理的消费需求才能促进文化旅游市场的快速、健康发展。

二、文化旅游项目的营销类型

（一）知识文化营销

在知识经济时代，知识已经成为一种重要的消费资料。对于文化旅游产业而言，知识文化营销可以有效提升文化旅游项目中的文化价值。随着社会经济水平和文明程度的不断发展，旅游需求也在不断发生变化，越来越多的消费者倾向于通过旅游感受或了解当地的风土人情。知识文化营销旨在用知识来推动文化旅游营销，将与该文化旅游项目相关的知识有机地融合在旅游产品或营销活动中，使消费者在消费过程中体会到自我认识、自我成长以及自我实现的需求，这也是文化旅游市场的一个独特卖点。文化旅游项目中的知识文化营销强调挖掘该项目或产品的文化内涵，提高活动中的知识含量，尽可能传达出更多的讯息。尤其是在营销过程中利用现代科学技术，开发文化旅游新产品、新工艺、新市场，丰富消费者的文化体验。在场馆旅游（博物馆、宗教场所）、文物、非物质文化遗产旅游（包括老厂房改造）、乡村旅游以及研学旅游等多种旅游业态的营销过程中都广泛运用到知识文化营销手段。

（二）审美文化营销

审美体验是人类特有的意识活动。作为一种长期性的感性知觉，审美体验不仅仅表现在产品的创作，还包括产品的外形、包装、销售、品牌、企业的标识以及企业的整体形象之中。审美文化营销，即把绘画、书法、文学、戏剧等其他艺术门类作为素材，赋予营销活动一定的美学特征，使营销活动成为一种审美创造活动。对于消费者而言，体验文化旅游项目便是一种审美接受活动。审美文化营销通过视觉或其他感觉方法来表达文化旅游项目的信息或企业文化，是一种体现人文关怀的营销方式。审美创造可以贯穿于整个旅游营销活动，产品设计、广告传播及销售环境都是可以设计的对象。文化旅游产业中的各个业态都不同程度地涵盖审美文化营销的内容，尤其是在文化旅游综合体、展演旅游、主题公园与影视基地等新业态的营销中。

（三）精神文化营销

精神文化营销，即通过文化旅游产品或一定主题的营销活动向旅游消费者传播或倡导有关的思想意识和价值观念，尤其是其中所表现的思想道德观念是精神旅游文化营销的核心和灵魂，例如在宗教场馆旅游、红色旅游（包含纪念馆、烈士陵园、遗址）等体现了人们对宗教信仰及缅怀革命先烈的精神方面的需求。另外，在文化公园景区、文化旅游综合体等业态的精神文化营销中，还包括对文化企业形象、企业精神的营销。

（四）娱乐文化营销

对于旅游消费者而言，旅游本身就是一个愉悦身心的过程。娱乐文化营销可以看作娱乐产业与文化旅游产业的结合。娱乐文化营销与审美文化营销一样，都属于感性营销，不同的是，娱乐文化营销是借助娱乐元素来实现文化旅游项目的价值。如今，明星已经成为一种特定的文化现象，这种现象被运用在文化旅游营销模式中，更多体现在体育赛事、展演旅游（包括会展、演艺）以及主题公园与影视基地等旅游业态中。娱乐文化营销更加注重参与性和互动性，把握大众的好奇心理，强调与旅游消费者之间的情感联结，甚至可以借助消费者的主动传播来扩大产品或营销活动的影响力。

在文化旅游项目的实际营销中，各种营销形式是在相互渗透、相互补充的，有时在同一个营销活动中也会同时运用以上不同的营销手段。文化旅游项目营销的分类有助于我们更直观地了解文化旅游营销的“文化”意义，同时在旅游产品及营销活动的设计中，可以进行多角度多层次的规划，把文化旅游营销落实为一种营销实践活动。

三、文化旅游项目的营销现状分析

（一）文化旅游产品开发力度不够

从目前来看，旅游行业获得收益不再单纯依靠旅游消费者的数量，而是开始逐渐挖掘旅游项目的文化内涵。开发与当地旅游特色相符合的文化旅游产品，这也是旅游行业发展的关键，可以有效提升旅游附加值。实际上，旅游行业的相关经营者对于文化旅游营销与推广认识不足，对文化旅游产品的开发力度不够、层次不深，通常只是针对景点、景区以及旅游路线进行开发和宣传，并没有从文化角度去深层解读旅游环境、挖掘故事背景。

（二）文化旅游营销手段较为单一

当前，文化旅游项目的营销还未真正意义上深入文化层面，营销手段较为单一，缺乏从文化角度挖掘营销点。在文化旅游营销宣传方面，大多数旅游行业的相关经营者首选的便是投入大量广告，直白单一地以口号的方式做宣传，其他精彩的宣传方式屈指可数，持久性也比较差。特别是对于具有相似特点和功能的旅游场所，同质化的介绍已经不足以吸引消费者。除此之外，对于那些早已为人们所熟悉的景点，运营商常常采取减价的办法来激发其活力，但这样的方式太过单一，文化旅游的持续性和影响力也会因此大打折扣。

（三）文化旅游主题缺乏个性

文化旅游项目的生命力和吸引力主要集中在主题呈现、项目的宣传推广过程中，个性化主题能够迅速吸引旅游消费者的眼球。例如，平遥国际电影展以“古城+电影”的小众营销模式鼓励古城文化创新再生，每一届影展都被赋予了不同的主题（从第三届开始历届影展的主题分别为“大家和大家”“电影，从来不是孤城”“聚”），获得了国内乃至国际文化的众多关注。文化旅游项目的主题可以被看作营销推广的核心，确定主题可以保证整个营销推广过程具有连续性、整体性，同时鲜明的文化主题也被视作该文化旅游项目的核心竞争力。但是目前旅游发展都缺乏个性，很多旅游景点以及场馆的营销运作模式都存在着跟风的现象，这就使得这些在大众眼中都千篇一律，营销推广的作用微乎其微。

（四）文化旅游营销手段缺乏可持续性

当下社会发展节奏变快，文化旅游营销发展也随之加快。虽然获得了暂时的经济收益，但商业化的营销开发模式往往不能完全体现资源优势、缺乏文化深度。一些影视基地或者由影视而带动当地旅游消费的地区就存在这样的问题。因此，这种旅游文化营销手段缺乏可持续性，旅游热潮消退较快，不能持久带动旅游业的发展。例如，“为一部电影建一座城”的电影《悬崖之上》，片中哈尔滨的戏份并非在哈尔滨中央大街取景，而是在山西大同北村影视基地拍摄的。北村影视基地位于大同云冈区，为了达到预期的拍摄效果，该影视基地复建了30 000平方米的中央大街，马迭尔宾馆、小洋楼以及大使馆等建筑都力求与旧照片上分毫不差。但在拍摄结束后，由于缺少规范性管理，北村影视基地没有发挥它的后续价值，在游客之间的知名度也随着电影宣发的结束而降低。此外，搭建的出发点是营造逼真的视觉效果，并没有涉及建筑的实用价值，大多数建筑都存在一定的安全问题，对后续的旅游收益、品牌价值以及就业价值都有影响。

在市场经济体制中，文化旅游产业受经济利益驱动，实现利益最大化成为产业经营者进行旅游开发的唯一目的，导致文化旅游目的地商业化泛滥，文化特色的消退甚至丧失。因此在营销过程中，经营者需要关注文化旅游项目的长远发展，进行市场调研、科学筹划，对资源进行有效的整合包装，把具有吸引力的旅游资源转换为现实的文化旅游吸引对象。

第三节　文化旅游项目的营销模式与方法

文化、需求以及市场三者构成了现代文化旅游营销体系的基本框架，旅游需求和旅游市场是旅游项目营销的关键要素，现代文化旅游营销在此基础上要充分发掘文化要素，通过营销的方式将市场、需求与文化三个基本要素有机地组合在一起。市场和需求是文化旅游营销的基点，连接这两个端点是旅游营销的根本目的，而旅游营销的第三端点则是具有文化理念和要素的大文化，它仍然具有同时指向需求和产品的双向性质。[①]在新的文化价值观导向下，现代文化旅游营销也应该进行相应的调整，选择不同的元素为营销出发点，以此形成不同的营销模式，主要归纳为以下三种运作模式：产品主导模式（以产品为出发点、用文化推销手段连接产品和市场）；市场主导模式（以市场为出发点、产品为核心的模式）；文化主导模式（以文化为出发点的模式，一种落脚在产品创新，一种为市场创造需求）。

① 张玉香.新形势下旅游文化营销运作模式探究［J］.前沿，2012（6）：124-125.

一、文化旅游项目的营销模式

（一）产品主导模式

产品主导模式是以产品为出发点、用“文化推销”的方式连接产品和市场（产品—文化—市场），强调以文化为中介来推广旅游产品。营销主体侧重于营销环节的设计，注重运用文化手段进行推销，将公众普遍接受的人文价值取向贯穿于文化旅游营销的全过程。该模式将文化手段落脚在推销过程中，一方面是因为营销主体对旅游产品的控制力较小，不足以影响其文化属性；另一方面对于营销主体而言，挖掘既有旅游产品的文化属性成本相对较高，不易实现。“文化推销”模式主要考量的是文化类的活动，其形式可以是多种多样的，例如文化展览会、节庆活动、学术类讲座、文艺演出、体育比赛等，让旅游消费者与营销主体充分接触，明确该文化旅游项目所要营销的焦点，促进文化旅游项目实现更大范围的传播。在文化推销过程中，通常会为消费者营造一种轻松愉悦的活动氛围，借助强化视觉、听觉等手段对旅游产品或服务进行宣传，以此来提高人们的消费期望和购买指数。

（二）市场主导模式

市场主导模式是以市场为出发点、产品为核心的模式（市场—文化—产品）。这种营销模式中的一切营销和推广行为都以市场作为出发点，将旅游消费者的经济实力、文化需求、旅游市场的既有资源等纳入考虑因素中，形成具备影响力的旅游产品。在营销主体能够控制旅游产品之后，就需要开始挖掘旅游产品的文化内涵，寻找到该产品的文化卖点，以此开展文化旅游营销，在保证旅游产品使用功能的基础上，满足消费者对旅游产品的文化需求。例如，陕西华清池旅游责任有限公司充分挖掘华清池的历史文化，开发了以“夜游华清池”为主题的文化旅游产品，其中包含宫廷乐舞、温泉、宫廷茶道表演、贵妃伴驾以及仿古迎宾等各种活动。不仅凸显了唐代宫廷浓郁的夜宴氛围，还巧妙地化解了华清池如何在夜晚也可以更好地服务游客的问题。

（三）文化主导模式

1. 产品创新

该模式以文化为出发点，以产品为核心，讲求深层次地开发文化旅游产品（文化—产品—市场）。之所以强调文化产品的创新，是因为消费文化产品就是消费知识产权。一个旅游景区经营效益好坏，关键在于能否创新品牌、深挖文化以及形成特色。当营销主体能够把握市场文化的发展趋势，同时也能控制旅游产品时，就可以旅游市场的文化发展为导向，对旅游产品进行深度开发，根据文化发展的需要对其进行深入的挖掘，在现有的基础上开发新的产品，以适应新的需求。尤其是根据当下文化发展的趋势以及大众消费观念的改变，对已经形成的文化资源进行优化整合。对于文化旅游项目而言，自身的研发创新仅仅作为产业发展效益的一部分，更重要的是在过程中形成文化，使得形成的文化品牌更具有高辨识度和知名度，还有极强的变现能力。

2. 创造需求

该模式以文化为出发点，以市场为核心（文化—市场—产品）。这个过程是针对旅游消费者已经在市场中形成的文化需求去开发和设计旅游产品，从而制定一系列的营销推广方案。现在文化旅游市场整体是供给大于需求，仅满足需求似乎难以带动市场发展，如何创造需求变得越来越重要。例如针对文创产业，“文创+旅游”的合作模式是文旅增效、产业增值的突破口，文创产品作为一种“带得走的文化”，受到消费者越来越多的喜爱。河南博物院推出的考古盲盒，将文物与当下流行的盲盒形式结合，便是抓住了市场中消费者对盲盒的需求，将盲盒赋予文化价值，这样的文创产品投放在市场上更具备影响力，也积极推动了文创产业的不断升级。

二、文化旅游项目营销的方法

（一）文化包装与产品设计

文化包装是将文化内涵融入旅游产品的固有功能之中，从而赋予其强大的人文魅力和内涵，以满足旅游消费者的物质和精神需求。在文化包装与产品设计的过程中，要遵循文化旅游项目营销的特点，即时代性、个性化、地域性以及引导性。旅游产品作为满足旅游消费者需求的补充物，从营销角度可以进一步将其划分为核心产品、实际产品和外延产品。旅游核心产品是无形的，是指经过开发的旅游资源，即旅游景点、景区或旅游事项。实际产品通过客观存在的物品或形式展示旅游资源的形象、知名度、品牌以及特色。外延产品是指消费者在购买产品时所得到的附带服务或利益，如旅游地的交通、餐饮、住宿等旅游设施及服务。一个完整的文化旅游项目的营销模式，应该将各个环节都纳入设计和开发的范围中。

旅游项目的文化包装是文化营销的基础，从命名、设计到设施的选择、空间的布局等方面都应当充分将旅游消费者的文化背景和企业营销策略相结合，考虑营销文化。此外，在文化包装和产品设计的过程中，越来越注重考虑博物馆、图书馆等文化场馆的力量，多方协作开发具有历史文化、地域文化、民族文化和旅游文化等别具一格的文化旅游产品，让营销和推广落到实处，让旅游消费者认同旅游吸引物，消费相应的文化旅游产品。

（二）文化传播与广告促销

文化营销传播是营销传播在方式上的现代化体现，它是以系统整合的文化行为为手段达到营销目的的营销传播，并通过广告和促销的方式进一步达到宣传效果。通过大众媒体、大众传播和教育等知识传播过程，使旅游课题成为社会价值与理想的承载体。在旅游开发的过程中，经营者借助市场营销等手段来梳理某一旅游客体的形象，提升其旅游价值，赋予其神圣意义，其评估标准是旅游消费的满意度。

通过广而告之的方式为文化旅游项目进行宣传，体现了营销与推广过程中传递信息、沟通市场的作用。为文化旅游项目进行广告制作与传播，首先是确定这次决策的目标，这些目标要符合先前制定的有关目标市场、市场定位和营销组合决策。文化旅游项目的广告传播要明确地向旅游消费者传递目标旅游产品以及服务，指出目标市场。当下，更多有效的旅游运营方式都是通过网络信息平台实现营销服务的，主要是可以吸引到品牌忠诚度不高的潜在消费者，尤其是可以通过已经消费过的人群在各大平台上的反馈进行引流。此外，还可以进行广告促销，即短期性的营销活动刺激市场，如低廉的价格或赠品等，用以消费者迅速或大量地购买某一特定的文化旅游产品或服务。

（三）文化体验与品牌打造

体验旅游是以体验为主要诉求目标的旅游活动，旅游消费者在消费过程中，通过对吸引物的朝拜、凝视、拍摄和购买的仪式将旅游吸引物主观化、情感化，最终产生移情，便达到最佳的文化旅游体验。针对强调体验的文化旅游项目，在制定营销方案时应注重不同国家、地区、民族之间的对比；通过对游客年龄、性别、受教育程度、经验等的分析，选择不同的角度和切入点，采用不同的营销方式和手段，让旅游消费者最大程度地捕捉到文化旅游的内核。例如游览九寨沟景区意味着抽身于繁忙的都市生活，回归自然；到访古镇寄托着一种怀旧之情；而迪士尼乐园致力于打造梦幻的童话世界。文化旅游品牌的建设对整个旅游业可持续发展具有重要意义。创建旅游品牌是一个将文化精致而充分的展示过程。文化旅游项目中的体验旅游更强调文化的渗透、凝聚以及催化作用，也就是如何通过文化这一桥梁让旅游品牌变得更有内涵。

旅游吸引物即当地的旅游资源。随着社会的发展，社会价值和理想也随之发生改变，因此旅游消费者所追求的吸引物的类型也在变化，营销过程中要随时把握市场的走向，例如从“微观景观主题公园”到“参与式体验主题公园”的改变。主题公园与影视基地、展演旅游以及文化旅游综合体（包含文创园区）都更加注重互动式体验。此外，除了注重增强真实感，文化体验也促进了会展业、影视业、旅游业的深度融合。2022年的热播电视剧《人世间》是在长春农博园、长春国际会展中心搭景拍摄，剧集的热度成功带动了当地的文旅产业。

第四节　文化旅游项目推广与营销的基本流程

文化旅游项目推广与营销过程中要强调“文化本位”观，重视提升公司职工的人文品质，树立公司的良好公众形象，在获得广大消费者的信赖与喜爱基础上，通过适销对路的文化旅游产品，吸引更多的旅游消费者，最终获得可观的经济效益。突出、强化文化旅游产品以及文化旅游环境的文化性，是文化旅游区别于大众观光旅游的重点，也是文化旅游市场营销的重点。[①]旅游项目的文化营销其实就是在输出一种文化认同，即文化经营单位以消费者为中心，以满足消费者的心理、精神等文化需求为出发点，在市场调研和预测的基础上，以文化产品和服务的创意策划、生产、定价和促销等为主要内容，通过向消费者提供优质的旅游产品和服务，以达到满足消费者文化需求并完成组织目标的过程。本节内容通过梳理文化旅游项目推广与营销的基本流程，探讨什么样的营销手段可以最大程度吸引消费者。

一、市场调研分析——策划整体系统化

市场调研分析是营销与推广过程中的战略层面，做好市场调研有助于

① 张国洪.中国文化旅游：理论、战略、实践［M］.天津：南开大学出版社，2001.

在项目推广的前期把准方向、进行后续一系列的策划活动。策划是在现实所提供的基础上明确旅游市场的需求和旅游地的资源优势，围绕一定的创意和构想来确定目标，辅助整个项目活动有序地开展。

（一）市场探查

市场探查就是收集一定量的市场信息，了解市场与消费者的状况，分析未来的变化趋势。这是营销的起点，也是最重要的基础工作。一般包括宏观环境分析、市场环境分析、消费者分析。

1. 宏观环境分析（见表 5-1）

表 5-1　宏观环境分析

人口环境	人口总量及其增长，地理分布及其流动状况，年龄、性别、受教育程度、家庭结构等。
生态环境	自然资源、地理地貌、气候条件、污染状况。
政治法律环境	社会制度、政治体制、政党体制、政策稳定性、廉洁与效率、产品政治敏锐性、国际关系、方针政策、法律法规法令。
经济环境	收入状况、支出结构、信贷与储蓄、经济发展状况。
社会文化环境	宗教信仰、文化传统、风俗习惯、态度与价值观、语言文字、受教育程度与职业等。
技术环境	全球基础性科技、所在领域科技进步，国家科技政策支持重点、科技发展战略规划等。

2. 市场环境分析（见表 5-2）

表 5-2　市场环境分析

维度	内容
市场规模	一定时间和范围内的市场容量。包括旅游消费者总量、产品总量、销售总额、增长速度等。
市场结构	反映市场的竞争性和垄断性情况，分为完全竞争、垄断竞争、寡头垄断、完全垄断等类型。

续表

维度	内容
市场阶段	根据文化旅游产品的生命发展周期，使其所处阶段，如导入阶段、成长阶段、成熟阶段、饱和阶段、衰退阶段等（进入市场的最好时期是成长期）。
市场趋势	预测市场趋向，包括规模估算（目标市场人口数量 × 购买能力 × 购买意愿）、增长速度等。

3. 消费者分析（见表 5-3）

为旅游消费者画像是市场调研中不可或缺的一步，主要分析消费者的基本特征、消费行为、消费态度等，通过数据收集与分析，聚合得出“消费者画像”。

表 5-3　消费者分析

分类	内容
基本特征数据	定义人群的数据，比如性别、年龄、居住地、婚姻状况等，其属性是不变化或者变化较慢。
消费行为数据	特定人群可被记录的行为痕迹数据，比如媒体接触行为、页面停留时间、社交行为、打车行为等。
消费态度数据	特定人群对特定现象和品牌的态度、人群自身的消费态度、价值观、人生观、事业观等数据，如购买动机、商品满意度等。

（二）市场细分

市场细分是在全景把握市场和需求的前提下，通过特定的变量将市场划分为能够被准确定义的几个部分，以此作为依据来决定如何制定营销方案。例如网红度假地阿那亚，就是通过细分受众人群，由“老年养老居住区”转化为“25—35 岁北京新中产群体休闲区”，从而顺利地实现文化赋能——满足消费者的精神需求，这种营销手段已经超越售卖房子本身，将居住要素巧妙地变成休闲度假要素。针对消费者市场而言，具体可划分为地理区域、人口统计、心理统计、消费行为四种基本形式（见表5-4）。

表5-4 消费者市场细分划分

维度	内容
地理区域划分	地理单元、气候、行政区划、经济区域、文化区域、城乡区别、城市能级、交通条件、国别等。
人口统计划分	年龄、家庭规模、性别、收入、职业、教育、宗教、种族、世代、国籍、社会阶层等。
心理统计划分	生活方式、个性、习惯、购买动机、价值取向、对旅游商品和服务的感受、对价格的敏感度，主要分从众、求异、攀比、求实四种心理。
消费行为划分	购买时机、利益诉求、决策角色（发起者、影响者、决定者、购买者、使用者）、使用者及使用行为相关的变量（使用场合、使用者状况、使用频率、购买者的态度）。

二、确定项目定位——旅游营销差异化

项目定位是指设计公司的产品和形象以求在目标消费者的心理中占据一个独特位置，实现消费者认知的差异化。所谓文化旅游项目的市场定位，就是根据目标市场上的竞争情况和企业自身条件，明确一个差异化、个性化或创新性的发展方向，并匹配相应的战略资源，从而逐渐在顾客心中占据独特和有利的位置。相较于观光旅游，打造文化旅游项目的差异化营销是更加实际可行的，关键是把握住文化的差异性，并充分揭示和展现这些文化特色。

（一）定位的三大方法

1.抢先占位

顾名思义，抢先占位就是抢占消费者某类需求阶梯中的第一位置，即旅游消费者在做出决定时最先出现在脑海里的品牌或品类。

2. 关联定位

市场中的某个定位已经被占据，企业可以努力与消费者心中的强势品牌或品类关联起来，消费者在首选强势品牌或品类的同时，紧接着联想到自己的品牌作为第二选择。

3. 对比定位

作为市场中的强势品牌或品类，一般都含有与生俱来的弱点或尚未挖掘的特性，可以借此来给自己的品牌做定位。

（二）分析旅游项目的市场定位

1. 目标客源市场

文化旅游项目定位必须针对不同类型的目标客源市场，不同地域和不同类型的旅游消费者对旅游产品和服务的选择不尽相同。确定项目定位，为后续的产品设计与开发、传播与促销、文化体验与品牌打造都指明了方向，这不仅是企业选择目标市场常用的方法，同样也是寻求市场机会的重要工具。通过对市场的深度分析，寻求市场空缺，把握机遇，才能制定切实可行的营销推广方案。例如针对年轻的消费者，注重刺激性和体验感的旅游项目可能更具有吸引力。

2. 同行业竞争者

针对同行业竞争者，项目人员要在充分把握自身项目特色的基础上，根据旅游资源的特色采用不同的定位方法来获得自身文化旅游项目的合理定位。例如苏州乐园在1997年开业之初便巧妙地运用对比定位的方法设计了“迪士尼太远，去苏州乐园”的宣传口号，给了游客一个选择苏州乐园的理由，在开业初期取得了较大的成功。

3. 旅游者的需求

旅游者的需求是制定营销方案中一定要着重把握的因素，因为一系列的设计最终都要落实在旅游者上。只有最大程度地满足旅游者的合理愿望，才可以有效地占据其心理。关注旅游者的利益特别是核心利益层，是文化旅游项目营销与推广取得成功的重要保证。

三、文化旅游项目的营销组合

（一）文化旅游项目产品营销策略

1.文化旅游项目产品

文化旅游项目产品的概念可以分为广义和狭义两种。狭义的项目产品是指文化企业通过一系列的艺术劳动创造出来的实际产品；广义的项目产品除了包含产品实体本身，还指通过市场交换能够满足旅游消费者某种精神需求和核心利益的有形物体与无形服务的总和。

文化旅游项目的产品价值与一般产品的价值体现方式不同，主要包括以下三种。

（1）文化价值。文化价值是文化旅游项目的产品所要体现的核心价值，也是旅游消费者在选择目标时反复衡量的标准，其决定性价值取决于产品的文化含量及意义。如何用更加直观、更加富有创意性的营销策略来展示文化价值是产品营销策略的突破口。

（2）承载价值。承载价值是文化旅游项目产品的形式价值。作为产品的外在体现价值，承载价值表现出很强的商品性特征。既可以用实物作为载体，如一个模型，也可以没有确定的实物载体，如一首民谣或者一个古老的传说。

（3）附加价值。文化旅游项目作为文化产业项目的一个分支，其产品不可避免地带有附加价值，是通过项目产品的直接引导、促动所带来的额外价值。也许任何产品都或多或少带有一定的附加价值，但是文化旅游项目的附加价值注定成为其价值组合中不可分割的部分，并且得到广泛认同。例如影视剧的取景地或者特定的影视城，随着剧目的播出成为著名的旅游景区，后续带来的旅游收益、品牌价值以及就业价值等都属于附加价值。

2. 文化旅游项目产品生命周期及策略

文化旅游项目产品生命周期经历投入期、成长期、成熟期、衰退期四个阶段（见图5-1），每个阶段对应有不同的营销策略。

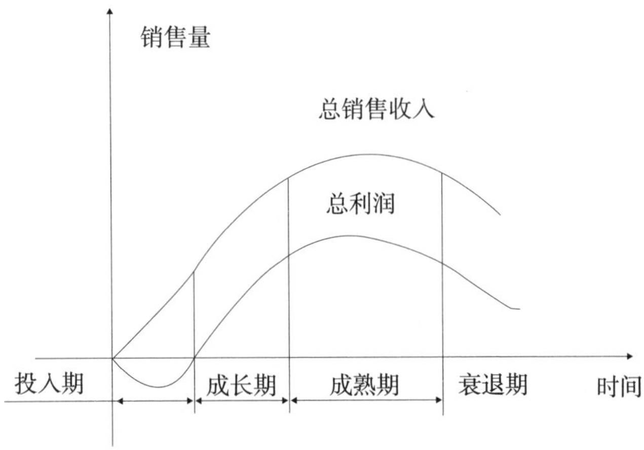

图 5-1　文化旅游项目产品生命周期

（1）投入期的策略。

投入期是项目产品刚开始进入市场的初期阶段，此时消费者对产品还不熟悉，策略的重心在于扩大市场，项目人员主要考虑的是以何种价格、以哪种促销方法推出产品。具体可以选择快速掠取策略（高价格配合高促销策略）、慢速掠取策略（高价格配合低促销策略）、快速渗透策略（低价格配合高促销策略）、慢速渗透策略（低价格配合低促销策略）。

（2）成长期的策略。

处于成长期的项目产品已经初步被消费者了解并接纳，销售量呈增加的趋势，但同时同行的竞争也日趋激烈。在这一阶段，策略的重心集中在如何渗透市场，可以采取以下几种方案。

第一，改进产品。项目人员可以对产品的质量、性能、包装等方面进行完善和改进，通过前期的销售情况和反馈，进一步把握消费者的需求，增强产品的市场竞争力。

第二，改变广告宣传策略。广告宣传的重心可以从宣传项目产品本身逐渐过渡到产品特色，更注重展现产品的文化内涵，树立品牌形象，提高品牌知名度。

第三，寻找新市场。寻找新的目标市场，选择有利的销售渠道，有效地控制目标市场。

第四，降低产品价格。成长期项目产品销量上升，促销和广告费用降低，项目人员可通过削价策略，把握产品价格的主动权，在价格上更吸引消费者。

（3）成熟期的策略。

这一阶段产品市场成长趋势逐渐趋于饱和，已经逐渐被大多数潜在消费者所接受，营销的重点主要落在项目品牌的塑造上。成熟阶段是项目产品收获的黄金阶段，在保持市场占有率的前提下，应该通过积极的营销策略拉长成熟阶段，甚至开发产品的第二次生命周期。

第一，产品革新策略。首先对原有的文化产品进行创新，从产品质量到外观包装都进行相应的提升，其次可以尝试研发不同品类的产品，寻求差异化。

第二，市场开发策略。对现有市场进行深度开发或者重新细分市场，发现新的需求和新的目标市场，运用产品差异化策略来扩大市场销售量。

第三，改革营销组合策略。如改进文化产业项目产品的包装、调整产品的价格、优化销售渠道。

（4）衰退期的策略。

这期间项目产品的销售额呈下降趋势，利润大幅度滑落，竞争者也相应地减少。这个阶段的策略原则是通过谨慎地分析前期的销售情况，选择性地进行营销推广，可供选择的策略有两种。

第一，持续策略。由于众多的竞争者退出市场，暂不退出市场的项目产品的市场空间有所增加，在一定时期维持营销，将支出降至最低，可以适当缩减推销人员，减少促销费用等。由于市场容量缩小，一些目标市场的营销效率下降，在一定时期内集中力量经营少数效率好的目标市场，维持品牌的忠诚度。

第二，放弃策略。排除不合适、效率差的销售渠道，同时及时剔除弱势产品项目，抽出资金发展其他产品。

（二）文化旅游项目价格营销策略

所谓文化旅游项目价格，是指旅游消费者用来交换拥有或使用某种产品或服务的利益的全部价值量。[①]作为营销组合中最具灵活性的要素，价格对于企业经营者意义重大。因为在营销的过程中，企业在一定程度上拥有提高或降低价格的自由。但需要注意的是，在市场经济条件下，价格的产生实际上是企业内外部综合作用的结果，需要考虑多种因素，包括旅游行业的经济环境、定价的方法、价格优惠的原则、同类型项目的价格、旅游消费者的经济承受能力以及可以接受支付的方式等。以下分别从新产品定价策略、折扣定价策略、产品组合定价策略三个方面来分析价格策略。

1.新产品定价策略

（1）撇脂定价策略。撇脂定价策略是指在项目或产品开发的初期阶段，通过确定市场可以接受的最高价格来进行销售以获取最大利润的经营策略。这种定价策略是一种有效的短期策略，也是高价策略，适用于一些垄断性强、特色鲜明的文化旅游项目，并且其他企业难以在短期内开发出相似旅游项目或产品。撇脂定价策略需要充分了解目标消费者的心理需求，可能更加适用于具有求新心理的消费者，因为普通消费者面对价格较高的文化旅游项目时往往抱有观望和等待的心态。此外，随着时间的推移，其他竞争者陆续进入该市场，该价格策略的高价空间会逐渐被压缩。

（2）渗透定价策略。与撇脂定价策略相反，渗透定价策略是一种低额定价策略。当企业向目标市场投放新产品时，通过较低的价格来吸引消费者，扩大市场占有率，迅速而深入地渗透到市场中去。采用低价策略的前提是该市场的规模较大，存在着强大的竞争潜力，并且可以通过降价的方式迅速获得一定的需求量，有效地抑制其他竞争者进入市场。渗透定价的

---

① 黄安民.旅游学概论［M］.北京：清华大学出版社，2015.

核心是薄利多销，适用于刚刚进入市场迫切需要打开销路的产品。当销售规模较大时，旅游产品可以较好地占有市场，产生规模效应。但投资回报的周期也会相应延长，并且当市场需求对产品的价格不敏感或者遭遇强有力的竞争对手时，渗透定价往往难以奏效。

（3）满意定价策略。满意定价被称为“温和价格”或“君子价格”，是一种介于撇脂定价策略和渗透定价策略之间的价格策略，它所定的价格是一种折中价格。旅游企业一般会按照行业平均利润和价格水平来制定价格，同时兼顾供应者和需求者双方的利益，有助于企业拥有固定数量的消费者和较稳定的利润。但是满意定价策略是被动地适应市场，企业因此会难以灵活地适应瞬息万变的市场状况。

2. 折扣定价策略

（1）现金折扣策略。现金折扣是在规定时间内对提前支付或现金支付的消费者进行价格优惠，目的是鼓励消费者尽早支付，加速资金流转，降低营销费用。现金折扣本质上是一种降价策略，在采用这种策略时，企业需要考虑产品的需求弹性（在一定时期内商品需求量的相对变动对于该商品价格的相对变动的反应程度），保证通过需求量的增加使企业获得足够的利润。此外，企业需要配合宣传手段，快速地把折扣信息传递给消费者。

（2）数量折扣策略。数量折扣策略的目的是鼓励消费者大量购买，根据购买产品的数量或金额，按其达到的标准给予一定的折扣优惠，购买的数量越多、金额越多，给予的折扣也就越高。数量折扣分为一次性数量折扣和累计数量折扣。一次性数量折扣适用于一次性购买金额较大的产品，例如购买某个主题公园的入园门票，企业通常会采用多张折扣的策略，有助于节省企业的销售费用。而累计数量折扣则是在企业划定的时间范围内，购买商品达到一定数量或金额，按其总量的多少给予不同程度的折扣。这种策略目的是发展可信赖的长期消费者，鼓励其重复多次购买，这样有利于企业掌握销售规律，预测销售量，降低吸引顾客的成本。

（3）功能折扣策略。功能折扣策略是指提供旅游产品和服务的生产企业根据各类中间商在市场营销中所担负的不同职责，给予不同折扣的优惠。这种策略有利于拓宽销售渠道，调动中间商的积极性。一般情况下，针对同一渠道会提供同样的功能折扣；给批发商的折扣要大于给零售商的折扣。

（4）季节性折扣策略。季节性折扣是旅游企业针对适应季节性强、销售波动大的旅游产品，在淡季时向旅游消费者提供折扣优惠，鼓励消费者使用淡季旅游产品，同时鼓励旅游中间商提前订购季节性产品。旅游项目因自身的地域性特色，受到季节性因素的困扰，因此旅游企业经常需要根据自身情况采用该策略，漂流项目、滑雪项目等都是季节性很强的旅游项目。在淡季，餐饮行业、旅行社和航空公司在业务上都会提供季节性折扣；旅游景点的门票也会相应降低。此外，在旅游淡季，企业也可以借助节假日或特定的促销活动来进行促销。

（5）促销折让策略。折让是折扣的一种特殊形式。促销折让策略是针对忠诚顾客和中间商的价格策略，一般是给予促销本产品的经销商一定的价格回报。比如，当一个零售商在给制造商打广告时，制造商可以为其提供50%的奖金，也可以提供一定数量的免费产品作为奖励。

3.产品组合定价策略

当某种旅游产品不是以单一身份面世，而是作为产品组合的一部分时，旅游组织或企业就需要制定利益最大化的价格策略。

（1）产品线定价策略。企业用价格的高、中、低档来划分旅游产品或服务，用价格差异来满足消费者不同的认知质量差异。而消费者会以价格的高低为依据对旅游产品或服务做个人的判断，例如旅行社同时为旅游者提供豪华型、标准型和经济型的旅游线路。

（2）选择产品定价策略。选择产品定价策略是指企业给予消费者一定的选择权，提供不同组合的产品或具有不同特色的产品或服务。这种策略通过为组合式产品制定不同的定价来追求总体价格水平的理想化。例如企业一般会将旅游项目的门票价格定低，而把餐饮的价格定高，用餐饮的收入来补偿利润。

（3）互补产品定价策略。具有互补（或关联）关系的产品通常是指主要产品与一起使用的关联产品，例如胶片相机与胶卷为互补产品。企业可以通过将主要产品的价格降低，而将互补产品的价格升高，实现总体盈利目标。

（4）产品系列定价策略。产品系列定价是指企业把各种关联的产品分别制定不同价格，并使产品价格之间的差额形成一定的阶梯。当两种同类产品之间的价格差额大时，消费者可能会选择价格低的产品；而当两种同类产品之间价格相近时，消费者可能会优先选择购买价格更高的产品。采用这种策略时，企业要综合考虑产品的成本差异、顾客的预期价格和竞争性产品的价格等因素。

（三）文化旅游项目渠道营销策略

1. 文化旅游项目渠道营销策略

渠道是促使顾客最终能够顺利地使用或消费产品和服务的一整套相互依存的组织。营销渠道最核心的作用便是为生产经营者与消费者之间建立有效的连接。现代营销学之父菲利普·科特勒认为，分销渠道是指某种产品和服务在从生产者向消费者转移的过程中，取得这种产品和服务的所有权或帮助所有权转移的所有企业和个人。[①]对旅游目的地组织而言，分销渠道包括各类的旅游经营商（因为他们取得所有权）和旅游代理商（因为他们帮助转移所有权），此外还包括处于渠道起点和终点的旅游生产者和最终消费者，但不包括其他的旅游供应商、辅助商（见图5-2）。渠道选择与决策是企业管理者需要做出的最关键的决策之一，对其他营销组合也影响深远。同时，随着时代和技术的不断发展，互联网和大数据为营销系统的更新提供了思路，渠道也随之更加丰富、灵活。

① 黄安民.旅游学概论［M］.北京：清华大学出版社，2015.

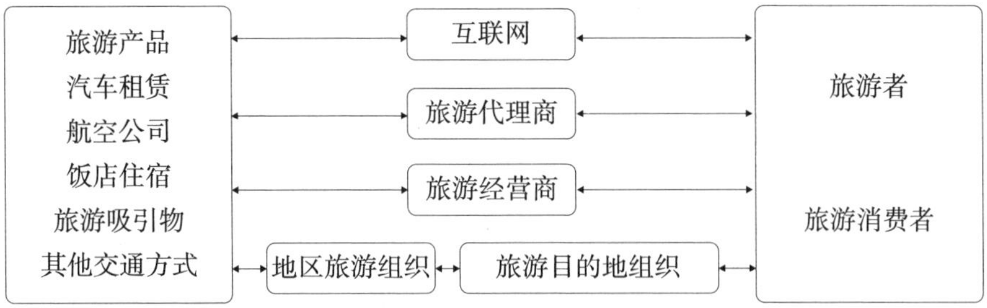

图 5-2　旅游业分销渠道

分销渠道通常有两个职能。一方面在于有效地连接旅游产品或服务与目标市场及消费者。合适且畅通的分销渠道可以最大程度地将旅游产品销售出去，或者使旅游消费者可以按照企业管理者的既定规划体验服务。分销渠道的重要意义在于它的存在构成了旅游目的地营销活动的效率基础。另一方面，分销渠道还决定着旅游企业的获利空间。旅游分销渠道由很多环节组成，不同渠道环节对旅游市场影响力和价值贡献水平是完全不同的，因而设计分销渠道时，旅游目的地的企业管理者要尽可能地使市场控制力向有利于自身的方向倾斜。

旅游目的地组织主要有三种分销渠道策略。

（1）专营性分销渠道策略。

专营性分销会严格地限制经营公司产品或服务的中间商数目，因此又被称作特殊分销渠道，这种策略是指旅游目的地在一定时间范围、一定区域内只选择一家旅游批发商或旅游零售商来销售旅游产品，属于间接销售方式。在建立起这种关系后，备选点的旅游中间商要承诺不再同时为其他旅游目的地销售产品，旅游目的地也要承诺不再选择其他的旅游中间商。

这种分销渠道策略的优点如下：第一，产品经销权和产品经销区域具有一定的排他性，利益双方有着密切的合作关系，有利于控制市场营销，产品适销对路会使双方共同受益。第二，在推销方面，双方都会积极协助，愿意共同投资来进行对双方都有利的促销活动，进而提高经营效率。第三，双方都相互排斥了竞争对手带来的威胁。第四，对销售特殊旅游产品和开辟新的客源市场会有较好的效果，例如登山旅游产品、探险旅游产品等，客源范围较小，更适合专营性销售。但专营性分销策略对中间商的依赖性太强，市场覆盖面较窄，旅游目的地和中间商之间一旦发生改变或者中间商不再提供产品，会相应地增加经营风险。

（2）广泛性分销渠道策略。

广泛性分销与专营性分销相对，是指旅游目的地在客源市场范围内广泛地通过许多旅游中间商来销售旅游产品，使产品在目标市场有“铺天盖地”之势，又被称作密集性或普通性分销。旅游目的地组织与旅游中间商双方没有相互约束关系，双方都可与其他企业或组织建立销售业务关系。

这种分销渠道策略的优点如下：第一，销售渠道被加宽，企业可以最大程度地达到占有目标市场的目的，特别是针对规模较大的旅游目的地、具有大众化特征的产品，采用这种销售渠道能达到扩大销售的效果。第二，由于旅游目的地组织拥有一定数量的中间商，可以对其工作效率进行评估，择优汰劣，有利于中间商之间的良性竞争。广泛性分销策略的缺点是双方缺乏双向约束，关系较为松散，旅游目的地组织与中间商很难建立长期稳定的业务关系，中间商的经营积极性也会有所降低。此外，相较于专营性分销，旅游目的地组织运用广泛性分销的销售成本会较高，因为在广告等其他促销方式的花费较高。

（3）选择性分销渠道策略。

选择性分销渠道策略是一种介于宽与窄之间的销售策略，是指旅游目的地在特定的客源市场上，挑选符合要求的一家以上中间商来建立销售业务关系。选择时一般会以这些因素作为考量：如企业自身基础、销售能力、信誉度等。旅游目的地应该在选择好中间商后尽力与其建立相对稳定的市场合作关系，但彼此之间都不能限制与其他企业或组织建立销售业务关系的自由。

这种分销渠道策略的优点如下：第一，产品生产企业保持了与旅游中间商比较广泛的联系，有利于提高营销的效率。第二，由于经过了严格、认真的筛选，旅游中间商都有着较高的经营素质和良好声誉，从而对维护企业和产品的声誉也有着积极的作用。但旅游中间商能否为企业提供良好的合作，企业在供货方式、价格上能够为中间商提供多大的优惠等问题都是需要进一步沟通的，即双方相互选择的满意度是具有一定难度的，因此，完全实施双方都认可的分销渠道策略也并不容易。

2. 渠道设计方案的评估

企业必须对各种可能的分销渠道设计方案进行评估，以求达到良好的营销效果，评估的标准一般分为经济性、控制性以及适应性。

（1）经济性标准。经济性标准是最重要的标准，这也是文化旅游项目营销的基本出发点。因此，在分销渠道评估汇总时，首先应该考虑当前的分销渠道决策是否可以增加收入，以此来评价这一决策的合理性。

（2）控制性标准。企业对于自销系统是最容易控制的，利用中间商分销，就应该充分考虑其可控程度，一般而言，特许经营、独家代理方式比较容易控制。总之，对分销渠道的控制讲究适度，应将控制的必要性与控制成本加以比较，以求达到最佳的控制效果。

（3）适应性标准。也就是对经销渠道是否具有地域、时间、中间商等的适应性进行评价。第一，区域适应能力。在某一区域内，要根据当地的消费水平、消费习惯以及营销条件等因素，构建相应的销售通道。第二，要根据不同阶段商品适合的情况来进行营销，特别是对于具有季节性特点的旅游商品，要适时地进行营销。第三，由于代理商的状况，公司也可以选择多种渠道，比如有一定实力的代理商，可以选择更狭窄的通路。

（四）文化旅游项目促销营销策略

促销意为促进销售，它是旅游目的地营销组合中的重要因素。促销的本质是沟通，通过适当的沟通方式向特定的沟通对象传递具有吸引力和说服力的信息。旅游目的地通过不同的促销活动，直接或间接地把相关旅游企业、旅游产品的信息展示给消费者，指导其消费，以达到扩大销售的目的。

旅游目的地的促销活动有“推式”和“拉式”两种基本策略。在推动策略中，中间商（批发商和零售商）是促销活动的主要对象，通过说服中间商接受旅游产品，再由其推向市场，从而使产品渗透进分销渠道，最终抵达消费者。这种层层渗透的策略多以人员推销方式为主，目的在于使中间商产生利益分享意识。一般来说，对于需求比较集中、技术含量高、销售批量较大的产品，更加适合采用“推式”策略（见图5-3）。

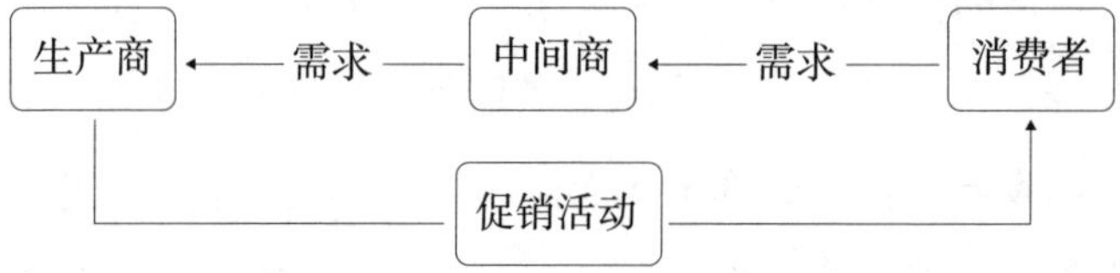

图 5-3　“推式”策略

而“拉式”策略的促销对象主要是消费者，通过广告促销等其他手段来引起消费者对产品的需求和兴趣，再由消费者向中间商询购这种产品，最后由中间商向生产商进货。与“推式”策略相对，这种策略是由下至上，层层拉动购买的促销方式。一般来说，对于需求分散、销售量较小的产品，宜采用“拉式”策略（见图5-4）。

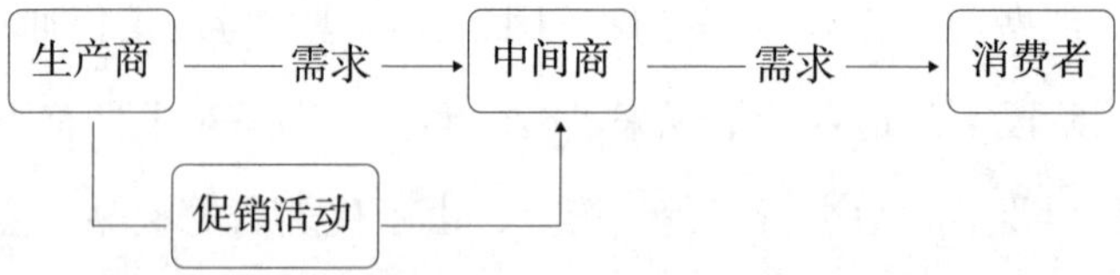

图 5-4　“拉式”策略

促销手段一般可以分为两大类：一类是人员直接推销；另一类是非人员推销，包括广告、公共关系、线上营销、人员推销等（见表5-5）。

（1）广告。广告是一种普及性媒体，它可以重复多次地向消费者传递旅游企业和产品的相关信息，并且具有夸张的表现力，通过文字、声音和颜色的艺术化运用，给企业及其产品提供了一个戏剧化的展示机会，有利于树立鲜明的旅游品牌形象。但广告不像人员性展示具有一定的强制性，并且对于受众而言是一种单向的传播，说服力较弱，难以形成即时购买。

（2）公共关系。公共关系与公共宣传是一种促进目的地组织与公众建立良好关系的营销方式，包括新闻报道、演讲、公益活动等。主要特点有三个方面：首先是可信度高，由第三方传达的信息对于消费者而言更加可靠；其次是接受性强，可以消除一些能接受宣传却回避推销人员和广告的潜在顾客的防备心；最后是这类宣传活动富有情节和趣味性，容易获得公众的好感。但活动设计难度大，组织工作量也大。

（3）事件和体验营销。事件和体验营销是一种通过看、听、用、参与的手段，充分刺激和调动旅游消费者的感官、情感、思考、行动等感性因素的营销方式。在充分调研的前提下，利用传统文化、现代科技、艺术等手段丰富体验内涵、营造文化氛围、满足旅游消费者个性化需求，例如街头活动、节庆或假日消费、博物馆体验等。

（4）营业推广。营业推广也称促销。指以创造一种即时销售为主要目的，对旅游者、旅游分销商提供一种额外激励的营销方式，如交易会、贸易展以及竞赛、抽奖等方式的活动。这种促销策略适合于点对点销售，有助于旅游消费者快速做出决策。它所具备的刺激性强的特点可以改变部分旅游消费者的购买习惯。

（5）线上营销。线上营销既包括依托移动化设备的营销模式，例如通过短信向旅游消费者发布旅游相关信息，也包括依托互联网的在线和社交媒体营销模式。当下互联网发展迅速，社交媒体营销越来越主流化。除了特定旅游网站的广告和陈列式广告，一般会选择基于用户关系的内容生产与交换平台（如微博、微信等）进行广告投放，以此来增加旅游企业和旅游产品及服务的曝光，甚至通过用户的自发传播来发布营销内容。线上营销需要完整的策划支撑、配合准确有效的投放，才能达到预期。

（6）人员推销。人员推销是一种与旅游者和旅游中间商开展面对面促销的方式，是最有效的工具，主要形式有展览会、贸易展、电话推销、提供样品等。推销人员与消费者之间进行直接沟通可以尽可能快地捕捉到消费者的偏好和需求，并在尽可能短的时间内做出调整，及时促成交易或反馈市场信息。此外这种生动、直接的沟通是相互影响的，消费者在心理上往往感到有义务给予回应，大大增加了交易成功的可能性。但人员推销的传播面较小，耗时费力，对大众旅游者的影响有限。

（7）旅游宣传品。旅游宣传品是用来辅助旅游消费者了解旅游市场、旅游企业以及旅游产品而制作的各种旅游宣传媒介品，包括导览图、旅游手册、旅游画册、旅游地图、旅游形象介绍等。旅游宣传品的展示方式生动、有趣，针对性强，对旅游消费者选择何种旅游产品或服务的影响较大。

表 5-5　常用旅游促销组合

广告	公共关系	事件和体验营销	营业推广	线上营销	人员推销	旅游宣传品
印刷广告和广播广告 外部包装 海报和传单 电影广告 广告牌 企业名录 翻牌广告 展示标识 POP 广告 视听广告	新闻发布会 演讲 讲座 年度报告 研讨会 慈善捐款 出版物 社区关系 游说 公司期刊 标志宣传	节庆活动 街头活动 体育 娱乐 艺术 工艺 博物馆 参观活动	竞赛、游戏、抽奖 奖金和礼品 交易会 展览会 演示 优惠券 低息贷款 招待会 以旧换新 搭售	短信 网站 电子邮件 搜索广告 陈列式广告 论坛和博客 社交媒体平台	销售展示 销售会议 样品试用 奖励 交易会 展览会	宣传手册 旅游手册 招贴画 导览图 交通图

四、文化旅游项目营销方案的效果评价

市场营销与推广的效果直接关系到旅游企业的经济效益。主要从盈亏状况、销售增长率以及相对市场占有率这三个重要指标来检验和评价营销整体效果。

（一）盈亏状况

旅游企业进行市场营销与推广的首要目的就是提高经济效益，实现效益最大化的营销战略目标。这是市场营销的出发点和归宿点。因此，盈亏状况是企业最先关注的。

（二）销售增长率

销售增长率是指企业本年销售额与上年销售额之间的比率，它反映了销售的增减变动情况，是评价企业成长状况和发展能力的重要指标，该指标越大，表明其增长速度越快，企业市场前景越好。同时，对于已经运营多年的旅游企业，还需要分析销售增长率的趋势，并与同行业的平均标准值进行比较。

（三）相对市场占有率

所谓相对市场占有率是指企业各个产品的市场占有率与同行业中最大竞争对手的市场占有率之比。相对市场占有率是分析企业竞争状况的重要指标，也是衡量企业营销状况的综合经济指标。相对市场占有率高，表明企业营销状况良好，竞争能力强，在市场上占有有利地位。

第五节　案例分析

平遥古城

一、平遥古城的总体介绍

平遥古城位于山西省晋中市平遥县，是中国现存最完整的古代县城，距今已有2800多年的历史。1997年被列为世界文化遗产，遗产由“一城两寺”三个部分组成，包括明清古建筑群、县城西南6千米的双林寺和东北12千米的镇国寺。其中，镇国寺内保存了11尊中国五代时期的彩塑，双林寺内保存了明清时代彩塑2052尊，被誉为“东方彩塑艺术宝库”。晋中市也正逐步形成以“一城、二寺、三山、四院”十大景点为代表，即以晋商民俗旅游为重点，蕴含晋商文化、古建文化、民俗风情、自然风光为一体的特色晋商民俗文化旅游路线，其中“一城”就是指平遥古城。

二、市场调研分析

（一）地理区位

平遥古城位于山西省晋中市平遥县腹地西北部平原区，惠济河、柳根河（原中都河）冲积扇尾部，距东南太岳群山20公里，西北紧邻汾河谷地，距离中国两大城市群京津冀和长江三角洲较近，地理坐标东经112°9′56″—112°11′10″，北纬37°11′44″—37°12′43″，海拔754.80—762米。古城地域平广，地势由东南向西北倾斜，城区面积2.25平方公里。[①]

（二）交通区位

铁路。平遥县内设有平遥站（火车站）与平遥古城站（高铁站），向北直达首都北京、省会太原、石家庄等地；向南可达古都西安、济南等地，铁路交通便利。尤其是平遥古城站的建成与开通，将游客需要3—5天的“跨省游”变成了1—2天的“短线游”，为外地来晋游客架设了一条直通千年古城的黄金旅游长廊。

航空。平遥没有民航客运站，乘坐飞机需前往太原武宿国际机场，武宿国际机场有发往国内各大城市的50多条航线，方便快捷。但因平遥与太原之间距离较近，特设异地城市航站楼，同样可以实时查询和购买机票，办理登机手续。2018年11月19日，太原武宿国际机场平遥城市航

① 参见平遥县人民政府官网：http://www.pingyao.gov.cn。

站楼正式启用，将古城通过航站楼实现了与太原武宿国际机场陆空无缝连接。

公路。平遥长途汽车站位于火车站旁。日发长途客车班次100余车次，从平遥长途客运站能到达太原、榆次、介休、离石、长治、文水、沁源、和顺、祁县等地。108国道或大运高速从平遥境内穿过，距北京、天津、石家庄、西安、开封、洛阳都仅有数小时的车程，适合周边的游客自驾出行。

（三）旅游区位

1.平遥古城拥有保存完整的大量古城遗迹

联合国教科文组织世界遗产委员会对平遥古城的评语是："平遥古城是中国汉民族城市明清时期的杰出范例，平遥古城保存了其所有特征，而且在中国历史的发展中为人们展示了一幅非同寻常的文化、社会、经济及宗教发展的完整画卷。"平遥古城境内有完整的古城墙、古民居、古店铺、古庙宇、古街道，素有"中国古建筑的荟萃和宝库"之称（古城境内县级以上文物保护单位106处，其中国家重点文物保护单位20处、省级重点文物保护单位14处、市级重点文物保护单位3处）。包含以古城墙为主的历史文化景观，以清虚观、城隍庙为主的街区文化景观，以雷履泰旧民居为主的居民建筑文化景观。

2.平遥古城是晋商文化资源的核心区域

晋中是晋商文化的摇篮，作为晋商文化四大城之一的平遥古城积淀了深厚的晋商文化，并在2015年被评为国家5A级旅游景点。在《山西省"十一五"旅游产业发展总体规划》所制定的六条精品旅游线中，晋商民俗旅游精品线路把平遥古城摆在了龙头景区的位置。县衙、票号、镖局无一不见证着晋商的富庶。平遥县衙作为中国现有保存完整的四大古衙之一，也是全国现存规模最大的县衙。"日升昌"是中国银行发展的雏形，被誉为"天下第一""汇通天下"的票号。除此之外，晋商的诚信精神、创新精神也是可持续挖掘的文化要素。

3. 平遥古城打造了一系列在中西部地区较有影响力的文旅活动

为促进文化与旅游产业的充分融合、提升知名度，近年来平遥古城在文化品牌打造上下了很多功夫，开发了一系列的文旅活动。包括平遥国际摄影大展、中国平遥年活动、平遥国际电影展、大型舞台剧《又见平遥》等，极具辨识度。

三、景区定位

（一）形象定位：中国现存最完整的明清古都历史文化遗产

古都是我国历史文化遗产的杰出代表，所蕴含的文化遗存和人文底蕴都极其丰富。平遥是中国明清两代汉族都邑的一个代表，它能更好地体现中国文化、社会、经济、宗教的发展。因此，在这里将平遥古城的旅游形象定位为“中国现存最完整的明清古都历史文化遗产”。

（二）市场与产品、客源的匹配（见表5-6）

表 5-6　市场与产品、客源的匹配分析

市场细分	产品匹配	客源匹配
观光市场	古城墙、古民居、古店铺、古庙宇、古街道等； 镇国寺、双林寺、中国票号博物馆（日升昌）、平遥县衙等。	团队游客、自驾游客。
休闲度假市场	《又见平遥》大型实景演艺、特色餐饮、古城民俗客栈等。	自驾游客、周边休闲度假游客。
专项市场	平遥国际电影展、平遥国际摄影大展、研学、影视基地等。	科普教育游客、专项团队、散客。

四、平遥古城中的文化旅游项目

（一）大型实景演艺项目《又见平遥》

《又见平遥》是王潮歌导演团队“又见系列演艺项目”中的首个作品，

也是平遥文旅的标杆。截至2021年7月，《又见平遥》累计演出5993场，累计观演人数达402万人次。

1.产品策略

挖掘本土文化。《又见平遥》所讲述的是平遥一票号东家赵易硕保护票号王掌柜唯一血脉的故事，通过倒叙的方式，用“选妻”“镖师死浴”“灵魂回家”等多个片段来表现晋商的寻“根”与遵“义”的故事。

现场表现力强。《又见平遥》为适应北方气候，采用的是室内形式，并创新性地取消了固定的座位，观众置身于明清老城，随着人流流转到不同的场景，并且与演员零距离接触，全身心地投入演出中。

2.价格策略

《又见平遥》在市面上有以下几种价格：普通门票238元/张，线上售价228元/张；VIP门票398元/张。演出时间为90分钟。综合考虑山西经济大环境，《又见平遥》的定价较为合理，与平遥古城全套门票（130元/张）较为匹配。在旅游淡季也会灵活地进行价格调整。例如，2015年11月推出：“凡晋中、临汾、吕梁、阳泉、长治、晋城、运城地区居民持本人二代身份证即可享受88元优惠购票活动”的价格折扣，保证了上座率，稳定剧场经济收入。

3.渠道策略

演艺产品的销售集中反映在票务系统，以通路“直销”形式，直接供给零售终端。[①]在平遥古城景区内，有众多剧目的售票点；同时《又见平遥》也与旅行社合作，通过他们的推介来获得更多的客人；也可以通过《又见平遥》官网、携程旅行网、去哪儿网等网络平台进行线上预订。

4.促销策略

网络营销。《又见平遥》从运营开始，就很重视网络带来的宣传效应。首先在官方网站上及时并完整地推出演出相关信息，图文配合，并提供相应的旅游攻略，为旅游消费者的出行与决策提供便利。其次在微信公众

① 吴健安，聂元昆.市场营销学（第五版）[M].北京：高等教育出版社，2014.

号、微博以及贴吧等平台也会提供相关的信息，开通不同的营销渠道。在宣传推广的过程中，还借助星级酒店的宣传大屏和高铁车厢内的数字电视播放宣传片，直观地展示这一文化旅游产品的特色。

口碑营销。在产品推广期后期，《又见平遥》开始注重口碑的打造。2014年春节期间，面向平遥籍大学生举行了免费观演活动。2015年，面向山西省内大学生推出了免费观演活动，43天86场共提供了8600个免费名额。通过大学生群体大大增加了曝光率。

事件营销。例如大西高铁通车时，平遥县领导专程到出站口迎接首批乘坐高铁到平遥的旅客，并赠送平遥古城及《又见平遥》门票各一张。北京APEC（Asia-Pacific Economic Cooperation，亚太经合组织）会议期间曾特别推出"《又见平遥》给力APEC"优惠活动等。

（二）平遥国际电影展

平遥国际电影展是平遥文旅的明星项目，属于大型节会类的文化旅游活动，也是国内与国际上小众的"古城+影展"模式。贾樟柯团队于2016年8月正式向平遥县委、县政府提交了想要在平遥举办国际电影展的报告，希望在保护古城遗产的基础上，科学且正规地运营影展。同年9月9日，平遥县政府与贾樟柯团队完成了签约，正式启动了该项目。首届平遥国际电影展于2017年10月28日至11月4日在平遥古城举办。

1.项目定位

以古城为依托、以电影为媒介、以文化为底蕴、以创意为先导的文化旅游活动。

2.设施规划

（1）电影宫。古城西北角的一座废弃的柴油机厂被定为电影宫的地址，将近代的工业文明与当代电影艺术进行了融合。电影宫内设有6块银幕，2200个座位，包含一个露天剧场与5个室内放映厅，均配置国际一流电影展标准的放映设备。除此之外，电影宫还配套论坛活动空间、展览空间、新闻中心、贵宾沙龙、书店、餐饮与零售等多个综合空间。

（2）露天剧场。露天剧场以创办人贾樟柯导演自己的电影《站台》命名，拥有1500个座位。

3. 文化产品

在平遥国际电影展中，电影成为主要的文化产品，影展用文化为经济赋能，强力拉动了当地的旅游消费。观众可以通过官方网站、微信以及现场购票的方式，选择“电影展映”单元中的影片。

（三）平遥国际摄影大展

平遥国际摄影大展（Pingyao International Photography Festival，PIP）始创于2001年，每年举办一次，同属于大型节会类的文化旅游活动。虽然历届影展的举办地会有所变动，但选择项目活动场所的核心总会围绕土仓、县衙、文庙、城隍庙、清虚观等具有历史特色的建筑，将历史景观与当代摄影艺术进行结合。

总　结

平遥文化旅游项目扎根于本土文化，创造了直接经济效益和间接经济效益，对地方旅游产业的特色发展具有一定的借鉴意义。直接经济效益主要体现在票务收入、赞助收入、财政补贴、相关消费等，不论是哪一个文化旅游项目，都为古城和周边景点带来了可观的人流量，继而对餐饮、住宿等的需求也不断加大；间接经济效益则深刻地影响了平遥文化旅游产业的优化升级。《又见平遥》提供的是一种“白天逛古城、晚上看演出”的旅游方案，平遥国际电影展、平遥国际摄影大展因其自身的活动时长，为游客提供了多样化的文化体验，增加了旅游消费选择。

第六章　文化旅游消费

第一节　文化旅游消费现状分析

一、文化旅游消费概述

生产决定消费，但消费能够从某种程度上对生产具有重要的反作用，因此，文旅消费者的需求能够从一定程度上对文旅产品的生产经营造成重大影响。同时，旅客对文旅产品的消费过程是该产品的价值得以实现的过程，因此要分析文旅产品的品质是否符合旅客的消费需求、文旅产业发展的未来消费趋势如何、文旅产品是否被消费者所接受、文旅生产经营者能否获得良好的经济效益等，就必须注重对文化旅游消费的研究。

二、文化旅游消费的定义及分类

文化旅游消费，世界文化旅游组织给出的定义是“由文化旅游单位（游客）使用或为他们而生产的产品和服务的价值”。即游客在特定旅游活动中为了满足个人发展和个人享受的需要，通过对各式各样的吃、住、行、游、购、娱等产品和服务的购买、体验，并获得独特的旅游体验的过程。

文化旅游消费按照文化旅游消费主体、消费内容、消费层次、消费形态等，可将文化旅游消费分为以下不同的类型。

（一）按文化旅游消费形态分类

按照文化旅游者在文化旅游活动中的消费形态可分为实物消费和劳务消费。实物消费是指旅游者在旅游过程中的吃、住、行、游、购、娱活动所需消耗的物质产品，如每日必备的食物、饮品以及入住客房需要消耗的客房用品等。劳务消费是指游客在文化旅游过程中所消耗的服务劳动，如到达旅游目的地所需要的交通运输服务、在目的地听讲解所需要的导游服务，以及酒店、餐饮等服务。

（二）按文化旅游消费层次分类

按照满足文化旅游者的需求层次可分为物质消费和精神消费。文化旅游者在一次文化旅游活动过程中，吃、住、行等方面的消费主要是满足生理需求，偏重物质消费；游和娱则偏重精神消费。

（三）按文化旅游消费对文化旅游活动的重要性分类

按照文化旅游消费对文化旅游活动的重要性可分为基本文化旅游消费和非基本文化旅游消费。前者如住宿、游览、交通等方面的消费，后者指非文化旅游活动必需的消费，如文化旅游购物、医疗等。

（四）按文化旅游消费主体特征分类

文化旅游消费主体就是文化旅游者，按照文化旅游者年龄结构可分为大学生文化旅游消费、老年人文化旅游消费等；按照文化旅游者的出游动机可分为健康疗养型文化旅游消费、观光度假型文化旅游消费、宗教文化旅游消费、会议文化旅游消费、节事文化旅游消费、体育赛事文化旅游消费等；按照主体的构成范围可分为个人文化旅游消费、家庭文化旅游消费和团体文化旅游消费。

三、文化旅游消费现状

（一）消费规模逐渐扩大

在文化与旅游的融合发展中，以美好生活为中心，不断提升品质的文化旅游发展效应越来越显著。根据文化和旅游部统计数据显示，在2010年至2019年这十年间，国内旅游业继续保持稳定发展；2017年，国内游客数量首次超过了50亿，而2019年则超过了60亿人次，达到了60.06亿人次，与2018年相比，同比增长了8.43%。出境游客达到3亿人次，较上年同期增加3.1%；旅游总收入达6.63万亿元，比上年同期增长了11%。旅游业综合贡献了10.94万亿元人民币，占GDP的11.05%。2020年人均教育、文化和娱乐消费支出2032元，旅游消费也涵盖在其中。[①]旅游业受新冠疫情的影响，全年国内旅游人次28.79亿，比上年下降52.1%。同时，由于受新冠疫情的冲击，跨国运输非常困难，国际出行的需求也随之下降，供应急剧下降，由此我国游客的旅游消费开始了“内循环”。2020年1月至11月，民航中国内地航线的客运量占比高达95.8%，较2019年全年的79.2%显著提高，而国际航线的客运量占比仅为3.7%，较2019年全年的17.6%大幅下降，港澳台航线的客运量占比也从2019年全年的3.2%下降至2020年1月至11月的0.5%。[②]

（二）非一线城市旅游消费增长强劲

随着国民经济的不断发展，精神消费水平不断提升，旅游消费热潮逐渐下沉到二三线城市。在2020年新冠疫情期间，一线城市由于疫情相对严重、管控严格，文化旅游消费的增长并不明显；而非一线城市由于人口较少，疫情相对较好控制，其居民的旅游消费在疫情下增长强劲。来自“同程旅行”平台的住宿大数据显示，2020年前11个月全国住宿设施入住客流量上升最快的前十个城市依次为：云南省昭通市、贵州省毕节市、河南省周口市、云南省德宏傣族景颇族自治州、山西省临汾市、贵州省铜仁市、甘肃省天水市、江西省赣州市、贵州省黔西南布依族苗族自治州、云南省

① 国家统计局：2020年人均教育文化娱乐消费支出2032元［EB/OL］.（2021-01-18）［2022-05-09］. https://baijiahao.baidu.com/s?id=1689217347032929637&wfr=spider&for=pc.

② 文旅部：2020年度国内旅游人数28.79亿人次［EB/OL］.（2021-02-20）. http://ent.cnr.cn/dj/20210220/t20210220_525417628.shtml.

曲靖市，全部来自三线、四线城市。[①]另外，地面交通大数据显示，在此次疫情中，旅游消费得到高速增长的主要是四线及以下的城市。这些城市主要有海南定安、河北邢台、云南楚雄州、吉林延边、海南澄迈、陕西宝鸡、陕西铜川、海南儋州、辽宁丹东等三线、四线城市。新冠疫情期间，受非接触服务刚性需求拉动，低线城市旅行服务基础设施数字化及线上化水平大幅提升，从而对需求释放起到了一定的刺激作用。

（三）数字化赋能消费模式创新

文化旅游的数字化消费升级是指通过5G、大数据、人工智能、AR/VR等前沿科学技术，赋能文化旅游，从产品、服务、场景上创新，不断提升游客的旅游消费体验，打造创新的旅游产品，不断优化旅游服务，为旅游体验创造更多新场景，实现文旅消费体验提质升级。典型做法有以下三点。

一是科技赋能数字化体验场景。苏州的“姑苏八点半”以全息投影技术、多媒体声光电同步演示技术纳入旅游场景打造，将文化资源、文旅消费、场景体验结合起来，重现了千年姑苏之夜的橹声灯影。

二是大数据推动数字化营销与管理。为了促进文旅消费的增长，数字化还能够帮助旅游从运营与管理侧发力，杭州专门建立了杭州文旅大数据系统——“城市大脑”，将文旅产品、服务与目标的消费用户进行匹配，实现精准的矩阵营销和智慧管理。

三是数字化文旅服务集成。昆明推出了“一部手机游云南”数字化平台，以旅游区为核心，从区域出发，收集各类旅游出行必需的吃、住、行、游、购、娱信息，构建了一套一体化的信息服务平台，不断为广大的消费者提升了文旅消费的信息便捷度。与此同时，济南也开发了类似的数字化平台——“一机游泉城”获得了很好的反馈。成都也紧跟步伐，推出信息集合平台“YOU成都”App,“YOU成都”是一款城市生活美学服务平台，

---

① 同程旅行：2020旅行消费报告旅行安全关注度显著提升［EB/OL］.（2020-12-24）［2022-05-09］. https://mp.weixin.qq.com/s/LSmGhC1QJVSGSZyQHpPRyA.

它整合了文化、饮食、旅游等资源，用场景触发旅游消费，促进了城市消费品质的提升和功能拓展。

（四）夜间消费成为新亮点

最近几年，夜间经济发展迅速。国内主要景点也纷纷策划了“夜间经济”，夜间经济可以延长消费时间，从而在一定程度上促进游客的消费。随着夜间表演、江河夜游、小吃夜市等各类项目和服务层出不穷，给旅游者带来了更多的选择。“夜间经济”在2020年新冠疫情过后对旅游业的恢复起到了重要作用。调查结果表明，95后有72.22%的人在旅游时会在当地的夜市进行游玩；而90后、00后则有60%以上的人选择晚上出游，进行夜间消费。国内各大旅游目的地的“夜景”“夜市”也都成为当地旅游的热搜关键词。[①]相比常规的日间游览，夜游从时间维度拓宽了旅游资源的延展面，为目的地文旅产业的发展提供了更多可能性。但许多夜间旅游项目主要还是集中在旅游演艺、游船、歌舞灯光秀等方面，各地的项目相似度较高，较难满足文化旅游消费者日益增长的、更多元个性的夜间消费需求。

（五）消费范围不断扩大

全域旅游“旅游+”等政策不断地深化，旅游核心产品与旅游衍生品的消费增长，正是由于文创、旅游IP带动的新业态、新要素不断地丰富了旅游产品的内涵，不断吸引游客进行消费。文创、科技等要素在旅游中的渗透，将改变当下以景点门票、购物、餐饮、交通为主要花费的旅游消费结构。[②]体验性消费，如文化娱乐、主题住宿、旅游商品、目的地生活体验方面的花费不断增加。

---

① 2021年旅游消费，有这三大新趋势［EB/OL］.（2021-02-19）［2022-05-09］. https://baijiahao.baidu.com/s?id=1691175475842059200&wfr=spider&for=pc.

② 《2016—2017中国旅游消费市场发展报告》［EB/OL］.（2017-01-11）［2022-05-09］. http://travel.cctv.com/2017/01/11/ARTIME6lOVCOsfBPjVxGxNTt170111.shtml.

四、文化旅游消费特征

（一）综合性

文化旅游消费贯穿于整个文化旅游活动的全过程，具有综合性的特征。首先，综合体现在它本身具有集吃、住、行、游、购、娱为一体的综合功能。其次，旅游产品是以旅游资源、旅游设施、旅游服务等要素为主的商品。再次，在整个消费的过程中，除了经济领域之外，很多非经济领域都会介入。文旅消费涉及超过110个行业，包括工业、农业、信息、金融、保险、医疗、环保等各个领域，具有强大的辐射作用和倍增效应。最后，文化旅游消费的综合性体现在它能够满足人们的多种需要，如发展需求、娱乐需求、生存需求等多个层次的需要。

（二）异地性

文化旅游消费的异地性，即游客要进行旅游消费往往需要离开常住的生活空间和生活环境，有物理空间上的变动，只有克服时空的距离，才能完成旅游产品的消费。

（三）同一性

首先，文化旅游消费的同一性表现为文化旅游的生产与消费是同步进行的，存在时空的同一性。即文旅服务的供应是基于游客的实际购买，只有游客进行消费，服务才会“生产”，从而形成了在生产与消费、时间与空间上的同一性。其次，文化旅游产品的同一性还体现在文化旅游体验作为一种精神产品是无法转移、无法储存、无法运输的，只能在游客到来、购买之后，才能进行生产，旅游服务提供与消费是同时进行的。

（四）不可重复性

一般情况下，游客不会消费完全相同的旅游产品，即使旅游目的地相同，但由于时间的差异，游客的旅游经历和体验也是完全不同的，所以从游客的消费体验性来看，文化旅游消费具有不可重复性。其次，旅游产品是即时的、无法储存的，所以从旅游的产品性质上来看文化旅游消费具有不可重复性。如果想要消费同款旅游产品，必须重新购买，但即使消费的旅游产品相同，其所消费的旅游产品在时间上、服务上、体验上也会有所不同。

（五）伸缩性

首先，文化旅游消费是无限性消费。文化旅游消费是一种以满足更高水平需求的一种高水平的消费方式，因此不存在一定的数量上的约束。其次，文化旅游消费具有高度的灵活性和弹性。主要体现在它满足人们生存需要的消费弹性小，而满足人们精神需要的消费弹性大。最后，文化旅游消费是一种具有季节性的消费行为。文旅的季节性特征表现为不同的节日、月份和季节，文旅消费者的消费需求变动很大。以我国为例，旅游消费主要集中在“五一”与“十一”的假期、学生的寒暑假、介于工作日的小长假这些时间段。

五、文化旅游消费的性质

文化旅游消费的实质是人们在文化旅游过程中，通过购买和消费文化旅游产品来满足个人发展和享受需要的高层次消费。它与一般消费的不同之处表现在以下几方面。

就消费主体而言，文化旅游消费属于个体性消费。文化旅游消费是否进行、消费何种文化产品、消费何种文化旅游产品、进行文化旅游消费的时间、文化旅游消费的数量等因素，都取决于文旅消费者个人的消费能力、消费习惯、消费偏好、消费意识、消费水平以及其个体的决策行为，具有强烈的主观性，而且文化消费的效果也具有主体差异性，如果两位游客在相同的目的地消费了同样的文化产品，但就其体验和消费效果来看，也存在个体差异。

就精神层次来讲，文化旅游消费是一种能够满足高级精神需求的高层次消费。以马斯洛的需求层次理论来看，文化旅游是在保证物质生活基本需求的前提下，为了更好地实现人们的精神需求，进一步满足人们的享受和发展需要而产生的高层次消费。

就消费形态来看，旅游产品是一种具有精神和物质性的产品，因此游客在进行旅游消费的过程中，其消费除了食品、酒店生活用品等有形的物质产品之外，还有精神产品和服务产品的消费。所以，文旅的消费与普通的物质产品和服务产品有一定的差别，它是一种综合物质、精神、服务产品的多样性消费。

除上述特点外，文化旅游消费又有与其他消费一致的普遍性，即文化旅游消费具有消费的自然过程属性。在文化旅游的过程中，人们必须以某种形式的物品或服务来满足自身的生理需求，比如：以食品的消费来消除饥饿，以获取不同的营养素来弥补身体机能的不足，通过对衣服和食宿的消费来抵抗严寒、恢复体能，以交通运输的方式来降低体力消耗。这些消费内容反映了人与客观世界的相互关系，也是文化旅游消费的自然过程。

第二节　文化旅游设施

文化旅游设施是指旅游目的地旅游行业的人员向游客提供服务时依托的各项物质设施和设备。主要包括文化旅游基础设施与文化旅游配套设施。

一、文化旅游基础设施

文化旅游基础设施是指为适应文化旅游者在旅行游览中的需要而建设的各项物质设施的总称。文化旅游基础设施是发展文化旅游业必不可少的物质基础，是一切文化旅游消费的基石。其主要包括交通系统、水电气系统、排水排污系统、道路系统、通信系统以及商业设施等地上或地下开发建设的设施。

二、文化旅游配套设施

文化旅游配套设施是基础设施的附属设施，也是发展文化旅游不可或缺的重要组成部分。主要包括以酒店、停车场、饭店等为主的文化旅游接待设施；以商场、购物中心为主的文化旅游购物设施；文化旅游娱乐设施；医疗救护设施等。文化旅游配套设施在游客的旅程中随处可见，如在景区的问询处、物品寄存点；当地的邮局快递服务；银行的存取款和外币兑换服务；公共电话服务；甚至垃圾桶、饮水点、卫生间都属于文化旅游的配套设施。

（一）文化旅游住宿

文化旅游住宿是文化旅游基础设施中的重要一环。一般的文化旅游住宿指的是旅游地的酒店、宾馆等，除了提供客房服务之外，还提供包括膳食、商品出售等服务，有的还会包括银行、理发、沙龙等服务设施。旅游酒店是游客在旅游目的地的临时居住场所，酒店内的各类服务设施要求干净整洁、美观实用，让远道而来的游客有舒适、安全、愉悦的体验。酒店所提供的住宿是基础的一部分，其服务质量才是衡量酒店整体水平的重要标准，优质的服务不仅能够弥补硬件设施不足带来的缺陷，还能够通过贴心的服务口碑效应增加客源，提高其经济效益。最后，在酒店的修建方面，其地点的选择不仅要考虑与旅游目的地的距离、交通便利程度，还能很大程度上决定酒店的客源；同时，建筑形式也是影响酒店营收的重要因素，酒店的装潢风格如果能与旅游目的地的风格或者地方特色统一，与当地的景观相呼应，往往更能形成独特的风格，吸引游客入住。

（二）文化旅游交通

文化旅游交通是指文化旅游者从居住地到参观游览地和来往于游览地之间所使用的各种交通工具。文化旅游交通是发展旅游业的重要物质载体，便利的交通能够为实现跨区域、跨国际的长距离旅行创造条件。随着现代工业技术的发展，先进的交通工具正不断地缩短游客的旅途时间，让更多的人选择文化旅游消费，促进了文化旅游业的发展。旅游交通主要包括航空运输、陆地运输、海上运输、内河运输等，游客选择旅游交通工具的衡量指标主要包括旅游地的距离、安全、速度、方便、舒适、准时等。

（三）文化旅游路途中的休憩节点

在文化旅游线路上，休憩节点一般设置在旅客出行的路途中。其设置原因主要是旅游目的地与住宿地之间的距离比较远，需要设置休憩节点，为游客提供休息的地方。

（四）文化旅游娱乐环境设施

文化旅游娱乐环境设施是在旅游路线中非常重要的要素，旅游中的娱乐休闲设施也是文化旅游目的地能吸引游客到来并进行消费的重要方面。文化旅游娱乐环境设施主要包括旅游目的地的景区参观项目、休闲娱乐项目等。

（五）文化旅游餐饮购物环境设施

文化旅游餐饮购物环境设施是指可供游客在旅游目的地进行餐饮消费与购物消费的设施。而旅游餐饮、购物环境设施往往是当地居民根据自身需要自发推动形成的。随着文化旅游的发展，餐饮设施和购物环境设施逐渐有了集约化、特色化、休憩化的发展特点，往往将购物与餐饮结合，打造集美食、文化、购物为一体的文化街区，形成文化的深度挖掘，这也是旅游目的地深化发展、从观光型旅游向休闲度假型旅游转化的重要步骤。

（六）文化旅游线路

文化旅游线路是旅游管理机构根据交通线路、景点、餐饮等因素对线路进行合理的设计，为了使旅游者能够达到最好的旅游观光效果，形成的具有景点当地特色的旅游线路走向。

第三节　文化旅游消费水平

文化旅游消费水平是指旅游者在旅游活动中消费旅游产品、服务的数量和对旅游需要的满足程度和水平。狭义的文化旅游消费水平是指人们在旅游产品上的支出消费；广义的文化旅游消费水平不仅包括人们在旅游消费的金钱支出，还包括旅游产品消费的品质和层次。[①]

一、文化旅游消费水平影响因素

影响旅游消费水平的因素众多，生活方式和城市化程度是影响旅游消费水平的两个重要因素。此外，旅游收入水平、产品供给结构、产品价格与质量、旅游者的需求构成，也会对旅游消费水平造成一定的影响。

（一）生活方式变动拉动旅游消费

我国经济正处于持续高速增长期，居民生活方式正由生存型向享受型转变，突出表现在消费时尚化、追求精神生活的充实。这种变化将对旅游消费产生很大影响。在某种意义上，旅游消费可以反映出社会发展的趋势和经济活动之间的互动关系。文化旅游消费是一种在日常生活中逐步发展起来的一种消费行为风尚，由于其传播途径多、传播速度快，文化旅游常常会变成一种由游客自愿接受和追随的“消费导向”。旅游本质上是一种物质产品和非物质产品的组合，是以服务为核心的精神消费。旅游消费本身是文化消费，旅游者在旅途中获取综合文化享受，同时，这种消费又是精神财富的消化、继承、积淀和创新。生活方式的变动及其社会影响对于旅游消费水平的整体提升是有明显作用的。

① 冯丽萍.旅游经济学［M］.北京：北京大学出版社，2008.

（二）城市化程度决定整体旅游消费水平

旅游消费与城市化程度密切相关，所以随着乡村振兴和新型城镇化的发展，我国未来旅游消费的潜在庞大市场在三四线城市与农村，因此，一方面，要尽快发展农村经济，推动农村城市化，提升旅游消费水平；另一方面，要对乡村旅游开发的发展进行全面的预估，适时将旅游消费产品推向乡村，促进乡村地区的旅游业发展。

二、文化旅游消费水平衡量指标

为了全面反映文化旅游消费水平的数量和质量，文化旅游消费水平的指标体系应该包括文化旅游消费的数量指标、文化旅游消费的价值指标和文化旅游消费的质量指标等。①

（一）文化旅游消费的数量指标

文化旅游是一种具有特定特征的消费类型，其内容包括有形的商品和无形的商品及服务。由于其组成部分的多元化，因此衡量其数量的指标主要有：文化旅游人数、文化旅游者人天数、文化旅游者平均停留天数等。

文化旅游人数是指一定时期内旅游目的地国家或地区接待的游客总数。一般来说，在人均文化旅游消费不变的情况下，文化旅游人数越多，文化旅游总消费就越高。因此，文化旅游人数能够从一定程度上反映到达目的地游客的文化旅游产品购买和消费的总量和水平，是文化旅游消费统计的关键指标之一。计算公式为：文化旅游人数=文化旅游者人天数/文化旅游者平均停留天数。

文化旅游者人天数是指在一定时期内某旅游目的地国家或地区中接待旅客的人次与其人均过夜数的乘积。它能够反映在游客在进行旅游活动的天数内，对文化旅游产品购买和消费的总规模和水平。由于其反映的是文化旅游消费的人数，以及其进行消费的天数，因此它是文化旅游消费数

① 宋伟良. 旅游经济学［M］. 北京：华中师范大学出版社，2006.

量最基本的统计指标。

文化旅游者平均停留天数，是指在一定时期内某个旅游目的地国家或地区内，旅游者停留天数与旅游者人数之比，通过比较同一时间段内不同旅游目的地的人均停留天数，能够反映旅客的需求变化。（因为文化旅游者停留天数与文化旅游产品的消费成正比，即旅游者在当地停留的时间越长，则他对文化旅游产品的消费就越多、文化旅游消费水平就会越高。）

此外，在计算旅游者文化旅游过程中的物质产品消费和对旅游产品的消费进行核算时，由于旅游产品的种类很多，如餐饮、文化、旅游产品等，很难对其进行归类，因此通常计算人均消费支出。

（二）文化旅游消费的价值指标

文化旅游消费价值指标，即用文化旅游者的消费支出来综合反映文化旅游者在目的地国家或地区消费文化旅游产品的程度和水平。文化旅游者在一段时间内在文化旅游目的地消费的次数越多，文化旅游目的地的旅游收入就越高。因此，可以通过分析文化旅游者在目的地的消费支出来评估该目的地的文化旅游消费水平。反映文化旅游消费价值的常用指标有文化旅游消费总额、人均文化旅游消费支出额和文化旅游消费率等。

文化旅游消费总额是指在一定时期内，游客在某一目的地的文化旅游产品上花费的总金额。就价值而言，它能够反映游客在当地的消费总额。然而，由于文化旅游是一个包罗万象的行业，涵盖了交通、住宿、餐饮、娱乐、购物和观光等多种产业和业务，因此，文化旅游消费的计算要基于抽样调查和传统统计的结合。计算方法如下：文化旅游消费总额=人均文化旅游消费支出额（抽样调查）×文化旅游人数（常规统计）。同时，由于旅客的消费支出就是旅游生产者的收入，所以从文化旅游目的地来看，文化旅游的总消费就是其文化旅游的收入。

人均文化旅游消费支出额是指在特定时间范围之内，在特定的旅游目的地，文化旅游者在特定的旅游活动中，其总的文化旅游消费支出额。它能够综合反映在该区域的文化旅游总体消费状况，并为文化旅游经营者拓展和开发文旅产品提供了一个重要参考依据。

文化旅游消费率是指在特定的时间范围之内，文化旅游客源地的旅客消费支出与其区域内居民的总消费额的比例。它能够在一定程度上反映出旅游目的地在一定时间段内旅客的消费强度和水平。了解文化旅游目的地的文化旅游消费率，是开发其文化旅游市场的一个关键因素，对于开拓旅游客源市场具有十分重要的意义。

（三）文化旅游消费的质量指标

文化旅游消费质量指标，是文化旅游产品内容、文化旅游服务标准、文化旅游环境状况等相结合的质的规定性，它反映了文化旅游者对文化旅游消费对象、消费内容、服务水准和消费环境的感受和评价。文化旅游消费质量指标一般可以从生产和消费两方面进行分析。

从生产方面看，文化旅游消费质量主要体现在：根据特定的标准和需求，由文化旅游经营与管理者为旅客提供与价格相适应的产品与服务。一般情况下，这些准则和需求都是由国家和行业协会所制定并发布的。例如，不同的星级文化旅游酒店，其服务内容与标准各不相同，其内涵和服务水平也各不相同，其服务质量与水平也各不相同。正是有了这些规范的服务内容和标准，游客才能够根据不同的旅游产品标准、自己的旅游消费层次选择相应的产品，并要求其提供相应的文化旅游消费质量。

从消费方面看，文化旅游消费质量主要体现在其对消费者的心理感知与评估上。由于文化旅游的本质是服务型的，文化旅游消费是文化旅游者对文化旅游服务的精神消费过程，不同的文化旅游者对文化旅游服务质量往往会有不同的感受和评价；同时，在不同阶段，游客对其服务品质的需求也是不尽相同的。因此，文化旅游运营和管理企业必须在满足市场需求的前提下，按照一定的标准和要求，不断根据游客的消费反馈进行优化升级，为其提供与之相适应的旅游产品与服务。

三、文化旅游消费水平提升途径

（一）加强文化旅游产品的细分开发

提升文化旅游消费水平的首要任务就是要扩大客源、吸引更多的游客，而要做到这一点，就需要挖掘出具有吸引力的、能满足游客需求的旅游产品。提高文化旅游消费水平，首要任务是吸引更多的文化旅游者，而吸引文化旅游者的关键是必须开发符合文化旅游者需要的、具有吸引力的文化旅游产品。[①]例如，风景秀丽、民俗风情浓厚的旅游目的地往往能够吸引许多观光游客；优美休闲的生态环境和丰富的娱乐项目则是度假游客的首要选择；悠久的历史文化和名胜古迹则是文化游客的主要考虑因素。因此，根据客群的细分需求的不同进行文旅产品与项目的开发，是不断增加文化旅游者数量和扩大客源市场的关键。

要按照旅游消费发展的潮流趋势开发旅游产品与项目，在进行规划时要注重文化旅游产品的特点，打造旅游品牌IP，加强和完善文化旅游基础设施，提升旅游服务质量和水平，从而提升景点在国内外文化旅游市场上的知名度和影响力，吸引更多的国际、国内文化旅游者。同时，以多元的形式为游客提供文化旅游优质产品与项目，不断延长游客的停留时间，促进其在本地的消费增长，从而增加文化旅游目的地的文化旅游消费总水平。

（二）开拓高消费客源，提高文化旅游者人均消费水平

提高文化旅游消费水平的另一途径是提高文化旅游者人均消费水平。在文化旅游者数量固定的情况下，其人均消费水平随其消费水平的提高而提高。因此，大力开拓优质的游客资源，通过不断吸引优质的文化旅游者，持续地提升游客的平均消费能力，对于提升文化旅游消费水平起着非常关键的作用。

---

① 冯丽萍.旅游经济学［M］.北京：北京大学出版社，2008.

高消费客源，是指需求层次高、消费水平高和消费素质高的文化旅游者。

需求层次高意味着人们对文旅产品的内容和服务质量有很高的要求，这样不仅要求文旅活动的内容更加丰富多彩，而且要求文旅服务的质量也更加品质化、个性化，满足每一位文化旅游者不同的消费需求。这类文化旅游者更注重文化旅游的发展和消费的享受。由于人们收入和生活质量的提高，尤其是带薪假期的增多，此类旅游者的客源市场会不断扩大。

消费水平高意味着文化旅游者的人均消费水平高，通常情况下，需求层次高的文化旅游者通常都具有能够进行高消费的经济条件。为了满足文化旅游者高消费的需求，需要文化旅游策划进一步开发各类文化旅游产品，不断提高文旅产品的质量和服务水平，丰富文化旅游活动的内容和形式，为旅客提供更加便捷高效的旅游服务，使文化消费者在旅游目的地能够更多地进行消费，为当地创造更多的旅游收入。

消费素质高是指文化旅游者的文化程度和综合素质高。高素质的文化旅游者具有较强的社会观念和环境意识以及更加文明的旅游行为。因此，向高质量客源开放市场，不仅有利于提高人均文化旅游消费，也有利于加强对文化旅游目的地生态环境和历史文化遗产的保护；不仅有利于旅游目的地当地的社会经济和环境的成本节约，也有利于文化旅游经济效益和社会效益的不断提高。

（三）提高文化旅游服务质量，增强文化旅游者的满意度

文化旅游是一种以服务为导向的综合商品，如何提升其服务品质是提升游客满意程度的关键。由于文化旅游产品的构成一般包括吃、住、行、游、购、娱等多种要素，因而要求文化旅游目的地必须不断改善整个文化旅游业的服务质量，才能不断提高文化旅游者在该地的文旅消费水平。

在旅游交通方面，加强民航、铁路、水路、城市等文化旅游运输的质量与水准，为文旅游客提供便捷、快捷、安全的旅游运输环境；在配套设

施方面，提升饭店、酒店等的品质与水准，以迎合游客的个性化需求，使文旅游客住得温馨、吃得舒心，真正具有“家外之家”的体验；在文化旅游服务方面，要不断地充实文化旅游的内涵，以适应各层次的文化游客多元化的旅游需要，让每位文化游客都可以在游览、度假、娱乐中尽情地体验到旅游的乐趣与热情；在文化旅游商品方面，要大力发展各类旅游产品，特别是要大力发展旅游购物、开发各类创意的旅游产品，并强化旅游产品的营销与售后服务，让游客安心消费，从而促进游客进行更多的购物消费。这既能满足旅游者的消费需求，也能提高文化旅游消费水平。

第四节　文化旅游消费结构与方式

一、文化旅游消费结构概述

文化旅游消费结构，是指旅游者在旅游过程中所消费的各种类型的旅游产品及相关消费资料的比例关系[①]，可以按照以下结构进行分类。

（一）按满足人们旅游需求的不同层次分类

人们的旅游消费可分为生存消费、享受和发展消费。文化旅游过程中不同类型的旅游消费可分为餐饮、住宿、娱乐、交通等类别。而餐饮、住宿和交通，都是能够满足游客在旅途中生理需求的消费，属于生存消费。而旅游过程中出于观光、娱乐等目的的消费，是为了满足游客精神享受和智力发展的需要，属于享受消费和发展消费。然而在旅游行程中，这两种消费是相互联系的，很难区分它们之间的界限，因此享受消费和发展消费普遍是相互联系的。在满足旅游者生存需要时必须满足其享受和发展的消费，而在满足旅游者享受与发展的需要中又掺杂着其生存需要的满足。

① 汪季清.旅游经济学［M］.合肥：安徽大学出版社，2009.

（二）按旅游消费资料的形态分类

按照旅游者在旅游活动中的消费形态可把旅游消费划分为物质消费和精神消费两种。其中物质消费是指旅客在文化旅游过程中所消费的物质产品，比如食物饮品、客房用品、文创产品等实物资料。而精神消费则是指游客在旅游目的地进行的山水名胜、文化民俗等精神产品的消费，还包括在各个旅游环节中所享受到的一切服务性的精神产品。但是这种划分是相对而言的，因为旅游者在进行物质的消费时，一旦得到了满足，他就会从心理上得到快乐；而且在文化旅游中，旅客在精神产品上的消费也是以物质的形式来实现的。

（三）按旅游消费对旅游活动的重要程度分类

根据旅游消费的重要程度一般可分为基本旅游消费和非基本旅游消费。基本的文旅消费是指在旅行过程中一种必要的支出，例如住宿、交通、饮食、游览等是一种必不可少的支出。而非基本的旅游消费是除了基础消费之外的、并非每次旅程都会花费的、有一定消费弹性的消费项目，如旅游购物消费、旅途中的通讯消费、旅游中的医疗消费等。

（四）按旅游目的地和客源地等进行综合分类

在对文化旅游消费结构进行分析的时候，通常会把上文提到的三种分类进行有机结合，并根据旅游目的地的不同、旅游者来源国家与地区的不同、旅游类别的不同、旅游消费产品的不同、旅游时间的不同等进行综合分类，从而为文化旅游消费市场研究提供科学有力的依据。

二、文化旅游消费结构影响因素

文化旅游消费不是人的必需消费，而是为了满足人的高层次的享受与发展需求而出现的消费形式。文旅消费具有巨大的需求弹性，许多因素都会对旅游产品的质量和数量产生一定的影响。从宏观上来看，国际政治、经济变动和气候、环境的变化都会影响文化旅游消费，以2020年新冠疫情暴发为例，它给文旅产业带来了翻天覆地的变化，也极大地影响了文旅消费。从消费者角度来看，消费者的年龄、职业、收入、性别、受教育程度、文化风俗等因素都是影响文旅消费结构的重要因素。另外，从生产方面看，旅游服务项目、服务质量、服务范围、服务态度、服务管理水平、地方治安状况等方面都会对文化旅游消费结构产生很大的影响。

总的来说，影响旅游消费的主要因素有以下几项。

（一）旅游者的收入水平

文化旅游消费是满足人类高层次需求的消费。即使人们出现想要旅游的需求，也只有在人们的收入支付完必需的生活成本之外，还有一些储蓄的条件下才能实现这样的需求。旅游者的收入水平越高，其在进行旅游消费的消费基础就越好。由此可见，收入水平决定了消费水平，同时也决定了旅游需求的满足程度，进而决定了消费结构的变化。旅游者收入越高，就越能够充分满足多样的旅游需求，也就会促进旅游消费的结构由低向高发展。

（二）旅游者的构成

旅游者的年龄、性别、文化水平、职业的差异、习惯和爱好是影响旅游消费结构的重要因素。一般来说，年轻人相对在游览和娱乐方面花费更多；而老年人对住宿、食物和交通有更高的需求；女性在旅游支出中用于购物的比例更高；而政府官员、商务人士和参加会议的游客则对旅游设施的智能化、高质量的食物和服务需求较高。此外，旅客的收入和休假时间的差异会对游客的停留天数和消费金额有一定影响；而旅游者的文化和习俗又会从一定程度上反映游客的兴趣，导致不同的游客对旅游产品的内容和质量有不同的要求。简而言之，旅游者构成的每个因素都在不同程度上影响着旅游消费结构。

（三）旅游产品的结构

由于生产决定消费，因此，文化旅游的生产发展水平也制约和决定着文化旅游的消费水平。旅游产品的结构从宏观角度制约了游客的消费结构，游客住宿、交通、观光、娱乐、餐饮等方面的产业发展和产品的内部构成比例的合理与否，都会对文化、旅游的需求构成有很大的影响。如果在国民经济中为文化旅游部门提供服务的各相关产业结构协调性差，不能形成均衡的产业网络，就会导致文化旅游产品的发展比例失调、组成部分不平衡。如果出现这种情况，不仅不能满足文化旅游者的需求，而且会造成供需失衡，从而破坏文化旅游产品的完整性。例如，某个旅游目的地交通不便利，可能导致游客无法便捷地到达目的地，或者出现到达后无法返回，抑或者在目的地进行旅游活动时出行不便，导致旅游评价低。而文化旅游设施和景点的不足会导致文化旅游者到达目的地后没有合适的住宿、到达后没有合适的景点进行游玩、文化旅游项目单调乏味，文化旅游资源没有吸引力。所有这些情况都会导致文化旅游产品在文化旅游市场上失去竞争力，并导致客户的流失。因此，文化旅游产品的结构决定了文化旅游的消费结构以及旅客的消费水平和数量。

（四）文化旅游产品的质量

文化旅游产业的发展，既要有数量上的需求，又要有质量的发展。如果文化旅游产品在数量上能够满足游客的需求，但不能提供愉快的旅游体验，那么生产效率低、质量差的产品或服务仍然不能满足文旅游客的消费需求，这种低质量的产品必然会对文化旅游的消费模式产生影响。文化旅游产品的质量包括三个方面：一是提供给游客理想、便捷、经济实惠的文化旅游产品，即提供与销售需求相匹配、数量合理、时间适宜、价格合理的产品或项目。二是文化旅游服务效率，如果文旅服务人员能够对每一项文化旅游服务都做到熟练敏捷，就能极大地为文化旅游者节约时间，提供方便的旅程。三是对文化旅游服务的态度，即工作人员在提供文化旅游服务的过程中，有礼貌、热情、积极、周到的态度。

（五）文化旅游产品的价格

文化旅游产品价格是影响文旅游客的消费数量和消费结构的重要因素。再加上文化旅游产品拥有巨大弹性，在价格上升的时候，很多游客都会选择用其他的项目或产品来替代。相反，如果文化旅游的产品降价或定价不变，但其产品内容有所增加，那么消费者就会将其他商品的开支转为文化旅游。所以，文化旅游产品的价格变动，既会对其消费结构产生一定的冲击，也会对其需求产生一定的影响。

（六）文化旅游者的心理因素

文化游客的消费习惯、消费体验和周边环境对文化旅游消费结构有一定的影响。特别是在现在的数字化背景之下，一些“网红”的旅游目的地往往能够作为消费“示范”，从而引发广大潜在的文化旅游消费者的支出投向。

三、文化旅游消费结构合理化途径

文化旅游的综合性特征决定了其在饮食、住宿、交通、观光、购物、娱乐等方面的生产比重的合理性，将直接影响到文化旅游消费结构和消费水平。我国国内文化旅游消费数据显示，物质消费资料所占比重大，精神消费资料所占比重小。当前我国国内文化旅游消费结构中吃、住、行的比重较大，游、购、娱占比较小。文化旅游业发达的国家或地区如新加坡，其文化旅游消费中的游、购、娱支出超过半数。在未来，随着我国文化旅游市场的不断发展和产品开发的多样化、系列化，以及文化旅游服务的基础建设不断改善，游、购、娱的比重将会提高，而精神性的消费比重也将会增加。

要尽快引导文化旅游消费结构趋向合理化，应从调整文化旅游产品结构入手，加强娱乐配套设施的建设，凸显文化特色，避免千篇一律的文化旅游景点建设。要大力弘扬有特色的民俗文化，要使游客的娱乐消费意愿得到充分的发挥，同时，必须提高文化旅游的服务品质，使其适应个性化的娱乐消费需要；要大力开发具有特色、做工精细、附加值高的文化旅游产品，并力求提升其产品品质；要注重产品的设计与研发，大力发展具有中国传统和民族特点的旅游产品，在旅游纪念品、工艺品、食品、服装、土特产等的设计上兼具中国特色和高级审美，满足海内外文化旅游者的消费需求。

同时，在开发和创新文化产品的过程中，应大力开发休闲度假旅游产品。中国的休闲与娱乐行业虽然起步得比较迟，但是发展迅速，当前已经进入了一个“黄金时代”。在我国，休闲旅游产业是未来新的发展方向，可以在全国各地选择风景优美的地方建设有一定人文气息的旅游胜地，进行高水平的休闲和娱乐活动。另外，还要大力开拓具有民族特色、地域特色的人文景观，并建设更多的民俗文化馆、博物馆、艺术剧场等，以此提升旅游的文化含量、科技含量和娱乐含量。

四、文化旅游消费方式概述

文化旅游消费方式是指人们在旅游活动中消费物质资料、精神产品和劳务的方法和形式，可以按照以下结构进行分类。

（一）按照文化旅游消费的主体分类

根据文化旅游消费主体的不同，可分为大众型文化旅游消费方式、替代型文化旅游消费方式和定制型文化旅游消费方式。

大众型文化旅游消费方式的主体是大众型文化旅游者。文化旅游者完全借助文化旅游业所提供的各种商业性文化旅游服务来完成全程文化旅游活动，文化旅游消费主要以团体包价文化旅游形式为媒介来完成。

替代型文化旅游消费方式的主体是替代型文化旅游者。这类旅客通常喜欢进行小规模的、分散的旅游活动，深入地融入当地社会与当地的环境之中，而不是进行跟团旅游，进行大规模的群体性文化旅游活动。替代型文化旅游者通常出于喜欢某个旅游目的地当地的风俗人情，并希望通过“入乡随俗”的方式，尽量避免使用当地专为文化旅游者提供的住宿设施、交通工具以及其他方面的服务，喜欢体验真实的当地生活，希望同当地居民同吃、同住、共同活动。

定制型文化旅游消费方式的主体是有较强经济实力的特定文化旅游者。这些文化旅游的消费对于目的地、交通、消费项目的选择都会按照个人爱好与个性偏好进行定制。

（二）按照文化旅游消费的费用支出情况分类

根据文化旅游消费费用支出情况的不同，可分为奢侈享受型文化旅游消费方式、舒适实惠型文化旅游消费方式和经济节俭型文化旅游消费方式。

奢侈享受型文化旅游消费方式的特点是短期内花费大量金钱。与同样耗资巨大的定制型文化旅游消费方式相比，奢侈享受型文化旅游消费方式可以自己安排线路和住宿地点，所有消费都追求最高等级和品牌，并且可以自由参加各种娱乐活动。

舒适实惠型文化旅游消费方式的特点是花钱适度，以旅途实惠型开支为消费导向，注重舒适但不追求奢华。

经济节俭型文化旅游消费方式是一种省钱的文化旅游消费方式。例如，起源于发达国家的“预算旅行”或“背包客旅行”（亦称“穷游”或“背包旅行”）。这一现象源于一些国外的年轻人，他们希望能够尽情地去旅游，但却没有足够的钱，所以他们背着一个很大的包，沿途搭顺风车，在便宜的酒店住宿。这种方式在当下逐渐变得很受欢迎。如今，中国的背包旅行者把这叫作“驴游”，而把同道中人称为“驴友”。

五、文化旅游消费方式的发展

文化旅游消费方式的发展是基于社会经济总体水平的提高，人们物质生活水平的改善和人们精神生活需要的丰富。文化旅游消费方式的发展也同吃、住、行、游、购、娱等相关经济领域的发展水平密切相关。文化旅游消费方式呈现出文化旅游消费观念日益开放、消费水平稳步上升、消费结构不断优化、消费环境良性发展等特点。在文化旅游消费方面，目前中国的文化旅游大多还停留在观光游的层面，集体验感、参与性、康养休闲、娱乐享受于一体的文化旅游项目非常少，但随着人们生活水平的提高对文化旅游的需求品质的提升，文化旅游将向健康、休闲和娱乐方向发展。

第五节　文化旅游消费效果

一、文化旅游消费效果的含义及分类

文化旅游消费效果是指旅客在进行文化消费中，通过购买文旅产品、服务行为之后，其所获得的身心满足感与消费金额之间的对比关系。由于生产与消费是所有经济活动中两个相对应的方面，所以研究文化旅游消费的效果也可以从文旅需求和文旅供应这两方面分别展开。从文化旅游需求的角度看，文化旅游的消费效果主要来自旅客从心理上的一种主观评价，是游客在进行文化旅游消费的过程中，经过时间、金钱、体力上的消耗获得独特的心理体验。从文化旅游的供应角度来分析，文化旅游的消费效果是指文化旅游公司在消耗一定的物质产品和体力劳动之后，生产出文化旅游产品或服务，并将其售卖给旅客，从而获得文化旅游收入、文化旅游声誉、品牌效应等，这是一种文化旅游经营者“投入”和“产出”之间的联系。

（一）按文化旅游消费效果的研究对象分类

根据文化旅游消费效果的研究对象，可以将其划分为宏观文化旅游消费效果和微观文化旅游消费效果。

宏观文化旅游消费效果，是从社会的视角来考察文化旅游的消费行

为，将其视作一个整体，分析文旅产品的使用状况，旅客的消费反馈、满意程度等，以及研究文旅消费对社会生产力和再生产的影响、对社会经济发展所起到的促进作用等。

微观文化旅游消费效果，是指从文化旅游消费者的个人消费的层面上分析旅客对旅游产品消费之后在其心理和物质上的满意程度。通过对其微观指标上的研究分析能够反映出文化旅游产品在多大程度上达到了旅客的期望以及文化旅游产品如何最大程度地满足旅客需求等情况。

（二）按文化旅游消费的联系程度分类

根据一定的文化旅游消费投入与其所取得的成果之间的联系程度，可以将文化旅游消费效果划分为直接文化旅游消费效果和间接文化旅游消费效果。

直接文化旅游消费效果是指在文化旅游行程中通过支出直接取得的消费效果，例如，通过花钱来解决旅途中的衣食住行等问题，经过一定的时间、金钱、体力的消耗而获得观光游览的满足等。

间接文化旅游消费效果是指不能直接反映出在旅程中取得的消费效果，但可以间接反映文化旅游消费中“投入产出”的相互影响关系。如一次美餐可以给人以良好的视觉和味觉享受，文化旅游消费也可以增进人们的知识、陶冶人们的情操，可以带动文化旅游目的地经济发展和社会进步。

（三）按文化旅游消费效果的影响期限分类

根据文化旅游消费效果的影响期限，可以将其划分为当前文化旅游消费效果和长远文化旅游消费效果两种。

当前文化旅游消费效果，是指在进行消费后短期内，在生理、心理、精神方面对旅客产生的即刻的满足效果，以及为文化旅游经营单位、目的地带来的实际经济效益。

长远文化旅游消费效果，是指在旅游行程中产生的消费对旅客、经营者、旅游目的地所产生的一种长期影响。例如文化旅游消费能够丰富旅客的人生经历，从而达到提高人们素质的效果；同时，旅客到访进行消费能够提高旅游景点的知名度，但是这种影响不会立刻显现，而是要在较长时间之后再显现。

二、评价文化旅游消费效果的原则

评价文化旅游消费效果应按以下四个原则进行。

（一）文化旅游产品价值和使用价值的一致性

商品是使用价值和价值的统一体。文化旅游产品进入消费领域满足人们的消费需要，不仅要求在使用价值上具有某种功能，从而能够使文化旅游者得到物质与精神上的满足；而且在价值上要符合社会必要劳动时间的客观要求——对于国际文化旅游者来说，文化旅游产品的价值还要符合国际社会必要劳动时间的要求，使文化旅游产品的价格能正确反映它的国际价值，这样才能通过人与人之间的产品交换关系实现文化旅游产品价值和使用价值的一致性。此外，文化旅游产品价值和使用价值的一致性还要求，文化旅游者应获得与其所支付的货币量相对应的物质产品和精神产品方面的满足，这样才能实现文化旅游者消费的最大满足。这一原则要求我们，应努力提高文化旅游产品的质量和文化旅游服务的水平，这样才能更好地满足游客需要的同时实现更高的交换价值。

（二）微观与宏观文化旅游消费效果的一致性

微观文化旅游消费效果是从文化旅游者个人对其文化旅游消费的主观评价方面来考察。由于文化旅客在年龄、性别、文化程度、宗教、职业、性格爱好存在个体的差异，所以每个旅客所反映的主观评价不尽一致，从而从微观角度看文化旅游的消费效果是存在许多个体差异的。如要从微观角度提高文化旅游的消费效果，则必须针对旅游者的不同需求，为其开发出符合其需求的旅游商品。宏观文化旅游消费效果是指其对整体社会和经济发展的推动作用。宏观的文化旅游消费效果往往取决于微观的个体的文化旅游消费效果，只有微观的反馈是积极正向的，才会推动宏观的消费效果向好发展。因此，二者是相互关联、相互影响的。

（三）文化旅游消费效果与经济社会效果的一致性

首先，文化旅游消费属于经济类活动，在对其效果进行考察的时候不能只注重其社会效益，而忽视其经济效益。例如，从结合文旅产品的生产过程来看，如果一个文化旅游产品尽管从旅客角度出发很好满足了广大消费者的消费需求，但没有经济效益或经济效益很差则不能反哺旅游目的地的经济发展，这就不符合宏观的文化旅游消费效果的评价要求。因此，文化旅游经营者在进行文旅项目开发的时候，要多方考量，既要重视旅客的文化旅游消费评价，又要重视其能够为当地社会带来的经济效益。

其次，文化旅游消费虽然从根本上来说是经济活动，但其影响与社会紧紧关联，也是一种社会行为。因此，在评价文化旅游消费效果时，也要注重对其社会效益进行评估。例如，某些文化旅游产品对旅游的消费效果或对其产生良好的经济效益，但这种消费行为对游客自身的身体、心理和社会发展不利，会产生不良的社会效益，就应当予以制止。

（四）短期与长期文化旅游消费效果的一致性

文化旅游消费对文化旅游者个人和经济社会既会产生短期消费效果，又会产生长期消费效果。因此，在评价文化旅游消费效果时，必须坚持短期与长期文化旅游消费效果的一致性。

要重视对短期文化旅游消费效果的评价，即通过了解旅客的消费现状、特征和变化的规律，挖掘旅客在进行消费时的痛点并以此为抓手，对产品进行优化升级，从而为文化旅客提供更好的服务，满足其消费需求，并以此实现文化旅游短期经营的目标。同时，重视对长期文化旅游消费效果的评价，就是既要注重文化旅游的短期效应，又要注重文化旅游的发展趋势和需求。要深入分析文化旅游消费对旅游目的地的经济发展是否有益，是否有利于文化旅游业的发展，是否有利于文化旅游业的可持续发展，从而实现短期和长期文化旅游消费效果的统一。

第七章　文化旅游的主题类型

第一节　文化旅游类型界定

一、基于文化角度的文化旅游类型

（一）概念界定

文化是人类在社会历史发展过程中所创造的物质财富和精神财富的总和，可以包括思想、道德、制度、艺术、文学、宗教等。基于文化角度，文化旅游更注重对“文化”一词的强调，可以包括文化认知、文化内涵以及文化考察这三个角度。即通过旅游这一载体，对文化进行认识与感知、内涵的领略以及学习考察等。

首先，文化认知是通过某种形式了解、体验以及感知某一种文化的过程。基于文化认知层面的角度，文化旅游可以看作通过旅游的形式来实现文化的认知，重点在于旅游者对文化的认识与感知，而不是旅游本身。①

其次，文化内涵是指国家、民族或家庭在一定时期内形成的思想、观念、习俗、习惯、行为等，以及其集体意识所涉及的一切活动。从文化内涵的角度来看，文化旅游可以看作旅游者欣赏和理解旅游资源所蕴含的文

① 王明星.文化旅游：经营・体验・方式［M］.天津：南开大学出版社，2008.

化内涵的过程，在这个过程中更注重旅游者对文化所蕴含的文化价值、思想价值和艺术价值的欣赏。

最后，文化考察是指对文化进行的实地观察与调查。基于文化考察的角度，文化旅游可以看作以参观或是研究某一种文化或某几种文化为前提所开展的相关的旅游活动，最终要达到文化研究的目的。

（二）类型划分

不论是基于文化认知角度还是文化内涵角度与文化考察角度，其最终的“落脚点”都在于“文化”一词的本身，因此，基于整体的文化角度，文化旅游的类型可以划分为历史文化层、近现代文化层、民俗文化层、宗教文化层四个层面（见表7-1）。

表7-1　基于文化角度的文化旅游类型的具体分类

类型	具体内容
历史文化层	历史文物、历史遗址遗迹、古建筑艺术等。
近现代文化层	红色文化、现代艺术、文化创意园区、现代科学技术成果等。
民俗文化层	节日庆典、民族习俗、衣着服饰、祭祀活动、婚丧嫁娶等。
宗教文化层	宗教信仰思想、宗教艺术、宗教礼仪与规范等。

二、基于旅游角度的文化旅游类型

根据世界旅游组织对旅游的定义：指人们离开生活环境前往另一个地方，并在另一个地方停留，以休闲、观光、娱乐、商务和其他为目的，但停留时间不超过一年的活动。基于旅游角度，更注重对“旅游”一词功能与性质的强调，可以将文化旅游看作一种旅游类型或是一种旅游路线。[①]

（一）文化旅游是一种旅游类型

旅游的类型多种多样，囊括度假旅游、休闲娱乐旅游、医疗旅游、公

① 王明星.文化旅游：经营·体验·方式［M］.天津：南开大学出版社，2008.

务旅游、探亲旅游等多种，文化旅游是包含在其中的一个类型。在文化旅游这个具体的类型中，旅游可以是对物质文化、精神文化、行为文化的体验与感受（见表7-2）。

第一，物质文化，是人类创造的物质产品中所体现出的文化，是具有物质实体的文化实物。

第二，精神文化，是对物质文化的意识反映，在不同的物质领域，精神文化有着不同的内涵。

第三，行为文化，是人类在日常生产生活中所表现出来的行为方式和行为结果的活动。

表 7-2　文化旅游类型的具体分类

类型	具体内容
物质文化	历史古迹与文物、近现代城市建筑、民俗特色小镇、宗教圣地等。
精神文化	历史类精神文化、近现代精神文化、民俗精神文化、宗教精神文化等。
行为文化	礼俗、风俗、民俗等。

（二）文化旅游是一种旅游路线

文化旅游可以看作旅游中对某地所蕴含的文化主题、文化风格、文化内容等进行游览与感受的一种路线，包括了所有与文化相关的实物与非实物类型。根据旅游者对文化游览的不同需求与消费方向，可以分为休闲型、猎奇型、学习型、审美型、参与型（见表7-3）。

表 7-3　文化旅游路线的具体分类

类型	具体内容
休闲型	释放压力、体验生活乐趣。
猎奇型	满足对新鲜事物、特殊的自然与人文景观、奇闻逸事、奇风异俗等的好奇心理。
学习型	增长知识、开阔眼界、丰富阅历。
审美型	欣赏与鉴赏、品味与感悟文化中的审美价值。
参与型	参与到具体的文化活动中。

三、基于主题角度的文化旅游类型

上述几种分类在基于对文化或旅游这两者中的任一角度下，对文化旅游类型进行划分。本章将根据国家统计局所发布的《国家旅游及相关产业统计分类（2018）》[①]从文化与旅游两者的整体角度对相关的几十种小类进行整理与归纳，按照其核心、内涵、内容等共分为了文化公园景区、文物与非物质文化遗产旅游、场馆旅游、乡村旅游、红色旅游、文化旅游综合体、研学旅游、展演旅游、康养旅游、主题公园与影视基地这十个主题大类，构成本章基于主题角度的文化旅游类型划分。

第二节　文化旅游的主题类型

一、文化公园景区

（一）文化公园景区的概念

文化公园是以文化为核心而形成的公园形式。文化公园景区则是以宣传文化为目的，以旅游和旅游相关活动为主要功能的旅游区，能够满足游客的各种旅游需求，如观光、休闲、娱乐，并提供相应的旅游服务和旅游设施。

（二）文化公园景区的类型

文化公园景区可以分为历史文化公园景区、艺术文化公园景区、生态文化公园景区以及地域特色文化公园景区（见图 7-1）。

① 国家旅游及相关产业统计分类（2018）[EB/OL].[2018-05-29]. http://www.stats.gov.cn/tjsj/tjbz/201805/t20180529_1601005.html.

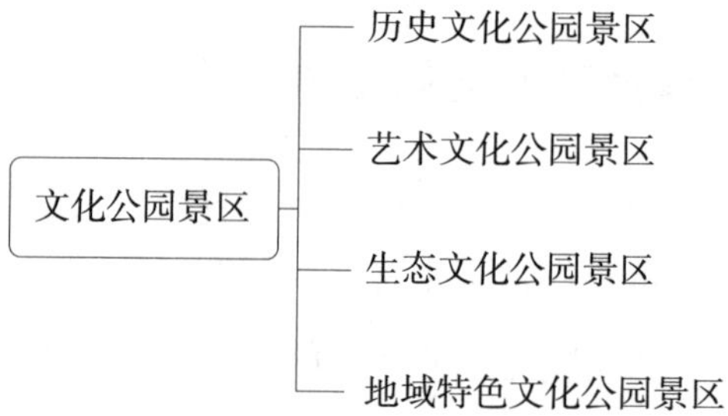

图 7-1　文化公园景区的类型

1. 历史文化公园景区

历史文化公园景区是由历史遗迹、历史人物、历史故事、历史事迹、历史建筑等与历史相关的一种或多种历史要素组成的，在公园内进行历史遗迹展现、历史情景复原、生活场景再现、历史建筑仿建、历史实践演艺等的公园类型，即借助历史所留存的自然胜景与人文古迹来吸引游客置身一定的历史时期和历史环境中的游览。

代表公园：长城国家文化公园、大运河国家文化公园、上海世博文化公园等。

2. 艺术文化公园景区

艺术文化公园景区是以艺术为核心的一种公园类型景区，包括了语言艺术、表演艺术、造型艺术、综合艺术这四大门类下的多个子门类。不同的艺术文化公园所展现的艺术类型主题各有不同，通过融合现代审美艺术，艺术文化公园形成了造型各异的艺术观赏建筑、雕塑模型、公共设施、墙绘地绘、景观建筑、景观小品等形式来体现艺术内涵，[①]从而营造出了艺术的游览氛围，带给观赏者独特的审美体验。此外，艺术文化公园更加注重审美活动与意识形态的统一、形象把握与理性把握的统一以及情感体验与逻辑认知的统一。

代表公园：西长安街文化艺术公园、上海油罐艺术中心、洛杉矶沉浸式艺术公园等。

---

① 谷雨. 城市文脉视野下的文化公园设计研究［D］. 成都：成都大学，2021.

3. 生态文化公园景区

生态文化公园景区是以生态学和生态文化为指导思想的，以自然生态环境为主题的，结合传统公园中的山水环境与现代化公园的特色而建设的一种新型文化公园景区，其包括了植物、动物、水体、地形等一种或多种要素，是生态旅游的一种新兴形式。生态文化公园不仅是人们休闲放松、观赏娱乐、丰富生活的旅游场所，更是一个城市、一个地区对维持生态环境、生物多样性、生态循环、生态效益等要素可持续性的承载场所。

代表公园：三亚红树林生态公园、嘉兴西南湖生态公园、江洋畈生态公园等。

4. 地域特色文化公园景区

地域特色文化公园是以某地域、地区人民所创造与发展的文化为核心的一种公园类型景区，包括地域中的民族、民俗、传统、习惯等要素，公园与地域文化之间有明确的关联性和代表性。一个地域中所蕴藏的文化涵盖了物质与精神两大类下的多种垂直类别，在此基础上对不同类别的不同侧重也就形成了多元类型的地域特色文化公园。例如以地域特色饮食、地域特色物品与工艺品、地域特色服饰等要素为主题的满足日常物质生活需求的文化公园；以地域精神、地域内涵、地域文化等精神文明要素为主题的文化公园；以地域艺术、地域活动等为主题的文化公园等。

代表公园：西双版纳傣族园、韵园茶文化公园、徽州文化园等。

（三）文化公园景区的特点

1. 主题性

文化公园景区以历史、艺术、生态、地域特色等多种文化为主题，通过挖掘、浓缩、融合与发展，使不同文化拥有了一种以实体的物质形式来展现的形式。相比于普通的公园景区，主题性是文化公园景区区别于其他公园景区的核心要点，是贯穿始终的关键要素。文化公园景区将时间、空间与文化进行关联与交叉，通过多种维度、多种形式，更加清晰地展现某种文化的脉络与内涵，从而凸显不同主题的文化景观，为旅游者提供带有文化主题性质的审美体验。

2. 创新性

文化公园景区是中国文化旅游发展与旅游文化创新的一种产物。[①]

文化的继承与发展离不开对于文化的创新。文化公园景区不只是对各种文化精神、文化人物、文化景观等的简单再现，而是通过以某种文化为核心，按照某种文化的内涵进行提炼，对某种文化进行再次“创作”与汇总，乃至升华后而设计出的，具有文化延展性的“旅游有机体”。其在真实反映历史、艺术、生态、地域等文化的基础上，让自然与文化资源相融合，使得公园景区具有创意感与创新性，让旅游者可以在既有文化认知的基础上产生新奇感和探索感。此外，一些文化公园景区也开始尝试全产业链式的发展，例如开发处在产业链下游的一些文创产品等，也从一定程度上提升了文化公园景区的吸引力与影响力。

3. 多元性

文化公园景区不仅以文化为核心要义，同时也兼具娱乐性、参与性、服务性等多种功能，能够丰富和满足旅游者的各种游憩活动。例如大唐芙蓉园，以唐代文化为核心，搭建大型皇家园林式文化公园景区，同时融合了演艺、娱乐、饮食等多种功能，在让旅游者品味文化内涵与发现文化价值的同时，又使旅游者能够通过其他形式来感受与体验文化，让文化通过一种综合的形态展现出来。

二、文物与非物质文化遗产旅游

（一）文物与非物质文化遗产旅游的概念

文物是人类在社会活动中遗留下来的具有历史、艺术、科学价值的遗

① 韩敏．城市文化主题公园景观设计研究［D］．咸阳：西北农林科技大学，2012.

物和遗迹。[①]文物是一种物质文化遗产，与非物质文化遗产共同构成文化遗产的整体。文物旅游是能为游览者提供参观与欣赏文物、认识与回溯历史、思考与展望未来等多种需求的一种旅游形式。

非物质文化遗产是各民族世代传承的各种传统文化的表现形式。作为文化遗产的一部分，它与人们的生活以及相关的物品和场所密切相关，主要包括口头艺术、传统表演艺术、民间活动等。非物质文化遗产旅游是一种为游客提供参观、欣赏和了解非物质文化遗产需求的旅游形式。

（二）文物与非物质文化遗产旅游的类型

文物与非物质文化遗产旅游的类型根据分类可以分为文物旅游以及非物质文化遗产旅游两个大类，每个大类下面又包含了多个子门类（见图7-2）。

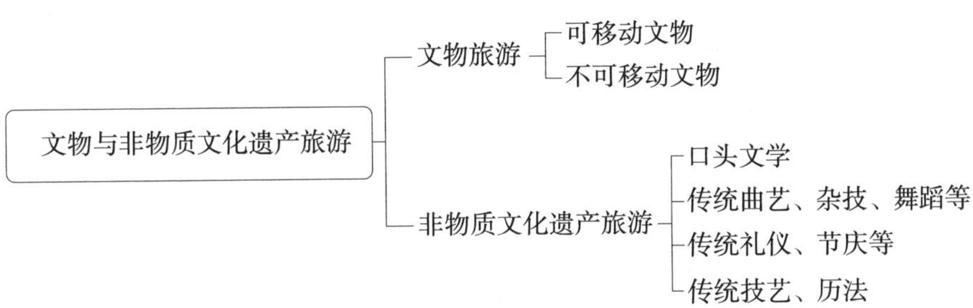

图 7-2　文物与非物质文化遗产旅游的类型

1. 文物旅游

文物又可以分为可移动文物和不可移动文物。

可移动文物是指历史上各时代遗留的重要文物、手稿、图书、艺术品等，具体可以分为珍贵文物和一般文物，其中珍贵文物可以分为国家一级文物、国家二级文物、国家三级文物，这是针对不可移动文物而言的。可移动文物的保护单位以博物馆、图书馆、纪念馆等场馆为主，也可以为民间收藏。可移动文物旅游可详见本节第三部分的“场馆旅游”。

① 李晓东. 文物学［M］. 北京：学苑出版社，2005.

不可移动文物是在历史、文化、艺术、建筑等类别中的具体遗产或遗址，是针对可移动文物而言的。不可移动文物的旅游活动就涵盖了对古树、古井、古村落、古建筑物、壁画、古聚落、石刻、古街道、古墓葬、考古遗址等文化古迹、遗迹的旅游活动，其涉及了政治、生活、娱乐、宗教、军事、教育等多个方面，文化内涵深厚、层次丰富。

代表地点：平遥古城、虞姬墓、东林草堂等。

2. 非物质文化遗产旅游

根据《中华人民共和国非物质文化遗产法》[①]的相关规定，非物质文化遗产主要包括：（1）传统口头文学以及作为其载体的语言；（2）传统美术、书法、音乐、舞蹈、戏剧、曲艺和杂技；（3）传统技艺、医药和历法；（4）传统礼仪、节庆等民俗；（5）传统体育和游艺；（6）其他非物质文化遗产。

根据非物质文化遗产的不同种类，其涵盖的旅游场所也有所不同，例如非物质文化遗产园、实景演出、非遗商业街等。

代表地点：成都非物质文化遗产公园、水磨藏香非遗旅游景区、彝人古镇等。

（三）文物与非物质文化遗产旅游的特点

1. 综合性

文物与非物质文化遗产旅游所涉及的内容广泛，种类多样，融合了历史价值、艺术价值、思想价值等多元价值，而其特性也涵盖了传承性、时代性、地域性、社会性、大众性等多个方面。文物与非物质文化遗产通过旅游的模式让中国优秀传统文化得到了传承，也让中华民族在古代社会中形成与发展的文化形态有了一个展现的空间，同时也是帮助国人逐渐树立起文化自觉与文化自信的一种重要方式。第一，文物与非物质文化遗产是实在而又有形的载体，承载人类各类活动所遗留下来的信息，既有“阳

① 中华人民共和国非物质文化遗产法［EB/OL］.［2011-02-25］. http://www.npc.gov.cn/npc/c12488/201102/ec8c85a83d9e45a18bcea0ea7d81f0ce.shtml.

春白雪”的特质，也有人民群众所喜闻乐见的特质，还可以作为了解时代、了解历史、了解文化的具体形象的方式。第二，文物与非物质文化遗产的继承与创新也离不开现代社会，尤其是非物质文化遗产，通过旅游观赏表演艺术、传统技艺等满足了现代人生活的精神需要，陶冶了现代人的情操，能够给予游览者一种审美享受。第三，文物与非物质文化遗产旅游也是当前社会主义精神文明建设在教育科学文化建设领域中的一个重要方式，是提升整个民族文化素质的一个重要渠道。

2. 史料性

文物与非物质文化遗产都是一定时代的产物，相比于其他文化旅游的形式，文物与非物质文化遗产上的史料性更为突出，并且更具代表性，其主要体现在证史、纠史、补史三个方面。不同的时代，文物与非物质文化遗产的制作、生产与其中蕴藏的深意也有所不同。例如青铜器，夏代铜鼎、后母戊青铜鼎、殷墟妇好墓青铜器、春秋晚期蔡侯墓青铜器等，它们所代表的是中国古代青铜艺术各时期的不同成就，而其背后也与相关朝代的政治、经济、文化、科学技术水平以及生产力水平等密不可分，青铜器的形制、装饰花纹、铭文等也相应地呈现出不同的时代特质。正是这种时代特质让包括青铜器在内的文物或是非物质文化遗产，可以发挥证史、纠史、补史的作用，具体表现为：能够体现一个时代的历史；对古籍、史传中存在的谬误之处提供校正的依据；并且为无文字可考证的历史提供实物资料以及对有文字记载的历史起到一个补充记载的作用。

三、场馆旅游

（一）场馆旅游的概念

场馆旅游中的“场”字指场地，一般指室外区域；“馆”字为馆所，一般指室内区域。本章所指的场馆为各类公共文化场馆，包括博物馆、科技馆、美术馆等公共文化设施。因此场馆旅游即是对场馆的室内区域和室外区域这两部分中文化展品、陈设品、建筑等进行参观与欣赏，满足游览者日常精神所需，获得文化体验感的一项游览活动。

（二）场馆旅游的类型

场馆旅游的种类繁多，大致可以分为博物馆、科技馆、美术馆、纪念馆、档案馆、艺术馆、文化馆、图书馆、会展场馆以及体育场馆等多个与公共文化服务相关的类别（见图7-3）。

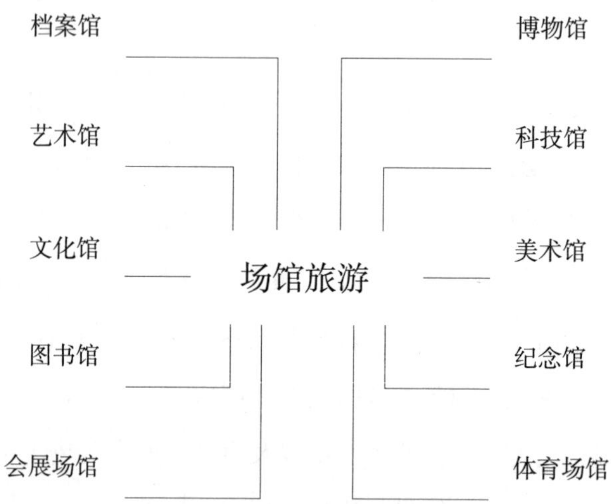

图7-3 场馆旅游的类型

1. 博物馆

博物馆是收集、典藏和展示各种自然和人类文化遗产的场所；它也是一个向公众提供知识和服务的公共文化机构，具有学习、教育和欣赏等功能。博物馆是非营利的永久性机构，其在对馆藏物品分类管理的同时，也在助推社会发展。根据中国博物馆的分类法，目前我国博物馆可以分为历史类、艺术类、科学与技术类以及综合类四种。

代表场馆：中国国家博物馆、故宫博物院、中国地质博物馆等。

2. 科技馆

科技馆是通过常设展览与一些短期展览以激发群众科学兴趣、启迪大众科学智慧等为目的的公益性科普教育机构，是能够让大众在参与、体验以及互动中进行科学文化交流活动的场所。

代表场馆：中国科学技术馆、上海科技馆、广东科学中心等。

3.美术馆

美术馆是为各类美术作品提供保存、陈设、展示的场馆，也是兼具了推广普及与教育研究艺术的功能的、带有公益性质的社会文化事业机构。美术馆展品多为视觉艺术作品，例如绘画、雕塑、摄影作品、装置艺术、工艺美术、插画等，美术馆对艺术作品的展示方式可以分为馆藏陈列与临时展览。

代表场馆：中国美术馆、中国工艺美术馆、上海美术馆等。

4.纪念馆

纪念馆是为纪念重大历史事件或是具有卓越贡献的历史人物而建立的场馆。纪念馆中的藏品的征集、陈列宣传、科学研究等都与所纪念的事件或是人物紧密相连，通常通过声、光、电、实物等展示其中所蕴含的精神，能够给予参观者强烈的感染力与说服力，并让其受到相应的熏陶与教育。

代表场馆：中国人民抗日战争纪念馆、雷锋纪念馆、延安革命纪念馆等。

5.档案馆

档案馆是接受、收集、保管档案以及开展档案利用的场馆，是属于党和国家的科学文化事业机构。档案馆是我国档案事业的主体部分，也是档案信息资源的中心场所。此外，档案馆还通过举办活动或展览、建立爱国主义教育基地等提供档案利用。

代表场馆：中央档案馆、中国电影资料馆、中国人民解放军档案馆。

6.艺术馆

艺术馆是为各类艺术作品提供保存、陈设、展示的场馆，也是兼具了推广普及与教育研究艺术的功能的、带有公益性质的社会文化事业机构。与美术馆相比，其囊括的艺术门类更为广泛，为艺术家以及艺术爱好者搭建了一个沟通的渠道与平台。

代表场馆：中华艺术宫、北京艺术博物馆等。

7.文化馆

文化馆又称文化活动中心，是开展群众文化活动、组织群众文娱活动的机构之一。文化馆主要通过举办各类活动、展览以及讲座等来普及科学文化知识，提高群众的文化素质，是推动当地精神文明的建设的场所之一。

代表场馆：中国文化馆、江苏省文化馆、广东省文化馆等。

8.图书馆

图书馆是搜集、整理与收藏图书资料以为群众提供阅览、学习、参考等功能的场所，是具有进行社会教育、保存人类文化遗产以及汇总信息资源等功能的机构。图书馆可以按照馆藏范围、受众群体、图书载体、图书类型等进行划分。

代表场馆：中国国家图书馆、中国科学院国家科学图书馆、上海图书馆等。

9.会展场馆

会展场馆是为会议、展览以及其他活动等提供举办地以及为群众提供相应服务的场所，囊括了会议中心、展览中心、城市规划展示馆等多个类别、多个规模、多种性质的场所。

代表场馆：北京国际会议中心、博鳌亚洲论坛国际会议中心、上海国际展览中心等。

10.体育场馆

体育场馆是满足专业体育训练和比赛需要，为群众提供体育锻炼、娱乐休闲和体育消费的各类体育场馆的总称，其包括了各类为公众提供服务的运动场、体育场、体育馆等。

代表场馆：国家体育馆、国家游泳中心、北京工人体育场等。

（三）场馆旅游的特点

1. 公共性

自“十三五”时期以来，我国国家基本公共服务制度体系建设加快，公共文化服务体系也日趋完善，积极推进公共文化服务的社会化、均等化、标准化以及数字化，公共博物馆、图书馆、美术馆、科技馆、纪念馆等也逐渐发展壮大；同时，在贯彻落实新发展理念以及保障公共文化服务供给的基础上，根据党的十九届三中全会审议通过的相关决定与方案，制定了《文化和旅游部职能配置、内设机构和人员编制规定》，明确了公共文化服务与旅游融合发展的新方向，而各类公共文化场馆与文化旅游所紧密结合的场馆旅游便是顺应这种新趋势的代表。当前，人民群众对于精神文化的个性化、多样化需求愈发强烈，场馆旅游也越来越受到人民群众的青睐，其是国家基于“共享”理念背景下，对公共文化服务建设的又一种创新。

2. 综合性

场馆旅游具有综合性。一方面，各类场馆是为游客提供游览与参观的旅游场所，能够满足游客对于文化消费的需求。另一方面，各类场馆也是举办各类活动、展览、讲座以及培训等普及科学文化知识的文化场所，能够组织开展各类文化活动以及提供优质的文化服务，将旅游与文化结合，将旅游与社会主义核心价值观、社会主义精神文化建设结合，在潜移默化中通过公共文化服务提升群众的文化素养，增强国人的文化自觉与文化自信。

3. 数字性

随着“互联网+”理念与公共文化场馆的深度融合，各类场馆旅游中数字化特征也逐渐显露，人工智能、大数据、云计算等技术的运用，可以结合游览者需求进行针对性的调整，为场馆旅游提供了一个智慧传播与参与体验的文化旅游的方式。例如VR、AR等人工智能技术以及5G技术的支持为博物馆、图书馆等场馆提供智能手机扫码或展品识别服务奠定了基础，能够在满足游览者观赏需求的同时传播与普及各类科学文化知识；此外，这些技术也为博物馆、图书馆等场馆营造了一个虚拟体验情境，能够将现实场景代入其中，为游览者提供一种数字化的创新式的游览方式。未来，场馆旅游的数字化特性或可提升群众对于各类文化与知识的获得感与满足感。

四、乡村旅游

（一）乡村旅游的概念

乡村旅游是以乡村地区为主要活动场所，以具有乡村性的旅游形式来吸引游客的旅游活动。[①]

（二）乡村旅游的类型

乡村旅游可分为观光型、体验型、休闲度假型以及科普教育型四种类型（见图7-4）。

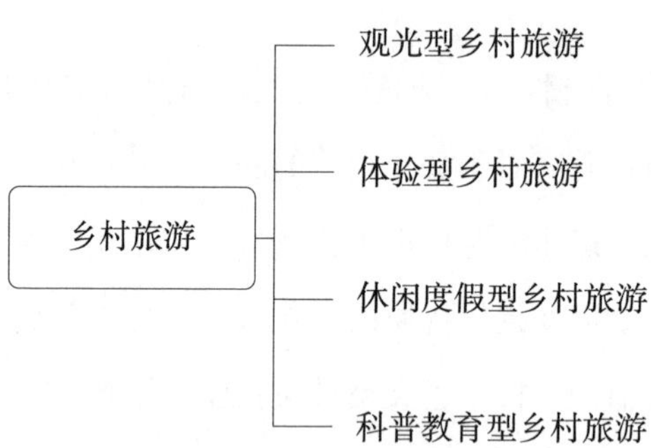

图 7-4 乡村旅游的类型

1. 观光型乡村旅游

观光型乡村旅游以乡村田园风光与绿色景观为主题，游客通过观赏与游览乡村中的山川溪流、花卉苗木、田野农舍、农牧场地、特色文化等自然景观与人文景观，能够感受到乡村中所蕴藏的自然美与人文美，从而满

① 赵爱梅.中国乡村旅游产业发展政策研究［D］.贵阳：贵州财经大学，2021.

足自身回归生活、陶冶情操的需求，使其能够获得身心上的愉悦。

代表地点：北京市怀柔区渤海镇北沟村、河北省张家口市涿鹿县石堡滩村、江苏省昆山市千灯镇南湾村等。

2.体验型乡村旅游

体验型乡村旅游以体验乡村生活与农业生产过程为主题，游客可以在特定的乡村环境中参与各类农事活动，例如农事生产（播种插秧、施肥灌溉、水产养殖等）、农具（机）使用、采摘捕捞（采茶、采摘蔬果、鱼虾捕捞、野外采挖等）、喂养动物、特色饮食、特色习俗等，游客自主性与参与性强，能够在体验的过程中获得快乐、修养身心、学习相关知识。

代表地点：江西省上饶市婺源篁岭旅游度假区、黑龙江省牡丹江市雪乡旅游风景区、山东省潍坊市杨家埠民间艺术大观园等。

3.休闲度假型乡村旅游

休闲度假型乡村旅游以休闲、娱乐为主要旅游目的，依托乡村清新简朴的生态环境、舒适宜人的居住环境、恬静优美的农家风景，结合乡村的风俗、文化等，提供一系列休闲娱乐设施与场所，如游艇设施、滑雪设施、海滨浴场、桑拿场所、温泉场所、高尔夫球场等。

代表地点：厦门日月谷温泉度假村、顺德长鹿休闲度假农庄、北京九华山庄等。

4.科普教育型乡村旅游

科普教育型乡村旅游主要是借助农业科技教育基地、农业观光园、农业科技生态园等场所，为游客提供旅游活动，并了解农业生产、农业技术、生态保护等。

代表地点：上海崇明三岛、深圳太空作物园等。

（三）乡村旅游的特点

1.乡村性

乡村旅游依托乡村文化，具有浓厚的乡村性。乡村文化是结合山、水、田、林等优美的自然风光，并在乡民们农业生产与劳动实践中逐步形成并发展起来的，从中孕育出了丰富的历史、民俗、文学、饮食、服饰、艺术、节庆等文化，具有深厚的文化底蕴与文化内涵，是乡村的精神财富，其反映了乡民们的生活方式、行为举止、理想追求、思想情感、风俗习惯以及对社会的认知模式等。相比城市文化的快节奏、复杂化，乡村文化更为质朴无华、纯粹简单，是稀缺而又宝贵的一种文化，具有恒久的价值。

2. 参与性与体验性

乡村旅游是现代旅游业与传统农牧业相结合的新尝试。它将旅游项目的展示和观光转变为参与和体验，因此，参与性和体验性是其显著特点之一。在乡村旅游中，游客不仅可以作为观光者欣赏与游览风景，还可以是参与者。游客可以体验与参与乡村生产生活中的某一环节或某一过程，通过农耕、养殖、采摘或是参与各类乡村娱乐活动，能够让游客对乡村的生活劳作、风土人情、饮食习惯等有更深入的了解，同时也使其获得自豪感、成就感、满足感，能够更好地融入乡村的自然环境与人文氛围之中。

3. 实惠性

相比其他旅游方式与旅游类型，乡村旅游的消费较低。首先，大多乡村旅游地在大、中城市的郊区或是周边地区，距离城市中心几十千米以内，旅行路途短，相应的自驾或乘车时间在1—3小时以内，因此整体车旅费用较低。其次，乡村旅游地的门票价格或是娱乐项目的价格通常比较低或不收取费用，住宿餐饮的价格也较为实惠，可以有效节省一定的开支。最后，游客还可以从乡村旅游地购买到物美价廉的农产品、工艺品或是其他文化产品。因此，乡村旅游地可以兼顾玩乐与开支，更好地满足游客的需求。

五、红色旅游

（一）红色旅游的概念

红色旅游是指旅游者对革命历史、革命事迹、革命精神进行参观、缅怀和学习的活动。

（二）红色旅游的类型

红色旅游可以分为红绿结合类、红古结合类、红色演出类、红色场馆类、沉浸体验类、节庆类、红色主题公园类以及融合类等多种（见图7-5）。

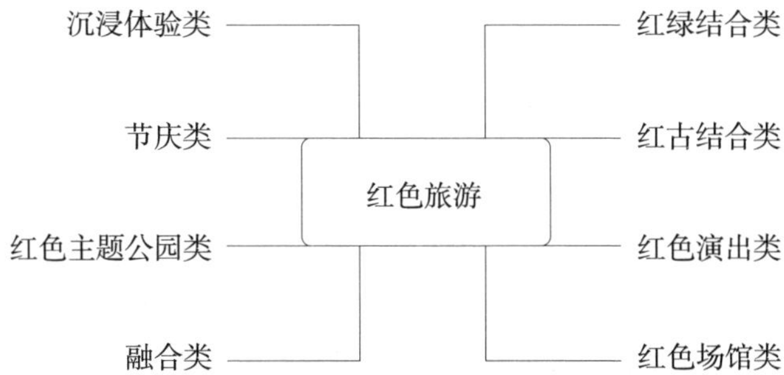

图 7-5　红色旅游的类型

1. 红绿结合类

红绿结合类是将红色文化精神和旅游资源与绿色自然资源和生态环境相结合的一种类型。该类型主要集中于具有一定知名度的红色旅游地，红色文化作为基础，红色旅游资源作为内核，以山川溪流等绿色景观与优越的生态环境为亮点，打造红色与绿色完美结合的独特风景。

代表地点：吉安市井冈山风景旅游区、黎城黄崖洞革命纪念地、黄垟战斗遗址等。

2. 红古结合类

红古结合类是将红色旅游与民俗文化、民族文化相结合的一种类型。该类型多集中于乡村等欠发达地区，通过对红色旅游资源的深入挖掘，将其与当地民俗文化、民族文化相融合，打造观光、学习、会议、休闲等为一体的红色旅游景区。

代表地点：瑞金共和国摇篮景区、安徽省六安市金寨县红色旅游景区、广西全州红色旅游景区等。

3. 红色演出类

红色演出类以当地各类红色旅游资源为基础，重点挖掘其中的红色故事、红色戏曲戏剧、红色歌谣等，由此创作成红色演出剧本，通过与现代化技术手段相结合，打造出形式与内容相统一的红色演出剧目，打造独具特色的红色旅游品牌。

代表地点：韶山大型实景演出《中国出了个毛泽东》、延安红色历史歌舞剧《延安保育院》、枣庄红色景区大型实景演出《梦回台儿庄》等。

4. 红色场馆类

红色场馆类是以博物馆、纪念馆、故居等具有教育意义、历史意义、文化意义的场馆为载体，对红色文化资源进行参观、学习的一种类型。该类型通常在红色旅游资源较为集中的地方，通过多元的艺术形式与创新的艺术内容设计，展示在革命、战争过程中留存下来的各类历史遗迹与历史文物。

代表地点：中央苏区（闽西）历史博物馆、湘西州博物馆、南昌八一起义纪念馆等。

5. 沉浸体验类

沉浸体验类是通过设计特定革命历史场景、革命历史事件、革命历史人物等，还原与再现其发生的缘由、发展的过程以及最终结果等，同时引导参观者在其中体验、实践，以身临其境的方式来感受红色文化。

代表地点：沂蒙山革命根据地、四川红军第一村、宜宾市兴文县石菊古地景区等。

6. 节庆类

节庆类以当地红色文化与红色精神为核心，通过节庆的方式来展示当地的红色文化景观与红色文化资源，并由此形成多元多样的红色文化活动，以此来弘扬与传播红色文化的一种形式。

代表地点：中国（湖南）红色旅游文化节、甘肃·会宁红色旅游文化节、安徽安庆市映山红红色旅游节等。

7. 红色主题公园类

红色主题公园类以红色文化为主题，以公园为红色文化展现的场所，结合红色旅游地的红色景观、红色资源而形成，其具有深厚的教育意义、文化意义、历史意义，可通过寓教于乐的形式来参观与学习红色文化。

代表地点：中国红色经典主题公园、山西八路军文化园、山东威海红色主题公园——山园等。

8. 融合类

融合类是根据红色旅游地的实际情况对其进行多种类型开发的一种形式，能够将观光、体验、学习等多种旅游功能较为融洽地结合起来。

代表地点：湖南五仙山红色乐园、甘肃陇南市两当兵变红色旅游景区、河南登封市马峪川红色旅游度假区等。

（三）红色旅游的特点

1. 教育性

红色旅游可以对游览者起到爱国主义、思想道德等多方面的教育。游览者通过参观与游览可以对革命先辈高尚的爱国主义情操、英勇的革命事迹以及宝贵的革命精神有更为深入的了解，从而在潜移默化中受到感染，让游览者更加热爱党、热爱祖国、热爱社会主义，为当代中国特色社会主义建设事业作出贡献；同时，在红色旅游的过程中，游览者也可以学习与体会到老一辈革命家、英雄模范所留下的红色精神，例如“不畏艰难险恶”的长征精神、“谦虚谨慎、戒骄戒躁、艰苦奋斗”的西柏坡精神等，这些珍贵的红色精神，可以净化游览者的心灵、陶冶游览者的情操，对提升思想道德素质具有重要的推动作用。

2. 时代性

站在新的历史起点上，红色文化与红色精神随着国情、党情、世界环境而更新。红色旅游跟随红色文化与红色精神的与时俱进，也具有一定的时代性。例如井冈山精神、焦裕禄精神、“两弹一星”精神、航天精神、抗疫精神等，而红色旅游也因此不断创新与丰富，不断推出满足人民群众精神文化生活的各类形式，传承与弘扬红色文化。

3. 多元性

我国红色旅游资源跟随革命进程的发展与变化，革命根据地也处于不同的地区，因而资源分布广泛。不同地区的红色旅游资源与红色景观也存在一定的差异，按照国家相关旅游资源分类标准，红色旅游资源可以细分为重要会议会址、重要机构曾经的所在地旧址、杰出人物故居、革命战争或重大事件发生地、革命烈士陵园、著名学校、各类综合性或专题性纪念馆、特定时代背景的标志性建筑工程等八种类型，因此也使得红色旅游形式呈现出多元性的特点。例如前文提到的红绿结合类、红古结合类、节庆类、红色场馆类、融合类等。

六、文化旅游综合体

（一）文化旅游综合体的概念

文化旅游综合体的概念由旅游综合体的概念衍生而来，是以文化为核心，依托旅游资源，综合商业、展览、会议等相关业态功能的集约型、复合型、互相作用的聚集区。[①] 主要包括文化消费街区、文化创意产业园区等。

（二）文化旅游综合体的类型

文化旅游综合体属于文化旅游发展进程中的新兴业态，从目前现有的文化旅游综合体的案例以及各类文献资料的相关论述，本章按照文化旅游综合体的不同文化主题，将类型划分为：以历史文化为导向、以民俗文化为导向、以生态环境为导向、以娱乐休闲为导向四种文化旅游综合体（见图7-6）。

① 隋洁. 文化旅游综合体绿地规划和植物配置研究［D］. 合肥：安徽农业大学，2015.

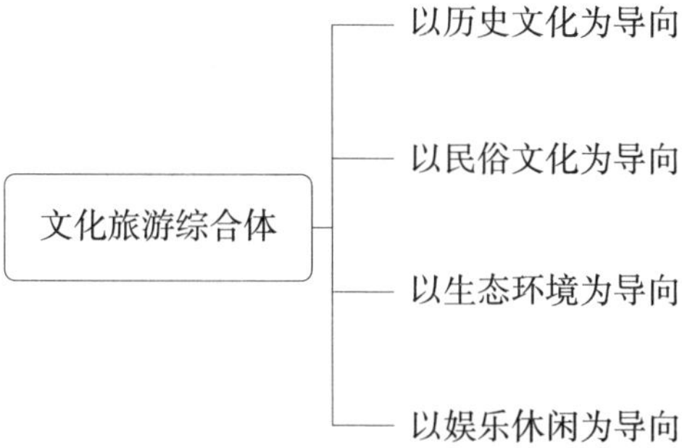

图 7-6　文化旅游综合体的类型

1. 以历史文化为导向的文化旅游综合体

以历史文化为导向的文化旅游综合体，是基于当地历史古迹、文物、遗址等历史文化资源，围绕特定的主题，通过挖掘、梳理与整合，规划与设计出具有当地历史文化特色的旅游聚集区，它能够延续当地历史文脉，突出当地文化遗产，提升当地文化内涵。

代表地点：陕西西安曲江新区文化旅游综合体、武威雷台景区文化旅游综合体、河北石家庄正定古城文化旅游综合体等。

2. 以民俗文化为导向的文化旅游综合体

以民俗文化为导向的文化旅游综合体，是基于当地的特色建筑、节庆活动、传统技艺等民俗文化资源，围绕特定的主题，通过挖掘、梳理与整合，规划与设计出具有当地民俗文化特色的旅游聚集区，以传承民俗文化、保护传统技艺、打造民俗品牌等。

代表地点：中国・迁安民俗文化旅游综合体、广西南宁昆仑关文化旅游综合体、江苏徐州墨上集民俗文化旅游综合体等。

3. 以生态环境为导向的文化旅游综合体

以生态环境为导向的文化旅游综合体，是在对当地生态保护的前提下，以适当的力度来开发各类自然资源以及在自然资源孕育下而产生的各类文化资源，从而形成相应的文化旅游聚集区，为游客提供生态观光、康养、休闲等需求。

代表地点：杭州西溪湿地国际旅游综合体、广东佛山南山镇乡村文化旅游综合体、张家界九龙溪田园综合体等。

4. 以娱乐休闲为导向的文化旅游综合体

以娱乐休闲为导向的文化旅游综合体，是以现代各类文化为基础，如地方性和标志性建筑、现代城市风貌、现代流行文化等，通过开发或引进各类大型娱乐项目，来打造具有时尚、创意的文化旅游聚集区。

代表地点：深圳东部华侨城、海南三亚海昌梦幻海洋不夜城、江西九江新旅文化旅游城等。

（三）文化旅游综合体的特点

1. 功能综合性

文化旅游综合体基于当地文化旅游资源，对其进行提炼与整合，结合当前旅游市场的消费需求，打造出融观光、休闲、娱乐、商务、会议、教育等多种旅游功能于一体的旅游聚集区，通过对这些功能的有效配置与合理布局，可以克服单一功能所带来的局限性，创造出更为优质的旅游形式，从而最大限度地满足游客对文化旅游的不同需求，同时也能为游客提供多种类别的服务，以及让游客获得更多的旅游体验。

2. 文化多元性

文化旅游综合体涵盖多种文化旅游的类型，如历史文化旅游、民俗文化旅游、生态文化旅游等。基于上述文化旅游的类别，结合文化旅游综合体观光、休闲、度假、教育、运动等多种功能，又可以进行垂直细分，划分与拓展出多种文化旅游的细分类别，能够使得各类文化之间相互融合，将某地文化资源的价值充分体现，彰显文化的多元性，为游客提供多元文化的欣赏、体验与学习等，体现了“文化旅游+”的包容性与开放性。

3. 产业集聚性

文化旅游综合体基于综合发展的需求，能够集聚多种产业形态，以不同的方式组合在一起，可以囊括吃、住、行、游、购、娱等多种旅游要素下的多个产业，如酒店、餐饮、商场、会展、交通、博彩、制造、演艺、传媒、网络等，各类产业之间联系紧密，分工明确，形成较为完善的旅游产业规模，构成相应的旅游产业链，可以为旅游者提供各种服务与产品，极大地满足了游客的旅游需求，亦丰富了游客的旅游活动，由此也可为当地旅游产业发展带来巨大的市场潜力。

七、研学旅游

（一）研学旅游的概念

研学旅游是指学生集体参加的有组织、有计划、有目的的校外参观和体验实践活动，其能够将研究性学习与旅游体验相结合。[①]

（二）研学旅游的类型

按照研学旅游的不同主题以及目的，可划分为多元文化研学、自然教育研学、专题学科研学、拓展训练研学、职业体验研学五种类型（见图7-7）。

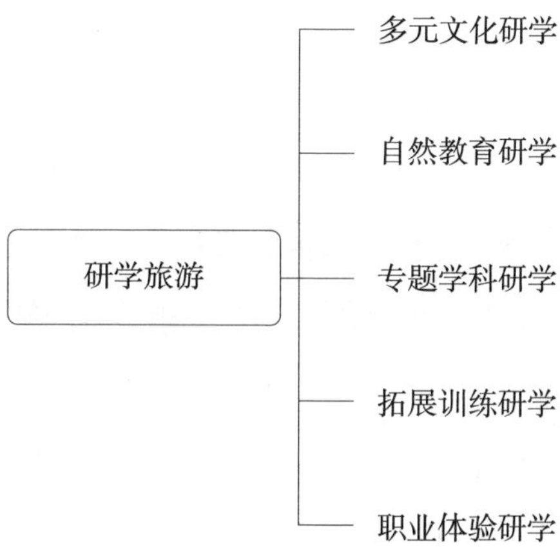

图 7-7　研学旅游的类型

1. 多元文化研学

多元文化研学是对各类文化的学习与实践，例如传统文化研学、农

① 研学旅行的法规政策大全［EB/OL］.［2022-02-16］. http://news.sohu.com/a/523131760_121106832.

业文化研学、工业文化研学、红色文化研学、科技文化研学、非遗文化研学、民族文化研学等，能够让研学者更深入地了解与领悟该文化领域的价值、发展现状、实际应用以及时代意义等。

代表基地：广州市莲麻小镇红色文化研学基地、武汉市武钢工业文化区、北京汇雅非遗文创研学基地等。

2. 自然教育研学

自然教育研学是对特定自然资源的体验与学习的一种形式，这种形式能够让教育走向自然，让研学者通过观察、实践来认识自然界中的奥秘，热爱自然、保护自然，全方位地锻炼研学者的学习素养与学习能力。不同的年龄阶段自然教育的研学目标、研学内容、研学课程等有所不同，包含生态科普主题、野炊野营主题、户外探险主题等多个细分类别。

代表基地：云南高黎贡山国家级自然保护区、中国科学院西双版纳热带植物园、上海崇明东滩湿地自然研学等。

3. 专题学科研学

主要针对中小学教育阶段所涉及的学科：语文、数学、英语、物理、化学、历史、地理等学科而开展的带有学科专题性质的研学活动，带领学生走出学校，在研学基地通过各类情景与道具，将理论所学与动手实践相结合起来，加深对专题知识的理解，拓宽专题学科的知识广度等。

4. 拓展训练研学

拓展训练研学一般根据企业、事业单位中培养团队合作精神与意志磨炼的户外培训课程引入，通过户外拓展训练的方式将研学者组织在一起，增进彼此的交流与合作，并在拓展的项目中提升行动力、反应力与意志力等。

5. 职业体验研学

职业体验研学顾名思义是通过模拟搭建不同职业的工作场景来进行实践与体验，一般会设有专业的职场心理测试与能力测评环节，为研学者进行职业模拟训练。

（三）研学旅游的特点

1. 自主性

研学者是研学旅游的主体，具有一定的自主性。相比以往的“他主性学习”“被动性学习”“机械性学习”，研学者在研学旅游的过程中会遇到一些研学问题，需要研学者通过自身的观察与思考，通过“自主性学习”对遇到的问题进行认识、研究与解决，借助可利用的知识进行分析，并自主地探索与发现新的知识。在此过程中，研学者能够自由地表达意志，独立地做出决定，自行进行行动等，也由此能够激发自身的创新能力、创造能力等。

2. 开放性

研学旅游从一定程度上打破了学习内容与学习范围的局限，能够突破传统思维定式，开阔眼界，向自然、生活、社会等领域延伸，有利于研学者形成全方位、多视角的思维模式，加强研学者与这些领域的联系，不断地有所发现与创造，从而拓展了学习的广度与深度，为研学者的学习提供一个更为开放的空间，能够让研学者通过亲身体验与实践领略自然和社会，增强知识并丰富见识。

3. 实践性

研学旅游能够让理论知识与现实实践结合起来，能够一定程度上弥补当前大中小学教育中学生仅侧重书本知识、侧重课堂讲授、侧重学生被动接受知识的弊端。研学者在研学旅游的过程中要想真正探寻一个问题的答案，就需要将其积累、储备学术知识与现实环境、现实情况、现实条件等结合起来，通过观察、体验、操作等实践形式，对研究问题进行探究，检验并辨别其真伪性，直至发现真知，而这一过程可以培养研学者解决问题的综合实践能力、自主探索能力等。

八、展演旅游

（一）展演旅游的概念

展演旅游主要包含旅游演艺和会展旅游两个类型，从广义上讲，旅游演艺是指“主”和“客”在特定空间互动的文化体验和表演实践。其本质与旅游业的发展密切相关。[①]会展旅游是通过国际会议、研讨会、论坛等会议活动以及各种展览开展的一种旅游形式。[②]

（二）展演旅游的类型

1. 旅游演艺

旅游演艺的类型可以分为实景旅游演出、主题公园旅游演出、剧场表演旅游演出三种类型（见图7-8）。

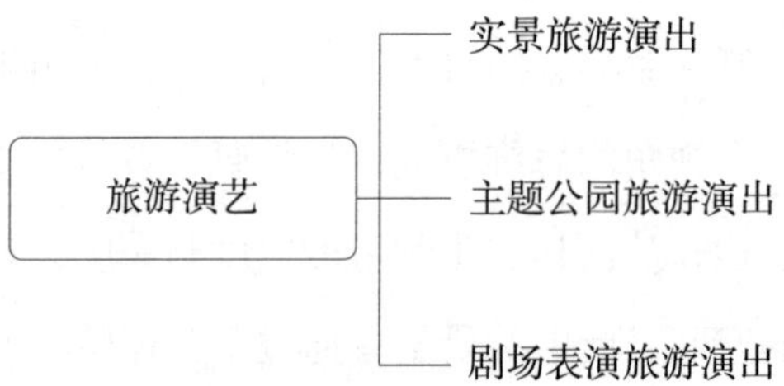

图 7-8 旅游演艺的类型

（1）实景旅游演出。

实景旅游演出主要基于表演场地优美壮丽的风光和独特的民俗文化。它是由地方政府投资，整合演艺、商业等各行各业的力量，具有表演特色的旅游表演。

代表演出：梅帅元制作的“山水系列”大型实景演出、《印象·刘三姐》、《大宋·东京梦华》等。

---

① 张天添，高嘉穗，徐琦，等.主客互动视角下哭嫁的旅游展演研究：以湘西土家族为例［J］.现代商贸工业，2021，42（34）：53-54.

② 王元，石小亮，康万晴.会展旅游发展研究［J］.绿色科技，2019（19）：241-243.

（2）主题公园旅游演出。

主题公园旅游演出是在主题公园内打造的演出剧目，是主题公园中的重要组成部分之一，同时也是具有高附加值的文化旅游项目，能与主题公园的园区游乐形成优势互补。

代表演出：华侨城集团《金面王朝》、宋城集团《宋城千古情》、方特东方神话《盛世唐朝夜》等。

（3）剧场表演旅游演出。

剧场表演旅游演出以室内剧场为主，是展演旅游中开发最早、最为成熟的一种类型，也是演艺业与旅游业合作发展的典型模式，占据该市场中的主体部分。其主要依托著名旅游中心区打造景区特色剧目，能够让游客在旅游过程中获得精神享受与文化熏陶，感受旅游地的人文内涵。

代表演出：云南昆明大型原生态歌舞集《云南映象》、北京明十三陵景区附近的盛得剧场《万历选妃》、甘肃敦煌大型室内情景体验剧《又见敦煌》等。

2. 会展旅游

会展旅游的类型可以分为会务活动以及展览会两种类型（见图7-9）。

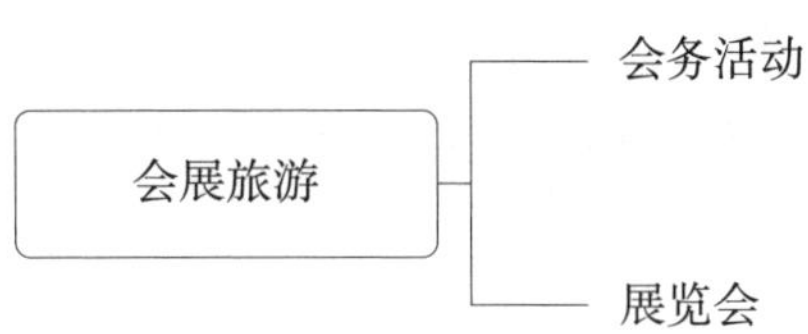

图 7-9　会展旅游的类型

（1）会务活动。

包括国际会议、研讨会、论坛等多种形式的会务活动，是出于工作需要而进行的旅游。

（2）展览会。

包括综合展览会、贸易展览会、消费展览会、农业展览会、经济活动展览会等多种形式。

（三）展演旅游的特点

结合旅游演艺与会展旅游的共性特征，展演旅游具有如下特点。

1. 主题性

实景旅游演出、主题公园旅游演出、剧场表演旅游演出等旅游演艺类型，都是基于旅游目的地文化资源的开发和文化内涵的挖掘，并通过与科技手段相结合，打造出具有地方特色或是区域特色的剧目，推动旅游地形成自身的文化品牌，与其他旅游地形成差异性。同时国际会议、研讨会、论坛等会务活动以及贸易展览会、消费展览会、农业展览会等各类展览会所组成的会展旅游也会按照举办的目的来确定相应的主题，因此也具有明显的主题性。

2. 商业性

通过实景旅游演出、主题公园旅游演出、剧场表演旅游演出等旅游演艺能够吸引旅游者驻足欣赏与体验，能够在一定程度上延长旅游者在旅游地停留的时间，从而产生餐饮、住宿、交通等多方面的需求，拉动相关产业的发展，为旅游地带来可观的商业收益。同时，会展旅游作为会展业与旅游业相结合的旅游形式，本身就带有一定的商业属性，它能够让两个产业之间产生较强的关联性，促进会展地餐饮、酒店、交通、购物、电信、展览等行业和领域的交流与合作，从而产生一定的经济收益，不断推动会展旅游市场的壮大。

3. 周期性

旅游演艺与会展旅游都具有一定的周期性。一方面，各类旅游演艺形式是旅游行业下的一个细分子行业，其动态与变化和旅游市场的整体发展密切相关，而旅游业受经济、政治以及社会环境等人为因素以及季节、气候等自然因素的影响呈现出周期性的波动，出现淡季与旺季、瓶颈期与黄金期等，因此旅游演艺受旅游行业的影响也呈现出一定的周期性。另一方面，会展旅游所包含的会务活动以及展览会这两种形式，受到会展企业自身经营与管理等内部因素的影响，以及与旅游演艺相同的经济、政治、社会等外部因素的影响，其举办时间也有一定的周期性，如博鳌亚洲论坛为每年举办一次，世界博览会为每五年举办一次。

九、康养旅游

（一）康养旅游的概念

康养旅游是指以“健康”为核心打造的，同时集健康、养生、养老、休闲等多种功能的新型旅游模式。[①]健康小镇、健康新区、康养综合体、医疗产业园区、享老社区等都是伴随康养旅游而兴起的领域。

（二）康养旅游的类型

康养旅游可以分为乡村康养、自然康养、医疗康养[②]以及运动康养四种类型（见图7-10）。

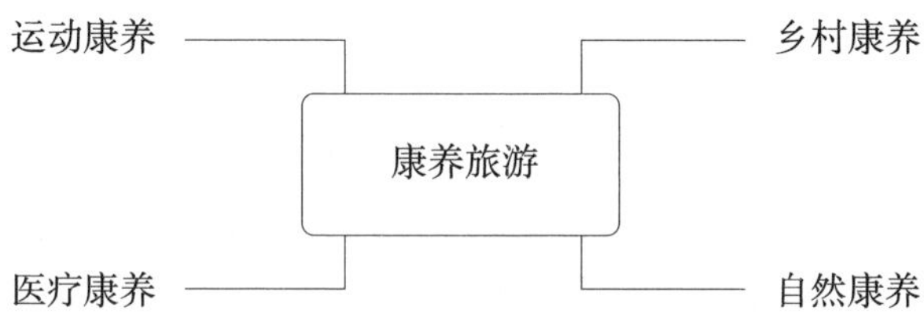

图 7-10　康养旅游的类型

1. 乡村康养

乡村康养旅游是康养旅游中最为典型的一种类型。乡村地区拥有壮丽秀美的自然风光和淳朴简单的人文风情，能够供旅游者参观与欣赏，同时其优质的水源与空气、丰富的自然资源使其具备康养旅游的独特优势，能够很好地改善旅游者的身心健康。

代表地点：福建泉州永春县农村居家养老服务站等。

2. 自然康养

自然康养旅游主要依托森林、温泉、阳光、海洋等自然资源，以放松

① 王晨. 探索乡村旅游新模式［D］. 邯郸：河北工程大学，2020.

② 蒲波，杨启智，刘燕. 康养旅游：实践探索与理论创新［M］. 成都：西南交通大学出版社，2019.

身心、健康养生为目的，是一种物化享受与精神享受相结合的旅游活动。自然康养旅游能够使旅游者感受到沐浴、养生、休闲、度假等多种功能相结合的、生理与精神同时放松的感觉。

代表地点：灰汤温泉森林康养基地、汤山温泉康养小镇、凤凰谷森林温泉小镇等。

3. 医疗康养

医疗康养旅游是为获取更优质的医疗资源与医疗服务而选择去异地进行治疗的过程中所产生的一种旅游活动，是在跨地域的优质医疗资源流动加速的前提下孕育而生的，是当前全球增速较快的一种新兴旅游产业，其旅游主题包含医疗与护理、健康与疾病、康复与休养、美容等多个方面。

代表地点：博鳌乐城国际医疗旅游先行区、瑞士静港医疗中心等。

4. 运动康养

运动康养旅游主要依托区域或周边地区的大型体育赛事、体育活动和体育资源，让游客通过体育参与其中。同时，将配备各种养生设施和休闲项目，以达到促进消费者健康的旅游目的。一般而言，进行运动康养旅游的旅游者身心健康程度较好，对生活质量的追求与要求更高。

代表地点：昆明东川区大峡谷运动康养旅游度假区等。

（三）康养旅游的特点

1. 养生性

康养旅游具有养生特点中的健康、舒适、快乐等核心要素，因此具有一定的养生性。一方面，康养旅游地不仅拥有优越的自然生态环境，包括森林、温泉、沙滩、山川、海洋、草原、山峰等各类资源，还有舒适宜人的气候环境，可以充分体现健康、舒适等养生性中的核心要素。另一方面，康养旅游地的人文社会环境比较简单，轻松舒缓的生活节奏、独特的生活生产方式、带有地方特色的民族文化和民俗传统等，能为旅游者带来更为惬意与愉悦的体验感以及参与感，让旅游者更加开心与快乐，在身心两方面感受健康生活，由此也能达到旅游康养的最终目标。

2. 产业性

随着当前文化消费的提质升级，康养旅游逐渐成为旅游者最为青睐的旅游类型之一，催生了度假康养、田园康养、温泉康养、森林康养、医疗康养等多元康养模式。康养旅游不仅为消费者提供了更多选择的空间，而且也使其市场也逐渐扩大并外延，进入了发展的上升期，相应的其所处的康养基地以及周边地区的交通运输业、医疗卫生业、酒店业、餐饮业等都会作为配套产业而随之兴起；同时，健康小镇、康养综合体、医疗产业园区等的发展，也可以与文化产业、旅游产业、新兴农业等产业产生较强的关联性，推动康养旅游的融合创新发展，因此使其具有一定的产业性。

3. 战略性

在当前社会竞争压力加剧、生活环境舒适度不足的时代背景下，以及在“健康中国”行动的前提下和人口老龄化的趋势下，康养旅游成为居民选择缓解压力、提高生活质量、养老的重要方式。在“十三五”期间，国家陆续出台了一系列的法规与文件来支持康养旅游产业，例如《“健康中国2030”规划纲要》《国家康养旅游示范基地标准》《关于促进森林康养产业发展的意见》等都提到了康养旅游产业发展相关的意见与措施；进入“十四五”时期，在《全国乡村产业发展规划（2020—2025年）》《文旅康养工程实施方案》等多个国家政策文件以及全国各省市的地方政策中，康养旅游依旧作为大力扶持与推进的产业之一。作为政府部门以及市场主体相互协作、一同规划开发的重点产业，康养旅游在具有产业性的同时也带有一定的战略性，它的发展在实现企业经济利益维持可持续发展的同时，也要兼顾社会效益，不断为推动我国康养环境的形成以及帮助国民健康意识提升作出相应的贡献。

十、主题公园与影视基地

（一）主题公园与影视基地的概念

1.主题公园

主题公园是以一个或多个特定文化主题为核心，为游客提供有偿休闲娱乐体验和购买文化娱乐产品的公园。

2.影视基地

影视基地是为影视作品提供专业化拍摄、生产以及制作的场所，同时也兼具旅游、休闲、度假等多种功能，属于相关旅游资源开发的业务之一。

（二）主题公园与影视基地的类型

1.主题公园的类型

主题公园可以细分为景观式观光类、历史文化类、表演展示类以及游乐体验类四种（见图7-11）。

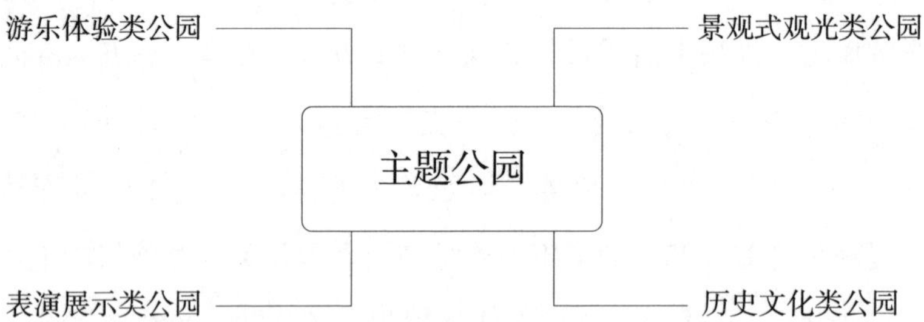

图 7-11　主题公园的类型

（1）景观式观光类。

景观式观光类主题公园中用仿真、微缩、园林等人造景观构成的建筑空间，供旅游者欣赏与参观，可作为出境旅游的一种替代性旅游，是改革开放初期最为流行的一种主题公园类型。

代表地点：锦绣中华、世界之窗等。

（2）历史文化类。

历史文化类主题公园是以感受与体验各类特色文化为主题的公园，例如历史文化、民俗文化、地域文化等，能够让旅游者学习一定的知识，并起到放松身心、休闲养生的目的。其与文化公园的区别在于，主题公园是以营利为目的，是有偿的观光与体验。

代表地点：西安大唐芙蓉园、开封清明上河园等。

（3）表演展示类。

表演展示类主题公园以展览或表演为特征，可以看作原有城市动物园功能的延伸和扩展。

代表地点：长隆海洋王国、长隆野生动物世界等。

（4）游乐体验类。

游乐体验类主题公园主要以游玩娱乐项目、体验娱乐设施为目的，能够为旅游者带来一定刺激与快乐的感觉。

代表地点：上海迪士尼乐园、北京环球影城、方特欢乐世界等。

2. 影视基地的类型

目前学界对于影视基地的类型暂无划分，以我国著名的几大影视基地为例：横店影视城、青岛东方影都、中国（怀柔）影视基地等功能与布局也较为相似，很难区分出具体类别。

（三）主题公园与影视基地的特点

1. 内容主题性

主题公园和影视基地中所呈现出的内容都具有一定的主题，其或是由一个概念，或是由一个形象，或是由一个IP故事，又或是由一系列人物等核心要素所组成的参观、体验与游乐的场所。这些核心要素会贯穿在主题公园与影视基地的范围内，成为一个主题公园或是影视基地中宣传策划、研发产品、举办活动的主要内容。例如上海迪士尼乐园以迪士尼各类IP电影、动画为核心；北京环球影城以功夫熊猫、小黄人、变形金刚等IP为主题，通过IP人物、IP的游乐设施与IP各类场景等打造一个具有主题内容的游乐场所。同样，影视基地也具有一个或多个主题，例如横店影视城兼容春秋、秦朝、清朝等多个主题，打造了“春秋·唐园”“秦王宫”“明清宫苑”等主题园区；上海影视乐园以主打上海近现代生活场景为主题，搭建了上海大戏院、和平广场、南京路等场景。

2. 形式科技性

主题公园和影视基地中主题内容的打造离不开科技的助力，多媒体、微缩实景、3D特效、AR、VR等高科技资源已广泛运用于其中，让游乐项目与科技创新融合，从而创造出一个全新的虚拟世界，带给旅游者一种新奇独特的视听体验，这也是主题公园与影视基地区别于其他类型的公园或基地的特征之一。例如，象山影视城近几年以“影游联动”为主题，推出了许多高科技沉浸式体验项目，其所打造的《淞沪大会战》体验馆，可以戴上VR眼镜成为飞虎队的一员进入会战的场景之中；方特欢乐世界的王牌项目《伴你飞翔》，通过巨幅球幕以及悬挂式座椅搭建出全包围式虚拟环境，让观赏者能够在此领略中华文化的历史长河以及现代繁华都市。

第三节　案例分析

一、文化公园景区案例分析：上海世博文化公园

（一）公园简介

上海世博文化公园位于上海市浦东滨江核心地区，面积约2平方千米，由原法国馆、原意大利馆、原俄罗斯馆、原卢森堡馆等四座世博场馆和世博花园、世界花艺园、申园、上海温室、大歌剧院等新建项目共同构成，现已开放公园北区。

（二）文化底蕴

上海世博文化公园将世博文化与历史水系文化、工业文化、城市文化等相融合，结合湿地、森林等优越的自然资源打造出人文与自然合一的新型城市中心公园。

1. 世博文化

公园内部保留原法国馆、原意大利馆、原俄罗斯馆、原卢森堡馆等四座世博场馆，实现场馆的功能置换，结合四个国家的特色文化，引入相关的项目与活动，同时也建设了相应的设施与场所，兼顾和引领文化消费需求。例如，原法国馆举办了与其美酒文化相关的葡香花市；原意大利馆举办了与意大利婚庆文化相关的婚纱展、走秀等；原俄罗斯馆进行俄罗斯文化的展示并设置音乐剧场；原卢森堡馆打造了特色餐饮新空间。

2. 生态文化

公园的生态景观与黄浦江交相辉映，公园中心的中心湖的水源便引于黄浦江；同时其中的申园在山环水抱之中构建了北山、南水、东园、西苑的江南园林，形成了醉红映霞、秋江落照、荷塘鱼乐等独特风景。

3. 工业文化

公园中的后滩滨江景区原为浦东钢铁集团钢铁厂和后滩船舶修理厂所在地，结合公园中的现代景观，将黄浦江滩的工业文明的记忆通过别样的方式展现出来。

（三）独特优势

1. 空间形态布局的创新性

上海世博文化公园以公园为核心，通过绿道串联起周边其他城市公园，打造地面绿色慢行系统，同时结合地铁、地下通道、天桥等打通地下与地上的空间，形成地上连接、地下通勤、地面休闲的多层立体慢行系统，形成“点—线—面”的公园系统骨架，增加各区域的关联度与可达性。

2.公园相关产业的集聚性

上海世博文化公园围绕文化、娱乐、展览、办公、商务等主题，构建起多条产业链，带动了与旅游业紧密相关的房地产、酒店、餐饮、运输等形成集聚布局，建立起世博文化公园综合体，在为旅游者提供游玩休憩的同时，也能够有效带动周边产业的发展，实现经济效益与社会效益相统一的新趋势。

二、文物、非物质文化遗产旅游案例分析：平遥古城

（一）古城简介

平遥古城位于山西省晋中市平遥县，是中国汉民族地区现存最为完整的古城。

（二）文化底蕴

1.古城建筑文化

平遥古城的城墙是在明朝初年为防御外族侵犯而修建的，在之后的几百年中，即景泰、正德、嘉靖、隆庆和万历各朝代进行了重筑扩修，更新城楼并增设敌台，且于清朝康熙四十三年（1704）修筑四面大城楼，也使得古城更加壮观；同时其6座城门瓮城、4座角楼以及72座敌楼，也使得俯瞰古城犹如一只头向南、尾向北的龟，而龟在古时是国家长治久安的象征，也为古城增添了更多元的文化色彩。目前平遥古城城墙总周长6163米，东城墙上游有点将台，东南角城顶上有文昌阁与魁星楼，墙高约12米，是古城世界遗产的核心组成部分。

2.古城晋商文化

平遥古城中建有日升昌票号，是省级重点文物保护单位，它在清朝道光三年（1823）由平遥县富商李大金出资与总经理雷履泰共同创办，是中国第一家专业进行存款、放款、汇兑业务的私人金融机构，也是平遥人民在古城中孕育商业票号鼎盛与辉煌的真实写照，不仅开创了中国银行业的

先河，而且也成为晋商文化的重要组成部分，对清朝末年至民国初年的商业贸易有巨大的推动作用。

3. 古城民俗文化

昔日繁荣的平遥古城在历史文化长河中也形成了独特的民俗文化，例如推光漆器、平遥古书、旱船、背棍、锣鼓、竹马、秧歌、杂要、刻铜、剪纸等多样的艺术形式和民俗活动，而其中推光漆器也是首批被列入国家级非物质文化遗产的手艺。同时每年平遥古城都会举办“平遥中国年”的大型活动，让春节与平遥民俗相融合，欣赏传统社火会演、县太爷迎宾等特色表演；参与体验“弦子书”“八音会”“推镖车”等文化活动，让旅游者真正感受到平遥古城的魅力与文化。

（三）独特优势

1. 古城沉浸式夜游

平遥古城利用高科技成像技术将古城实景与虚拟场景相结合，以古城建筑为核心，融入声、光、电、水、影等舞美视听效果，对古城的历史文化内容进行了创新设计，结合旅游者心理，为其打造了一系列的沉浸式夜游路线。此项创新将旅游者带入特定的历史空间，在欣赏与品味古城美丽的夜色与珍贵的历史遗迹的同时，感受与体验古城悠久的历史文化和独特的民间风俗，聆听古城中动人的故事与神秘的传说。

2. 大型实景演艺项目《又见平遥》

《又见平遥》是“又见系列演艺项目”中的第一个北方地区的项目，其突破了传统的固定舞台表演，让观赏者以室内情景体验的方式穿越清末的古城、镖局、赵家大院、街市、广场等多个不同的主题空间观看表演来感受古城文化；同时表演者也会融入人群之中，与观赏者对话，这种方式能让旅游者在作为观赏者的同时成为亲历者，在跌宕起伏的故事情节中，身临其境地感受古城的文化与魅力，从而留下深刻的古城记忆，真正实现了实景演艺项目的新创意、新突破与新跨越。

3. 古城多元艺术节展

古城不仅在传承中华优秀的历史文化，同时也在不断地创新与进步，吸引当代艺术文化并融入其中。目前，古城拥有三个国际级艺术交流活动项目：国际摄影展、国际电影展与国际雕塑节，在多数历史文化古城同质化趋势发展的状态下，平遥古城将平遥文化与摄影艺术、电影艺术和雕塑艺术相融合，形成了多条产业链，逐渐打造出了一条持续可行的商业模式，在文化旅游的发展方向上独辟蹊径，让古城在彰显深厚文化底蕴的同时形成了自身的独特优势。

三、场馆旅游案例分析：中国国家博物馆

（一）场馆简介

中国国家博物馆位于北京市中心天安门广场东侧，是代表国家收藏、研究、展示、阐释能够反映中华优秀传统文化、革命文化和社会主义先进文化代表性物证的最高机构，是国家最高历史文化艺术殿堂和文化客厅。

（二）文化底蕴

1. 中国优秀传统文化

“古代中国陈列”为国家博物馆的基本陈列，共有2026件文物展出，其中包含521件一级文物。陈列具体分为远古时期、夏商西周时期、秦汉时期、隋唐五代时期、明清时期等八个部分，以王朝更替为脉络，较为全面地展现中华文化在不同时代所具有的独特魅力以及绵延不断的珍贵之处；同时也展现出在古代中国政治、经济、文化、社会生活、中外友好交流等多方面的发展，突显中国优秀传统文化的璀璨与辉煌。

2. 革命文化

“复兴之路”大型主题展览分为“近代中国”与“当代中国”两个基本陈列，它浓缩了中国革命文化，通过2300多件实物、模型、图片、雕塑、旧址复原等展品，展现了中国自清朝道光二十年（1840）鸦片战争起，

近代中国历史与中国革命的发展概貌。具体分为中国沦为半殖民地半封建社会、探索救亡图存的道路、中国共产党肩负起民族独立人民解放历史重任、建设社会主义新中国、走中国特色社会主义道路共五个部分，使国人能够充分了解中国共产党带领人民在浴血奋战、拼搏向前之中走过的光辉岁月，激发国人更加坚定理想信念与文化自信。

3.社会主义先进文化

“复兴之路·新时代”部分是在原有“复兴之路”基本陈列的基础上，对中华民族伟大复兴之路、社会主义先进文化的充分展现，浓缩“砥砺奋进的五年”大型成就展精华部分，用更完整的内容、更与时俱进的表现手法诠释了“复兴之路”的内涵。

（三）独特优势

1.藏品数量

中国国家博物馆为国家一级博物馆，现有藏品数量140万余件，一级文物近6000件/套。其中囊括古代文物藏品81.5万件/套、图书古籍善本24万余件/册、近现代文物藏品34万件/套以及艺术品等多个类型。同时，中国国家博物馆面向社会每年平均征集古代文物50件/套左右，艺术品、实物和近现代文物1000余件/套。

2.展览类型

中国国家博物馆在“古代中国陈列”“复兴之路”等基本陈列的基础上，还设立了专题展览、临时展览两部分，构成其立体化的展览体系。其中，专题展览包含中国古代青铜器、瓷器、现代经典美术作品以及非洲木雕等多个系列；临时展览年均办展40余个，覆盖历史文化、文物藏品、经典艺术作品、国际交流等多个类型，可分为自主策划展览和引进交流展览两种类型。中国国家博物馆是中国综合性博物馆的新标杆。

3.展现方式

在新科技的加持下，中国国家博物馆为公众提供了一种“打卡”博物馆的新方式，即“云游”。运用三维建模、AR、全景漫游等数字技术打造展览的沉浸式虚拟世界，让观众可以参与其中，随时随地体验与互动。例如在“永远的东方红”云展览中，观众可以穿上宇航服与“东方红”一号合影；同时建立了数字展厅，在数字展厅中可供公众进行实景观展体验，可以360°体验全景展览，提高了公众线上观赏的体验感受度，也为文物保护和文化传承提供了一种新方式。

四、乡村旅游案例分析：婺源篁岭旅游度假区

（一）景区简介

婺源篁岭旅游度假区位于江西省上饶市婺源县江湾镇东南7千米的石耳山脉，面积5平方千米，是国家4A级旅游景区。景区中包含了晒秋、梯田花海、垒心桥、花溪水街等著名景点。

（二）文化底蕴

1.篁岭徽派建筑文化

篁岭的建筑较好地保留了徽派古村落建筑的特色，多借助村落中的山水布局，在依山傍水中建筑房屋。村落中的建筑使用砖、木和石头等原材料，并以黑瓦、白墙、马头墙、小窗等徽派建筑四大特色要素为核心，辅以各式雕塑图案，建筑整体大气美观、风格简约且优雅。在室内建筑方面，房间中通常会在堂屋构建一个能够采光、象征财富的天井，由此以达到“天人合一”的理想境界，让人与自然能够和谐相处，陶冶情操，修养身心。

2.篁岭民俗文化

篁岭是国家第七批历史文化名村，拥有十分丰富的民俗文化资源，因此其民俗文化保护也是最为重要一环。其一在民间艺术方面，篁岭民间艺术多元，有徽绣、徽派三雕、灯彩、歙砚、甲路纸伞、手工竹制品等，其中多项手艺被列为非物质文化遗产，具有丰富的地域文化内涵。其二在饮

食文化方面，篁岭人民在继承八大菜系——徽菜的基础上，又进行了创新，例如篁岭凉粉、大麻糍、灰汁果、丛菜猪肉、汽糕等美食，极大地促进了徽派菜系的发展。其三在民俗活动方面，有“晒秋节”、百猪祭“狪”神活动，而祭“狪”神活动所跳的舞蹈，也逐渐成为篁岭最为特色的民俗舞蹈，与“晒秋”同为非物质文化遗产。

3.篁岭劳动文化

篁岭受自然地理环境的限制，地势复杂，可用地少，因此建筑陡坡而建，以万亩梯田为依托，从而逐渐形成了居住在山上、劳作在山下的生活状态。而正因如此，每年秋收时节，借助独特的梯田生态环境，自然而然地创造了独特的“晒秋”文化，“晒秋”即在房前屋后以及屋顶架、窗台等挂晒各种农作物，包括玉米、南瓜、辣椒、黄菊、水笋等多类，是篁岭人民在辛苦劳动中所获得的大自然的馈赠。

（三）独特优势

1.世外桃源般的生态环境

从整体角度而言，篁岭很好地平衡了“原真性”保护与“带动性”开发之间的关系，通过修复与创新保留了篁岭古村落的山水、古树等自然景观，别具一格的徽式建筑镶嵌在其中，使篁岭的乡村景致与自然有机统一。从细节角度而言，梯田上的鲜花群构建起“梯田花海”，为篁岭的自然景观增光添色，呈现在房前屋后的非物质文化遗产——“晒秋”独特景观也成为标志性的文化景观，使得篁岭呈现出天人合一的世外桃源的氛围感。

2.篁岭天街的特色商业模式

篁岭天街是篁岭的中心街道，也是篁岭的商业街，全长700米，宽3—15米，街道以青石板与条石铺就，建筑为明清时期的徽派建筑，以粉墙黛瓦、徽派三雕、飞檐角、马头墙、歇山顶等元素为主。天街虽为商业街，但其定位与古徽文化、传统民俗、民间艺术、非遗文化、徽派饮食等息息相关，并且在商业街的所有店面遵循“一店一品、各具特色”的准则，从根本上避免了当前国内特色商业街同质化的问题；此外，天街集餐饮、购物、住宿、娱乐、休闲等多功能于一体，旅游资源集聚效应强，使得篁岭天街在同类商业街中占据优势地位。

3.“旅游+影视”的新发展方向

篁岭别致的自然景观以及人文景观也使其成为影视综艺作品拍摄的取景地之一。因此，篁岭推动其旅游产业创新发展，打造“旅游+影视”的新发展模式，建立了篁岭民俗文化影视村，从2013年起，举办了婺源篁岭微电影节、摄影、绘画艺术节、高校文化艺术创作实践基地以及篁岭民俗文化节等多项活动，将篁岭旅游资源进行合理配置，促进了景区的可持续发展，推动篁岭形成独特的品牌效应。

五、红色旅游案例分析：井冈山国家旅游景区

（一）景区简介

井冈山国家旅游景区位于江西省吉安市，地处湖南省与江西省的边界处，南岭北支、罗霄山脉中段。其不仅是国家级重点风景名胜区、国家5A旅游景区，同时也是国家级重点风景名胜区中国旅游胜地、中国百家爱国主义教育示范基地和中国十佳优秀社会教育基地。

（二）文化底蕴

1.红色文化

井冈山国家旅游景区是在红色文化的孕育下诞生的。井冈山革命根据地是毛泽东、朱德等中国共产党革命领袖率领无数革命先烈在全国建立起的第一个农村包围城市的革命根据地，因此保留着百处之多的革命旧址和革命遗址，并且有21处已被列为重点文物保护单位，例如朱毛会师纪念馆、三湾改编旧址、茅坪革命旧址、砻市会师旧址、黄洋界哨口和柏路会议旧址、龙江书院等。同时，也留下了革命诗词、革命歌舞、特色美食等多种文化形态，例如毛泽东诗词中的《西江月·井冈山》《水调歌头·重

上井冈山》，还包括像红米饭、南瓜汤这类革命时期饮食等，它是构成井冈山精神的基础，也是井冈山最为珍贵的精神支撑。

2. 生态文化

井冈山国家旅游景区的主要地貌类型为构造侵蚀性中低山、构造剥蚀性丘陵、堆积河谷盆地和河成阶地，因此形成了多处独特的自然景观，例如龙潭、五指峰、杜鹃山（笔架山）等，同时形成了峰峦重叠、溪流澄碧、山石相依、翠竹遍地的高山田园风光，由此孕育出井冈山独一无二的生态文化，也让绿色生态文化与革命红色文化恰到好处地融合起来，形成了独特的“红绿模式”，推动了井冈山的整体发展。

（三）独特优势

1. 红色基因：打造“红色+”模式

井冈山国家旅游景区在传承红色基因的基础上，不仅打造出多条精品红色文化旅游线路，同时也在努力推动打造“红色+”模式。其一，打造井冈山红色培训业态，目前已获得国级“双认证”，其以井冈山精神为核心、井冈山革命史为内容、专业化师资队伍为主力，让井冈山红色文化不断激活与创新。其二，推出大型实景演出《井冈山》，《井冈山》是江西最大的红色实景剧，也是我国唯一一个演绎红色经典革命战争题材的大型实景演出。《井冈山》时长60分钟，由“血”“旗”“灯”“情”“火”“路”六大章节组成，将近百年前的红色文化与现代科技相结合，将井冈山精神诠释得淋漓尽致；《井冈山》已经成为井冈山旅游中的“主游”项目。其三，2021年在井冈山举办了中国红色旅游博览会，是建党百年庆典后首个全国性红色旅游大型活动。该活动包含文艺晚会、高峰论坛、摄影大赛、购物节、红色电影展映周等，为推进井冈山红色旅游发展提供了新的引擎。

2. 生态环境：构建“中国天然氧吧”

井冈山国家旅游景区自然资源丰富，是亚热带植物原生地之一，其中森林面积近13万公顷，森林覆盖率81.2%，同时竹林面积超1000公顷，高等植物种类3400余种，流域面积广阔，地表水资源丰富，很好地保留了自然原始风貌。景区的空气新鲜、气候舒适宜人、大气负离子水平高，整体生态环境的质量优越，在2020年还获得了“中国天然氧吧”的称号，开辟了井冈山文化旅游的又一条新路线。

六、文化旅游综合体案例分析：武威雷台景区文化旅游综合体

（一）景区简介

武威雷台景区文化旅游综合体位于甘肃省武威市凉州区，规划占地总面积1299.23亩，总建筑面积40.7万平方米，由雷台公园景区、丝路产业区、文化体验区、河西文化旅游步行街以及配套服务区等五部分组成，是甘肃省最大的PPP文化旅游综合体项目。

（二）文化底蕴

1.汉代历史文化

武威雷台景区文化旅游综合体通过发掘汉代历史文化、天马文化，融合了与其相关的多种元素，建设了汉文化历史体验馆、天马博览园、汉墓遗址公园、凉州不夜城、“天马歌”文化体验馆等多个景点，以及文庙、罗什寺、古钟楼这三个历史街区，都为其配套了相应的文旅设施。同时因天马这件青铜雕塑工艺品在武威出土，景区中的许多建筑都以天马命名，打造集旅游休闲、遗址保护、历史教育、文创园区为一体的5A级城市中央文化旅游综合体。

2.河西文化

武威也是河西文化的重要发源地，在东汉与魏晋时期，河西地区与来自西域的文化相互交融，形成了新的文明成果与丰富的文化积淀，因此在武威雷台景区文化旅游综合体中，以丝绸之路的文化底蕴为基础，建设了

河西文化旅游步行街区，包括商业街、文创园区以及产业孵化园。

3. 美酒文化

唐代诗人王翰的《凉州词》中的诗句“葡萄美酒夜光杯，欲饮琵琶马上催”描写的正是武威凉州区的葡萄酒。凉州酒文化历史源远流长，凉州的葡萄酒经过多年的传承在东汉时便已家喻户晓，此后逐渐成为河西重要美酒，形成了底蕴深厚、内涵丰富的葡萄酒文化。因此武威雷台景区文化旅游综合体打造了凉州葡萄酒城，成为景区中的又一核心文化景点。

（三）独特优势

1. 多元文化内涵形成IP品牌

武威雷台景区文化旅游综合体共分为四个板块，很好地综合了汉代文化、河西文化、美酒文化，并结合武威所留存的宝贵的文化遗存；开发了博物馆、商业街、大剧院、文化中心、非物质文化遗产展厅、民俗节庆广场、博览园以及文化公园等多个与文化IP相关的景点或场所。这些具有现代化建筑元素的场所承载文化内涵形成了专属武威的文化名片，与武威市“天马行空，自在武威”的文化旅游品牌相呼应。

2. 现代科技手段助力景区创新

“天马歌”文化体验馆是武威雷台景区文化旅游综合体中的核心景点，是汉代历史文化的浓缩体现，其在建成后会借助VR、AR等现代科技手段，在展现汉代文化的基础上融合天马文化与凉州诗词文化，将武威多元文化汇聚，为游客打造沉浸式的文化体验，或成为景区后续开放后最为亮丽的一张名片。

七、研学旅游案例分析：中国科学院西双版纳热带植物园研学基地

（一）基地简介

中国科学院西双版纳热带植物园研学基地是国家5A级旅游景区，位于云南省西双版纳傣族自治州勐腊县勐仑镇葫芦岛，占地面积约为11.25平方

千米，是中国面积最大的、收集物种最丰富的、植物专类园区最多的植物园，也是融合科普教育、科学研究以及物种保存为一体的综合性研究机构与旅游景区。

（二）文化底蕴

中国科学院西双版纳热带植物园研学基地的文化底蕴来自植物学、生态学领域。

一方面，中国科学院西双版纳热带植物园收集了13 000多种活植物，共有38个植物专类园区。按照国家保护类别来划分，可划分为国家一级保护植物、国家二级保护植物；按照植物类别来划分，可划分为棕榈科植物、裸子植物、榕属植物、姜科植物、蕨类植物等多个类别，其中棕榈科植物包括龙棕、董棕、琼棕、矮琼棕等458种；裸子植物包括松科、杉科、柏科、红豆杉科、南洋杉科等121种；榕属植物包括榕树、无花果、黄葛树等150种；姜科植物包括小豆蔻、砂仁、姜黄等170种；蕨类植物包括水蕨、毛蕨、巢蕨等300余种；水生植物包括紫萍、荇菜、大漂、雨久花、美洲槐叶萍等100种；热带花卉植物包括仙人掌、万寿菊、凤仙花等645余种；饮料植物包括可可、可拉等与部分野生果树共641种；竹子类包括碧竹、刺竹、巨龙竹等250余种。

另一方面，中国科学院西双版纳热带植物园拥有图书馆、热带植物种质资源库、标本馆、公共技术服务中心等设施设备。图书馆有馆舍面积1700平方米，阅览面积1400平方米，馆藏图书及期刊合订本共52 899册，馆藏涵盖了植物学、生态学、植物生态学等学科。种质资源库有工作总面积450平方米，由种质贮藏库和种子生物学实验室两部分构成，为相关科研项目提供场所。标本馆建筑面积1200平方米，包含正、复号标本室、标本制作室等，截至2015年9月，馆藏标本达到20余万份。公共技术服务中心包括了几十种仪器设备，如同位素质谱仪、等离子体原子发射光谱仪、多通道土壤CO_2测量仪、液氮制备系统、植物形态解剖系统等。

（三）独特优势

中国科学院西双版纳热带植物园研学基地中有热带雨林景区、野生兰园、奇花异木园等十几个景点，每个景点都有其独一无二不可替代之处。例如热带雨林景区具有原始热带雨林的典型特征，并有7个热带植物专类园区，保存种子植物2000多种；名人名树园中拥有国家领导人、中国科学院院长、西双版纳热带植物园园长以及国际名人等亲手栽植的树；国树国花园收集了适宜本地生产的80个国家的58种国花；珍稀濒危植物迁地保护区保存100多种国家珍稀濒危植物和重点保护植物；奇花异木园收集奇花异木254种（品种），可分为草花植物区、赏茎植物区、感应植物区等多个类别。

同时，中国科学院西双版纳热带植物园设有热带森林生态学重点实验室、热带植物资源可持续利用重点实验室、综合保护中心以及研究团组，为我国保护生物学、资源植物学等学科提供了强大的科研力量。

八、展演旅游案例分析:《云南映象》

（一）演出简介

《云南映象》是中国首部大型原生态歌舞集，由著名舞蹈艺术家杨丽萍担任总编导、艺术总监与领衔主演。

（二）文化底蕴

1.民族舞蹈元素

《云南映象》中运用了多种民族的舞蹈元素，包括哈尼族的芒鼓舞、彝族的烟盒舞、纳西族的东巴舞、基诺族的太阳鼓舞、苗族的葫芦笙舞、基诺族的太阳鼓舞、石族的甩发舞等，这些舞蹈都取自各民族的传统文化，气势恢宏，荡气回肠，具有原始的人性美。

2.民族音乐元素

《云南映象》的音乐与演出的整个故事相契合，采用了多种民族独有的珍贵乐器，与舞蹈相同，这些乐器也来自不同民族，包括象脚鼓、佤族木鼓、太阳鼓、蜂桶鼓、水鼓、八角鼓、铃鼓、铓鼓、花鼓等。它们与故事的原生态音乐相呼应，让舞蹈的意境更为优美，给予观众视听盛宴的同时，也受到心灵的洗礼。

3. 民族服饰元素

《云南映象》的演员服饰也取材于彝族、苗族、藏族、傣族、白族、哈尼族等多个民族，服装风格有日常生活的休闲服装，有辛苦劳作时的服装，也有精美的民族典雅服装，多种服装与故事、舞蹈、音乐等相呼应。

（三）独特优势

《云南映象》的独特优势在于对传统文化的继承与创新。一方面，《云南映象》将多元的文化融合与汇聚在一起，保留各民族文化元素的同时也结合了当前时代发展的特色；将民族文化的内涵与现代审美意识有机结合起来；将一个原生态的承载传统文化的故事通过婀娜多姿的舞蹈、自然优美的音乐以及独特的道具展现出来。另一方面，《云南映象》通过对现代科学技术的运用，将原生态的故事与文化以现代化的思维方式、审美模式展现出来，同时让花草树木、电闪雷鸣等都具有了“生命”，与故事内容相结合，给观众带来了强烈的视觉冲击，构成了一部“原生态”文明的宏大史诗。

九、康养旅游案例分析：博鳌乐城国际医疗旅游先行区

（一）先行区简介

博鳌乐城国际医疗旅游先行区位于海南省琼海市博鳌镇，是我国首个以国际医疗旅游服务、低碳生态社区和国际组织聚集地为主要内容的国家级试验区。

（二）指导思想

以习近平新时代中国特色社会主义思想为指导，全面贯彻党的十九

大、十九届历次全会精神，统筹推进“五位一体”总体布局，协调推进“四个全面”战略布局，坚持改革创新、先行先试，坚持以深化供给侧结构性改革为主线，对标国际最高标准，以高水平开放推动国际医疗旅游和高端医疗服务发展，打造海南国际旅游消费中心建设的重要支撑平台。①

（三）独特优势

1. 高端医疗服务产业

博鳌乐城国际医疗旅游先行区是全国唯一的“医疗特区”。第一，在干细胞临床研究、医美抗衰、肿瘤防治等领域形成产业集聚，并引进签约多个院士专家团队，构建其完善的医疗体系。第二，医疗卫生生产要素的跨境自由流动，推动了博鳌乐城国际医疗旅游先行区与美国强生、默沙东、美敦力、美国哈佛布莱根妇女医院、新加坡亚洲美安医疗集团等全球几十家知名药企与国际一流医疗机构建立了合作关系，能够为客户提供国际领先的医疗资源与医疗解决方案。第三，医疗相应配套的设施设备完善，集政务服务、生活服务、商业服务等功能于一体，能够满足从业人员和客户的日常需求。

2. 国际健康旅游理想地

博鳌乐城国际医疗旅游先行区在彰显国际化医疗资源优势的同时，也让博鳌镇的旅游度假资源，如琼海博鳌亚洲论坛会址、鳌东屿岛温泉、琼海多河文化谷旅游区、琼海市嘉积镇白石岭风景区等著名景点与其形成配套的旅游资源，并发展与旅游业相关的餐饮业、酒店业、交通业、商业等，能够为客户提供治疗、度假、医美等综合医疗健康服务。

十、主题公园与影视基地案例分析：东方影都

（一）基地简介

东方影都位于山东省青岛市黄岛区滨海大道，是目前全球投资规模最

① 四部门印发《关于支持建设博鳌乐城国际医疗旅游先行区的实施方案》[EB/OL].[2019-09-17]. http://www.gov.cn/xinwen/2019-09/17/content_5430452.htm.

大的影视产业项目，总面积约540万平方米，以影视文化产业为核心业务，集影视拍摄、影视产业园、休闲娱乐、观光游览、教育、康养为一体的新型综合影视基地。

（二）文化底蕴

东方影都已经形成了浓郁的影视文化。第一，凭借独特的工业化生产和全产业链配套优势，不断助力中国电影的繁荣发展，《环太平洋：雷霆再起》《长城》《疯狂的外星人》《刺杀小说家》《解放·终局营救》等多部影视作品均在东方影都拍摄。第二，上海合作组织电影节、国际首个知名VR电影节、全球“电影之都”青岛峰会、青岛影视博览会等节展也曾在东方影都召开，影视行业的知名人士、明星会聚于此，一同推进东方影都在影视创意、影视交易、影视技术等方面的发展，也促使东方影都形成了影视文化又一种新内涵。同时，东方影都也带动更多的影视工作者在此入驻，为东方影都的影视摄影技术、影视制作技术提供了保障。第三，影视文化与生态文化的结合。东方影都将西海岸生态观光园、星光岛海上观光等与电影文化相关的电影博物馆、影视产业园、影视外景地等相结合，配套酒店、交通、餐饮等，形成了文化旅游的新路线，不断彰显其影视文化底蕴。

（三）独特优势

1.影视技术水平

东方影都的融创影视产业园集影视拍摄、影视制作、影视服务等于一体的特大型影视产业项目，总建筑面积30万平方米，其中有40个高科技摄影棚，每个摄影棚的面积从1000至10 000平方米不等，10 000平方米的摄影棚拥有世界级单体摄影棚、世界唯一室内外合一的水下摄影棚；同时它也拥有亚洲最大的专业蓝幕，能够满足影视作品多方面的拍摄需求。此外在数字影音中心拥有两个世界级先进的混录棚，是目前国内影视声音制作的最高标准之一。

2. 影视产业全产业链

东方影都不仅为影视作品的拍摄提供多元的内景、外景场地，同时也具有影视制作的专属办公区，能够提供剪辑、视效、音效、调色等多方面的影视后期制作服务。此外，东方影都的优惠补贴政策也吸引了多家影视企业的入驻，包括但不限于影视后期制作类、影视拍摄服务类、影视服化类等企业类型，以及吸引了与影视产业相互联系的游戏开发与制作企业、动漫开发与制作企业等类型的文化产业，让东方影都逐渐形成了影视产业的全产业链，构建起了多元化的泛娱乐影视文化生态圈。

3. “电影＋旅游”的综合发展模式

东方影都将影视产业与会展商务旅游、康养旅游、节庆旅游等旅游类型相结合，让影视文化与各类旅游文化有机融合，建设了青岛东方影都融创茂、青岛东方影都大剧院、青岛东方影都高端酒店群、知名医院等场所，为游客提供衣、食、住、行、游、乐等多方面的服务，成为新型影视文化旅游的标志性基地。

第八章　传统文化旅游业态策划与开发

第一节　文化公园旅游

一、文化公园旅游概述

文化公园的内容包含了各类国家公园、城市公园、主题公园、游乐园，以及对游客开放的自然保护区、野生动物园、植物园等生态旅游景区。文化公园的重点在于对人文环境的塑造，打造集文化娱乐、园林绿化、宣传展示为一体的综合性场所，呈现人类文化的积淀与内涵。文化公园具有主题文化性、娱乐性、普遍参与性、功能的多重性与系统的开放性、景观的真实性和延展性，并展现出独特的地域文化，是集文化教育、娱乐体育、园林绿化等功能于一体的综合性文化娱乐场所。

文化公园是地域文化的具体化。地域文化特征通过艺术手段加工被提炼为具体可感的、雅俗共赏的实体物质形式。随着中国文化旅游的发展和旅游文化的不断创新，文化公园不断涌现不仅影响了中国的文化旅游生态，还集中展现了中国各地的文脉与生气。

因此，文化公园的开发相较于一般主题公园而言，要更加考虑所处地域所涉及的历史、民俗、科技等各方面的唯一性和不可替代性。在此基础上，对地域文化进行创造性的挖掘、展示与转化，并实体化为景观表达的内容，建造体现具有个性和特殊吸引力的文化公园。

文化公园的建设要遵循可持续性原则，这涉及了经济、社会、文化等多方面的要求，确保文化公园所在地各项生态发展的和谐。这不仅要求对自然资源的利用要绿色、环保、可持续，通过循环利用材料和可再生材料进行景观建设；还要求文化公园作为文化旅游资源的本质属性实现可持续，除上文所述的功能之外，文化公园的价值还需体现在可供未来人类发展的遗产价值。

二、中国国家文化公园旅游发展实践

（一）国家文化公园：中国首创新概念

文化学者范周认为，国家文化公园是以保护、传承和弘扬具有国家或国际意义的文化资源、文化精神或价值观为主要目的，兼具爱国教育、科研实践、娱乐游憩和国际交流等文化服务功能，经国家有关部门认定、建立、扶持和监督管理的特定区域。①

（二）特征

1. 国家性

国家文化公园是一个国家文化形象和民族特征的综合性体现，集中展示了这个国家的历史脉络、文化精神和民族价值观，同时也兼具文化交流的功能。

2. 文化性

国家文化公园的重点就在于文化主题的展现，文化资源是其建设的基础资源，起到传播民族优秀传统文化、保护性利用文化遗产、满足人民文化需求的功能。

---

① 范周：高质量推进国家文化公园建设［EB/OL］.（2021-03-22）［2022-06-11］. http://www.cuc.edu.cn/2021/0322/c1529a178953/pagem.htm.

3.公益性

国家文化公园具有社会公益性，能够满足游客欣赏自然美景、娱乐休闲、文化教育的需求。

（三）发展背景

2015年6月，国务院印发《建立国家公园体制试点方案》，开展试点建设工作。

2016年，国家文化公园建设被列入国家“十三五”规划。

2017年1月，中共中央办公厅和国务院办公厅印发了《关于实施中华优秀传统文化传承发展工程的意见》，首次提出“规划建设一批国家文化公园”。

2017年5月，《国家“十三五”时期文化发展改革规划纲要》明确提出，依托长城、大运河、黄帝陵、孔府、卢沟桥等重大历史文化遗产，规划建设一批国家文化公园，形成中华文化的重要标识。

2018年，大运河（江苏段）、长城、黄帝陵等一批国家公园项目先后启动和建设。

2019年7月24日，中共中央办公厅、国务院办公厅印发《长城、大运河、长征国家文化公园建设方案》，国家文化公园建设的相关工作正式展开。

2020年10月29日，在党的十九届五中全会审议通过的《中共中央关于制定国民经济和社会发展第十四个五年规划和二〇三五年远景目标的建议》中指出，传承弘扬中华优秀传统文化，加强文物古籍保护、研究、利用……建设长城、大运河、长征、黄河等国家文化公园。至此，我国形成了四大国家文化公园的布局。

（四）国家文化公园与国家公园的区别

国家文化公园与国家公园两者既相互联系，又相互区别。在国家文化公园之前，早已有国家公园的概念。1872年3月1日，美国建立世界首个国家公园——黄石国家公园。之后，世界各国都开始借鉴和推广这一模式。国家公园属于自然保护地的一种，也即国家公园所划区域是禁止开发的，其保护措施十分严格，并尽可能避免人类活动的影响。

目前，我国已有东北虎豹、祁连山、大熊猫、三江源、海南热带雨林、武夷山、神农架、普达措、钱江源、南山共十个国家公园（试点）。[①]从名称和地理位置看，这些国家公园充满原生态色彩，重点突出其在生态保护方面的重要意义。而国家文化公园除了上述国家公园的生态保护、科研实践、旅游休闲的功能外，还兼具文化遗产的保护、传承和利用的意义，讲求文化资源活化和人民大众共享的定位。

（五）建设规划

"国家文化公园"虽然是一个新生概念，但其建设高度和工程规模前所未有，直接涉及了沿线28个省、自治区、直辖市，对于文化遗产的创新保护和展示方面具有示范性意义（见表8-1）。

表 8-1　四大国家文化公园建设范围

主题文化公园名称	建设范围	涉及省份
长城国家文化公园	包括战国、秦、汉长城，北魏、北齐、隋、唐、五代、宋、西夏、辽具备长城特征的防御体系，金界壕、明长城。	涉及北京、天津、河北、山西、内蒙古、辽宁、吉林、黑龙江、山东、河南、陕西、甘肃、青海、宁夏、新疆等15个省区市。
大运河国家文化公园	包括京杭大运河、隋唐大运河、浙东运河共3个部分，通惠河、北运河、南运河、会通河、中（运）河、淮扬运河、江南运河、浙东运河、永济渠（卫河）、通济渠（汴河）共10个河段。	涉及北京、天津、河北、江苏、浙江、安徽、山东、河南等8个省区市。

① 上新了，国家文化公园［EB/OL］.（2021-03-02）. https://baijiahao.baidu.com/s?id=1693124613010160731&wfr=spider&for=pc.

续表

主题文化公园名称	建设范围	涉及省份
长征国家文化公园	以中国工农红军一方面军（中央红军）长征线路为主，兼顾红二、红四方面军和红二十五军长征线路。	涉及福建、江西、河南、湖北、湖南、广东、广西、重庆、四川、贵州、云南、陕西、甘肃、青海、宁夏等15个省区市。
黄河国家文化公园	包括黄河河源区、上游河段、中游河段、下游河段、河口三角洲共5个部分。	青海、四川、甘肃、宁夏、内蒙古、陕西、山西、河南、山东等9个省区市。

四大国家文化公园将建成四类主题功能区，分别是：管控保护区、主题展示区、文旅融合区、传统利用区，起到完善国家风景廊道体系、传承文化遗产、弘扬优秀文化的作用。

（六）各地文化公园建设情况

从地理空间的角度来讲，国家文化公园的建设与布局呈线状分布，跨越近十个甚至十余个省份，且沿线各省的基础条件和资源情况各有差异。如长城、大运河国家文化公园因其自身的文化遗产的属性，保护状态更佳；长征、黄河国家文化公园的自然情况更为粗放和分散。因此各区域文化公园建设需着重把握因地制宜原则，突出特色主题加以合理利用。我们分别选取四大国家文化公园建设的典型省份，并依次展开介绍。

1.河南省

河南省是全国唯一兼具长城、大运河、长征、黄河四大国家文化公园建设任务的省份，具有四大国家文化公园的集聚效应。2021年3月，河南省印发《2021年全省国家文化公园建设工作要点》，提出多项新举措推动四大国家文化公园建设，共有300余个相关项目拟建，其中就有黄河国家博物馆、大河村国家考古遗址公园、荥泽古城、黄河悬河文化展示中心、黄河流域非物质文化遗产保护中心、隋唐大运河文化博物馆等40个重大工程项目。[①]实施“地图上的国家文化公园”工程，推动重要资源线上化。实施国家文化公园资源“一图一库”计划，初步建立四大国家文化公园重大文物和文化资源库。

作为国家文化公园的主要承载地，开封、洛阳两市项目密集。包括洛阳市的隋唐大运河文化博物馆（由老城区和瀍河区两部分组成）、隋唐大运河桥坊公园、驳岸和码头、亲水广场等；以及开封的黄河悬河文化展示馆、北宋东京城顺天门遗址博物馆、朱仙镇国家文化生态旅游示范区（启封故园）等国家公园项目。

河南省作为黄河国家文化公园重点建设区，其黄河国家博物馆位于郑州市文化路北段，呈“Z”字形的外观设计，登上该建筑顶端可以一览黄河风光。汴河遗址公园以惠济桥村为中心，沿线杨柳依依，旨在重现昔日运河繁荣景象。其他重点建设项目还有安阳殷墟国家考古遗址公园等。

河南省长城国家文化公园涉及范围更广，郑州、平顶山、安阳、鹤壁、新乡、南阳、驻马店等7市都参与其中，主要承担春秋战国时期的楚长城、魏长城、赵长城建设保护任务。

2.河北省

作为长城国家文化公园重点建设区，河北的长城文化资源是中国长城保存较完整、典型的区段。时间跨越了战国、汉朝、北魏、北齐、唐朝、金朝至明朝2000多年历程，长达2498.54公里，沿线文物和文化资源富集，共有世界文化遗产5处、全国重点文物保护单位84处、省级以上非物质文化遗产270余项。6个国家全域旅游示范区、1个国家级旅游度假区、3座国家历史文化名城、7家国家4A级以上旅游景区等均在河北省。[②]

为了更好落实国家文化公园建设，河北省在唐山迁安市成立国内首家

① 刘春香.河南省国家文化公园项目进展如何？ 40项重大项目正加紧推进［EB/OL］.（2021-03-20）［2022-03-23］. http://www.henan.gov.cn/2021/03-20/2112359.html.

② 任英文，高越.河北：努力打造长城国家文化公园建设样板［EB/OL］.（2021-10-09）［2022-03-23］. http://changcheng.ctnews.com.cn/2021-10/09/content_113042.html.

长城国家文化公园管理中心，制定了《长城周边风貌管控导则》《长城国家文化公园（河北段）文化和旅游融合发展专项规划》等，更构筑了“众志成城·雄关天下”山海关、“坚韧自强·金山独秀”金山岭、“和平开放·大好河山”大境门、“自信自强·冬奥胜景”崇礼4个重点段，兼具世界性与民族性。

此外，一批相关的优质景区和度假区的建设也为日后游客的到来做好了准备，如5A级景区金山岭长城、4A级景区崇礼区太舞四季小镇、国家级旅游度假区崇礼冰雪旅游度假区等。

3.贵州省

作为长征途中活动时间跨度长、发生重大事件多、活动范围广的省份之一，贵州省自然是长征国家文化公园的建设核心，共有长征不可移动文物753处。

贵州省国家文化公园建设以“轻资产、重内容、新方式”为思路，注重差异化，在2019年10月明确了“1+2+6”标志性项目体系，即“一核、一线、两翼、多点”的长征国家文化公园总体布局。“一核”是指以遵义会议会址及周边文物为核心，“一线”指以中央红军长征线路为主线，“两翼”则是以红二、红六军团长征遗迹为两翼，“多点”包含了其他具有代表性的节点（红二、红六军团长征贵州纪念园、遵义战役纪念园、四渡赤水集中展示带、长征文物保护修缮工程、《伟大转折》演艺综合体项目、“重走长征路”研培体验工程等标志性项目体系）。贵州省国家文化公园建设以遵义为中心，以环廊为重点，构建了园、带、点结合的空间体系。

贵州省着力将长征国家文化公园旅游和乡村振兴工作相结合，统筹红色旅游资源和生态旅游资源，建设工程囊括了经典红色旅游景区，并植入精品旅游线路，围绕长征精神展示、红色文旅融合、古城（镇）村落呈现3个板块，以期为中部、西部、东部3条红军文化线建设起到辐射带动作用。全国侗族人口最集中的黎平县，是长征中黎平会议的召开地。贵州省勘探出一条县城经羊角岩至佳所的游览路线，有中国历史文化名街翘街、黎平会议会址、红军战斗遗址、红军住处等红色遗址遗迹；同时，在长岭岗茶园体验采茶，可以感受侗乡浓郁的茶文化魅力。2021年春节，仅翘街红色旅游景区就接待游客4.5万人次，实现旅游综合收入4299万元。[①]2020年，黎平县入选全国红色旅游发展典型案例。

三、国外公园旅游经验启示

“国家公园”（National Park）的概念源自美国，最早由美国艺术家乔治·卡特林提出。继1872年美国建立的世界上第一个国家公园——黄石国家公园之后，国家公园作为自然保护与可持续发展的典范，其管理体制在世界范围内日益完善，如以美国为代表的美洲自上而下管理型国家公园体系，以德国为代表的欧洲地方自治型国家公园体系等，都是国家公园建设的宝贵经验。因此，借鉴国外公园旅游的经验，也能为我国国家文化公园的建设及管理提供借鉴思路。

（一）美国：垂直统一的管理体系

国家公园是美国所有保护地类型中保护措施最为严格的一类，有效地保护了美国最重要、最具代表性的自然、历史和文化遗产。1916年美国国会通过《国家公园管理局组织法》，指出国家公园的两项核心功能为保护自然资源和文化资源提供公共服务，并确定了由法律体系指导指令体系，指令体系分为“政策—局长令—参考手册”三个层面，形成了完整规范的法规体系。

1.垂直统一的管理体系

垂直统一的管理体系是美国国家公园建设的重要特点。美国的联邦机构中有4个管理土地的机构，其中之一便是美国国家公园管理局（National Park Service of American，NPS），它是由内政部管理的。美国国家公园管理局总部管理7个大区，由423个国家公园体系（National Park System）成员单

① 吕慎.贵州：弘扬红色文化 全力建好长征国家文化公园［EB/OL］.（2021-03-01）［2022-06-07］. https://baijiahao.baidu.com/s?id=1692976738562695166.

位组成。这423个国家公园体系单位分为20种管理体系，不同类型的管理单位目标不一样，通过统一政策对各体系进行管理，其中62个为美国国家公园。在每个公园又都设有基层机构公园管理局，中央、地区、基层三级机构垂直领导，不受各州、市行政的干涉。

美国联邦政府对国家公园的资金支持力度很大，美国国家公园发展之初，其运营资金有70%由联邦政府承担。同时，私营企业也对美国国家公园体制的建设起到重要作用，美国曾在1965年通过了《特许经营权法》，通过竞标的方式开放部分私营机构在公园内开发餐饮、住宿、河流运营、纪念品商店等旅游配套服务的权限，同时缴纳一定数目的特许经营费，以节省政府开支，缓解经济危机影响。1985年美国进一步加大了特许经营的力度。

此外，一些非政府组织也通过出版书刊、举办培训班、开展宣传教育、筹集资金等活动为美国国家公园的建设提供帮助。这些举措在日积月累中提高了民众的生态环境保护意识，对国家公园事业的发展起到良好的促进作用。

美国国家公园系统的存在不仅对美国国家形象的推广起到了良好的效果，也潜移默化地影响了美国人的生活方式。高速公路等基础设施的完备，使得美国人可以驱车直接抵达国家公园，园内优美的环境也为民众提供了休闲、娱乐的多种可能。多数国家公园的门票价位并不昂贵，即使是普通人也可以游览国家公园。美国国家公园管理局公布的2020年最受欢迎景区的数据显示，东部著名山区风景区路线“蓝岭公园路”（Blue Ridge Parkway）在2020年接待了1410万游客。尽管2020年的游客人数比2019年少，也仍有数亿人前往国家公园旅游，全美国423个国家公园的游客数超过2.37亿，[①]对当地经济具有巨大的拉动作用。

2.生态系统管理

一方面尊重生态系统的组分（指组成生态系统的物质，包括生物部分

① 西洋.美国家公园管理局公布2020年最受欢迎景区［EB/OL］.（2021-04-11）［2022-03-20］. https://www.163.com/dy/article/G79SA1D80517STBT.html.

和非生物部分）和过程，通过规定资源的非消耗性使用进行保护，而对生态过程则进行科学的利用，如对林火进行适度利用。另一方面将荒野保护理念贯穿公园管理，美国规定所有国家公园都必须在其保护和使用的文件中包括荒野地区的保护内容，并确保在今后的使用中不会受到破坏。

3. 人员组成多样化

增加季节性员工、特许经营商、志愿者团队这几种人员团体，不仅降低人力成本，而且形成了体系化的激励措施，让各行各业的人都参与到国家公园保护与管理中。

4. 社区关系协调

（1）对普通社区：三类土地关系——公园征地+保护地役权+公园社区共治，对不同社区采取不同的土地关系处理模式。

（2）对原住民部落：法律要求国家公园管理局需履行其对北美印第安部落的法律责任。通过“联邦—部落”关系和部落间关系的确定，进而确定国家公园和部落之间的土地关系。

（二）德国：地方自治型的管理模式

德国国家公园成立时间相较于美国晚了近一个世纪，1970年德国首个国家公园巴伐利亚森林国家公园成立，后来德国又相继出现16个国家公园。这些国家公园占地面积达到7000多平方千米，超过德国总面积的2%[①]，其中文化地景占据大部分。

与美国不同，德国国家公园管理模式属于地方自治性，且联邦政府和州政府之间、州和州政府之间、政府机构和非政府机构之间在这一议题上的联系十分密切，共同探讨国家公园管理的统一规范和标准。联邦政府主要负责制定涉及国家公园管理、自然生态保护的相关政策法规，同时也负责相关自然保护工作。州政府对国家公园具有最高管理权和决定权，如机构的建立、设置，行政事务的开展等工作都在其权限之列，并负责具体开

---

① 曹方超.“国外模式”为我国国家公园建设提供经验［EB/OL］.（2016-07-26）［2022-03-20］. http://chla.com.cn/htm/2016/0726/252218.html.

展和实施自然保护工作。

不过在国家公园的经营资金方面，德国的国家公共财政是统一进行安排其收支的，且大部分的经营资金依赖于政府投入。除此之外，社会捐赠和公园自营也是收入结构的一部分。这是由以生态社会效益为主的德国国家公园经营目标定位所决定的。

（三）澳大利亚：权责明确的两权分离模式

澳大利亚对国家公园的管理实行所有权和经营权分离的模式，国家公园的经营由企业或个人负责，国家公园局主要进行监督、管理。澳大利亚国家公园并不以营利性创收为主要目的，保护自然资源和生态环境是其首要任务（澳大利亚有520多个国家公园，其国家公园保护体系将森林和动物资源，湿地、荒漠半荒漠和海岸地貌系统都纳入其中），这一专款由联邦政府和州政府提供。在此背景下，澳大利亚国家公园的资金来源主要由联邦政府专项拨款和各地动植物保护组织的募捐组成，并实行收支两条线原则。

澳大利亚成立了国家公园局、自然保护局等承担对国家公园以及其他自然保护区进行管理的责任：国家公园局负责制订国家公园管理计划、建设基础设施（每年澳大利亚都会投入大量资金建设道路、野营地、游步道和游客中心等）、对外宣传等工作；自然保护局则就世界遗产地、重要湿地、生物保护区等进行直接或间接参与管理。

另外，澳大利亚维多利亚州国家公园局规定，凡是具备公共责任险（投保1000万澳元以上）、拥有急救设施条件的企业和个人就可取得在国家公园内经营某项活动或景点12个月的经营权，对服务改进、提高效益等履行职责。

（四）加拿大：生态保护纳入法律法规

加拿大尤其注重生态保护方面的工作，制定了一系列关于国家公园组织结构管理、自然保护区、自然资源保护、文化资源保护方面的法律法规。1930年《加拿大国家公园法》、1990年《加拿大有益于健康环境的绿色计划》、1997年《加拿大海洋法》等，都详细规定了生态完整性建设目标、具体的技术性分区方案、制度化的公园管理计划，其系统性、完整性和科学性使其成为走在国际前沿的法律文献。

加拿大班夫国家公园（Banff National Park）是一座进行旅游开发超过百年的国家公园，每年接待游客数以百万计，但仍能保持原始生态景象，这主要得益于政府对环保工作的重视。根据相关法律，班夫国家公园被划分为5种不同区域：绝对保护区、杜绝人类干扰的荒野区、开展旅游的自然风景区、户外娱乐区和旅游城镇区。绝对保护区是严禁游客踏足的，自然风景区和户外娱乐区管理相对宽松，但也有行人、非机动车辆、机动车的准入权限区别，旅游城镇区则是游客住宿、娱乐和购物的中心。为了将游客对自然环境带来的破坏性影响降低到最小，公园内的酒店、汽车旅馆等每晚只能容纳大约6万人，在每日游客数达3万—5万的旅游旺季，公园区域内也禁止扩建新的酒店。①

（五）英国：有效的自然与生产协调机制

英国国家公园以乡村为主，属于半自然景观。1995年通过的《环境法》进一步强调了建立国家公园的两个目标：第一，保护与优化国家公园的自然美景、野生生物和文化遗产；第二，为公众了解和欣赏公园的特殊景观提供机会。②百年间英国发展出了较为成熟的国家公园管理体系，有效协调了国家公园的自然性与生产性、公共性与私有性两个矛盾。

国家公园委员会在英国国家公园的管理中起到重要作用，由政府的管理官员、环境专家、地理专家、公众代表等组成。诸如工厂的建立、房屋的搭建等经济活动的开展，都需经过国家公园委员会的批准；国家公园委员会还会就自然保护和环境污染等议题进行具体的实施。

① 参见班夫国家公园官网：https://banffnationalpark.com/howto/a-first-timers-guide-to-banff-national-park/。

② 马洪波.英国国家公园的建设与管理及其启示［J］.青海环境，2017（1）：13-16.

四、文化公园旅游项目策划与管理

从前文可知，国外国家公园管理具有分级管理、严格保护自然和生态、管理和经营分离的特点。与国外国家公园的管理模式相比，我国文化公园景区的管理模式主要体现在分级管理与属地管理结合，以属地管理为主。因此，文化公园旅游项目的策划与管理工作不仅要深刻领会并严格按照中央政府的工作精神与指示执行，还需发挥能动作用，利用好当地文化优势与特色，在实际建设规划中因地制宜，并注意遵循以下原则：

（一）文化性原则

遵循文化性原则可理解为充分结合文化背景、挖掘地域文化特色、突出大众文化内涵三个方面，创意策划需充分对文化公园所在地进行调研，避免因对文化差异的忽视导致的文化疏离与脱节。文化公园建成之后首先要面对的就是在特定的文化背景中生活的游客，文化背景影响着游客的文化性格，主要体现在思维方式、审美方式等。而地理环境的不同自然又催生了不同的语言习惯、民族风俗、宗教信仰等。此外，文化公园的风格调性应避免曲高和寡的倾向，所有创意策划都要充分认识大众的消费特点和欣赏口味，同时避免低俗、媚俗趣味。

（二）可持续原则

可持续原则涉及生态环境的可持续和人文生态的可持续。生态环境的自我保护能力十分脆弱，因此极易受到旅游开发的破坏。坚持可持续发展原则，就要坚持生态环境第一性、资源开发第二性，努力协调文化公园开发和生态保护之间的关系。另外，文化公园景观的设计要能够体现当地的历史人文精神，并随着时代文化的变迁及时做出更新，实现经济效益、社会效益、环境效益的统一。

（三）可行性原则

文化公园的策划与管理涉及政策和法律、经济和技术、社会和文化等多方面要素的共同作用，因此要秉持可行性原则进行周密的预先调研，避免造成大量人力、物力等资源的浪费。同时，文化公园要能够在进行文化传承与展示、保护生态环境的前提下，充分考虑投入和产出比，起到通过文化旅游开发来进一步带动当地发展、创造经济效益的责任。

第二节　文物与非物质文化遗产旅游

一、文物与非物质文化遗产旅游概述

（一）文物旅游

文物是文物旅游的资源基础，具有历史价值、艺术价值和科学价值，是人类重要的文化遗产。诸如古遗址、古建筑、石刻、古器物，以及具有重要纪念意义和历史意义的近现代历史遗迹等都是文物。文物也是吸引游客、进行旅游产品开发的重要资源。

在文旅融合的发展过程中，我国文物保护和利用工作同旅游事业的发展不断相互促进，成绩斐然。文物景区发展步伐逐渐迈向标准化，博物馆文创产品研发各具特色，旅游景区软件设施更为人性化。我国文物旅游布局逐渐体系化，故宫、颐和园、长城等都是著名文物旅游目的地，举世闻名。

（二）非物质文化遗产旅游

近些年来，“非遗+旅游”这种旅游业态的影响力越来越大，更是成为诸多年轻人出行旅游的热门选择。非遗旅游，即非物质文化遗产旅游，是建立在非遗资源开发基础上的文旅消费形式。非遗资源包括各族人民世代相承的、与人民生活密切相关的各种传统文化表现形式，包括民间文学、

传统音乐、传统舞蹈、传统戏剧、曲艺、传统美术、传统技艺、传统医药、民俗、传统体育、游艺和杂技。

“非遗+旅游”极容易结合、延伸为一种产品业态的根本原因在于，二者同时具有一种活态属性。对于非遗，活态属性是非遗市场化的前提。[①]非物质文化遗产是先民长期生产和生活中遗留下来的文化，因此与生活本身息息相关，只有传承与活化才能延续非遗的生命与活力。而旅游行为本质上也是一种生活行为，其乐趣很大程度上在于文化体验，因此与非遗结合顺理成章。在当下文化和旅游融合的政策与市场环境下，非物质文化遗产旅游这种兼具娱乐与购物的生产与生活形态，体现了文化资源与市场产品的绝配。

二、中国文物与非物质文化遗产旅游发展实践

（一）文物旅游

1.文物旅游事业进入新发展阶段

2018年，《关于加强文物保护利用改革的若干意见》《关于实施革命文物保护利用工程（2018—2022年）的意见》相继出台，提出了“创新文物保护利用机制，在确保文物安全的前提下，支持在文物保护区域因地制宜适度发展服务业和休闲农业”“促进文物旅游融合发展，推介文物领域研学旅行、体验旅游、休闲旅游项目和精品旅游线路”等意见。同时，以上文件也成为文物领域里程碑式的政策性文件，我国文物旅游业也从此进入新的发展阶段。

2.加强系统性保护

文物是不可再生、不可替代、非常宝贵的旅游资源。因此，加强文物系统性保护和预防性保护是发展文物旅游的前提和基础。2021年11月，国务院办公厅审核通过了《“十四五”文物保护和科技创新规划》（简称《规

① 马牧青.“非遗+旅游”是活态，也是业态［EB/OL］.（2021-09-19）［2022-03-29］. https://mp.weixin.qq.com/s/l8uETqruB3aDf7gaAKeHlw.

划》)。《规划》强调了系统性保护和预防性保护两点，要求文物保护要系统进行，对于重要的文物和文物资源的密集地区，整体保护文物的本体和周边环境。不仅要守护好、保护好一些级别高的文物，同时还要持续改善低级别文物的保存现状，主要是市级和县级以下甚至未登记的文物。既要实施好石窟寺、古建筑、革命文物等重大保护工程，也要在系统保护的体制机制改革上下功夫。

3. 加强预防性保护

在预防性保护方面，《规划》提出，到2025年要基本实现国保单位从抢救性保护到预防性保护的转变。预防性保护更为前置和重要，能够有效降低最终成本，因此规划中特别强调保护的预防性前置要求。同时，还要不断完善抢救性保护机制，对存在重大险情、重大隐患的文保单位要及时开展有效的抢救性保护。

（二）非物质文化遗产旅游

1. 丰富的非遗旅游资源

我国非遗资源十分丰富，这为非遗旅游的发展提供了良好的基础，“非遗+旅游”的融合发展模式盘活了我国庞大的文化遗产资源，也丰富了旅游产品的内容。截至2018年底，入选联合国教科文组织非遗名录的项目已达40个，是世界上拥有世界非物质文化遗产数量最多的国家。在国家级非物质文化遗产方面，国务院分别在2006年、2008年、2011年和2014年公布了四批代表名录，共包含1372个国家级项目。[①]国务院发布的《关于印发“十四五”旅游业发展规划的通知》《国家级文化生态保护区管理办法》等纷纷将非遗与旅游融合纳入重点发展工程，非遗旅游的发展前景十分可观。

2. 几种非遗旅游模式

近年来，国内对非遗旅游的开发进行了诸多有意义的尝试，出现了多

① 马牧青.“非遗+旅游”是活态，也是业态[EB/OL].(2021-09-19)[2022-03-29]. https://mp.weixin.qq.com/s/l8uETqruB3aDf7gaAKeHlw.

种新型旅游模式，充分体现出“让非遗走进现代生活”的理念。几种典型的“非遗+旅游”模式包括：以参观学习非遗、体验特色民俗为主要形式的“非遗+研学”旅游；以满足人们沉浸式需求，增强非遗文化体验的“非遗+民宿”旅游；以文创产品开拓非遗旅游商品市场，展示非遗传统技艺的“非遗+文创”旅游；以秀美山水为依托开发文旅演艺，通过音乐、舞蹈、服饰、妆容等元素的结合重现非遗文化氛围与特色的“非遗+演艺”旅游；以传统节日为基础，以各种差异化、民族化的民俗节庆活动为吸引力手段的“非遗+节庆”旅游。

三、国外文物与非物质文化遗产旅游经验启示

（一）文物旅游

随着经济社会发展，世界文物保护和利用中的普遍问题在于，一方面要让人民物质生活水平提升，另一方面又要使用正确的材料保护文物本身的价值。目前的共识是“在保护基础上开发，在开发利用中保护”。

1.意大利：悠久的文物保护法律传统

意大利的文物保护历史十分悠久，早在1909年就颁布法令，规定了对古迹进行保护的相关内容。意大利对文物保护的态度是十分严格的，1948年意大利将保护文化和自然遗产写入宪法，之后又不断修订完善了一系列相关法律法规。例如对于具有一百年以上历史的建筑物，即便是内部装修也须经政府委派的专人经过系统的检查、鉴定等才能决定是否批准，拆除或改建更是如此。2000年意大利颁布的《资助文化产业优惠法》和2004年颁布的《文化遗产与景观法典》又明确取消文化遗产继承税，免除文物修复材料增值税等，具有很强的时代进步性。

2.澳大利亚：文物保护利用的公众参与

澳大利亚非常注重公众参与的作用，且公众自身的文物保护热情也较高，这体现在政府、行业、社区、学校等多个方面。政府会委托专门机构

对文物进行研究和评估，并通过权益性参与、自愿性参与、娱乐性参与等方式引导公众参与并发挥舆论监督的作用。如澳大利亚古迹遗址理事会、澳大利亚皇家建筑协会等行业组织的专业人员会自愿为文物保护利用提供技术咨询和专业服务；大学教授、学生也会为博物馆等机构提供无偿服务，甚至社区组织也设有各类遗产基金会。

3.俄罗斯：文物活态保护与合理利用

20世纪末，俄罗斯开始着手对普希金故居、屠格涅夫故居、果戈理故居、柴可夫斯基故居等历史文化遗产进行清点、抢救、修缮和保护，并通过展览、讲座等各种活动使其重现生机。俄罗斯对文物的活态保护和利用体现在赋予文物持续的生命力和活力。如圣彼得堡的康斯坦丁宫由普京提议重建后，不仅保留了原始的古典风格，还增设音乐喷泉、会议室等设施，具有极强的实用性，在后来为八国集团首脑峰会、欧盟－俄罗斯首脑会议、二十国集团峰会，以及各种高规格的宴会、酒会等多次提供服务，兼具文化价值、社会价值和商业价值。

（二）非物质文化遗产旅游

1.英国：全民参与非遗保护

英国积极利用各种手段培养全民参与非遗保护的意识，尤其是从儿童开始就进行本国非物质文化遗产的教育。英国的各类文化场馆如博物馆、图书馆、科技馆等承担了非物质文化遗产的推广工作，在人才培养方面也具有成熟的文化创意专业型人才。除了政府主导的非遗保护各项行动，民间团体也为非物质文化遗产活动的组织作出了积极贡献，并设有专门的筹备委员会筹备每年的盛事，如在苏格兰设得兰群岛举行的圣火节（Up Helly-Aa）等。除此之外，英国群众还曾在网络上发起要求英国政府加入《非物质文化遗产保护公约》的签名活动。

2.意大利：积极推广非遗旅游亮点

将非物质文化遗产和各种世界级风景和文化遗产等结合，是意大利非遗旅游的重要的命题和亮点。作为以第三产业为支柱性产业的国家，旅游收入是意大利外汇的重要板块。如西西里木偶戏和当地的穆斯林、诺曼文化的结合，撒丁岛牧歌和加泰罗尼亚文化的结合，阿西西复活节庆典和中世纪城市生活的结合，都体现了意大利的非遗旅游和非遗保护所取得的二者融合发展、经济效益和文化推广兼顾的显著效果。

3. 日本：注重文化传承与传播

和食作为日本的非物质文化遗产，其保护政策特点鲜明，值得我国借鉴。在和食历时两年多的申遗过程中，日本采取了一系列措施配合申请工作的顺利开展。包括召开会议制定《重振食品和农林渔业的基本方针和行动计划》，开设传统饮食文化高等教育机构，在全国学校范围内实施订餐制，设立和食传承人登录制等行动，大大促进了和食文化的世代传承。日本还积极进行和食文化的全方位传播，不仅十分重视媒体宣传的作用，还在海外设立饮食类学校、举办和食讲座以促进和食文化的海外传播，同时对来日本的外国厨师资格进行放宽。

四、文物与非物质文化遗产旅游项目策划与管理

（一）文物旅游

1. 合理开发文物资源，实现保护性利用

文物保护是在对文物资源进行旅游开发的第一要义，旅游开发不能以牺牲或破坏文化遗产作为前提。这涵盖了对文物旅游的开放时间、范围、游客容量等多项内容的考量。另外，要尽力推动文物保护机构的对外开放进程，让更多文物得到面向公众的机会，同时积极进行市场化发展的尝试，满足人民日益增长的精神文化需求。

2. 健全文物安全制度标准、风险管理等体系

国家文物局应加强与公安、应急、消防救援等部门密切协作，加强文博单位的治安防范，持续打击文物违法犯罪。在确保安全、加强保护的基

础上，各级文保单位才能更好地发挥公共服务、文化传播的作用，依托文物资源推介国家文化地标，使文化遗产焕发时代的生机。

3.文物旅游与科技交融，丰富数字化形态

积极探索AR和VR等数字技术越来越多地引入文物旅游开发之中，将文物转化为情境化、可视化的数字文化形态，使文物古迹“动”起来，文化内涵丰富起来，充分发挥博物馆的社会教育功能。联合国家海外文化阵地和国外文物机构，通过数字化技术赋予文物新生命，助力讲好中国故事，扩大海外传播影响力。

4.政府主导市场运作，健全文物旅游体系

政府要保证在文物旅游体系建设中的主导性，通过鼓励和惩戒机制的设置，发挥文物旅游优势，保护文物安全。企业要学习好、利用好各项扶持政策，进行符合时代发展要求的旅游产品开发，依托丰富的文物资源开发各类文化创意产品，满足消费者的精神和物质双重需求，创造社会和经济双重价值。同时，还要引导民间参与文物保护，积极动员各方力量，建立多渠道资金来源，努力形成全社会参与的文物旅游体系。

（二）非物质文化遗产旅游

推动“非遗+旅游”需要有效激活内在潜能。文化和旅游本就具有共通互融的天然基因，因此在产业发展中自然会产生交集。文化的传播需要旅游作为载体，旅游的开发需要文化活化赋能。在当下的社会经济结构中，非物质文化遗产本身很难形成规模化的产业，但与旅游结合就能起到打造文化地标的效果。

根据《中华人民共和国非物质文化遗产法》和《关于进一步加强非物质文化遗产保护工作的意见》，文化和旅游部的重点工作将落实到持续推进非遗法律法规制度建设、健全完善非遗保护传承体系、推动传统工艺高质量发展等内容中去。通过文化和自然遗产日、非遗博览会、直播活动等助力非遗旅游的发展。

1. 以节会带动旅游，惠及当地社区

非遗的生命在于文化的存续，文化的存续离不开人的代代传承，因此非遗旅游的开发必须遵循惠及当地社区的原则。具体体现在：一方面通过举办节会实现非遗曝光面的扩大，开发独具地方特色的非遗旅游产品等来提高非遗传承人积极性；另一方面，旅游品牌的形成与扩大，又能进一步激发非遗活力。

2. 实施品牌化发展战略，加强海外传播

品牌化战略，是文化旅游产业尤其重要的发展手段。非物质文化遗产本身具有非常丰富的品牌元素的基础，因此可以利用鲜明的形象标识进行品牌设计，并提取出独特的文化理念。同时，要注重海外传播渠道的开发与维护，与境内外主流媒体密切联系、达成合作，举办各种形式新颖的文化展览实现非遗文化走出去；并通过社会团体、学校等民间交流渠道进一步增强对海外游客的吸引力。

3. 积极开展非遗教育，大力发展研学旅游

提高整个社会层面尤其是年轻人对非遗文化的了解和兴趣，是非遗存续传承的群众基础，也是拓展非遗旅游客流的有效渠道。通过推动非遗普及教育进入学校课堂，对非遗技艺的传承与培训进行扶持等举措，扩大社会层面对非遗文化的认知、激发消费需求，并及时跟进研学旅游的主题策划、路线设计等工作，从而打造非遗教育与旅游的双向良性互动系统。

4. 开发“非遗+”新模式，发展产业集群

非遗旅游的模式并非一定是由景点、纪念品、打卡拍照组成的，非物质文化遗产的灵魂本质上在于“润物细无声”的各种生活方式。非遗旅游可以充分融入城市文化空间的新模式存在，开拓生活消费的市场。最直观的手段就是开发出更实用的非物质文化遗产衍生品，使其与现代生活和市场接轨，回归生活的本质属性。同时要积极引导非遗资源开发的规模布局，打造集观光、体验、学习于一体的产业集群。

第三节　场馆旅游

一、场馆旅游概述

场馆旅游所涉及的对象包括图书馆、博物馆、美术馆、体育场、剧院、文化广场等各类场馆，本书中尤指能够为游客提供文化服务和休闲娱乐服务、满足游客精神文化需求的各种公共空间与文化活动的场所。

文化场馆是每个城市都不可或缺的组成部分，具有文化宣传、文化保护、陈列收藏、研究和教育等功能。随着社会的发展和人们生活态度的转变，文化场馆的职能也在不断地变化与丰富，其知识普及、艺术审美的功能越来越突出，逐渐进入民众文化旅游的选择视野中。

二、中国场馆旅游发展实践

据统计，截至2020年底，全国共有公共图书馆3212个、美术馆618个、博物馆5788个、文化馆3327个、文化站4万多个、村级综合性文化服务中心57.54万个。[①]近年来，我国大力推动文化场馆建设，越来越多的公共文化场馆免费开放；各类文化场馆发展迅速，越来越成为满足人们文化需求的重要渠道。

（一）“场馆+”融合业态

随着近年来游客对场馆旅游个性化需求的日益增长，馆旅结合、馆店融合的模式不断深化，这种“场馆+”融合业态符合文旅融合的总体趋势，也能实现互相借力，补齐发展短板，发挥互补优势。如共享书店等阅读方

① 王珂，易嘉欣，雷莺乔.文化场馆活动 展现多彩魅力［EB/OL］.(2021-10-13)［2022-04-10］. http://cn.chinadaily.com.cn/a/202110/13/WS61663306a3107be4979f21f4.html.

式的流行，以及集阅读、品茗、古琴培训、咖啡店、蛋糕店等于一体的新型城市阅读空间的出现，提升了游客的阅读和消费体验，让文化场馆的服务渗透在旅游的各个方面。此外，文化场馆与旅游机构的合作，推行文化馆、图书馆在大景区建设分馆，鼓励县级以上公共文化场馆对游客免费开放等措施，也进一步丰富了场馆旅游的业态。

（二）智慧服务关注特殊群体需求

关心特殊群体，打造无障碍服务体系，是文化场馆的发展方向之一，也是优化服务与体验的必由之路。文化场馆建设需更加满足特殊群体的文化需求，尤其要适应社会的老龄化趋势，我国部分地区在智慧服务方面已经做出了有益尝试。针对老年人对移动设备的构造和功能普遍不熟悉，导致无法切实享受部分公共文化设施的情况，四川成都武侯区图书馆开展了一系列“智慧助老”公益服务，帮助老年人了解手机支付、摄影、导航、聊天等基础功能。又如上海博物馆推出的面向听障人群的手语导览服务和陕西图书馆视障阅览室安装的无障碍阅读设备，能够有效地帮助残障人士改善场馆旅游体验，提高文化场馆服务水平。

（三）数字图书馆推广工程

文化和旅游部面向全国公共图书馆系统实施数字图书馆推广工程，截至2020年底，面向全国共享的数字资源超过145万亿字节。“十三五”期间，国家图书馆网站年均点击量约9.37亿次，年均手机端访问量超过1.1亿次。[①]“十四五”时期，国家将继续加强全国智慧图书馆体系建设，并推动图书馆、文化馆、博物馆、美术馆等场馆的公共文化云建设。在此基础上，这些文化场馆将发挥互联共通机制效用，加速文化场馆功能融合步伐，提高综合服务能力。

① 王珂，易嘉欣，雷莺乔. 文化场馆活动 展现多彩魅力［EB/OL］.（2021-10-13）［2022-04-10］. http://cn.chinadaily.com.cn/a/202110/13/WS61663306a3107be4979f21f4.html.

三、场馆旅游项目策划与管理

随着人们对文化场馆的需求不断升级，为更好地满足多样化、个性化的需求，《中华人民共和国国民经济和社会发展第十四个五年规划和2035年远景目标纲要》（简称“十四五”规划）提出，推进公共图书馆、文化馆、美术馆、博物馆等公共文化场馆免费开放和数字化发展，推进全民艺术普及。

（一）文化场馆数字化建设

借助数字化技术的应用，文化场馆能够大大提高公共服务的效率和效果，强化场馆功能的发挥。无论在线上还是线下场景，智能网络的覆盖都可以为游客带来更具沉浸感、科技感的游览体验。我国许多文化场馆已经在电子导览、实时交互、虚拟展陈、数字藏品、益智游戏等方面做出了有益尝试。数字手段的运用可以突破时空限制，不仅能让观众耳目一新，也消减了场馆空间的距离感。“云端”旅游逐渐成为文化旅游的新趋势。

（二）完善基础设施和服务

文化场馆的各类基础设施建设对游客在游览过程中的体验发挥着至关重要的作用。通过对现有场馆布局进行调整，设置单向游览通道避免拥挤、增设无障碍设施、开辟游客休闲区等措施，可以有效吸引更多游客走进文化场馆，提升文化场馆服务人次。而公共图书馆作为城市旅游的标志性场馆，其最主要的职能是为公众提供阅读的资源与空间，因此游客参观藏书、藏品的旅游路线要特别注意避免对读者的阅读体验造成破坏。如增设游客咨询人员岗位，尽量使场馆指引标识简单明了，最大程度地减少游客在游览中因基础设施的缺乏而造成的阻碍。

（三）推动形成全域旅游格局

全域旅游的本质是要打破旧的旅游空间格局，形成新格局。通过更加密切的馆际合作，打破以往各场馆间独立发展的局面，逐步形成跨场馆、跨区域的新局面，推动不同区域、不同场馆间资源调动、信息共享、相互宣传、互相引流。同一区域内公共文化场馆旅游功能协同开发的重点，在于整合优势资源、建立文化资源一体化发布平台，使游客在该区域的任一文化场馆游览过程中都能接收到其他场馆的信息。2019年9月，重庆(中国)三峡博物馆与南京博物院等70多家博物馆发起“博物馆护照”项目，各参加单位在共同参与、共同服务、共享产品、协同运营的基础上，一起为广大游客提供包括护照签章、持照人积分奖励等服务。[①]

第四节　乡村旅游

一、乡村旅游概述

乡村是一个特定的社会、文化自然地理单元。根据职能、特征、经济活动内容，乡村可以被分为农村、山村、牧村、渔村等类型。[②]由于地理环境、历史发展、民族风俗等方面存在的差异，每个乡村形成的自然和人文景观都各有千秋。现如今，经济的飞速发展、社会风尚的变迁使得人们的旅游需求空间越来越大，对内容和形式的期待越来越多元。

乡村旅游具有求知功能、审美功能、娱乐功能和寻根功能，能够满足游客感受乡村文化、开阔视野的需求。乡村旅游因其所展示出的独特的风土人情、审美风格和农业体验，形成自然、乡土、闲适的地理性格和村落意象。这些区别于城市旅游展示出的现代化、都市化景观，使其成为文化旅游的重要目的地之一。

① 刘婧婷.博物馆参观护照在渝发布 持有者可在国内多家博物馆打卡［EB/OL］.(2019-09-19)［2022-04-14］. https://m.gmw.cn/baijia/2019-09/19/33169788.html.

② 骆高远.中国文化旅游概论［M］.杭州：浙江大学出版社，2017.

二、中国乡村旅游发展实践

乡村旅游在中国的兴起开始于20世纪80年代。1986年，成都市友爱镇农科村一个叫徐纪元的农民成立了中国第一家农家乐——“徐家大院”[①]，此后，这种新兴的旅游模式逐渐走向全国。从20世纪90年代开始，我国乡村旅游进入快速发展的时期，多种新兴模式涌现于旅游市场。但与此同时，一些粗制滥造、照搬照抄的乡村旅游项目的出现，也引发了同质化竞争的不良市场格局。

随着旅游业与农业不断融合发展，乡村公路的翻修、私家车的普及，以及近年来文化创意产业的兴起，乡村旅游迅速发展并升级换代，逐渐形成集度假、休闲、观光、体验于一体的度假园区模式。

乡村旅游的发展与乡村振兴事业密切相关。通过发展乡村文化旅游，可以实现带动农产品销售、兴业助农、建立多元收入结构的目标。我国在“十四五”规划中明确提出，要壮大乡村旅游、民宿经济等特色产业，提升乡村旅游服务品质。

我国乡村旅游发展迅速。在疫情防控常态化背景下，乡村旅游仍能率先实现复苏并持续稳步增长，这主要得益于乡村人口密度较低、城乡交通便捷的优势。在2021年联合国世界旅游组织第24届全体大会发布的2021年首批联合国世界旅游组织“最佳旅游乡村”名单中，中国浙江余村和安徽西递村入选，[②]集中体现了我国的乡村振兴战略下创新、协调、绿色、开放、共享的新发展理念，以及建设人与自然和谐共生的美丽中国的发展实践。

---

① 徐家大院香飘万里（新中国的“第一”·70年）[EB/OL].（2019-10-05）[2022-04-17]. https://baijiahao.baidu.com/s?id=1646524537146240225.

② 旅游|乡村旅游：风生水起，形神兼备［EB/OL］.（2021-12-16）［2022-04-17］. https://baijiahao.baidu.com/s?id=1719297999950019653.

三、国外乡村旅游经验启示

（一）英国：充分发挥政府主导作用

英国是世界上发展乡村旅游最早的国家之一，20世纪六七十年代，英国就出现了乡村旅游这一业态。20世纪90年代时，乡村旅游景点的热度已经达到和文化遗产中心、手工艺品中心、主题公园、工厂景点齐名的位置。据英格兰旅游委员会统计，1995年农场景点、主题公园、工业旅游景点是英国最受欢迎的三大类旅游景点，英国有近1/4的农场都开展了旅游活动。①

英国支持乡村旅游发展的措施主要是给予财政支持。自1991年来，英国中央政府农村发展委员会做出了一系列努力，以推进英国乡村旅游的全面发展。如以农业为基础开发的景点可以得到农业、渔业和粮食部的财政支持；如果农场主在正常经营的基础上还能够探索发展旅游的尝试，也可以得到相应资助。对于致力改善乡村旅游设施的项目，乡村委员会也会给予一定的支持。

（二）意大利：坚持农业主体地位

意大利的乡村旅游体现出很强的农业主体性，主要利用农场现有的资源和条件，旅游内容、旅游商品等开发都围绕农业本身展开。在这样的原则之下，意大利政府在游客住宿、旅游活动、餐饮制定等方面都做出了详细规定。如游客住宿所用房屋不能占用原有的农业生产用房，餐饮的菜品应绝大部分取材于当地农场的动物和作物等。

除此之外，游客的利益保障也受到重视。游客的活动范围、电器使用的方法等都有详细的说明，以保证其人身安全。对于出售给游客的农产品，其价格必须要低于市场批发价，且需要经过质量评估和鉴定方可出售。

① 王庆生.旅游项目策划教程［M］.北京：清华大学出版社，2013.

（三）日本：强参与性的乡村旅游产品

日本是亚洲开展乡村旅游较早的国家，其对于乡村旅游产品的策划体现出鲜明的日本性格，具有巧思独具、参与性强、服务细致周到的特点。当地旅行社不仅开发出诸如种田、捕鱼、放牧等满足游客农业体验需求的乡村旅游产品，还会在农产品收获之际将其打包寄给游客，增强了游客的获得感和满足感。而在动物农场中，游客不仅能够满足和小动物亲密互动的需求，还可以顺便参观挤奶、奶油加工等生产项目，购买到新鲜的奶制品。

除此之外，在日本、瑞士等国，还有一种新型乡村旅游形式——租地自种，此形式十分受欢迎。这种旅游形式主要是面向希望持续享受到农业种植乐趣但又无法长期照看的城市游客。为了解决这一问题，在平时农场会有专人负责照看田地，到了节假日期间游客就可以来到自己的田里亲手耕种、浇水、施肥，感受田园生活的雅趣。

四、乡村旅游项目策划与管理

（一）尊重乡村原有的自然生态与文化生态

乡村旅游的差异性优势就在于乡村独有的生态特征和文化特征，这是乡村旅游的灵魂与核心资源，也是乡村旅游项目策划的基准。但与此同时，旅游项目的开发也可能对乡村本身造成不可逆的影响甚至破坏，所以乡村旅游的开展必须建立在尊重原有的景观、设施、传统的基础上。要避免因追求商业性和便利性而带来的对乡村的自然生态、村落景观、生产生活、文化传统等的破坏，冲淡游客所追求的乡土性与本真性。

（二）遵循体验性优先原则

未来的文化旅游将越来越趋向体验经济，文化旅游开发者越来越趋向于体验制造者，以“沉浸式体验”为主打的旅游产品越来越受欢迎。体验经济的要义在于丰富的娱乐场景、真实的情感体验以及个性化需求的满足。从这一维度来讲，旅游产品的成败点就在于创造游客体验的提供能力，体验的提供质量越高，游客付出经济成本的意愿就越高。体验性优先原则，要求旅游产品的开发和设计要更多融入与游客的互动环节，使其充分感受乡村旅游的内涵和魅力。

（三）保护乡土差异和个性特征

我国幅员辽阔、民族众多，在长期的历史发展中，各个地区的地理风貌、民俗文化、饮食习惯等各具特色，这些要素构成了乡村旅游的核心竞争力。而现代工业文明的发展，使得这些要素都只能在乡村中找到最为鲜明的保留和体现。因此乡村旅游开发既要保持本色，又要体现特色。若照搬照抄其他地区的乡村旅游经验，只会让乡村旅游产品沦为流水线的产物，难以形成持久的生命力。只有充分挖掘乡村本土文化优势，才能真正助力乡村发展，占据旅游市场高地。

第五节　红色旅游

一、红色旅游概述

2004年12月，中共中央办公厅、国务院办公厅印发的《2004—2010年全国红色旅游发展规划纲要》中对红色旅游的定义是：主要是指以中国共产党领导人民在革命和战争时期建树丰功伟绩所形成的纪念地、标志物为载体，以其所承载的革命历史、革命事迹和革命精神为内涵，组织接待旅游者开展缅怀学习、参观游览的主题性旅游活动。

《2011—2015年全国红色旅游发展规划纲要》对红色旅游的概念做了进一步拓展，提出以我党领导下的革命战争时期内容为重点，将1840年以来中国大地上发生的以爱国主义和革命传统精神为主题，有代表性的重大事件、重大活动和重要人物事迹的历史文化遗存有选择地纳入红色旅游发展范围。

红色文化旅游是中国特色的旅游，红色旅游内容和主题的核心在于红色文化。发展红色旅游对于加强爱国主义教育，培育和弘扬民族精神，增强民族自信心与认同感具有重要的历史意义。同时，红色旅游的发展能够带动革命老区的经济发展，实现经济效益与社会效益的密切结合。

二、中国红色旅游发展实践

（一）红色旅游的资源分布

我国红色旅游资源相当丰富。从时间维度来看，我国红色旅游资源呈现出同一革命历史时期内多点分布的特征，这是由于全国性的革命战争格局形成的。从空间维度来说，我国红色旅游资源呈现出空间跨越较大和分散程度高的特征，红色旅游景区地大多跨两个以上省市，甚至跨越中西部；同一红色旅游区内也存在不同景点之间空间距离较远的制约（见表8-2）。

表 8-2　全国红色旅游经典景区名单（4A 以上）

序号	名称	所在地区	景区级别
1	西柏坡	河北省石家庄市	5A
2	圆明园遗址公园	北京市海淀区	5A（2020 年）
3	嘉兴南湖	浙江省嘉兴市	5A（2011 年）
4	北京市奥林匹克公园	北京市朝阳区	5A（2012 年）
5	孙中山故居纪念馆	广东省中山市	5A
6	中山陵	江苏省南京市	5A（2007 年）
7	河南省安阳市红旗渠	河南省安阳市	5A（2016 年）
8	三五九旅屯垦纪念馆	新疆维吾尔自治区阿拉尔市	5A

续表

序号	名称	所在地区	景区级别
9	周恩来邓颖超纪念馆	天津市南开区	4A
10	平津战役纪念馆	天津市红桥区	4A
11	渡江战役总前委旧址纪念馆	安徽省合肥市	4A
12	浙东抗日根据地旧址	浙江省宁波市	4A
13	大沽口炮台遗址博物馆	天津市滨海新区	4A（2013 年）
14	鸦片战争博物馆	广东省东莞市	4A（2003 年）
15	华北军区烈士陵园	河北省石家庄市	4A
16	确山竹沟革命纪念馆	河南省驻马店市	4A
17	莱芜战役纪念馆	山东省济南市	4A
18	息烽集中营革命历史纪念馆景区	贵州省贵阳市	4A
19	黄花岗烈士陵园	广东省广州市	4A（2004 年）
20	温州市浙南（平阳）抗日根据地旧址	浙江省温州市	4A
21	关向应纪念馆	辽宁省大连市	4A
22	杨靖宇烈士陵园	吉林省通化市	4A
23	渭华起义纪念馆	陕西省渭南市	4A
24	马栏革命旧址	陕西省咸阳市	4A
25	中国航空博物馆	北京市昌平区	4A
26	中国工农红军西路军纪念馆（青海）	青海省西宁市	4A（2017 年）
27	桂平市太平天国金田起义遗址景区	广西壮族自治区贵港市	4A
28	瑷珲历史陈列馆	黑龙江省黑河市	4A
29	珠玑巷	广东省韶关市	4A（2012 年）
30	董存瑞烈士陵园及纪念馆	河北省承德市	4A
31	新四军苏浙军区旧址	浙江省湖州市	4A

续表

序号	名称	所在地区	景区级别
32	满洲里红色国际秘密交通线教育基地暨国门景区	内蒙古自治区呼伦贝尔市	4A（2009年）
33	世界反法西斯战争海拉尔纪念园	内蒙古自治区呼伦贝尔市	4A（2008年）
34	抚顺市雷锋纪念馆	辽宁省抚顺市	4A
35	红宫红场旧址·彭湃烈士故居	广东省汕尾市	4A（2018年）
36	宿迁市雪枫公园	江苏省宿迁市	4A
37	上海城市规划展示馆	上海市黄浦区	4A
38	杨善洲精神教育基地	云南省保山市	4A
39	昆仑关旅游风景区	广西壮族自治区南京市	4A
40	玉门油田红色旅游景区	甘肃省酒泉市	4A
41	中国工农红军第十四军纪念馆	江苏省南通市	4A
42	孔繁森同志纪念馆	山东省聊城市	4A
43	泰来江桥抗战纪念馆	黑龙江省齐齐哈尔市	4A
44	王稼祥纪念园	安徽省芜湖市	4A
45	小平小道景区	江西省南昌市	4A
46	阜新万人坑死难矿工纪念馆	辽宁省阜新市	4A
47	冀鲁边区革命纪念园	山东省德州市	4A

（二）红色旅游的主要业态

虽然红色旅游作为一种特殊的旅游形式，产品的主题围绕着爱国主义与革命精神的教育展开，但其旅游产品的基本属性与其他旅游形式是共通的。当下的红色旅游市场正在日益推进红色文化内涵与旅游休闲目标走向一体化，改变过去以遗址参观为主要内容的经营模式，并积极开辟与新业态融合式发展的路径。

这些新业态主要包括“红色+爱国教育”“红色+军事科教”“红色+户外拓展”“红色+民俗体验”“红色+农旅休闲”“红色+在地文创”等。[①]红色旅游与不同产业、旅游产品的融合路径，打造了新的经济增长点，能够有效带动革命老区交通、餐饮、住宿、商贸等行业的发展。

（三）红色旅游的发展历程

1.起步探索阶段

20世纪80年代中后期，我国经济社会发展迅速，人民生活水平日益提高，旅游业在国内兴起。部分具备红色旅游基础资源的地区，开始探索性地进行红色旅游经营。以革命遗址和纪念馆等为资源依托，以游客接待为主要经营方式，红色旅游业的雏形逐渐显现。

2.加速发展阶段

20世纪90年代中后期是我国红色旅游的发展加速期，这一时期诞生了红色旅游的称谓，各地对红色旅游业的投资热度不断升高。一方面，交通、环境等基础设施的显著改善为发展红色旅游提供了基本保证；另一方面，政府划拨了大量的财政资金对革命文物、遗址等进行修缮、保护，为红色旅游资源的进一步开发提供了客观条件。除此之外，这一时期适逢中国抗日战争胜利50周年、新中国成立50周年等重大历史纪念日，人们的旅游热情被极大地拉动，进一步刺激了红色旅游的发展。

3.提质增效阶段

进入21世纪以来，大众旅游蓬勃发展，红色旅游愈发成为推动地方经济发展的优势产业。例如，井冈山就曾提出“一红一绿”的战略发展思路，即红色旅游与秀美山水、绿色生态的结合。据《中国红色旅游消费大数据报告（2021）》显示，在疫情常态化防控的背景下，2021年41.7%的游客参加红色旅游的次数达到3次以上，其中7.1%的游客红色旅游次数超过5次。

① 王英哲.“红色旅游+”文旅综合体新业态探究［J］.广东蚕业，2019（8）：95-96，98.

红色旅游搜索热度较上年同期增长176%。另外，在2021年红色旅游客群中，“00后”“90后”人群占比达到51%以上，红色旅游正呈现越来越年轻化趋势。①

三、红色旅游项目策划与管理

（一）推进革命文物保护性利用

目前，我国的革命文物家底基本摸清，革命场馆体系基本形成，普查登记的不可移动革命文物3.6万多处、可移动革命文物100多万件/套、革命博物馆纪念馆1600多家。②要保护好红色文化遗产，无论是重大革命遗址还是民间的革命遗存，都要依照“保护为主、抢救第一”的方针，尽力维持红色文化遗产的本来风貌。可以说，革命文物的保护性利用是红色旅游发展的前提和基础。除此之外，还要保护好周边的生态环境，旅游线路的设计和开发、旅游设施的修建、游客容量的控制等都要尽可能避开生态脆弱敏感的区域，尊重自然规律。

（二）突出红色历史的原真性

真实地反映革命先辈为了国家和民族的解放而英勇斗争的历史，是发展红色旅游的使命与责任。这包括两方面内容：第一，要确保红色资源的真实性和完整性。一方面，不能因现代旅游开发行为破坏本来的历史原貌；另一方面，还可以借助现代技术手段来实现革命场景的还原。第二，纪念馆的导览设施以及景区导游等信息服务，要确保实事求是，对于革命事件与革命人物的细节性内容，要反复考证，不能含糊其词。

（三）强化区域合作

我国红色旅游资源的分布具有跨地域性，这就决定了地域接近的红色

① 余俊杰，陈爱平.2021年，红色旅游为何这么火？［EB/OL］.（2021-12-30）［2022-04-23］. https://baijiahao.baidu.com/s?id=1720572966393555510.

② 全国革命文物家底基本摸清！名录将分批公布［EB/OL］.（2021-12-31）［2022-04-03］. https://baijiahao.baidu.com/s?id=1720659793582866032.

旅游景区要建立一种统筹协调、资源共享、市场共建的新模式，走区域合作的路线才能实现效益最大化的多赢局面，避免分散经营的资源流失。为了更好地实现这一目标，政府要起到沟通协调各方的主导作用，整合行业资源，推动区域发展一体化制度标准建立，推动形成系统性、品牌化的旅游产品。

第六节　案例分析

英国东南乡村旅游

一、英国东南乡村旅游区

英国开发乡村旅游始于20世纪50年代，从20世纪90年代开始迅速发展并不断完善，目前已经进入比较成熟的阶段。英国的乡村经济发展水平较高，与城市发展趋于一体化，形成城乡一元结构。因此，英国乡村旅游发展所使用的房屋均已实现各种基础设施的高度现代化，不仅各种生活用品一应俱全，还配有各种办公设备；但是如古堡、酒馆、农舍等建筑，其外观仍保持着乡村原貌。

英国伦敦东南部乡村旅游区开发面积约19 000平方千米，有5个大类，12个亚类和20个基本类型，其地理位置、历史文化、风俗习惯各具特色，形成立足于旅游市场垂直领域的产品形式。基于对当地旅游资源特色的充分挖掘，英国的乡村旅游主题形式丰富多元，如水上体育、古堡探险、酒馆文化等主题都深受游客喜爱。

二、英国东南乡村旅游集团TSE

英国东南乡村旅游集团（Tourism South East，TSE）成立于2003年，由东南部旅游总会（South Tourism Board）和东南英格兰旅游总会（South East England Tourist Board）合并而成，该集团的成立标志着英国区域集团化的兴起。TSE非常依赖地方政府的投资，资金主要来自东南英格兰发展协会（South East England Development Agency，SEEDA）。TSE每年投资高达700万英镑，收入为115亿英镑，占该地区GDP的7%。[①]作为以伦敦为核心的最大的乡村旅游集团，TSE能够提供相关工作岗位225 000个。

三、旅游规划复合系统TPCS

TPCS是一种旅游规划复合系统（Tourist Planning Composite System），指一定区域内各村落联合起来发展旅游产业的现象。这种区域互补性是由旅游景区间地理位置联系的紧密性，以及旅游资源的有限性的客观情况决定的，系统内的各个景点相互联系、作用、渗透，形成有机整体。

英国东南乡村旅游区的交通十分便利，各个景点通过高速公路连接，且车程不超过1小时，可以把更远距离的村落也纳入进来，形成以伦敦为核心的整体。此外，TPCS的动态进化离不开竞争与合作。如汉普郡以高质量的度假旅馆出名，而肯特郡则以坎特伯雷大教堂和利兹城堡闻名于世，专业化的组合满足了游客的各项需求。

四、高参与性与体验性的旅游产品

乡村旅游产品的丰富多样延长了游客的停留时间。在英国，体育活动是城市居民必不可少的休闲项目之一，据天空体育台（Sky Sports）统计，在英国伦敦有1/3的城市居民每周参加至少一种或多种体育运动。但由于城市污染和场地的局限性，如高尔夫、马球运动等体育项目已转移到了乡村。

TSE所推出的乡村旅游产品融合了其他各种旅游形式，使游客能够在

① 王铄. 中国和英国乡村旅游发展模式比较研究：以英国伦敦东南部乡村和中国武汉木兰山乡村旅游为例［J］. 桂林旅游高等专科学校学报，2007（4）：219-222.

旅游过程中获得更强的参与性和体验性。2006年，TSE推出了以水上旅游为主的乡村旅游产品，与传统的夏日、阳光、沙滩的组合不同，这一水上项目打破了海滨乡村的宁静模式，以划水、帆船训练、骑马等体育健身项目为主。游客可以多次重复游玩这些项目，大大延长了乡村旅游的度假时间。

TSE还曾推出面向年轻人喜好的夜访古堡化装舞会、海盗寻宝等活动，活动策划融入了英国本土的文化元素，兼具很强的表演性与娱乐性。英国东南乡村旅游区具有丰富的、保护程度完好的古堡和洞穴等旅游资源，且乡村土地资源较为丰富，适合这类占地面积较大的旅游项目的开展。

借鉴英国东南乡村旅游区的发展模式，我国的乡村旅游发展也应充分发挥中心城市周边乡村的区域优势，针对共同的客源市场协调联动、共享旅游资源。挖掘各个乡村的差异性特点，确定主题，只有这样，乡村旅游才能具有长期的生命力。

第九章 文化旅游新业态的策划与开发

文化旅游新业态是未来我国文化与旅游业融合的重要发展方向，时任文化和旅游部部长雒树刚将文化旅游新业态分为文化旅游综合体、研学旅游、展演旅游、康养旅游、主题公园与影视基地几类。[①]本章将依次对这些文化旅游新业态的策划与开发进行介绍，并通过案例分析帮助读者更好地理解这些文化旅游新业态。

第一节 文化旅游综合体的策划与开发

一、文化旅游综合体概述

文化旅游综合体是由城市综合体引申而来的一个较新的概念，原文化部在其印发的《文化部"十三五"时期文化产业发展规划》中提出："支持开发集文化创意、旅游休闲、康体养生等主题于一体的文化旅游综合体。"[②]文化旅游综合体主要包括文化消费街区、文化创意产业园区等。

文化旅游综合体的概念提出较晚，但这种文旅融合的业态早已存在，2000年开始建立的上海M50创意园、2009年改建的广州红专厂都属于典型

① 雒树刚.推动文化和旅游融合发展［N］.光明日报，2020-12-14.

② 文化部发布"十三五"时期文化产业发展规划［EB/OL］.（2017-04-20）. http://www.gov.cn/xinwen/2017-04/20/content_5187654.htm.

的文化创意产业园区；上海田子坊、成都宽窄巷子、北京南锣鼓巷等著名文化消费街区也具有悠久的历史。

近年来，国家发布了《“十四五”文化产业发展规划》《“十四五”文化和旅游发展规划》《国务院关于加快发展旅游业的意见》等一系列有利于文化与旅游融合发展的政策，在国家和政府的大力支持下，文化旅游综合体发展势头强劲。

文化旅游综合体正在逐步形成以文化产业和旅游业为主导，辅之以相关其他产业，以文化和旅游为驱动力，多条产业链耦合发展的格局。文化旅游综合体内包含旅游、休闲、娱乐、文化产业、创意地产等多种元素，正向着产业体系多元化的方向发展。

文化旅游综合体的发展呈现出三个趋势：一是文化和旅游愈发双向深度融合，二是促进当地休闲娱乐消费的作用越来越明显，三是政府所支持打造的特色文化旅游功能区品牌效应越来越突出。目前，我国正在逐渐形成一批有地域、历史、文化内涵和民族特色的文化创意产业园区、特色文化小（城）镇、文化消费街区、旅游度假区等文化旅游综合体，并努力培育一批文化与旅游融合的精品。

总而言之，作为文化旅游新业态的文化旅游综合体，虽然尚未完全成熟，并且只集中于部分一线城市，但在政府的扶持及文化旅游融合发展的推动下，已呈现出良好的发展面貌。

二、文化旅游综合体的策划

文化旅游综合体的策划应遵循以下7个要点：

1.突出文化内核

创意、品牌聚集、消费功能都是构成文化旅游综合体的要素，但文化内核才是文化旅游综合体区别于城市综合体以及旅游综合体的关键。

有许多文化旅游综合体项目空有“文化”之名，实际上不过是文化附庸于物质消费的商业产品，缺乏精神内涵。比如市场上大部分的文化创意产业园区都效仿北京798艺术中心，追求小资艺术情调，打造艺术展览、售卖文创产品，将园区打造成798艺术中心的复刻品，同质化现象严重，其他的文化旅游综合体也存在同样的问题。假如文化旅游综合体在策划时聚焦于具有本地特色的地方文化，创造出自己特有的文化内核，形成自己独特的文化品牌，那么就可以做到“去同质化”，打造出具有独特性的文化旅游综合体。

综上所述，在策划文化旅游综合体时应当把文化内核放在首位，深入发掘当地的本土文化资源，了解当地的风土人情以及文化背景，深刻体会当地文化氛围，在这一基础之上提炼出适宜的文化内核，并将其融入文化旅游综合体的策划之中。

2. 立足优势产业

文化旅游综合体功能齐全，要素众多，但这并不意味着策划者要对所有的功能和要素一视同仁，而是应当尽量兼顾但又有所侧重，而策划时应该侧重于哪些功能、哪些要素则是由当地的优势产业所决定的。若某地自然资源丰富，则应主打旅游休闲，同时兼顾文化创意、康体养生、消费娱乐等功能。比如深圳地区高新技术产业及数字产业发达，深圳文化创意园就立足于这一优势产业，定位为以数字新媒体、影视动漫和创意设计等为主要主题的高端文化产业园，打造独具深圳特色的文化创意产业园区。

文化旅游综合体在策划时立足于当地的优势产业，不仅能够在项目中体现当地特色，还能够利用当地的优势产业带动该文化旅游综合体的发展，并最终反哺当地优势产业的发展。

3. 坚持体验优先

吸引游客、拉动当地旅游业发展是文化旅游综合体策划与开发的根本目的，因此在策划时必须坚持体验优先的原则，不能一味地追求功能多样性而忽视了游客的体验感。一个文化旅游综合体项目在策划时必须充分考虑建成后的环境是否能让游客感到舒适、周围的交通对游客来说是否便利、周围的餐饮住宿是否能够满足游客需求等要素，力求让游客在参观游览时获得最佳的体验，从而获得更好的口碑、吸引更多游客。

4.提升审美品位

无论是文化消费街区还是文化创意产业园区，都需要具有美感，在策划时应考虑如何提升其审美品位。视觉吸引力是引起人们对一个新事物产生好奇心的重要因素，在很多时候也是人们接触新事物的最初始的方法；而文化旅游综合体作为一种文化旅游新业态，国内的游客对其知之甚少，只有其在视觉上具有吸引力，才能够吸引游客前去游玩体验。如果不具备审美性，游客很可能会因其外观不够吸引人，从而放弃进一步了解其其他功能。

5.强化娱乐功能

文化旅游综合体归根到底还是一种旅游业态，而旅游最主要的目的便是娱乐，因此在策划文化旅游综合体时需要考虑其是否具有娱乐性。文化旅游综合体的功能十分丰富，但需要注意不能让其消费、休闲、康养之类的功能掩盖了其游玩、娱乐的功能。

6.注重休闲放松

在策划文化旅游综合体时还需要注重其休闲性。休闲放松是人们选择在空闲时间旅游的一个重要目的，或许这不是文化旅游综合体区别于其他文化旅游业态的关键要素，但在一个既有文化创意又能观赏游玩，甚至还能购物、居住的景区中，加入一些放松休闲的元素，无疑会成为重要的加分项。

7.增加创意元素

最后，也是最关键的一个要点便是增加创意元素。

自从文化旅游综合体的概念开始出现之后，许多城市都开始致力于开发这种文化、创意、消费以及空间和产业聚集的新型文旅融合项目，文化创意产业园区、文化消费街区等文化旅游综合体开始如雨后春笋般涌现，但真正成功的却寥寥无几。究其原因，最主要的便是这些文化旅游综合体项目在策划时缺乏创新思维，造成同质化严重的现象。比如近年受关注度较高的文化创意产业园区大多千篇一律，园区内都是一些画展、摄影展，再加上一些艺术品商店和装修精致的咖啡厅，本质上并无差别。缺乏明确的主题，没有自己的特色，使得这些园区最终都沦为拍照打卡的网红景区。

创意可谓是文化旅游综合体的灵魂，是一个项目能够取得成功的核心竞争力，是打破目前市场上同质化现象的关键突破口。游客基本上都追求精神上的满足，而新奇的事物往往能够给人以新鲜感和兴奋感，因此一个文化旅游综合体如果足够具有创意，就能够吸引到足够多的游客，从而带动当地的旅游消费，并建立起良好的口碑，使项目获得成功。因此在进行文化旅游综合体项目的策划时，一定要时刻坚持创意创新思维，致力于策划出具有独特性、差异化的项目。

三、文化旅游综合体的开发模式与原则

在这一部分中，将先介绍现存文化旅游综合体的开发模式，然后对其开发原则进行总结以供学习和参考。

（一）文化旅游综合体的开发模式

1. 开发条件

文化旅游综合体的开发必须具备以下几个条件（见表9-1）。

表 9-1　文化旅游综合体的开发条件

外部条件	内部条件
▲选址地有良好的交通条件，比如有地铁站、公交站等。 ▲选址地有一定的人流量和消费基础。 ▲最好有政策的扶持，至少不受到当地政策反对。	▲有足够的土地面积和建筑体量。 ▲有一定文化基础，最好具有可供开发的特色文化。 ▲能与该地区其他的生活空间形成互补关系。

2. 开发模式

从投资与运营的角度来看，文化旅游综合体的开发共有以下三种开发

模式[①]：

（1）独立开发模式。该文化旅游综合体开发模式的投资主体较为单一，多为大型集团或是政府出资开发，合作者相对较少，只有一些设计公司和建筑商等。这种开发模式下投资主体的意愿不易受到干扰，但需要独自承担风险。

（2）合资模式。该文化旅游综合体的开发模式由多个投资主体共同投资开发，这种开发模式下投资者们不仅可以共担风险，还能够整合利用合作各方的资源优势，但在开发时需要考虑到投资各方的意愿。

（3）公共财政补贴模式。该文化旅游综合体的开发模式一般是由于单个开发商缺乏独立完成开发的能力，但项目对于当地的旅游业发展以及地方文化传播具有重要意义，故而政府给予开发商一些政策优惠的支持，比如为开发商提供无息贷款，或是给予开发商公共财政补贴等。

（二）文化旅游综合体的开发原则

1. 以资源环境为基础

文化旅游综合体是依托一定的土地基础以及良好的环境资源进行土地综合开发而形成的，因此在开发时必须以资源环境为基础，并在此基础上进行环境营造，以此来提升游客的体验感。

文化旅游综合体的环境营造主要包括公共空间营造和创意情景营造两个部分。公共空间营造主要是该文化旅游综合体的景观以及建筑风格，开发商在开发时应该打造符合主题并令游客感到舒适的建筑和景观；创意情景营造则主要是营造一种氛围，开发商在建造文化旅游综合体时应该淡化商业气息，突出文化氛围，并打造具有创意感的场景。

2. 以互动发展为关键

在开发文化旅游综合体时应该以引导市场需求为出发点，推动具有文化创意的地产和具有旅游休闲、康体养生功能的综合体的互动发展。

文化旅游综合体先通过具有文化创意元素的地产将游客引入，然后利用综合体的旅游休闲、康体养生、消费娱乐等功能将游客留下，使得地产

① 黄安民. 旅游学概论［M］. 北京：清华大学出版社，2015.

本身的文化创意特色成为吸引游客的核心，多功能综合体则构成休闲娱乐的平台，两者协调、互动发展，共同推进多功能复合型文化旅游综合体的构建，促进当地文化旅游的发展。

3. 以业态融合为辅助

文化旅游综合体在开发时不能只关注综合体本身，还要注重和周边其他业态的融合发展，打造完整的产业链条。

比如在文化旅游综合体的周边店铺售卖相关主题的文创产品、开设具有文化创意氛围的餐饮店铺、打造相关主题酒店、配套开发周边地产等，围绕该文化旅游综合体形成一条产业链。和其他业态融合开发有助于进一步带动该地区文化旅游业的发展，还可以利用周边的餐饮、酒店、文创产品的吸引力为该文化旅游综合体吸引更多游客。

第二节　研学旅游的策划与开发

一、研学旅游概述

研学旅游是一种将教育与旅游结合为一体的文化旅游新业态，一般是由学校或教育部门组织，学生参与，将研究、集体旅游和学习结合为一体的校外教育活动。2013年，我国首次提出“研学旅行”的概念和设想，并展开了一系列的试点工作；2016年，教育部联合其他11个部门印发了《关于推进中小学生研学旅行的意见》，该意见印发之后，全国各地开始大量开展研学旅游的活动（2016年1月8日，国家旅游局发布的《全国研学旅游示范基地名单》中将此类文化旅游新业态称为研学旅游）；2018年之后，研学旅游活动的数量井喷式增长。不过，虽然研学旅游已经成为我国教育界与旅游界的热点话题，但我国的研学旅游由于相较于国外起步较晚，仍然处于起步探索阶段，研学旅游在策划与开发方面仍有很大的进步与成长空间。

近年来研学旅游的发展呈现出了新的趋势，可以归纳为以下三点：

1. 研学旅游课程的规范化

研学旅游被列为文化旅游新业态后得到政府的大力支持，研学旅游活动数量大幅增加，旅游界与教育界给予了其高度重视，教育部以及文化和旅游部先后发布了《关于推进中小学生研学旅行的意见》《关于进一步加强对中小学生出国参加夏（冬）令营等有关活动管理的通知》等一系列文件。各大媒体开始报道研学旅游中出现的假研学或是低质量研学现象，学生家长也开始重视研学旅游的质量及内容，因此研学旅游的课程内容在各界的重视下呈现出规范化的发展趋势。

2. 研学旅游范围的扩大化

研学旅游范围的扩大化是其另一个重要的发展趋势，而这一趋势又分为两个方面。首先是参加研学旅游的群体开始扩张，在过去，研学旅游主要针对中小学生展开，以拓展其课外知识为目的，而针对成年人的研学旅游也开始出现，不少老年大学也开始组织老年人参加研学旅游活动。其次是研学旅游的形式越来越丰富，比如一些公司尝试组织“研学团建”活动，“虚拟现实”的研学旅游项目也开始出现。

3. 研学旅游的品牌化

随着研学旅游的热度增加，其市场竞争愈发激烈，许多大企业开始以投资等形式介入研学旅游行业，因此许多研学旅游机构开始打造属于自己的品牌以获得长足发展。市场上开始出现大量以地方特色文化等为主题的研学旅游品牌，各个省市也都开始重视本地的研学旅游的品牌建设，品牌化已成为研学旅游未来发展的重要趋势。

二、研学旅游的策划

在策划研学旅游时需要遵循以下4个要点：

（一）坚持安全第一

研学旅游的发展速度过快导致该业态在许多方面不够完善，策划者对学生的安全问题的重视不足这一问题逐渐显露，许多地区在开展研学旅游活动时安全事故频发。

研学旅游的参与主体大多是中小学生，这类人群自身的安全意识往往不强且缺乏相关经验，故而相较于其他文化旅游新业态而言，其安全问题显得尤为关键也更加难以把控。因此，策划者在策划研学旅游活动时，必须遵循安全第一的原则，致力于从源头上降低风险，保障参与主体的安全。

比如在策划研学旅游场所时做好充分的安全调研，在设计活动课程时尽可能排除安全隐患，对设备、器材的质量也做出严格要求，在策划中加入对研学导师以及相关工作人员的安全知识和安全技能培训，在策划时充分考虑同保险公司以及专业旅行社的合作等，始终将安全放在第一位。

（二）聚焦研学品质

现阶段我国研学旅游市场准入门槛较低，大量研学旅游策划者不具备足够丰富的专业知识，设计的课程品质不高，聘请的研学导师能力不足，研学旅游市场呈现出“游而不学，学而不研”的局面。再加上国内研学旅游的评价体系匮乏，研学旅游的品质缺乏统一、完善的衡量标准，因此策划者在策划时没有准绳。部分策划者甚至故意降低研学旅游的品质，以缩减成本获取利润，导致研学旅游的市场上鱼龙混杂，研学的效果与预期相去甚远。

品质不高已成为研学旅游发展道路上的绊脚石，只有解决这一问题才能推动该行业进一步发展。

研学旅游的关键在于“研”和“学”，其参与主体的首要目的是在传统的课堂之外获得知识、了解自然、丰富经历、认识社会、提升自己的综合素质，只有课程以及活动的品质得到保证才能实现这一目标。因此，策划者在设计课程、安排活动以及旅行线路时，必须充分考虑这些内容的品质是否达标，能否让参与主体获得预期的收获，并把这些考量作为策划的重要依据。

此外，在策划研学旅游时还应该制定一个统一标准，比如每堂课至少要让学生学习到多少知识点，研学结束后学生应该对相关领域的知识掌握到什么程度等，以此来保障研学旅游的品质。

（三）注重学生体验

研学旅游不只是“研”和“学”，“游”也同样不可或缺，参与主体选择研学旅游是为了在游玩中、在参与活动中获取知识，体验性是认知的关键。因此，策划研学旅游时需充分考虑到学生的体验是否良好，参与感是否强烈。

好的研学旅游不仅能让参与主体听到知识、看到知识，还应该能让参与主体在亲自动手中、在与他人的合作或竞争中获取知识，研学旅游的学生不应该是在枯燥乏味的课堂中学习，而应该是在趣味性十足、体验感良好的旅行中学习。因而注重学生体验是在策划研学旅游活动时必须考虑的因素。

（四）履行社会责任

策划研学旅游活动时应当优先考虑社会效益，再考虑经济效益。研学旅游既是一种文化旅游新业态，也是一种新型的教育手段，其目的先是育人，再是享乐。因此研学旅游的策划者应当自觉履行社会责任，在策划活动时充分考虑这次研学旅游能否更好地促进参与主体的全面发展、能否让参与主体在实践中获得真知、能否为我国的教育事业贡献力量。

三、研学旅游的开发模式与手段

我国的研学旅游已经形成两套相对成体系的开发模式，但国内的研学旅游对于开发模式的探索仍然处于起步阶段，仍有很大的进步空间。在这一部分中，将先介绍国内现有的研学旅游的开发模式，然后总结研学旅游的开发方法，以助力其开发体系进一步完善。

（一）研学旅游的现有开发模式

我国的研学旅游经过多年的实践和探索，形成了两种主要的开发模式，一种是以旅游资源为导向的“7+2”开发模式，另一种是以教育产业为导向的区域综合开发模式。

1.“7+2”开发模式

这种开发模式以旅游资源为导向，主要依托专项旅游产品和研学基地建设来进行开发。“7”指的是七大专项产品，即工业科技旅游产品、自然生态旅游产品、历史文化旅游产品、红色旅游产品、乡村扶贫旅游产品、现代景观（城市）旅游产品、特色游学产品；“2”指的是两大基地建设，也就是研学户外营地和研学旅游基地。

（1）工业科技旅游产品。工业科技旅游产品主要分为两类，一类是可供参观的高科技企业的生产、标志性建筑、成品展览等，依托这类旅游产品可以开展以了解高科技企业的文化、历史以及企业的管理经验为目的的研学旅游活动；另一类是科技展览馆、科技工业城及高新科技园区等，这些工业科技旅游区可以开展数字娱乐中心参观、产品生产线、食品制作工艺参观学习的研学旅游活动。

（2）自然生态旅游产品。自然生态旅游产品主要包括森林公园、地质公园以及近年大热的生态农场等生态旅游产品，依托这类旅游产品可以开展以环境保护教育为主要目的的研学旅游活动。

（3）历史文化旅游产品。我国悠久的历史和宝贵的传统文化让我国拥有大量历史文化旅游资源，比如众多古迹遗址、古典园林等，这些旅游资源既有审美价值，又有文化内涵，依托这些资源可以开发丰富的历史文化旅游产品。

（4）红色旅游产品。我国的红色旅游产品资源也十分丰富，有大量的红色博物馆、伟人故居、革命纪念地等，目前国内形成了上百个红色旅游景点、数十条红色旅游主题线路以及十几个红色旅游城镇，为研学旅游的开发提供了广阔的空间。

（5）乡村扶贫旅游产品。乡村扶贫旅游产品主要是通过组织参与主体到乡村地区体验农村生活、参与农事活动等方式，帮助学生了解农村发展现状、锻炼品质，它是近年来逐渐兴起的一种新型研学旅游。

（6）现代景观（城市）旅游产品。这类研学旅游产品主要位于经济发达的大都市，利用城市中如现代化设施、标志性建筑、城市公园等资源，开发一些旨在让参与主体了解城市设计规划、历史民俗、美学知识等的研学旅游活动。

（7）特色游学产品。特色游学产品指的是根据所开发的游学项目的需求和特色所设计的一些具有自身特色的研学旅游路线和产品，例如到清华、北大等名校听公开课，到国外学习英语等。这类研学旅游产品的开发思路主要是让参与主体在体验该研学旅游特有的旅游及文化氛围的同时，学习知识、丰富实践经验、培养相关技能，是开发研学旅游的一个关键要素。

（8）研学户外营地。顾名思义，研学户外营地主要指的是设置在户外的研学旅游的露营拓展基地，在这类营地上可以开展一些野外探索、自然景观游览、情景模拟等活动，有利于培养参与主体的户外生存技能，并有利于其综合素质的提升。

（9）研学旅游基地。研学旅游基地指的是有特定主题、体验性较强的文化旅游区，一般建造在城市或景区，包含农事观光基地、工业园区、动漫园区等，集教育、观光、娱乐于一体。在研学旅游基地上可开发丰富多样的研学旅游活动。

2. 区域综合开发模式

这种开发模式以教育产业为导向，相对于上文所介绍的“7+2”模式来说较为简单，涉及的关键元素较少。

区域综合开发模式主要依托一些名校名师、高新技术培训、大学城等优质教育资源，通过政府+学校（培训机构）+旅游开发商的合作，将某一区域内的优质旅游资源与优质教育资源充分结合，打造一条研学旅游产业链，并最终形成了一个融合文化体验、人才培养、休闲旅游、科技创新于一体的研学旅游开发体系。

（二）研学旅游的开发手段

1. 挖掘优质师资

研学旅游产品所具备的开发价值在很大程度上取决于其是否具有强劲的师资力量。

在开展研学旅游活动时应当重视对研学导师的筛选和培养，并且将研学导师的种类进行垂直细分，让各类研学导师能够相互配合、各司其职，打造一套“教师把控研学节奏、导游引导旅游路线、专业研学导师指引学生”的研学体系，提供质量以及标准较高的研学旅游服务，激发参与主体的积极性，引导参与主体高质量地完成“研学”和“旅游”活动。

此外，还应加强对研学旅游导师的包括医疗知识、组织协调能力等在内的各方面综合能力的培养，以优质师资为基石开发优质研学旅游活动。

2. 注重协同合作

研学旅游活动的开发是一项繁重的工作，无法由一个部门独立完成，因此在开发时需要注重各部门间的协同合作，确保研学旅游活动有序开展。

研学旅游作为一项将“研学”和“旅游”结合为一体的文化旅游新业态，综合性较强，涉及学校、旅行社、研学旅游开发商、景区相关部门等多个部门，只有各方协同合作、合理分工，共同致力于研学旅游活动的开发，才能实现资源的最优化配置，打造出优质的研学旅游活动。

3.立足优势资源

在上文笔者介绍研学旅游的开发模式的时候我们已经了解到，研学旅游的开发主要有两个方向，一个是以旅游资源为导向，一个是以教育产业为导向，这也是由研学旅游结合“研学”与“旅游”的特点所决定的，不过在开发时二者不能均衡兼顾，需要有所侧重。而最终选择侧重旅游还是侧重教育则是由开发地区的优势资源所决定的，如果当地位于景区或者风景优美、旅游资源充足的地区，在开发时则需要侧重旅游资源的开发；如果当地位于学校等教育资源充足的地区，则需要侧重教育产业的开发。

综上所述，在进行研学旅游的开发时需要立足优势资源，以便于更好地利用当地特有优势，开发出具有特色的研学旅游活动。

4.重视内涵宣传

现阶段国内许多研学旅游的开发者在开发研学旅游活动时只关注内容本身，却忽视了如何让参与主体更好地了解研学旅游的内涵。开发者们往往认为将项目的内容落实好便等于完成了工作，导致许多研学旅游的参与主体只是按照安排好的研学路线机械地参加活动，却并不理解活动真正的内涵，无法达成培养学生多方面能力、提升学生综合素质的目标。

参与主体对活动的了解程度不足使得研学旅游浮于表面，活动效果大打折扣。故而研学旅游的开发者除了按质按量开发好应有的课程活动、研学路线之外，还应举办相关的宣传活动，将其内涵的宣传加入开发环节中，以增进参与主体对研学旅游活动内涵的了解。

第三节　展演旅游的策划与开发

展演旅游是一种文化旅游新业态，包括旅游演艺和会展旅游两个部分。

一、展演旅游概述

（一）旅游演艺概述

我国的旅游演艺形式出现于20世纪80年代，代表作是陕西歌舞剧院古典艺术剧团表演的《仿唐乐舞》；20世纪90年代之后，我国的旅游演艺进入快速发展阶段，先后推出了《中国百艺晚会》《宋城千古情》等旅游演艺节目；2009年，文化部与国家旅游局联合发布《关于促进文化与旅游结合发展的指导意见》，提出打造当地优秀旅游演艺产品，我国旅游演艺从常规演艺进入演艺成为独立景点或旅游吸引物的发展历程。[①]近年来，我国的旅游演艺产业不断发展进步，特别是在"十四五"规划提出加快构建现代化文化体系产业之后，旅游演艺得到了很大程度上的创新与发展。现如今，国内的旅游演艺事业也已步入新的发展阶段，开始由"观赏式"向"沉浸式"转变，不过在策划与开发方面尚未成熟，仍有很大的进步与发展空间。

新冠疫情之后，我国的旅游演艺呈现出新的发展趋势，可以总结为以下三点：

1.旅游演艺将进入新一轮发展高潮期

疫情形势好转后，旅游演艺市场迅速恢复，截至2020年9月底，旅游演艺复演率达到64.1%，许多优秀剧目已经实现复苏。与此同时，政策对旅游演艺的支持力度加大，消费者体验需求增加，科技与资本也为旅游演艺的发展提供了大力支持，旅游演艺将进入快速增长期。

2.旅游演艺再次步入创新时代

多空间探索、多故事线索的新形式旅游演艺开始出现，比如"印象·都市万物生"公益阳台音乐会；"演艺+街区"新模式进入旅游演艺市场；同时，市场进入了万物沉浸时代，沉浸式逐步与各个业态相融合，但尚缺具有创新性、突破性的沉浸式旅游演艺产品。

① 钟晟.旅游策划：理论、案例与实践［M］.上海：华东师范大学出版社，2017.

3.旅游演艺IP时代来临

目前旅游演艺的行业品牌和产品都呈现出IP化的发展趋势，全国性的旅游演艺品牌IP在行业内出现。2019年，宋城演艺、长隆集团分别进入了各个领域的前500强，旅游演艺品牌开始进入大众视野；而从产品的角度来看，新增旅游演艺剧目借助IP知名度营销已经成为一种普遍现象。并且，旅游演艺产品的IP化开始向超级IP转变，比如陕旅集团借助知名文学作品、知名人物、知名地点等元素打造了《长恨歌》《黄河大合唱》《红色娘子军》等多个超级IP，大唐不夜城也成功被打造成网红IP。

（二）会展旅游概述

会展旅游的概念兴起于国外，改革开放后引入中国，经过40余年的发展，我国的会展旅游产业已初具规模。近几年的发展水平与速度也有所提升，形成了以北京为中心的京津会展经济带、以上海为中心的长三角会展经济带和以广州为中心的珠三角会展经济带三个主要会展经济带。但我国会展产业的总体水平与国际会展产业相比仍然具有一定的差距，在策划与开发上仍有很大的进步空间。

“十四五”之后，我国的展演旅游产业发展势头更加强劲，产品不断迭代升级成为未来展演旅游产业发展的一个重要趋势。会展旅游产业具有很大的创新空间，比如可以在展览场馆建设、会展展开方式等方面进行创新升级。正是其不断地创新造就了会展旅游的快速发展，同时，高速的发展也要求会展旅游的产品继续进行不断的迭代升级以满足市场的需求。现如今，会展旅游已经成为带动我国文化与旅游经济发展的新的增长点，为了适应市场，我国的会展旅游产品在未来势必会不断进行创新升级。

会展旅游的发展还呈现出线上线下相融合的发展趋势。目前我们已经进入大数据时代，互联网行业高度发达，线上产业越来越丰富，特别是线上开展会议越发便捷，许多曾经只能在线下开展活动的产业也开始涉足互联网领域，会展旅游自然也不例外。近年来，特别是新冠疫情暴发之后，我国的线上会展旅游产业开始快速兴起，线上展开会展旅游活动不仅十分便捷，且形式新颖、有一定吸引力，在疫情时期还能有效地保证活动参与者的安全与健康，因此许多会展公司开始与酒店网络服务商合作举办会展旅游。为了促进会展旅游的发展，政府还提出了要“创新展会服务模式”，支持会展上“云”、线上线下同频共振。

科学技术的进步为我国会展旅游的发展提供了极大的便利，并在很大程度上拓宽了其发展空间，上文提到的线上线下融合发展就是技术带来的改变之一，而技术所带来的另一个重要改变就是：会展旅游与人工智能的融合正在日益加深，比如人工智能可以更加精准高效地完成展览或是会议参与人员的接待工作，还可以进行展览讲解、会议记录等。人工智能的运用使得会展旅游活动的开展更加高效，且在一定程度上创新了会展旅游产品，还具有吸引游客的功效，因此随着人工智能技术的不断改进与推广，在未来会展旅游与人工智能的融合还会不断加深。

二、展演旅游的策划

（一）旅游演艺的策划

1.遵循主题化、艺术化、市场化和品牌化的原则

旅游演艺的策划需要遵循主题化、艺术化、市场化和品牌化四个原则。

主题化原则指的是每个旅游演艺的产品都需要一个鲜明的主题。主题是旅游演艺产品的灵魂，因此策划者在主题的选择方面需要做到十分谨慎。主题的选择是由当地的风俗民情、地方文化、自然环境等因素共同决定的，需要考虑到地方特色以及主题的真实性。旅游演艺活动应当以当地实际的物质文化和精神文化为基石，并在此基础上进行适当的虚构和演绎。

艺术化原则指的是旅游演艺作为一种艺术形式，需要满足观看者的

审美需求。在策划旅游演艺时，不仅需要考虑其对游客的吸引力，还需要考虑其艺术品位。旅游演艺活动的参与主体往往来自不同的地区、属于不同的文化层次，因此在策划时需要优先考虑其是否符合大众的审美，不能过于高雅，也不能过于低俗，尽可能地使绝大部分的游客都能从中获得乐趣。

市场化原则指的是在策划旅游演艺之前要进行充分的市场调研，分析目标受众的喜好，预测可能的游客流量，以此确定旅游演艺的主题和规模。不同的游客的旅游目的、文化水平以及个人消费习惯有所差异，因此需要通过市场调研确定目标受众的欣赏水平和欣赏角度，打造符合其需求的旅游演艺产品。此外，旅游演艺的周边产品是旅游演艺收入的一个重要来源，市场调研和分析还有助于策划者设计符合受众需求的衍生产品，进一步带动当地旅游业的发展。

品牌化原则指的是旅游演艺的品牌对于游客的吸引力至关重要，策划者在策划旅游演艺项目时，应当根据当地特有的旅游文化资源，通过合理的策划与宣传，打造一个具有影响力和吸引力的文化旅游品牌，形成品牌化效应。成功的文化旅游品牌需要具备四个要素，即该地区自身的知名度、旅游演艺项目的自身质量、当地文化的吸引力以及参与旅游演艺的明星的知名度和吸引力。

2. 明确主题定位

明确主题定位是策划旅游演艺产品的第一步，而要明确主题定位则需要做到以下五点：

（1）深挖文化内涵。要确定旅游演艺的主题需要深入挖掘当地特色文化，充分体现该地区的文化内涵。在选择文化资源时要选择适合产业化开发、有吸引力和具有地方特色的。在策划时深挖文化内涵有助于打造旅游演艺的文化品牌，避免同质化现象。

（2）把握市场需求。在策划旅游演艺时需要进行深入的市场调研，确定目标受众，并根据目标受众的需求定位主题。成功的旅游演艺项目都是在充分了解市场的前提下再进行思路创新，进而再策划演艺的节目、场面制作等具体内容。

（3）提高审美价值。在策划旅游演艺时需要重视其体现出来的审美价值，并实现形式和内容的统一。如著名的《梦回大唐》就具有极高的艺术性与审美价值，游客在观赏时能感受到极强的视觉上的享受，故而不仅能吸引游客，丰富当地的旅游产品种类，还能够起到弘扬当地地方文化的作用。

（4）追求产品差异。旅游演艺的策划者在选择主题定位时需要注重产品的差异化，避免和其他旅游演艺产品定位雷同。差异定位需要策划者具备创新思维和挖掘当地特色的能力。为了体现产品的独特性和差异化，可以考虑使用一些新技术以提升演艺质量和游客体验感，并且可以在地理位置相近的景区内策划不同类型的旅游演艺项目，这样既能以新颖的产品吸引更多的游客，又能丰富当地旅游产品，提升景区核心竞争力。

（5）打造优质精品。旅游演艺的策划者必须具有精品意识，只有优质产品才能打造成具有影响力的品牌，从而提升对游客的吸引力。

3.策划的技巧与策略

（1）功能多样化策略。在策划旅游演艺项目时不能只专注于设计演艺的内容，还应该从演艺的形式、技术的运用、景区的环境等多方面入手，开发该景区的其他旅游功能，在功能上满足游客多样化的需求。

（2）附加价值策略。旅游演艺项目的策划者可以通过加入特色设计、风格设计、高科技以及布景元素的方式，在技术、服务以及文化上提升旅游演艺产品的附加价值。

（3）共鸣策略。在策划旅游演艺节目时可以适当运用一些戏剧技巧，加入一些让观众产生共鸣的情节等。能够让观众产生共情的节目往往能获得更高的评价，因此使用这个策略有助于提升产品口碑，吸引更多游客。

（二）会展旅游的策划

1. 会展旅游策划的原则

会展旅游策划需要遵循以下三个原则：

（1）依托会展举办单位。会展旅游高度依赖于会展本身，和会展的举办单位合作有助于策划者获取会展本身以及会展参与者的信息，了解会展参与者的特点，并在此基础上策划出优质会展旅游项目。

（2）坚持会展为主。会展旅游的参与主体的根本目的一般是参与会展，而非旅游，因此会展旅游的策划者在策划时必须秉持会展为主、旅游为辅的原则，不能因过于执着于旅游产品而忽视了会展本身的质量。

（3）突出会展主题。一般而言，每个会展都会有自己的主题，会展旅游的策划应当围绕会展的主题展开，根据主题设计旅游活动和路线。在设计会展旅游的主题时，需要重点考虑策划目标、信息特性、地方特色以及公众需求四个因素。

2. 会展旅游的策划技巧

（1）重视人际交流。会展旅游区别于其他文化旅游业态的一个重要特点是，会展旅游的参与主体往往追求的不是自我的感受与经历，而是实现人际交流。因此策划者在策划会展旅游活动时不仅需要设计服务于消费个体的旅游活动，还应该设计一些服务于消费群体、能够促进人际交流的旅游活动。

（2）注重产品设计。在策划会展旅游时需要注重其产品设计，要体现较强的人文关怀和适应性。与其他的游客不同，会展旅游的参与主体前往旅游目的地往往并非在假期，而是在工作期间，因此，他们的时间安排通常比较固定。这就需要策划者设计的产品主要以一日游、半日游等短途旅行为主，并且可以提供多种类型的旅游产品，方便游客根据自身需要进行选择。

（3）突出地方文化特色。会展旅游的参与主体大多文化水平较高，他们参与会展旅游往往是为了体验具有地方特色的文化资源，因此在策划时需要突出地方的文化特色。并且相较于传统的休闲观光旅游，一些参与性较强的旅游方式更能吸引会展旅游的参与主体，又鉴于会展旅游一般位于大都市，具有较强的商业性，因此策划者可以设计一些投资考察旅游等了解地方经济、文化、政策的专项旅游产品。

（4）细分目标市场。会展旅游的市场需要进行细化区分。在策划会展旅游时，应当将参与主体划分为两个群体，一个是以参与会展为主要目的的相关从业人员群体，一个是由于好奇或个人兴趣而前往景点的普通游客群体。策划者应该针对这两个群体分别策划不同的旅游项目。此外，策划者还应该针对不同的受众、不同的目标市场设计不同的旅游项目和旅游路线。

3. 会展旅游的策划步骤

会展旅游不同于其他的文化旅游业态，其参与主体的主要目的往往并非休闲旅游，而是工作。考虑到这一特性，会展旅游在策划时需要遵循一定的策划步骤，以确保会展旅游活动在不影响参与主题工作的前提下有序开展。

可以将会展旅游的策划过程分为五个阶段，依次是策划前期阶段、策划准备阶段、策划进行阶段、策划完成阶段以及后续工作阶段，而每个阶段又包括几个具体的策划步骤，接下来笔者将依次对其进行介绍。

（1）策划前期阶段。策划前期阶段主要需要解决策划本次会展旅游活动的问题，主要包括以下几个步骤：第一步，组建一个策划小组，或者是委托专业的旅游公司设计策划方案；第二步，策划小组或者被委托的旅游公司就企业的会展旅游现状进行了解沟通；第三步，策划小组或被委托方对会展旅游提供方的自身情况做出初步的分析和判断；第四步，策划小组或被委托方在沟通协商后，了解本次会展旅游活动要达到的目的。

（2）策划准备阶段。这个阶段主要解决的是策划方需要做什么的问题，包括以下几个步骤：第一步，进行沟通以确定策划的各项需求，进行经费估算；第二步，明确提交策划的时间、形式、方式和地点；第三步，委托方经过比较研究，在与被委托方进行细节沟通后，双方签订合作合同；第四步，委托方项目首期经费到位；第五步，根据项目的具体情况，被委托方组建策划团队进驻委托方。

（3）策划进行阶段。这一阶段需要解决策划方应该怎么做的问题。第一步，分析委托方自身信息、旅游产品的供需信息、外界环境信息等相关信息；第二步，分析目标受众，初步锁定本次会展旅游活动的参与者，并分析可能影响目标受众行为的因素；第三步，确定该会展旅游活动的目标；第四步，设计活动主题，找出该活动最大的“卖点”；第五步，拟订初步方案；第六步，进行财务收支预算；第七步，审定所拟方案，首先向委托方汇报方案，然后进行咨询答辩，再根据委托方意见修改完善；第八步，形成策划文件。

（4）策划完成阶段。这一阶段主要需要解决的是策划方案怎么样的问题。在策划文件拟定之后，还需要对方案的文本内容、预期实施、操作手段、功能结构进行评估。

（5）后续工作阶段。这一阶段主要是跟踪会展旅游策划书的实施。对会展旅游活动进行跟踪，了解策划书实施情况，帮助解决实施过程中出现的问题。

三、展演旅游的开发

（一）旅游演艺的开发模式与策略

1.旅游演艺的开发模式

（1）实景模式。实景模式的旅游演艺项目指的是以旅游景区的自然山水风光为舞台背景所打造的演艺产品，这种开发模式最重要的特点是将当地的自然风光与民俗文化通过演艺结合起来。实景旅游演艺的演出场所，不仅是游客观看演出的场地，也可以作为游客观光游览、深入了解当地文化的场地，“演艺+演出”场所可以成为一个独立的、有地方文化特色的旅游景点。山东长岛的大型沉浸式海岛光影演艺《梦寻仙山》就属于实景模式的旅游演艺产品。

（2）剧场模式。剧场模式的旅游演艺项目指的是有固定的演出场所、舞台大多搭建在室内、以体现当地的文化内涵为目的的演艺产品。这类开发模式大多利用声、光、电等技术手段来打造舞美，致力于诠释地方特色文化，注重游客的观赏体验。西安大唐芙蓉园内的《梦回大唐》就属于剧场模式的旅游演艺产品。

（3）“演艺+X”模式。“演艺+X”模式的旅游演艺项目指的是将演艺与其他具有地方特色的旅游吸引物相结合开发的演艺产品，比如演艺+节庆活动、演艺+博物馆、演艺+综艺+影视剧、演艺+地方美食等。这类开发模式有助于开发旅游演艺的衍生产品，是旅游演艺发展到较为成熟阶段的产物。比如北京欢乐谷与华侨城联合打造的升级版《金面王朝》就是“演艺+博物馆”模式的旅游演艺产品。

2.旅游演艺的开发策略

（1）依托有吸引力的文化IP，实现市场转化。开发者应当将旅游演艺产品根植于当地的特色文化资源，充分利用当地具有吸引力和影响力的文化IP，并通过视听技术手段将现有文化IP以旅游演艺产品的形式呈现，实现旅游演艺产品的市场转化，增强游客的文化体验。

（2）实现景区与演艺的良性互动，构建旅游演艺的产业业态。旅游演艺产品不同于普通的演艺活动，其必须依托旅游景区；同时好的旅游演艺产品也能成为旅游景区的旅游景点，丰富景区旅游产品的结构，增强游客的旅游体验，为景区吸引更多游客。因此在开发旅游演艺产品时必须致力于实现旅游景区与旅游演艺产品之间的良性互动，并通过两者的相互助力，构建良好的旅游演艺产业业态。

（3）树立合理的性价比理念，建立旅游演艺产品第三方评估机制。成功的旅游演艺产品往往规模庞大，需要大量投资，因此旅游演艺项目的开发者应该树立一个合理的性价比理念，做好预算以及成本控制，确定合理的投入资金回收期，并且应该遵循客观的经济规律，避免过度开发和无度投资。此外，还应该建立一个针对旅游演艺产品的第三方评估机制，培养专业的评估人才，对旅游演艺产品的创意进行评估，并通过外部约束来核定合理的预算，实现有效的成本控制。

（二）会展旅游的开发模式与策略

1.会展旅游的开发模式

根据会展的规模以及专业性，可以将会展分为大型专业会展、中小型专业会展以及大众会展，而针对不同的会展所开发的会展旅游也具有不同的开发模式。

（1）针对中小型会展，会展旅游的开发者需要全程参与会展活动。在这种开发模式下旅游企业通过与中小型会展的主办方进行合作，共同承办会展活动，为会展的主办单位提供关于住宿、出行、游览的信息与资源，为自身谋取利益。旅游企业全程介入会展活动可以在活动中融入一些观光游览活动，从而丰富会展活动内容，同时将会展参与者转变为游客，促进当地会展旅游业的发展。

（2）针对大型会展，会展旅游的开发者要有针对性地设计旅游产品。大型会展，例如大众会展，不同的会展参与者具有不同的喜好，旅游企业应当根据不同的参与者设计不同的旅游线路，而在所有类型的度假型产品中以风景名胜为主要游览内容的观光度假型产品最具有吸引力。

（3）有针对性地对相关从业人员以及志愿者进行培养。专业人才会影响目标受众的旅游体验，培养优秀的相关从业人员以及会展旅游志愿者，有助于提升会展旅游产品的质量，保证会展旅游活动有序开展。

（4）围绕会展主题开发设计会展旅游周边产品。尽管会展旅游的参与者与普通的游客的目的有所不同，但他们依然具有强烈的购物欲。因此在开发会展旅游产品时，需要针对会展主题设计一些纪念品、旅游商品以及收藏品。

2. 会展旅游的开发策略

（1）设立会展旅游管理机构，完善评价体系。目前国内的会展旅游产业正处于上升期，市场体系不健全，市场运作机制不完善，市场环境会制约会展旅游的进一步发展。因此应该设立会展旅游的管理机构，调控好会展旅游市场，完善会展旅游市场的发展体系，制定长远的发展目标，并促进会展旅游业的良性发展。

（2）加大宣传力度，增强会展旅游品牌影响力。增强会展旅游品牌的影响力可以从以下两方面入手：第一是加大对品牌自身的宣传力度，利用互联网、新媒体等方式提升品牌知名度；第二是利用城市特色，创办特色品牌，从而增强品牌影响力。

（3）提升会展旅游工作人员的综合素质。高质量的会展旅游开发团队是打造高质量会展旅游产品的关键要素，提升工作人员的综合素质有助于为会展旅游的参与主体提供更加优质的服务。

（4）用激励的方式开发旅游市场。开发者可以通过经济或是物质激励的方式，提高员工的积极性，促进会展旅游市场的进一步开发。此外还可以加入一些员工评价体系、游客满意度调查等方式，实施奖惩措施。

（5）开发淡季时的会展旅游项目。为减轻旅游淡季对会展旅游项目的影响，开发者应当不断发掘并有效利用当地的土地资源、文化资源和历史资源，提升会展旅游项目所带来的经济效益，进一步开拓会展旅游市场。

（6）提升会展旅游服务的综合能力。会展旅游的开发需要遵循市场规律，以会展企业以及旅游企业作为主体，避免政府干预。同时应该通过会展旅游设施的建设，提升会展旅游服务的综合能力，并在设施建设中融入地方特色，以吸引更多的游客。

第四节　康养旅游的策划与开发

一、康养旅游概述

康养旅游是一种包含体育旅游和保健旅游的文化旅游新业态，最早起源于欧洲的温泉旅游，21世纪之后开始在我国兴起，目前仍处于探索阶段。

康养旅游在我国的发展历程主要可分为以下三个阶段：

首先是2002年到2012年的自由发展阶段，这一阶段养生旅游产业初步兴起，康养旅游尚未成形。2002年，海南省三亚市出现了我国最早的养生旅游，三亚依靠自己临海的优势，依靠环境优美的海滨旅游资源，开发了大规模的以保健康复为主题的旅游模式。此后，养生旅游的概念开始兴起，广西壮族自治区、黑龙江省、浙江省、安徽省、山东省、江西省等省份先后举办了以养生旅游为主题内容的论坛，一些依托地方特色所开发的养生旅游产品开始出现，但这些产品的质量良莠不齐，养生旅游产业规模有限。

2012年到2015年，我国进入了康养旅游的起步阶段，这一时期我国养老、养生产业的兴起推动了康养旅游的形成与发展。2012年，在国内尚没有成熟的关于康养旅游的理论出现之时，四川省攀枝花市就率先提出“康养”概念，还启动了“中国阳光康养旅游城”的创建工作，鼓励年轻人带着老年人到攀枝花去体验康养旅游。攀枝花市人民政府办公室还印发了《中国阳光康养旅游城市发展规划（2012~2020）》，这一规划成为我国康养旅游开始的标志，我国康养旅游的发展由此正式进入起步阶段。在这一阶段中，养老、养生产业成为康养旅游发展的重要驱动力量。此后，国务院发布了一系列相关文件，2013年，国务院印发《关于加快养老服务业发展的若干意见》，该文件中提出要大力发展我国的养老服务产业；同年，国务院印发《关于促进健康服务业发展的若干意见》，该文件中提出要大力发展医疗服务产业，加速健康养老服务产业发展。政策的大力支持加速了我国康养旅游的发展。

2016年至今，我国的康养旅游发展进入了兴起阶段，这一阶段政府与市场通力合作，共同致力于推动以“康养”为主题的旅游业的发展。2016年1月，国家旅游局发布《国家康养旅游示范基地》行业标准，文件正式明确了“康养旅游”的概念，并提出了康养旅游示范基地的标准。同年，国务院印发了《“健康中国2030”规划纲要》，该文件的发布标志着“健康中国”正式上升为我国的国家战略，“大健康”产业成为我国经济发展的新引擎，我国的康养旅游也随之兴起。2017年5月，国家卫生计生委等五部门联合印发了《关于促进健康旅游发展的指导意见》，加大了对我国康养旅游产业发展的政策支持力度，进一步推动了我国康养旅游的发展。在国家与政府加大政策扶持力度的同时，人口老龄化以及城市化现象加剧，人们的健康问题愈发突出，国民的健康意识开始觉醒，市场对于康养旅游的需求也愈发旺盛。因此，在政府与市场的双重支持下，我国的康养旅游发展迅速，并且发展前景良好。

未来我国康养旅游的发展主要呈现出以下七个趋势：第一，以“健康中国”为核心，跨产业、泛行业政策深度融合助力康养旅游发展；第二，不同年龄层的人群对健康的理解以及对康养旅游需求的变化助推康养旅游产品迭代升级；第三，自然、人文及康养元素植入，推动康养旅游产品元素的年轻化以及多元化；第四，旅游产品组合渐进发展，对多主体联合、多元化供应逐渐成为趋势；第五，金融支持，保障康养旅游可持续发展；第六，缺失的元素逐渐完善，康养旅游发展逐步规范化；第七，新冠疫情推动康养旅游向“大健康”以及“大养生”方向发展。

二、康养旅游的策划

（一）康养旅游的策划原则

1. 可持续发展原则

康养旅游对生态环境要求严格，自然旅游资源是康养旅游的主要资源，因此在策划时必须遵循可持续性发展的原则，将康养旅游项目与环境保护相结合，实现康养旅游与生态环境资源的良性互动发展，在保护人文资源和生态环境的前提下，在策划时充分考虑环境和资源对康养旅游项目的承受力。

2. 市场导向原则

康养旅游项目在策划时必须充分研究市场、面向市场，遵循市场导向的原则。无论是养老保健旅游、医疗旅游还是体育旅游，市场需求都在不断转变，因此在策划时需要坚持以游客的需求为中心，针对不同的市场需求，通过策划、设计和组合，打造多功能、多元化的康养旅游产品。

3. 因地制宜原则

康养旅游项目对当地的资源条件有极强的依赖性，基于每个地区不同的资源条件，可以策划设计出不同的康养旅游项目。比如在适宜开拓体育资源的地区可以策划体育旅游项目，在医疗资源丰富的地区可以策划医疗旅游项目，在自然环境优美的地区可以策划养生旅游项目等。因此在策划一个康养旅游项目时，需要遵循因地制宜的原则，设计具有鲜明的地方特色的项目，塑造康养旅游品牌的核心竞争优势。

4. 安全性原则

康养旅游的宗旨是维护身心健康，只有安全具有保障，才能进一步实现“康”和“养”的目的，再加上康养旅游的参与主体主要是老年人，安全问题尤为重要，故而在策划康养旅游项目时必须遵循安全性的原则。康养旅游的策划者在设计游乐活动和旅游路线时，必须考虑活动是否足够安全、在使用游乐设施时是否具有风险等，争取在策划阶段就尽可能地排除安全隐患。

（二）康养旅游的策划步骤

1. 进行环境分析

在策划康养旅游项目之前，首先应该对开发地区的内部环境和外部环境进行分析。进行内部环境分析主要是对当地的自然资源、财力资源和人力资源的分析；外部环境分析主要是对当地旅游市场的需求状况、需求趋势和竞争状况进行分析。在策划之前进行环境分析有利于策划者找到可能的创新点以及差异点。

2. 进行旅游资源特色分析

康养旅游项目的主题和形式需要依托当地的资源特色，因此项目的策划者在策划前要对当地的旅游资源进行调研，对当地的旅游资源、自然环境以及其他资源进行详细的分析，并总结出当地的资源特色。策划者在调研完之后还需对周边地区，甚至全国的相似资源进行比较分析，完成一个评估报告，并以这个评估报告作为后续策划与设计的基调。

3. 进行市场调查

策划者在分析完当地的环境以及旅游资源之后，就要开始对康养旅游的市场进行调查研究，分析目标受众的行为，并依据调查的结果，分析市场的需求，最终确定该项目的市场定位以及市场目标。

4. 确定项目的初步构想

在前期的分析和调查结束后，康养旅游的策划者需要明确初步的主题定位、功能定位、发展目标定位、功能定位、运营战略定位等，确定项目的初步构想。康养旅游项目的构想其实就是未来成品的雏形，是整个项目设计的大致思路。策划者在进行项目构思时需要利用和康养旅游有关的外界的信息不断刺激自己的思维。

5. 评估项目构思

一个康养旅游项目初步形成的项目构思并不一定具有可行性，因此在构思被提出之后，策划者还需要对自己的构思进行评估。在评估时需要从项目建设、市场需求规模、运营成本、项目的生命力等角度来进行，通过评估淘汰可行性较低的项目，保留可行性较高的构思。

6.康养旅游项目的详细设计

当一个康养旅游项目的构思最终形成之后，就要对其进行细化和完善，将一个抽象的概念转变为一个规划详尽的康养旅游项目，这一步需要策划内容具体到景区的功能布局、游客游览以及康养的方式、旅游地的环境以及景观概念、项目的运营管理及商业模式。

需要注意的是，策划者在策划康养旅游时，必须要特别注重游客的体验以及景区功能的设计。因为康养旅游的参与者大多以康体养生为目的，而要达成这一目的必须建立在良好、舒适的体验感的基础之上。

因此，在完成这一步骤时，策划者首先需要寻找一个合适的康养主题，并围绕这个主题设计体验场景以及体验活动，然后对旅游线路和活动项目进行完善以增强游客的体验感，通过设计景观等方式营造完整的、良好的体验氛围，最后对该康养旅游项目进行活动和形象的整合设计，打造独特的康养旅游品牌。

三、康养旅游的开发模式与策略

（一）康养旅游的开发模式

根据目前我国现有的康养旅游项目以及相关研究，可以将我国康养旅游的开发模式总结为以下五种：

1.生态养生康养旅游模式

这种开发模式主要是利用旅游目的地良好的自然资源和优美的生态环境，在该地区开发养生保健类的设施以及活动。生态养生康养旅游开发模式的特点是依托自然资源，借助观光游览、体验自然、学习文化等手段，帮助参与主体实现增益身心健康的目的。

2. 运动休闲康养旅游模式

这种模式主要依托旅游目的地及其周边的大型体育活动或是运动设施、场馆等，对其体育旅游资源进行开发，主要针对本身身心健康、追求更高的生活质量和更好的健康状况的游客。运动休闲康养旅游开发的主要对象是大型体育赛事或是特色体育运动，以参与或观赏体育活动为主要内容，辅之以休闲、养生的设施以及活动，以实现参与主体进一步促进身心健康的目的。

3. 休闲度假康养旅游模式

这种模式的康养旅游主要致力于开发一些休闲娱乐的设施以及具有特色的人性化康养旅游服务产品。休闲度假康养旅游主要针对那些希望利用闲暇时间通过接触自然来获得身心放松的游客，这类游客一般在旅游目的地的停留时间比较长，因此开发者在开发此类康养旅游项目时应注重开发能够满足消费者休息和享受生活的体验的旅游产品。

4. 医疗保健康养旅游模式

这种开发模式的康养旅游的主题是维护身体的健康、疾病的预防以及治疗。此类康养旅游的开发主要依托当地的医疗保健资源，吸引游客到康养旅游目的地参与身体康复、体检、医护、医疗保健等活动，对该地区的医疗水平有很高的要求。目前我国的康养旅游开发者大多倾向于依托我国的传统中医药资源，开发一些中医药相关的康养旅游项目。

5. 文化养生康养旅游模式

这种开发模式主要依托当地的生态和自然环境，通过挖掘并整合当地的养生资源和文化，开发出具有养生以及提升生活质量功能的康养旅游项目。文化养生康养旅游所开发的旅游产品主要是传统文化养生资源，在开发时需要致力于将非物质层面的旅游资源通过物质层面的旅游产品展现出来。

（二）康养旅游的开发策略

1. 将康养产业与生活、生态相融合

开发康养旅游项目首先要让康养生产与生活相结合，利用旅游目的地

优美的自然生态环境为康养旅游的参与者打造有趣、多元的生活方式，为游客提供高质量的康养生活。要达到这一目的就需要开发者注重旅游目的地康养功能的质量，比如以养老功能为核心的康养旅游项目就需要使其养老水平高于普通的养老院，以养生功能为核心的康养旅游项目就需要使其养生水平高于疗养院等。

此外，还要将康养旅游项目融入生态环境之中。康养旅游的旅游产品质量与当地的自然生态环境密切相关，因此开发者要将自己所开发的康养旅游项目融入景区，融入当地的山川、湖泊、田园、海滩以及森林之中。

2. 将康养、文化与旅游紧密结合起来

无论是哪种模式的康养旅游项目都不能只注重一种功能的开发，而是应该将康养融入文化和旅游之中，通过增加文化修养、体育健养等康养旅游业态，提升康养旅游项目的品质，为游客提供多元化的康养体验。

比如在开发医疗保健类的康养旅游项目时，就可以将文化与医疗养老紧密结合起来，为参与者提供高质量体验。并且还可以采取“社区+医院+地产”相结合的开发模式，通过出售或出租当地房屋，或是为游客提供试住体验来为该康养旅游项目带来更多方面的盈利。通过多元化的旅游路线和旅游产品吸引具有不同消费需求和不同康养需求的游客。

3. 延伸康养旅游产业的价值链

康养旅游的开发不能只注重项目本身，还应该注重产业链的打造，以打造成功的康养旅游品牌，获得长远收益。

康养旅游的开发者在开发之前需要充分分析市场消费需求，挖掘当地的优势自然资源和人文资源，依托旅游目的地现有的康养资源，以健康产业为核心，进行养生度假、医疗服务、生态农业、休闲娱乐等相关产业的多元化开发，促进各个康养旅游相关产业的融合发展，延伸康养旅游产业链条，促进康养旅游与体育、医疗、养老、文化、工业、农业等细分领域相融合，培育“康养+”的康养旅游新业态，延伸产业的价值链，打造“饮食、住宿、养生、出行、旅游、购物、娱乐”多功能全方位完善的康养旅游产品体系。

第五节　主题公园与影视基地的策划与开发

一、主题公园的策划与开发

（一）主题公园概述

我国的主题公园相较于欧美发达国家起步较晚，在改革开放之后才开始出现，经过40余年的发展，目前已较为成熟。我国主题公园的发展划分为以下四个阶段：

1.以模仿、复制为主的第一阶段

我国主题公园发展的第一阶段是20世纪80—90年代。由于我国的主题公园起步较晚，因此在我国刚出现时以模仿或者复制国外的主题公园模式为主，其中美国迪士尼乐园对我国产生的影响最大。除此之外，当时的主题公园还在一定程度上受到了国内的影视基地的影响，比如著名的深圳华侨城的锦绣中华就模仿影视基地建造了大量的微缩景观。总体来说，这一阶段的主题公园缺乏原创性，艺术性和可玩性也不够强，整体质量不高。

2.体现地方文化特色的第二阶段

我国主题公园发展的第二阶段是20世纪90年代—21世纪初。早期以模仿、复制为主的主题公园大多难以长寿，为了使我国的主题公园探索出新的出路，从业者开始将目光放在了深入挖掘地方文化资源、体现地方文化特色上。1995年开业的苏州乐园就成了挖掘地方文化特色的领头羊，这一主题公园大幅提升了游客的体验感以及参与感，将现代主题公园与中国

古典园林相结合，吸引了大批游客，在当时被国内游客誉为“东方迪士尼”。此后我国主题公园的发展迈入新的阶段，具有地方文化特色的主题公园开始兴起。

3.主题内涵多元化的第三阶段

21世纪之后，我国的主题公园迈入新的发展阶段。在这一阶段中，主题公园不再只具备供观光游览的功能，还开始有了自己所特有的主题，并丰富了主题的内涵，并在此基础之上形成了多元化的模式，衍生出大量周边产品，构建了多元化产业链。深圳华强集团有限公司的方特欢乐世界就是这一阶段的主题公园的典型代表。

4.品牌化发展的第四阶段

2013年3月，国家发展改革委等12个部门联合印发了《关于规范主题公园发展的若干意见》，由此开启了我国主题公园发展的新阶段，近年来国家出台了多项政策扶持文化旅游业的发展，主题公园也从中受益。目前，我国的主题公园已经步入了品牌化、全球化运营的新阶段，由主题公园衍生出来的产业链也越发成熟，主题公园之间的竞争已经日益演变为产业链之间的竞争。

未来，我国主题公园的发展将呈现出以下六大趋势：第一，科技和人工智能将更加广泛地运用于主题公园的建设和运营中；第二，文化对主题公园品牌的打造越来越重要；第三，主题公园将呈现出规模化趋势，集群效应越发显著；第四，主题公园的品牌效应的作用将越发突出；第五，风险管控对于主题公园的运营将越来越重要；第六，在新冠疫情的影响下，受到市场恢复能力的影响，主题公园市场将重新洗牌。

（二）主题公园的策划

1.主题公园的策划原则

主题公园的策划需要遵循六个原则：独特性原则、效益性原则、文化性原则、可持续性原则、可行性原则和适度超前原则。

（1）独特性原则指的是在策划主题公园时不能因循守旧，要勇于标新立异，打造属于自己的独特的品牌，让游客能够体验到新奇感。主题公园策划的独特性还意味着其需要具有垄断性，其策划和设计需要难以被模仿，由此才能保障该主题公园在市场上的地位。

（2）效益性原则指的是主题公园的策划必须以市场为导向，以追求经济效益为主要目标。主题公园的策划中会涉及大量人力、财力和物力的投入，稍有不慎就会造成巨大的资源浪费，因此在策划时必须坚持效益性原则，争取用最小的投入获得最大的回报。此外，主题公园的策划者还应考虑社会效益，争取用主题公园的发展推动社会文化水平的进步。

（3）文化性原则首先指的是主题公园的策划离不开特定的文化背景，策划者需要根据不同的地方文化设计出不同的主题；其次是主题公园的策划者在策划时需要考虑到文化差异对项目可能产生的影响；最后是主题公园的策划必须符合大众文化，不能脱离大众的审美和兴趣点。

（4）可持续性原则首先指的是生态环境方面的可持续性，即在策划主题公园项目时必须与生态环境相协调，不能为了短期的经济利益破坏当地的自然生态环境。其次是经济效益方面的可持续性，在策划时要思考如何让游客在该主题公园进行持续性的消费，保障长远的收益。

（5）可行性原则指的是主题公园的策划方案必须在经济、政策、技术、文化、法律、社会等多方面都具有可行性。为了增强策划方案的可行性，策划者需要尽可能充分地收集相关信息，对其进行科学的分析，然后进行预判，并在此基础上拟订策划方案。

（6）适度超前原则指的是主题公园策划的实施时间是在未来，从策划到实施的这段时间里主题公园的市场可能会发生改变，因此策划必须具有适度的超前性。策划者需要对市场以及游客根据现有信息进行预判，注意不能凭空想象或猜测，并在事前事后都对策划方案进行评估。这一原则如果运用得当，就能在很大程度上为主题公园项目的成功添砖加瓦。

2. 主题公园的策划内容

（1）主题策划。要策划一个主题公园项目，首先要设计一个特色鲜明又具有吸引力的主题。现有的主题公园主题主要分为七类，分别是历史文化类、文学类、民俗风情类、影视类、生态类、科技类和综合类。策划者应根据市场分析的结果，并结合当地文化特色，拟定一个具有统领、概念、中心和具有包装功能的、鲜明特色的主题。这个主题除了要有独特性之外，还应该传达积极向上的价值观，并且具备足够的延展性，能够结合市场需求进行更新和调整，由此吸引游客进行多次消费，延长主题公园的寿命。

（2）景观策划。主题公园归根结底还是旅游景区，景观的设计不能随便，但主题公园的景观策划又与普通景观不同，它需要具有高度的娱乐性、参与性、知识文化性、综合性和区域性等特性。主题公园中包含的景观要素主要有园区的地形和空间布局、建筑、游玩设施、植被、游览参观路线以及其他特色景观，策划者在设计这些景观时需要遵循生态规律和美学规律，注重发掘和体现其文化内涵，增强景观的参与性和亲和度以增强游客的参与感和体验感，对景观的功能进行适度延伸以满足特殊需要，增强对意境的烘托渲染，并进行适度的创新。

（3）产品策划。主题公园的产品包括各层次的核心产品、有形产品和扩展产品。[①]核心产品即一个主题公园主要吸引游客的旅游产品，可能是独特的主题设计，也可能是刺激的游玩氛围等；有形产品主要是指园区内的游玩设施和景观等，也泛指品牌、服务等软件设施；扩展产品指的是围绕该主题公园衍生出来的产业链，如餐饮、住宿等，也包含一些为特殊游客提供的特定服务，其目的是让游客获得更好的体验，顺便增加盈利手段。在进行主题公园的产品策划时需要注意：第一，主题公园的产品不能一成不变，要不断进行更新换代、创新升级；第二，要深入挖掘其文化内涵，有文化支撑的产品才能有更高的品质；第三，要注重衍生产品的设计

① 钟晟.旅游策划：理论、案例与实践［M］.上海：华东师范大学出版社，2017.

和产业链的打造；第四，产品的策划与设计需要以科学技术为支撑。

（三）主题公园的开发模式与策略

1.主题公园的开发模式

（1）以游乐设备为主的主题公园。此类开发模式主要通过可玩性强的游乐设备来吸引游客，在前文我国主题公园发展阶段中所介绍的第二阶段的苏州乐园，以及第三阶段的方特欢乐世界，都属于这类模式下开发的主题公园。

（2）以影视娱乐为主的主题公园。依照这种模式所开发的主题公园主要分为两类，一类是以影视基地的观光、体验为主，如浙江东阳的横店影视城就是这类主题公园的典型代表；另一类是以影视为主题，但实际上还是以游乐设备为主的主题公园，如北京环球影城。

（3）以大型演艺为主的主题公园。这类主题公园主要是靠开发一台成功的大型演艺节目并以此为景区的核心卖点，并围绕该演艺项目开发一些周边产品，如河南郑州的黄帝千古情景区，其依靠全息秀《幻影》作为吸引游客的核心文化旅游产品。

（4）以历史文化或民风民俗为主的主题公园。这类主题公园主要致力于开发旅游目的地的传统历史文化资源或是地方民俗文化，并以此作为主题打造特色主题公园，这种开发模式所开发的主题公园主要以特色演出或是商业街区作为主要盈利项目。

（5）“水上公园”模式。此类主题公园也是通过游乐设施来吸引游客，不过其主要开发的是水上游乐项目。水上公园受季节影响较大，但近年来深受游客喜爱，因此盈利能力很强。目前我国典型的水上公园有长隆水上乐园以及苏州乐园的水上世界。

（6）室内主题公园。室内主题公园是近年来兴起的一种主题公园的新的开发模式，这种模式主要是开发一些室内的游乐项目，并将其与休闲、购物相结合，是一种综合体模式，主要受众是儿童和青少年。如沈阳市的辛巴达欢乐城堡和青岛宝龙乐园就是典型的室内主题公园。

2. 主题公园的开发策略

（1）市场导向策略。开发主题公园的市场基础是满足游客的精神需求。我国的人口基数大，游客范围广，因此在开发主题公园时要时刻密切关注文化旅游市场的变化，不断对游乐项目进行创新，并且还需要有意识地加强市场的针对性，打造独特的主题公园品牌，迎合文化旅游市场的需要。

（2）本土特色策略。不同地区的游客对不同主题公园的接受度不同，因此在开发主题公园时不能简单复制嫁接国外的模式，需要对其进行本土化的改造，体现本土的文化特色。比如2021年在北京开业的北京环球影城，虽然是从国外引进，但在开发时对景区内的餐饮等部分做了相应的本土化改造。

（3）系统经济策略。主题公园的开发具有几个特定的周期，在对主题公园进行资金投入时，需要适时、适度，合理控制各个开发周期的规模。并且，在开发主题公园时要用系统、全面的眼光来看问题，优先开发前景好的项目，有多余的时间和资金时再综合开发其他项目，优化投资结构，争取实现经济效益和社会效益的最大化。

（4）资源整合策略。主题公园高度依赖于相关产业链，住宿、购物、休闲娱乐等元素都与其密不可分，因此，在开发主题公园时需要整合各个相关领域的资源，让各个相关行业优势互补，进行全面开发，实现综合发展。

二、影视基地的策划与开发

（一）影视基地概述

影视基地最早兴起于20世纪20年代美国的好莱坞，20世纪80年代才开始在我国发展起来。1987年，我国的第一个影视基地——中央电视台无锡影视基地在江苏省无锡市建成，此后影视旅游就在我国开始兴起，经过30多年的发展，我国已有大量规模不一的影视基地，其中比较著名的有横店影视城和象山影视基地。

不过，我国成功的影视基地屈指可数，各个影视基地获得的经济效益参差不齐，部分影视基地经营惨淡，特别是2020年新冠疫情暴发以来，国内影视基地的经营更是遭受重创。因此，我国影视基地行业的发展仍有很大的发展和进步空间。

现阶段，随着我国政府对文化政策的调整以及对文化旅游扶持力度的加大，再加上我国影视行业的日益成熟，我国影视基地的发展呈现出新的趋势。根据我国影视基地目前的发展现状，并结合已有的学术研究，笔者认为我国影视基地行业未来的发展趋势主要可以总结为两个方面，即影视基地的旅游化以及影视产业的集群化。影视基地的旅游化演变出的文化旅游产品主要是上一部分中提到的以影视娱乐为主的主题公园。影视产业的集群化和影视产业的发展息息相关，目前我国的影视产业已经形成了一条从前期策划到后期剪辑、宣发的完整的产业链，由此，影视基地的发展便形成了一种新的发展趋势，即影视产业基地。影视产业基地是普通的影视基地的转型升级，其依靠延伸的产业链降低了影视基地开发的成本与风险，并且可以依靠规模优势提升市场的占有率，因此比普通的影视基地更容易获得成功。影视产业基地与旅游化的影视基地的不同之处在于，其主要客户群是影视行业的从业者，以影视制作的全过程作为主要的开发对象。影视产业基地以影视制作过程作为资源进行旅游业开发，同时又反哺影视制作产业的发展，横店影视基地就属于影视产业基地，未来我国的影视基地将主要依照这种模式进行开发。

（二）影视基地的策划

1.影视基地的策划原则

（1）差异化原则。虽然影视基地都是以影视资源为主题，但为了避免同质化现象，策划者还是需要注重差异化原则，为影视基地设置一个独特的主题，比如有的影视基地主打影视剧拍摄，有的影视基地主打艺术创作培训，有的影视基地主打参观体验。

（2）参与性原则。选择到影视基地参观游览的游客大多是为了体验如何拍摄影视作品，或者是感受影视制作基地的氛围，因此游客的参与感是否强是一个影视基地是否具有吸引力的重要评判标准。因此策划者在策划时需要遵循参与性的原则，采取一些设计、措施降低游客参与影视拍摄的门槛，比如鼓励游客在基地内自己动手拍摄制作短视频等，提升参与者的体验感，从而增强游客黏性。

（3）品牌化原则。在策划影视基地项目时应当考虑如何整合产业链，打造具有影响力的影视基地品牌，提升影视基地自身以及在当地拍摄制作的影视作品的文化内涵，以寻求长远的发展。

2.影视基地的策划步骤

（1）进行影视基地的定位。在正式开始拟订策划方案之前，策划者需要先对将要策划的影视基地进行定位，对旅游目的地的现有资源和市场现状进行调研，并在此基础上寻找合适的切入点，融合地方文化特色打造独特的影视基地品牌，比如思考要将该影视基地定位为一个具有特色影视拍摄中心，或是定位为一个以影视拍摄制作体验的艺术中心。

（2）研究现有影视基地的盈利模式，并确定一个适合项目自身的盈利模式。影视基地的建设归根到底是为了吸引游客、获取利润，因此如何设计一个能够盈利的影视基地是策划者的一项重要任务。而要设计出一个能够盈利的方案，首先需要策划者对市场上现有的影视基地的盈利模式进行研究，总结出一个适合设计项目自身的盈利手段。策划者需要注意的是，在设计盈利方案时，不能只考虑这个影视基地的盈利能力，而是应该考虑到围绕这个影视基地打造完整的产业链的盈利能力，甚至是整条文化旅游产业链的盈利能力，并在此基础上确定适合项目自身的盈利模式。

（3）设计经营方案。在明确了影视基地的定位，并对盈利模式有了细致的了解之后，策划者就要开始着手设计经营方案。经营方案中需要包括该影视基地的预计占地面积、建筑风格、预期的主要建设内容，影视基地的商业经营模式，影视旅游产业链的打造，该影视基地与其他相关可能合作商如电视台、影视制作公司等的合作方案，以及影视基地建成之后的宣传推广方案。

（三）影视基地的开发模式与策略

1.影视基地的开发模式

（1）政府主导的产城融合模式。这类模式主要由政府部门主导、政府和企业合力开发，是一种产业和影视城融合发展的开发模式。目前国内知名度最高的横店影视城就属于根据此类开发模式所开发的影视基地，这类开发模式也是目前国内最常见、发展最成熟的影视基地开发模式。

（2）影视公司主导的IP合作模式。该模式主要是由影视公司主导开发，利用现有的具有知名度的影视IP，围绕该IP打造影视基地及相关周边产品的开发模式。不过这种开发模式在国外已经相对成熟，比如日本的宫崎骏的温馨世界、柯南小镇都是围绕日本知名动漫IP所开发的影视基地，我国可以借鉴国外的成功经验，进一步发展创新我国的影视基地开发模式。

（3）地产商主导的商业开发模式。这种模式指的是由地产开发商主导整个影视基地项目开发过程的开发模式，在这种开发模式中，地产开发商不仅为影视基地提供场地，还参与整个项目的运营商选择，并主导影视基地的资本运营的全过程。比如由万达集团投资打造的青岛东方影都就属于以这种模式开发的影视基地。

2.影视基地的开发策略

（1）量身定制营销策略。各个影视基地虽然定位和侧重点不同，但在功能上都大同小异，想要开发一个具有较高知名度和较强影响力的品牌，就需要开发商为该影视基地项目量身定制一个高质量的营销策略。在进行营销时首先需要突出该影视基地的优势与特色并加以宣传，并加强与电视台、影视公司等的合作，提升品牌影响力。此外，还需要利用网络资源进行宣传，利用好微博、微信公众号、抖音等具有影响力的平台，并通过短视频传播力强的手段进行营销。

（2）进行影视旅游资源整合开发。影视旅游基地建成后会有大量的影视剧在当地进行拍摄制作，因此开发商必须利用好这一优势，将在该影视基地的各项影视旅游资源进行整合，利用影视剧本身的影响力以及传播能力加强影视基地的影响力。

（3）将影视基地与城市形象塑造相结合。在开发影视基地项目的同时，还应该注重城市形象的塑造，以该影视项目作为卖点，吸引游客到城市进行旅游，同时也利用城市本身对游客的吸引力，吸引更多的游客到影视基地进行参观和体验。

第六节　案例分析

一、文化旅游综合体案例分析：798艺术区

（一）798艺术区简介

798艺术区位于北京市朝阳区酒仙桥路2号，是北京市著名的文化创意产业集聚区。798原身是由苏联援建、东德负责设计建造、总面积达110万平方米的重点工业项目718联合厂，于1952年筹建，其于1964年4月拆分为多个厂，798厂为其中之一，从2002年开始，由于租金低廉，诸多艺术家工作室和当代艺术机构开始聚集于798，逐渐形成了一个艺术群落。

798艺术区总面积60多万平方米，大致可分为六个片区，其中798路两侧的D区和E区文化机构最集中。该区设计具有典型生产性规划布局的特点：路网清晰，厂、院空间清晰；一部分厂区建筑作为工业遗产完整地保留下来，根据其内部车间的大尺度空间，改造成现当代艺术展示空间。

798艺术区汇集了画廊、设计室、艺术展示空间、艺术家工作室、时尚店铺、餐饮酒吧以及动漫、影视传媒、出版、设计咨询等各类文化机构。

2007年12月19日，798近现代建筑群被北京市规划委员会、北京市文物局公布《北京优秀近现代建筑保护名录（第一批）》。2020年12月25日，798艺术区被文化和旅游部确定为第二批国家级文化产业示范园区创建园区。

（二）798艺术区项目亮点

1. 艺术与商业的融合

798艺术区是北京比较活跃的艺术活动聚集区域，举办过大量艺术活动，这些艺术活动不仅丰富了798艺术区的艺术内容、艺术形式，还使798艺术区在社会知名度上有所提高、影响范围逐渐扩大。798艺术区作为新型艺术区，是时尚名人的聚集地，而能够聚集时尚的一般都是商业活动，因此798艺术区成为好多商业品牌新品发布会、周年庆典活动的首要选择地点。此外，园区内还有大量艺术品售卖商店、付费艺术展、咖啡厅等。商业推动艺术，艺术成就商业是798艺术区项目的一大亮点。

2. 建筑风格独特

798艺术区由工业厂房改造而成，可以在园区内看到废弃的铁轨、老旧的厂房大门、生锈的机床等工业气息浓厚的装饰，园区内的画廊、商店也是由工业建筑改建而成，充满浓厚的工业风。此外，园区内的建筑大多是“包豪斯”风格，在国内属于较为特别的建筑风格。

3. 艺术区的多元化整合

不同的艺术场所、艺术模式、艺术表现的组合，使得798艺术区的整体规模、艺术影响力全面提升。798艺术区内不仅有画廊、艺术节、艺术展、艺术工作室，还有大量的艺术创意店铺，如位于798北四街的CHINA·瓷；以及部分艺术咖啡厅，咖啡是一种由西方传入并被国人青睐的饮品，798艺术区本身就是中外文化的交流场所，因此，咖啡厅也成为

798艺术区的一大亮点。

这些多元化的艺术机构相互融合、互相配合，交叉到完整的状态。798艺术区是多元化的组合，不仅仅体现在这些各种形式的艺术机构内容的堆砌、拼贴上，更体现在一种资源的优化配合上，这些机构能够互补互利，最终达到完整的产业整合。

二、研学旅游案例分析：CAN·中国大自然教育

（一）CAN·中国大自然教育简介

CAN·中国大自然教育是北京北研大自然教育科技研究院副院长朱宝义带领他的团队所打造的一个亲近自然类研学旅游品牌。

该研学旅游项目以“大自然教育”为内核，服务于城市幼儿园、亲子家庭、适龄幼儿和中小学校，旨在加强儿童“元智力”的培养，将对儿童的“过度精养”转变为“适度散养”，让现代社会中的儿童回归自然。

CAN·中国大自然教育项目是一个集教育、娱乐、体验、家庭、团体于一体的多功能、综合性研学旅游项目。其核心内容主要包括七个部分：第一部分是主题娱乐，该研学旅游项目中包含小动物乐园、儿童游乐拓展、怀旧乐园等以儿童休闲娱乐为主题的大自然研学游乐项目；第二部分是自然教育，该项目中包含农地学习、农产品加农业采摘、农事实践等活动，让儿童在体验农业活动的过程中接受自然教育；第三部分是研学活动，该研学旅游项目中有社会大课堂、食品制作、民艺体验、手作体验等研学体验类项目；第四部分是特色住宿，研学旅游项目往往包括住宿，该项目在住宿方面很有特点，参与活动的学生可以体验到特色游览、夜间露营、篝火晚会等特色活动；第五部分是深夜食堂，CAN·中国大自然教育有一个在夜间开放的研学旅游项目，叫作魔法森林；第六部分是共享农场，该项目设置了“4+1”的课堂模式，参与项目的儿童有四天在幼儿

园内上课，一天在农场内上课，开设了科学家课、领袖课、灵动课、天使课四大自然主题课程；第七部分是家庭休闲，该研学旅游项目园区内有茶吧、书吧、手工集市等，可供家庭一起休闲娱乐。

（二）CAN·中国大自然项目亮点

1.推出了全新的教育理念

CAN·中国大自然提出了要加强儿童“元智力”的培养，目前的教育给儿童带来了越来越重的负担，现在的很多家长从孩子很小的时候就要求他们学习画画、书法、舞蹈、乐器等多项技能，从表面上来看是为了加强儿童综合素质的培养，但实际上是一种“过度精养”，会造成儿童的基础能力不足以及想象力的缺乏。参加CAN·中国大自然的研学旅游旨在将“过度精养”转变为“适度散养”，综合培养儿童的聪慧素养、自控素养、主动素养、沟通素养、责任素养和情感素养六大素养。

2.让城市中的儿童回归自然

CAN·中国大自然研学旅游项目有助于儿童回归自然，该项目建设了一系列教育农场，将课程的设置植入农场中，让儿童在自然中培养自己的身心健康，在儿童最宝贵的成长时间里让其获得真正意义上的全面发展。目前我国的亲近自然类研学旅游项目非常多，但是CAN·中国大自然从真正意义上创新了这一类型的研学旅游项目，实现了中国大自然教育的跨领域发展和产业化运营。

3.家庭共同参与的新模式

我国现存的研学旅游项目大多都是学生单独参与，没有家长的陪同，期望让学生独立自主完成学习和旅游。而CAN·中国大自然并没有遵循这一观念，它设置了一些家庭共同参与的活动项目，让儿童在学习之余可以和家人一同在茶吧、书吧中进行休闲娱乐，或是一同在手工集市中参与活动，这一设置既可以让家长参与到儿童的研学中，更好地了解孩子的身心发展，同时也成为该项目的一大特色。

三、展演旅游案例分析：《印象·丽江》

（一）《印象·丽江》简介

《印象·丽江》是继《印象·刘三姐》之后推出的又一部大型实景演出，总投资达2.5亿元，上篇为“雪山印象”，下篇为“古城印象”。原生态大型实景演出《印象·丽江》，由中国最具影响力的导演张艺谋携手王潮歌、樊跃共同执导，历时一年多时间，经上百次修改完成，演出剧场位于海拔3100米世上最高的实景演出场地——玉龙雪山景区甘海子，是唯一一部在白天进行的实景演出。人员由《印象·刘三姐》的原班人马组成。《印象·雪山》以雪山为背景，汲天地之灵气，取自然之大成，以民俗文化为载体，用大手笔的写意，让生命的真实与震撼如此贴近每一个人。与此同时，《印象·丽江》还获“国家文化产业示范基地”称号。

《印象·丽江》全篇分“古道马帮”、“对酒雪山”、“天上人间”、“打跳组歌”、“鼓舞祭天”和“祈福仪式”六大部分。在《印象·丽江》的实景演出中，并没有所谓的主题和具体的故事，而是表达三个导演对丽江的个性体验：第一个篇章“雪山篇”是与山的对话，表现的是人们从四面八方来到丽江，体验生命与自然的紧密关系；第二个篇章是通过人们攀登玉龙雪山，游历丽江古城，从而与生活对话；第三个篇章“古城篇”将是与祖先的对话，在对话中发现古往今来在人们的内心深处，始终存在一个神圣的王国。

（二）《印象·丽江》项目亮点

1.演出都在白天

目前国内大部分的展演旅游项目，尤其是旅游演艺项目，演出时间都是在晚上，因为夜晚演出可以利用灯光来掩饰一些缺陷，或是营造一些氛围。而《印象·丽江》不同，其所有的演出都在白天，虽然没有灯光作为辅助，但这反而成为该演出的一大特色，给游客带来了不一样的观看体验。

2. 演员都不是专业从业者

与其他展演旅游不同，《印象·丽江》的从业者都不是受过大量教育和培训的专业演艺人员，而是云南当地的少数民族，但他们的演出效果非但不逊于专业从业人员，还具有一种原生态的别样风味，成为该演艺项目的一大亮点。

3. 以玉龙雪山作为演出背景

玉龙雪山是丽江的一个标志性景点，具有极强的观赏性。《印象·丽江》的演出场地位于玉龙雪山的山脚下，以雪山作为演出背景，充分利用了这一特色景点。游客在观看演出时不仅可以观赏演出的内容本身，还可以欣赏玉龙雪山的美景。

4. 有大量的民族元素

《印象·丽江》虽然与"印象"系列的其他旅游演艺产品一样，都是以讲述故事为主，但故事中的主人公都是少数民族，演员也都是当地的少数民族。他们穿着自己民族的服饰，演绎着自己民族的歌舞，讲述着自己民族的演变与习俗。大量的民族元素不仅让演出具有与众不同的特色，还有助于传承我国特有的少数民族优秀文化，同时能够让游客更好地了解丽江的文化底蕴。

四、康养旅游案例分析：成都天府青城康养休闲旅游度假区

（一）成都天府青城康养休闲旅游度假区简介

四川省成都天府青城康养休闲旅游度假区（原名大青城旅游度假区）位于都江堰市西南部，面积约33平方千米。东以成都经济区环线高速公路为界，南以彭青路为边，西以都江堰青城山风景名胜区为侧，北以中兴、玉堂镇界为端。2019年5月14日，成都天府青城康养休闲旅游度假区被确定为国家级旅游度假区。

度假区所在地是中国道教发祥地，拥有2000多年都江堰水利文化，1800多年道教文化，以具备独特性和权威性的道家养生文化为主题资源。一是以青城道医、青城武术、青城道艺、青城丹道和道养膳食等为主的传统养生文化资源，从养神、养身、养气、养形、养性等方面构建了长生五养的产品体系。二是以道家养生文化为核心的创意资源，有世界唯一的道教学院，集道学研究、培训、修养为一体，定期举办道文化节和道家论坛，开发了道温泉、青城五行汤池等康体养生产品，已成为中国乃至世界性的品牌和康养度假新名片。该度假区内的康养旅游产品主要包括“主题娱乐、运动健身、生态科普、乡村度假、文化遗址、旅游商品、节庆赛事”七大类。一是以融创文化旅游城、蓝光水果侠主题世界等为代表的主题娱乐类资源。二是以低空旅游、双遗马拉松、国际公路自行车赛、摇滚马拉松、峡谷漂流、高尔夫等为代表的运动健身类资源。三是以中国大熊猫保护研究中心、熊猫谷、华希昆虫博物馆等为代表的生态科普类资源。四是以猕猴桃采摘、苗木观光、农事体验、川西林盘等为代表的乡村度假类旅游资源。五是以青峰书院、玉堂窑、芒城遗址、普照寺、长生宫为代表的儒、释等文化类资源。六是以蜀绣、根雕、竹编、川芎、青城茶等为代表的旅游商品类资源。七是以世界体育舞蹈节、中印国际瑜伽节、西部音乐节、中国道教文化节等为代表的节庆活动类资源，每年吸引超过百万的中外游客参与。①

（二）成都天府青城康养休闲旅游度假区项目优势

1.交通优势突出

成都天府青城康养休闲旅游度假区位于多条交通线路的枢纽，背靠两大城市群，距离成都市区以及机场的距离都不算远，离高速、高铁以及快轨也很近，交通网络十分发达。康养旅游项目的参与主体大多是老年人或

① 文化和旅游部公示4家国家级旅游度假区，成都天府青城康养休闲旅游度假区位列其中［EB/OL］.（2019-05-06）［2022-04-30］. http://www.djy.gov.cn/dyjgb_rmzfwz/c129229/2019-05/06/content_116b78bbde8e4a46ac8e2d68f45a49b5.shtml.

者身体不好的人，如果旅游目的地需要长途奔波会影响游客的体验，因此便利的交通成为该项目的一大突出优势。

2. 气候舒适宜人

成都天府青城康养休闲旅游度假区位于气候舒适宜人的四川，当地是亚热带湿润气候区，四季分明，降水充足，冬暖夏凉。并且该旅游度假区背靠青城山，风景秀丽，空气质量高，对于希望康养旅游的人群来说十分具有吸引力。

3. 文化资源突出

虽然康养旅游最主要的功能是康体养生，不过丰富的文化资源有助于丰富项目的文化内涵和增强该项目的品牌吸引力和影响力。成都天府青城康养休闲旅游度假区的所在地是道教的发源地，道家的养生文化不仅提升了该康养项目的文化内涵，还借助其开发了道温泉、青城五行汤池等康体养生资源，丰富了该项目的文化旅游产品种类，成为该康养旅游项目的一大特色。

4. 旅游产品种类丰富

在前文介绍成都天府青城康养休闲旅游度假区时我们已经了解到，该项目的旅游产品的种类十分丰富，共有七大类旅游产品。该度假区内不仅有运动健身类资源，还有主题娱乐类资源、生态科普类资源、旅游商品类资源、各类节庆活动，以及前文中提到的道教文化类资源。

5. 配套设施齐全

成都天府青城康养休闲旅游度假区内有大量的国际高品质酒店和特色文化主题酒店，也有价格亲民的乡村酒店和精品民宿。同时，该景区还具有极强的会议接待能力，在成都天府青城康养休闲旅游度假区内举办的大中型国际会议和活动数量多达几百次。

6. 周边旅游产品丰富

在成都天府青城康养休闲旅游度假区的周边有都江堰等一批国家5A级旅游景区，还有三星堆、虹口景区、杜甫草堂、武侯祠、金沙遗址、西岭雪山等将近40个国家4A级旅游景区，丰富的旅游产品有利于发挥聚集效应，为该项目带来更大的客流量。

五、主题公园与影视基地案例分析：北京环球影城

（一）北京环球影城简介

北京环球影城（Universal Beijing Resort），位于北京市通州区，毗邻东六环和京哈高速公路，是亚洲第三座、全球第五座环球影城主题乐园。2001年，北京市政府和美国环球主题公园度假区集团签署了合作意向书。2015年，签署了《合资协议》；同年11月，基础工程启动建设。2021年9月1日，开始试运行。2021年9月20日正式开园，北京环球影城主题公园、两家度假酒店、北京环球城市大道面向公众正式开放。

北京环球影城包含哈利·波特的魔法世界、变形金刚基地、功夫熊猫盖世之地、好莱坞世界、未来水世界、小黄人乐园、侏罗纪世界努布拉岛等七大主题景区，37处骑乘娱乐设施及地标景点，24场娱乐演出，80家餐饮及30家零售门店，总面积超4平方千米，一期占地159.57公顷；二期占地165.83公顷，计划建设包含中国元素的主题公园，引入中国文化和孙悟空等IP；三期计划建设水上乐园。

2021年5月7日，北京环球影城获得LEED（Leadership in Energy and Environmental Design）“能源环境设计先锋”金级认证，成为全球首家获此殊荣的主题公园度假区。

（二）北京环球影城项目亮点

1.规模大

环球影城在全球共有5家主题公园，而北京环球影城的规模是其中最大的，其占地面积超过4平方千米，规模相当于大约600个足球场，是位于新加坡的环球影城的5倍。其巨大的规模让园区内游玩设施丰富且齐全，配套设施也相当全面。

2. 哈利 · 波特的魔法世界

哈利·波特的魔法世界主题园区无疑是北京环球影城的一大亮点，“哈利·波特”IP本身具有大量的粉丝，再加上其建筑风格很有特色，因此该园区吸引了大量的游客前去体验“魔法世界”，其中绝大部分是“哈利·波特”系列小说或电影的粉丝。并且北京环球影城开业刚好赶上了《哈利·波特：魔法觉醒》手游的上线，唤起了很多该IP粉丝的热情，同时也为北京环球影城带来了大批流量。

3. 有大量环球影城的经典项目

北京环球影城内有侏罗纪公园激流船、怪物史莱克4D影院、变形金刚3D骑乘、神偷奶爸等大量环球影城的经典项目。这些项目虽然在此前开业的其他环球影城中也有，但在国内还是第一次出现，对于国内游客具有很强的吸引力。

4. 融入大量中国元素

北京环球影城中有大量的中国元素，比如以中国功夫为主题的“功夫熊猫”成为北京环球影城的招牌设施。该园区内还设有中国式的参观，园区内的食物，包括哈利 · 波特的魔法世界园区中的黄油啤酒，也根据中国人的口味进行了改良。北京环球影城是第一家“中国式”的环球影城，这也成为其独有的特色。

5. 交通便利

北京多条地铁可以直达北京环球影城，周围还有公交车站台，从园区出来后无论是打出租车还是网约车都十分方便，有专门设置的等车区域，良好的交通条件为游客前往北京环球影城创造了便利的条件。

第十章　全域旅游策划与开发

第一节　全域旅游概述

一、全域旅游的概念

全域旅游，又称全景区旅游、全景域旅游。全域旅游作为综合性旅游产业，其概念包含内容较为广泛，本章将从政界与学界两方面对全域旅游的概念进行探讨。

2015年，我国国家旅游局最先对“全域旅游”概念进行了界定。在《关于开展“国家全域旅游示范区”创建工作的通知》中，首次对全域旅游进行了定义：“全域旅游是指在一定区域内以旅游业为优势产业，通过对区域内经济社会资源尤其是旅游资源、相关产业、生态环境、公共服务体制机制、政策法规、文明素质等进行全方位、系统化的优化提升，实现区域资源有机整合、产业融合发展、社会共建共享，以旅游业带动和促进经济社会协调发展的一种新的区域协调发展理念和模式。”2016年，国家旅游局发布的《关于公布首批创建“国家全域旅游示范区”名单的通知》中，将全域旅游的概念界定为：“将特定区域作为完整旅游目的地，进行整体规划布局、综合统筹管理、一体化营销推广，促进旅游业全区域、全要素、全产业链发展，实现旅游业全域共建、全域共融、全域共享的发展模式。”

在国家旅游局的两次定义中，明确了全域旅游的主体，发展路径、发展目标，以及全域旅游的发展理念与模式。

除国家行政部门外，学界对全域旅游概念的关注度也很高。厉新建等在《全域旅游：建设世界一流旅游目的地的理念创新——以北京为例》中首次从学术的角度对全域旅游概念进行了界定：所谓“全域旅游”就是指，各行业积极融入其中，各部门齐抓共管，全城居民共同参与，充分利用目的地全部的吸引物要素，为前来旅游的游客提供全过程、全时空的体验产品，从而全面地满足游客的全方位体验需求。“全域旅游”所追求的，不再停留在旅游人次的增长上，而是旅游质量的提升。①

吕俊芳在《城乡统筹视阈下中国全域旅游发展范式研究》中提到全域旅游体现了现代化、整体化的发展观念，区域各方面的发展应服务于旅游发展大局，形成全域一体的旅游品牌形象。她提出全域旅游开展应具备三个基础条件，即社会条件、人口条件和资源条件②，是全域旅游产生的理论基础。

综上所述，全域旅游是指在一定区域内，以旅游业为优势产业，通过对区域内经济社会资源尤其是旅游资源、相关产业、生态环境、公共服务、体制机制、政策法规、文明素质等进行全方位、系统化的优化提升，实现区域资源有机整合、产业融合发展、社会共建共享，以旅游业带动和促进经济社会协调发展的一种新的区域协调发展理念和模式。③

① 厉新建，张凌云，崔莉．全域旅游：建设世界一流旅游目的地的理念创新——以北京为例［J］．人文地理，2013，28（3）：130-134.

② 吕俊芳．城乡统筹视阈下中国全域旅游发展范式研究［J］．河南科学，2014，32（1）：139-142.

③ 赵传松，任建兰，陈延斌，等．学者撰文探索全域旅游背景下旅游产业与区域协调发展驱动力［EB/OL］．（2021-09-28）．https://m.gmw.cn/baijia/2021-09/28/35199298.html.

二、全域旅游发展背景

（一）我国经济进入后工业化阶段

近年来，消费与供给不断升级，两方面共同作用，经济增长呈现了“农业—轻工业—能源原材料工业—高加工度工业—服务业”的演进轨迹[①]。在经历了农业化、工业化阶段后，我国进入后工业化阶段，在此阶段第三产业占比超过第一、第二产业，在此阶段社会经济达到较高发展水平，人均GDP与世界平均水平差距不断缩小，城市化进入成熟阶段；工业规模持续增长与占比大幅下降，服务业占比超越工业且明显上升；旅游休闲、文化娱乐、教育医疗等新兴消费业态迅速崛起。因此旅游业作为综合型服务产业的代表，将成为疏解产能过剩的重要出口以及产业转型升级的重要抓手。

（二）旅游业成为社会经济发展新动力

旅游业作为第三产业，逐渐成为后工业化阶段经济发展的重要抓手，是现代服务业中的重要组成部分，旅游业对GDP的综合贡献较高，城乡居民出游率和接待旅游者的强度同步加大，全国旅游产业综合贡献和就业占比创新高。全域旅游的推进，能够促进社会经济再次升级转型，进一步优化产业结构，提高各行各业的产业素质与附加值；同时在社会经济发展的带动下，我国旅游业进入全新的发展阶段，在经历了经典旅游与城市旅游后，旅游业在社会发展和国民经济体系中的地位不断提高，全域旅游应运而生。

（三）旅游业供需两端呈现发展新趋势

旅游业向全域化转型的过程中，市场需求和产品供给都呈现新的发展趋势。一方面是旅游市场需求呈现大众化、散客化、自驾化、多元化的特征。自改革开放以来，我国旅游人数逐年攀升，2019年，旅游人次达60.06

① 张辉，岳燕祥. 全域旅游的理性思考［J］. 旅游学刊，2016，31(9)：15-17.

亿，相比于1984年改革开放之初的约2亿人次，增长了30倍。虽然2020年首年受新冠疫情影响，旅游业呈断崖式下降，但是2021年相比上年旅游业有所恢复。[①]从2000年至今，散客数量占比逐渐攀升，自驾出游已成为国内出游的常见方式，且周边游成为旅游消费的主要组成部分。据2021年国庆假日期间的国内旅游数据显示，国内游游客的出游距离和游憩半径呈现双收缩的态势[②]，旅游市场需求向散客化、自驾化转型；此外，市场需求也呈现了多元化的特征，据《2021年中国旅游市场分析报告》显示，高品质的微旅行、宅度假和文化消费需求将得到进一步释放，高频低价仍是主流需求。近程、散客、休闲、体验成为主体，研学、自驾、旅游专列、宿营等产品需求旺盛[③]。

另一方面，产业供给趋势呈现战略化、融合化、规模化、民生化。目前，旅游业已经成为我国国民经济的战略性支柱产业，国家从战略层面也不断加强对旅游业的重视，不断建立和完善旅游业的战略指导与规划；“旅游+”全行业的融合趋势，在与交通、金融、互联网、文化等深度融合的同时，不断吸引跨界资本涌入旅游业；国家将重点聚焦旅游示范区的建设，以大项目带动大投资，以大投资推动旅游业规模化发展；产业供给的民生化趋势明显，全民参与、全民受益，如全域旅游公共设施主客共享、全域旅游市场人人维护等，增加地区就业创业成功率，开辟扶贫助农新路径。

（四）多方合作探索助力全域旅游

全域旅游作为一种新型的促进经济社会协调发展的理念和模式，需要多方配合，群策群力，才能稳步发展。因此，国家战略层面、地方层面，以及学术界合力探索，助力全域旅游发展。

2015年，国家旅游工作会议研讨会首次提出要发展全域旅游，随后下发了《关于开展“国家全域旅游示范区”创建工作的通知》。2016年，国

① 刘益.《2020年度中国在线旅游市场数据报告》发布［J］.计算机与网络，2021，47（11）：7.

② 刘益.《2020年度中国在线旅游市场数据报告》发布［J］.计算机与网络，2021，47（11）：7.

③ 刘益.《2020年度中国在线旅游市场数据报告》发布［J］.计算机与网络，2021，47（11）：7.

家旅游工作会议筹划“十三五”和全域旅游发展思路，同时国家旅游局公布了第一批国家全域旅游示范区创建单位名单262个。2016年11月，国家旅游局公布了第二批国家全域旅游示范区创建单位名单238个，累计500个，同时公布了《国家全域旅游示范区认定标准（征求意见稿）》并正式向社会公开征求意见。2017年，李克强总理在政府工作报告中提出要大力发展全域旅游，全域旅游也由此上升为国家战略。同年5月，国家旅游局正式发布《全域旅游示范区创建工作导则》的通知。2019年9月，文化和旅游部发布了首批71个国家全域旅游示范区公示名单。9月25日，国家文化和旅游部官网公布首批国家全域旅游示范区名单。2020年11月18日，文化和旅游部公示了第二批国家全域旅游示范区名单。截至2020年12月，国家全域旅游示范区达168个，各地迸发出实施全域旅游的无穷活力，纷纷将创建工作作为“一把手”工程、“牛鼻子”工程，形成党政主导、部门协同、整体联动、齐抓共管的工作机制，在综合体制改革、现代旅游治理机制建设探索方面取得了令人鼓舞的突破。2022年，国务院发布《“十四五”旅游业发展规划》[①]，其中提到了两次“全域旅游”，规划中强调我国全域旅游的发展重点集中于“国家全域旅游示范区建设”，同时提出要创新全域旅游协调发展机制，提质增量，开展国家全域旅游示范区验收认定和动态管理，推出一批国家全域旅游示范区。

在地方，多地旅游部门率先主动求变，在国家旅游局正式部署全域旅游工作之前，进行了全域旅游的实践探索，为国家发展全域旅游提供了宝贵的经验。如江苏苏州不断拓展全域旅游空间，依托江南园林和古镇优化旅游空间环境，营造全域旅游生活氛围；浙江杭州率先推出西湖免门票开放经营，旅游与第一、二、三产业同时发展，整体提升了大杭州旅游的经济效益；陕西西安注重新城景区、景区内外一体化，城市与旅游融合发展，成为都市功能区依托型的全域旅游；浙江安吉强化政府多部

① 国务院关于印发“十四五”旅游业发展规划的通知［J］. 中华人民共和国国务院公报，2022（5）：28-46.

门协作发展旅游，通过全域美丽乡村建设构建全域旅游新格局。综上，全国各地方积极探索，从依托门票收入转向重视区域旅游综合收入，从景点建设转向全空间要素发展，从单一执法向多部门协同管理，从点状旅游景点开发到全域整体旅游布局等方面，为全国全域旅游的发展提供了经验。

学术界也不断加深对全域旅游的研究。从2007年开始，“全域旅游”已经作为关键词在学界引起讨论，在中国知网以“全域旅游”作为关键词进行搜索，可以发现学界对于全域旅游的研究不断增多，并在2018年、2021年达到小高峰，分别为1715篇与1843篇，由此可见，“全域旅游”已经成为学术界研究热点（见图10-1）。

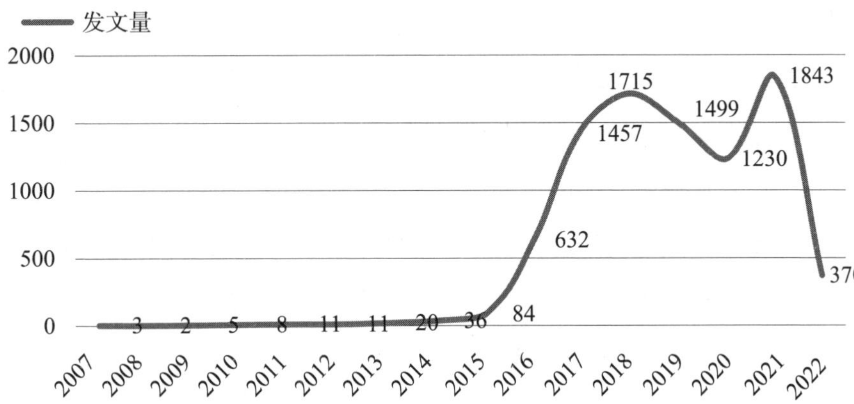

图10-1 2007—2022年知网“全域旅游”主题文章统计图

在各地、各界对全域旅游进行积极实践探索的同时，学术界也提出了全域旅游发展战略和推进路径等方面的重要观点，不少学者也从“全要素”“全域度假”“城旅一体”等角度，提出了全域旅游的发展新理念，为全域旅游的理论发展奠定基础。

三、全域旅游的特征

2015年8月，国家旅游局首次发布《关于开展“国家全域旅游示范区”创建工作的通知》，全域旅游在发展的这7年里，很多地区已经逐渐采用全域思维，不断转变旅游发展方式，推进旅游业的综合一体化发展，增强了旅游对地区经济的带动作用。总体来看，我国全域旅游的发展呈现出以下特征：

（一）旅游景观全域优化

整体优化环境、优美景观，呈现旅游景观全域化特征。旅游景观生态全域覆盖，实现资源、产业等有吸引力元素向旅游新产品和新的吸引要素的转化。如城镇建设除了满足居民居住生产功能，还要注重文化特色和对外来游客的服务。城市建设与景观建设风格统一，既保证了旅游景观的全覆盖，也可以帮助城市根据自身地域特色进行建设，避免千城一面的问题出现，同时也提升本地居民的文化认同感。

（二）旅游服务全域配套

全域旅游必须要旅游要素和服务全域覆盖，构建随处可见的温馨便捷服务。全域旅游不只停留在景点、宾馆，而是更加注重公共服务的系统配套，统筹建设旅游目的地。以游客体验为中心，以提高游客满意度为目标，整体优化旅游服务的全过程。如交通设施建设在满足本地居民日常生活需要的同时，也要覆盖旅游景点，提升游客旅游体验感。

（三）旅游治理全域覆盖

发展全域旅游，需要构建大旅游综合管理治理体制机制，围绕旅游来统筹经济社会各方面发展，推动新型城镇化发展、美丽乡村的建设、相关产业的调整发展。实现区域治理体系和治理能力现代化与旅游业转型升级的同步发展。

（四）旅游产业全域联动

促进相关要素和产业在空间上集聚，构建新的产业生态系统。发展全域旅游，要形成特色旅游产品集群，推进各种产品、业态和产业的融合发展，发挥“旅游+”的综合带动功能，各行业融入其中，促进旅游与其他产业融合，形成相关产业全域联动大格局。

（五）旅游成果全民共享

推进全域旅游，不仅能够带动广大城市和乡村的基础设施建设，还能提升城市以及乡村居民的生活质量，形成区域联动，让全域旅游成果惠及全体人民。例如促进农村的“厕所革命”、道路建设等举措，不但可以提高6亿多农业人口的福祉，还能提升7亿城市人口的生活质量，并形成统一高效、平等有序的城乡旅游大市场，将进一步增强居民和游客的参与度与共享度。

四、全域旅游的发展现状

（一）试点数量逐年增多

自2016年3月，第一批国家全域旅游示范区创建工作各地全域旅游示范区创建工作启动，并于同年5月召开首届全域旅游推进工作会议。随后，各地创建意愿和热情持续高涨，促使国家旅游局在还未启动首批验收的情况下又推出第二批238家创建工作，并于9月在宁夏召开第二次全域旅游推进工作会议。一些未进入名单的地方也积极践行全域旅游发展理念，全域旅游实现了从创建工作到试点示范和推广普及的阶段。2019年9月25日，文化和旅游部官网公布首批国家全域旅游示范区名单，共71个区县市。2020年，文化和旅游部组织开展了第二批国家全域旅游示范区验收认定工作，确定了97个国家全域旅游示范区。全域旅游已成为中国最为广泛的社会实践活动之一，对我国经济社会的发展发挥着积极而重要的作用。①

（二）体制机制不断创新

随着全域旅游创建试点的增多，各单位都在不断积极推进旅游规划创新和规划管理创新，大力推行多规合一，在体制机制与技术层面实现突破。在体制机制方面，全国多地将旅游纳入国民经济社会规划和其他产业规划之

① 2017全域旅游发展报告［EB/OL］.（2017-08-25）. http://app.myzaker.com/news/article.php?pk=599fc3c91bc8e00b2a000007.

中，要求相关规划融入旅游元素，建立各地旅游部门与各地工商、交通、公安等部门联合行动积极配合，共同维护旅游市场秩序和旅游治安环境。截至2017年5月，全国已有23个省（区、市）成立旅游发展委员会，国家全域旅游示范区成立发展领导小组，旅游市场综合监管体制机制建设取得较大进展。①在技术层面，各地建立全域旅游大数据库，以数字化手段，整合多部门数据，实现各部门之间的空间信息共享、业务协同办理以及审批流程优化，同时建立与完善“多规合一”平台，进行业务协同和审批管理。

（三）产业融合趋势明显

全域旅游在全国多地的推行过程中，不断坚持融合与创新发展，深入各地挖掘特色文化，塑造文化个性，提升产品科技含量和旅游产品品质，旅游产品和业态不断涌现。全域旅游的推行过程中，“旅游+”趋势不断明显，主要表现为四个方面：一是“旅游+城镇化、工业化和商贸”的着重推进，重点推进美丽乡村、旅游小镇、森林小镇、风情线城市、文化街区等建设，形成旅游综合旅、中央游憩区、主题功能区等全域旅游新型产品。比如，浙江省政府大力推进特色小镇建设，首批公布的特色产业小镇就有60个，且其中有15个旅游小镇全部按照5A级旅游景区标准创建。②二是推进“旅游+农业、林业和水利”，形成现代农业庄园，开发田园综合体、家庭农牧场、精品民宿、森林公园、国家水利风景区等产品，创新发展定制农业、会展农业、众筹农业等新型农业业态。山东省大力实施精品培育工程，在全省打造100个乡村旅游集群片区，200个乡村旅游园区，50个国家级精品乡村旅游园区。三是“旅游+科技、教育、文化、卫生和体育”，将科技旅游、研学旅游、康养旅游等业态发展纳入全域旅游新格局中，形成科、教、文、体、卫联动发展矩阵，不断加快推进以数字化、网

---

① 2017全域旅游发展报告［EB/OL］.（2017-08-25）. http://app.myzaker.com/news/article.php?pk=599fc3c91bc8e00b2a000007.

② 陈雷.浙江新命名18个省级特色小镇！省级特色小镇扩容至60个［EB/OL］.（2021-11-20）. https://baijiahao.baidu.com/s?id=1716876863501181329.

络化、智能化为特征的智慧旅游。四是"旅游+交通、环保和国土"，包括自驾车房车营地、公路旅游区、特色交通旅游、邮轮游艇旅游、低空旅游、航空旅游小镇、低空旅游飞行器、海洋海岛旅游等新型旅游产品与业态[①]。

2021年，文化和旅游部、国家发展改革委等十部门联合印发了《关于深化"互联网+旅游"推动旅游业高质量发展的意见》，各地加快推进以数字化、网络化、智能化为特征的智慧旅游发展，建设面向未来的市场主体，加强科技、文化和旅游企业的深度融合。

（四）基础设施完善升级

全域旅游的健康发展，需要依托基础设施的不断完善与升级，提升区域内公共服务水平。各旅游景区积极推进区域内旅游服务设施建设，如建设旅游停车场、旅游集散中心，以及旅游咨询服务点等，形成了多级旅游服务体系，为游客提供旅游咨询和投诉受理、年卡办理、票务预订、特产销售等服务。同时，加快城旅融合和乡旅融合，形成本地特色旅游氛围，增加市民休闲空间，完善城市功能，提升本地居民的旅游参与意识，提高居民生活质量，增加就业岗位，推进助农扶贫工作不断完善。

第二节　全域旅游规划

一、全域理念引领

全域旅游规划时，要以"全域旅游"的发展理念为引领，明确提出全域旅游发展的量化指标，通过规划构建层次清晰的全域旅游发展体系。在

① 桂园.山东将打造乡村旅游精品 重点培育旅游民宿聚集区［EB/OL］.（2020-07-31）. https://baijiahao.baidu.com/s?id=1673722539577534096.

全域范围内形成以旅游企业为主体、以政府政策为指引，全民参与为方向的协同共建共享机制，充分发挥金融市场杠杆作用，运用全域互联网思维整合全域旅游发展要素，加强产业生态圈内的商品流、信息流与资金流的全域流动，全面布局全域旅游产业生态圈。

二、全面激活存量

首先，聚焦资源存量优势，全域旅游规划要改变传统的旅游规划编制将区域资源存量锁定在旅游资源上的传统观念，以大旅游资源观为引导，将生活资源、产业资源盘活，整合区域内的各资源要素，使之为旅游发展所用。其次，聚焦产业存量优势，规划中对特色产业、支柱产业进行引导，赋予其旅游功能，一方面可以拓展原有产业的发展空间，提升旅游附加值，另一方面可以通过旅游与其他产业的相互延伸实现产业融合。最后，聚焦项目存量优势，对区域内现有旅游项目进行提质升级，通过更新传统旅游项目内涵、引进新兴技术等手段，实现现有项目的二次创收，同时为全域旅游新项目的策划提供参考。

三、全域政策驱动

全域旅游作为新时期的旅游发展战略受到了各层面的高度重视。全域旅游发展规划，必然依托各方支持，借助各项利好政策，规划改革全域旅游综合管理体制。首先，规划聚焦全域旅游发展的领导体制的改革，从全域发展大局出发整合区域资源、统筹推进全域旅游的工作开展，形成各部门联动的发展机制。其次，规划重点聚焦于全域旅游服务系统的建设和完善，把旅游服务设施的建设纳入城市公共服务基础设施整体规划当中。再次，全域旅游管理机制处于新时期的新变革中，以达到“全域旅游、全面规划、全民服务、全城共享”的根本目标。最后，规划聚焦旅游综合执法机制的创新改革，关注旅游执法的“有权”与“放权”，有效推动全域旅游规划的顺利落地。

四、全域标准建设

2019年以来，文化和旅游部官网公布两批国家全域旅游示范区名单，共168个。这些地区在全域旅游优先发展政策的支持下，将区域建设与旅游景区规划结合，率先摆脱“景点旅游”的定向思维，形成内外一体化、全域景区化。以游客需求和意向为规划导向，推进全域多规合一，规划实现全域旅游的“优化环境、美化景观、精化服务”。新时期全域旅游有别于传统旅游，因而在规划发展中应转变传统思维定式，聚焦全域旅游服务质量评价体系的构建，充分利用数据工具，建立现代化、科学化的评价机制，按照全域旅游发展的新形势、新特点规划设置评价指标。规划注重对全域旅游综合效益评估，从门票经济向全产业链经济转型，形成全域旅游综合效益评价体系，按照新标准、新指标、新机制来规划打造全域旅游示范区精品。

五、全域智慧覆盖

后疫情时代，要推动智慧与旅游的深度融合，发展线上线下新型融合模式，拓展文旅产品供给方式，加强文旅智慧监管和智能服务，推动文旅资源“数字化”、文旅工作“智慧化”、公共服务“一键通”、行业监管“全覆盖”。加速发展旅游大数据平台、智慧旅游公共服务、云旅游平台、线上数字化体验、沉浸式旅游场景等，实现免费Wi-Fi、通信信号、视频监控全覆盖涉旅场所，主要旅游消费场所实现在线预订、网上支付，主要旅游区实现智能导游、电子讲解、实时信息推送，开发建设咨询、导览、导游、导购、导航和分享评价等智能化旅游服务系统。加强智慧旅游平台建设，用好用活大数据资源，做到既能有针对性、个性化推介宣传、定制服务，又可在疫情防控、自然灾害、突发事件处置中及时有效应对，把负面影响和损失降至最低。积极运用“12301”国家智慧旅游公共服务平台、手机App、微信公众号等多种手段，健全旅游投诉举报受理、处理、反馈机制。

六、全域可持续发展

可持续发展是生态、社会和经济全方位的发展，需要平衡人类需要、资源限制和公平三大要素。全域旅游规划的可持续性要体现在旅游与自然、文化、经济和人类生态环境的有机结合，同时可以促进区域经济和社会系统性发展，实现经济效益与社会效益的统一。全域旅游规划不仅要满足旅游者获得在旅游地享受的需要，还要满足当地居民获得经济发展成果的需要；不仅要合理利用当地的旅游资源，更要为当地全域旅游资源维持和发展创造条件。因此，全域旅游规划具有双向性与互动性，是旅游者、投资主体和当地社会之间的平衡与互惠，在可持续发展理念的指导下，形成区域间全域旅游多主体的联动循环。

第三节 全域旅游开发

一、全域旅游开发现存问题

（一）规划科学性有待提升

很多城市在进行全域旅游规划时，对全域旅游的科学规划的认识不够全面，缺乏对全域旅游范围的资源进行全面调查、分析与评价，并根据全域旅游市场的需求特点，提出全域旅游规划的总体思想、基本原则以及具体目标[①]。全域旅游规划，需从单一景区建设和管理理念到综合发展的理念，是从封闭旅游自我循环到开放发展不断融合的过程。在此过程中，“旅游+”趋势不断明显，单一的旅游业发展，逐渐过渡到社会共建共享，逐

① 刘又堂. 全域旅游视阈下旅游目的地功能变化［J］. 社会科学家，2016（10）：90-94.

渐形成一体化的发展理念。

（二）要素融合亟待深入

全域旅游的发展需要多要素之间的深度融合，很多地区的发展，存在发展要素单一化问题，如旅游发展只抓旅游，农业发展只抓农业等，旅游与文化、农业、工业、林业、体育等要素融合深度仍需加强，康养式、体验式等跨行业的旅游新业态发展不充分，“旅游+”的理念还需要进一步深化。

（三）区域特色有待突出

很多城市在全域旅游开发中盲目借鉴，景区打造同质化情况严重，对区域内自然资源与文化资源发掘深度不够，在旅游产品开发、项目建设、业态打造等方面存在简单模仿、盲目跟风的行为，重复性的旅游开发会导致旅游业发展对生态环境产生恶劣的影响，不利于突出区域特色，与全域旅游发展理念相悖。

（四）全域共享格局尚未形成

全域旅游提倡全民共建、全民共享，很多区域对全域旅游配套设施建设亟待完善，如交通线路对特色景点串联不到位，智慧旅游服务建设参差不齐，乡村旅游配套设施仍处于低层次级别等，全域旅游体验感不够，同时未能使本地居民感受到全域旅游发展成果，居民共同建设全域旅游积极性较差，很多城市尚未形成具有影响力的全域旅游城市品牌。

二、全域旅游开发注意要点

在全域旅游发展模式下，旅游开发并非只是单一的旅游、工业、农业等，也不应该从单一经典景点旅游入手，而需要在搞清楚概念的情况下，摒弃老模式、老思路，用新理念、新思想、用全域旅游的发展模式去规划，真正实现“旅游+”的概念，从“全景、全时、全业、全民”四个方面转变全域旅游开发思维，升级旅游开发成效。

（一）全景：全方位发力

全域旅游的全景开发要实现“处处是风景”，首先在盘活存量的基础上，以全域理念为核心，提升旅游产品质量，升级产品体验，创新经营方式，强化市场化运作。其次求新求变，激活增量，不断创变旅游产品品类，引领区域旅游市场需求，实现持续性领跑，建立全域旅游项目负面清单制度，不断扩大招商选资，为全域旅游发展提供强大资金支持。最后打通旅游产业要素，扩展产品线，形成产品群，释放区域旅游发展能量，实现旅游产业规模的数量级扩张。

（二）全时：打破淡旺季

全域旅游开发要突破传统旅游的淡旺季桎梏，培养全季全时的新型旅游消费习惯。在互联网时代下，8小时经济已经拓展到24小时经济，传播渠道变短，游客反馈可以被迅速接收，以便全域旅游相关单位可以及时决策，同时在旅游品牌的塑造方面可以形成多维营销矩阵，涟漪传播。如河北省秦皇岛市就通过打造“全季、全域、全业态”的新型发展模式，开发温泉度假项目，打出健康养生新招牌，创新了温泉康养、好莱坞G秀城堡等新业态项目，挣脱了季节束缚，形成新的全域旅游发展局面。

（三）全业：全产业融合发展

在全域旅游的视域下，“旅游+”已经成为旅游产业发展的主要趋势。“旅游+”是不断融合其他产业以及外围要素的过程，产生“1+1>2”的效果，从“旅游+”转变到“+旅游”。“旅游+”是旅游业与各行业完全渗透的蓝图，而“+旅游”是各个行业主动融合旅游的全新的发展格局[①]。全域旅游的全业融合包括产业融合以及要素融合，产业融合包括休闲农业、休闲渔业、文化遗产/非遗、科技展示、体育运动、旅游商品、文化创意等产业；要

① 赵庆林. 旅游 | 发展全域旅游的“十大要领”[EB/OL].(2021-12-13). https://baijiahao.baidu.com/s?id=1719000699011355025&wfr=spider&for=pc.

素融合包括吃、住、行、游、购、娱等传统要素，以及闲、养、商、学、奇、情等新要素。如河南省西峡县，以特色产业为基础，将休闲农业、民俗文化融入旅游发展中来，串点成线、以点带面形成特色乡村游，向全产业链经济转型，向各个行业渗透，形成全域旅游发展格局。

（四）全民：全民共建共享

全域旅游要调动全社会的参与热情，坚持人人为旅游、旅游为人人，推动游客与居民的角色相互转变，构建旅游者、当地居民、旅游相关企业、政府和相关社会组织一体化共建共享机制，使所有利益相关者都成为旅游产业的建设者、旅游事业的参与者、旅游发展的受益者、旅游生活的享受者。

第四节　案例分析

一、国外全域旅游案例

（一）美国佛罗里达州

1.佛罗里达州概况

佛罗里达州位于美国大陆的最南部，人口经济总量均达全美国第四，是美国旅游产业收入的第一大州，在全世界旅游消费市场中排名第二。州内旅游的发展始于本国游客度假和养老，并逐渐形成差异化、聚集化的旅游产业发展趋势，成为一个真正的国际化全域旅游目的地。

据佛罗里达州旅游局统计，2018年共有1.118亿美国国内游客以及超过1080万国际游客抵达佛罗里达州旅行，与2017年同期相比增长7.1%。佛罗里达州18座主要机场在2018年的旅客运输量也迎来新高，共输送旅客达9390万，同比增长7.6%。旅游相关消费支出达1120亿美元，并为本州居民提供约140万个就业机会。[①]

根据美国人口与经济研究所的调查数据，佛罗里达州政府在佛罗里达州旅游局——佛罗里达州的官方旅游营销组织每投入1美元，就会带来2.15美元的税收收入。作为一个政府与私人合作的纽带，佛罗里达州旅游局为近12 000项旅游活动提供服务并与坦帕湾布希花园、迪士尼目的地、赫兹租车公司、佛罗里达乐高乐园度假区、奥兰多海洋世界及度假区、西蒙购物目的地与奥兰多环球影城度假区结为主要战略合作伙伴[②]。

2.实施举措

佛罗里达州作为旅游之都，共有282个不同等级、不同功能的城市，形成了以“五都”（迈阿密、奥兰多、罗德岱堡、西棕榈滩、基韦斯特）为核心，以主题公园、游艇、奢华海滩、海上运动等重点旅游产业为主，以量大面广的小城镇为支撑的城市网络体系，成为全世界旅客向往的旅游胜地。佛罗里达州从三方面着手发力，构建全州全域旅游的配套支持系统。

首先，佛罗里达州坚持全民共建共享，致力于建造全域品质化生活配套旅游服务系统，在教育、艺术、文化、养老等方面实现全域旅游成果全民共享。如佛罗里达州共有公私立大学75所，艺术长廊和博物馆80多个，文化艺术演出团体及场所12个，并且对养老市场极为重视，给予特殊关注，打造退休者乐园。

其次，佛罗里达州在交通基础设施方面全域联通。佛罗里达州拥有国际机场6个，国内机场35个，3条州际高速，且高速免费率接近90%。佛罗里达州铁路全长4800米，拥有全国领先的高速铁路，5个主要邮轮母港和14个深水商港，保证了佛罗里达州的水上交通。连通陆岛的42座跨海大桥是最美的海景公路。发达的交通网络，更快、更好地连接了佛罗里达州的各个景点，以点成线，以线带面，形成全域旅游矩阵。

① 李力.美国佛罗里达州 中国游客数量创历史新高［EB/OL］.（2019-04-01）. https://finance.sina.com.cn/roll/2019-04-01/doc-ihtxyzsm2246301.shtml.

② 目的地 | 美国佛罗里达州推广反季户外行［EB/OL］.（2018-01-09）. https://www.sohu.com/a/215605800_594364.

最后，构建全域布局的生态可持续支持系统。佛罗里达州国家风景游径以展现和保护自然风景资源为目标连接全州动植物栖息地，提供以远足为主的游憩活动，建立了野生动物安全迁徙的生态廊道。在田野踏查和参与游径维护地的体验基础上分析了佛罗里达州国家风景游径的选线方法，在重点规划与维护管理的基础上，实现了生态构建、环境治理、科普教育以及历史文化保护等多能的全域可持续发展的生态格局。

3.经验借鉴

佛罗里达州全域旅游系统十分成熟，可以从四个方面为国内全域旅游提供发展经验。第一，是培育核心吸引物，形成差异化、聚集化的发展格局。如佛罗里达州以“五都”为核心，带动周边中小城镇发展，形成网格化的发展格局，促进旅游相关产业空间聚集。第二，是开发多元化的旅游产品，缩小淡旺季差异。佛罗里达州根据目标旅游受众的到访时间节奏，摸清旅游者出游规律，开发互补性强的全年、全天、全季后的旅游产品，策划有循环性、无淡旺季的特色旅游活动。第三，生态留白，促进区域内可持续发展。佛罗里达州坚持“严格保护环境”理念，发展绿色旅游。同时从科学研究角度不断加强生态资源开发的论证，明确开发模式、强度和方式，以及完善生态环境的保护措施，构建“严格执法+规划留白+绿色认证”的可持续发展格局。第四，各项服务设施与全域旅游发展高度配合，构建主客共享系统。佛罗里达州在发展全域旅游时，坚持全民共建共享的原则，将发展成果惠及当地居民。如佛罗里达州保障居民养老生活质量，建立更加便捷的医疗服务体系，给予当地老年人免费高尔夫等福利；注重改善航空、高铁等交通条件，搭建特色的交通运输网络；保证服务质量的基础上提升服务的多样性，针对不同群体需求开发多样化的服务项目。

（二）瑞士

1.瑞士概况

瑞士是中欧国家之一，国土面积4万多平方千米，有“世界屋脊”“世界公园”之称。瑞士旅游业十分发达，已经成为瑞士继出口型工业、金融业之后的第三大支柱产业。瑞士不仅拥有丰富且多元化的旅游资源，也拥有前沿化、系统性的全域旅游发展理念。在瑞士旅游业的发展过程中，瑞士以旅游业推动城镇化发展建设了一批特色旅游小镇，使全国城乡内外联动，形成了有机结合的大景区与大度假区。

2. 实践举措

瑞士为打造“世界公园”，发展全域旅游，向内向外同时发力，做到了全域是风景、到处是产品的完整旅游产业链条。

对外，瑞士旅游产业致力于为外来游客打造全域化、多元化的旅游体验。第一，资源整合。利用本土丰富的度假旅游资源，整合瑞士休闲娱乐、户外探险、自然风景、人文景观、高档酒店等原有旅游产业发展元素，打造“瑞士环游之路”，在全国范围内形成人人代表旅游形象、处处是旅游环境的“大景区”发展模式。“瑞士环游之路”全长1000英里，穿越了4个语言区，翻越了5座阿尔卑斯山口，前往11个联合国教科文组织世界遗产地和两个生物圈，途经22个天然湖泊。“瑞士环游之路”可以让旅客深入了解瑞士，全面观赏景色，体验特色文化，收获全面且特色的旅游体验。[①]第二，产业融合。旅游业融合作为一种创新发展形式，为瑞士旅游业的发展注入了生机与活力。瑞士通过扩展、延伸并丰富旅游要素来满足游客多种需求，瑞士依托资源优势，促进旅游业与会展、购物、体育、节庆等融合，丰富游客体验，促进国内整体产业经济效益提升。如瑞士每年举办超过2000个国际会议，包括在达沃斯举行的世界经济论坛、日内瓦国际车展等，带动了国外游客数量总计超过3000万人。此外，瑞士也是世界冰雪运动中心，冬季冰雪运动收入占据全国旅游收入的重要份额。第三，品牌聚合。瑞士以自然本色为主题，将经典景区分为五大子品牌，让游客体会自然与人文风光。如在爱蒙塔尔的奶酪工厂可以近距离观察爱

① 参见瑞士自驾——环游之路网站：https://www.myswitzerland.com/zh-hans/experiences/experience-tour/car-motorcycle-grand-tour/。

蒙塔尔奶酪的制作方法；在罗什德内山日内瓦湖的上方可以将日内瓦湖以及阿尔卑斯山脉尽收眼底；伯尔尼美术馆作为瑞士最古老的博物馆拥有涵盖八个世纪的杰出作品等。这些项目从文化、自然、展览休闲等多元角度出发，形成独具瑞士特色的旅游产品。

对内，瑞士深耕国家建设基础，在公共服务、生态环境、体制机制等方面改善全域旅游内环境，支持全域旅游更快更好发展。第一，在公共服务保障方面，优化旅游全过程，发达的公共交通体系几乎覆盖所有城市和景区（点），公共服务系统的完善保证了旅游服务的全域衔接，如持有瑞士交通系统票证，不但可以使用交通网络，还可以免费进入400多家博物馆进行参观。此外瑞士依靠旅游业推动城市化发展，建设特色旅游小镇，配套完善的公共服务建设，既是城镇，又是“景区”，实现城市建设与旅游发展的有机融合。第二，在生态环境方面，始终践行绿色发展理念，不断优化旅游环境，从联邦政府到省政府，各级各部门都制定了有关自然环境保护管理的法律法规，并积极征求各方利益相关者意见，从全域整体优化旅游环境。第三，体制机制。瑞士始终致力于优化旅游管理，长期重视旅游业发展，积极为旅游业的市场化运营创造有利环境，通过政策建立打破行业壁垒，提供财政支持，放宽经营管制，给予税收优惠。政策制定灵活，建立良好的跨部门、跨产业平台，旅游行业协会以及促进组织从中协调，承担职能性工作，多部门之间相互配合，在旅游局引领下促进内部分工合作，实现共建共享。

3. 经验借鉴

第一，创新引领，提供全域旅游发展驱动力。一方面，瑞士从体制方面不断创新，全面协作，共建共享，建设完善体制。政府大力扶持，协会专业管理，积极促进对外宣传与促进工作，以企业为主体负责旅游业运营与旅游产品的开发，实现全域旅游市场化运作。另一方面，瑞士旅游相关部门不断创新营销方法，以游客为中心，构建统一营销模型，通过旅游服务提供商，进行电子商务营销，不断推出促销方案，同时利用大众传媒，提升瑞士旅游的品牌影响力；除此之外，瑞士以游客为中心，将主题旅游、会展营销、医疗旅游营销形成三位一体的联合营销矩阵，充分利用游客形成更强大的传播网络。

第二，品质为魂，把握全域旅游核心竞争力，瑞士全域旅游将产品、服务、设施作为三大发力点，每个发力点都不断推陈出新，做到极致，将产业变身为旅游吸引物，实现产和旅的完美结合。在旅游产品方面，瑞士推出沉浸式差异化的旅游产品，在真正融入当地人生活的同时，提升外地旅客体验感，在会展旅游和医疗旅游方面尤为突出。瑞士还将健康管理与旅游度假进行结合，成为诸多康养旅游的首选地。在服务与设施方面，瑞士的“慢”游系统规划十分科学，拥有覆盖全国公共交通的套票，实现一票畅游。瑞士在信息化时代下也不断推出智慧化的移动端产品，实现多种服务性的在线旅游产品。

二、国内全域旅游案例

2019年9月25日，文化和旅游部正式认定并公布了首批71个国家全域旅游示范区名单[①]，首批全域旅游示范区依托精品资源进行全域化拓展，打造全域相对均衡的旅游吸引物，同时坚持城乡互动，构建闭环旅游路线，为我国全域旅游的整体发展提供了经验。

（一）江苏苏州

1.苏州概况

苏州位于江苏省东南部，长江三角洲中部，东临上海，南接嘉兴，西抱太湖，北临长江。2012—2019年，苏州市GDP连年保持稳健增长，增速逐年有所放缓，与全国趋势一致；2020年初受疫情影响，GDP增速进一步减弱；2020年12月，全市10个县级市、区全部成功创建省级全域旅游示范区，成为全国、全省唯一的“满堂红”城市。

---

① 杨倩.首批国家全域旅游示范区名单正式公布［EB/OL］.（2019-09-25）. https://www.mct.gov.cn/whzx/whyw/201909/t20190925_847062.htm.

近年来，苏州市不断践行全域旅游发展理念，实施全域旅游发展战略，整合区域内多种旅游资源，形成特色化、多元化的旅游产品，构建全域旅游发展格局，带动全市范围内推进全域旅游建设。

2. 实践举措

一方面，苏州市全域旅游措施到位，积极培育旅游新产品，提升供给侧质量，“旅游+”趋势不断凸显，与文化、商贸、教育、农业等业态的结合愈发紧密。苏州扎实打造服务新框架，推进停车线现代化、标识标牌科学明晰、“厕所革命”和无线网络全覆盖；从细节出发，提升游客旅游体验感，同时加大旅游服务平台建设，大力发展苏州特色的智慧旅游平台。苏州市旅游相关部门积极探索旅游市场管理新方式，依法加强对旅游企业的监管，推动跨部门跨行业综合执法，建立旅客评价体制机制，利用大数据平台系统接收反馈信息，推动市内旅游产业运营更加符合旅客需求。同时扩宽国际市场，注重利用国际品牌、名人的影响力。从新媒体平台发力，对接国内外旅游企业，开发国际营销新模式。

另一方面，苏州旅游业充分发挥实体经济和无边界产业所具有的带动性、开放性和包容性，实施整合旅游与城市资源、标准化管理涉旅业态、推进城乡一体的旅游示范区建设三大创新举措，既为相关产业提供扩容和增值空间，也升级旅游业自身。苏州致力于打造“主客共享”的全域旅游空间，创新性地整合旅游与民生资源，形成开放性高、特色明显的旅游区。同时在推动古城保护与发展上，苏州明确将旅游业作为国家历史文化名城保护区今后发展的第一产业，以此激活古城创新创业的活力。

3. 经验借鉴

第一，创新理念。苏州市在旅游规划过程中，就创新发展理念，将城市全域作为最大的景区进行全面发力，打造“城市即旅游，旅游即生活”的新型旅游城市，注重古城、古镇的保护性开发，以及绿色生态的可持续性开发，还原自然山水与居民生活。同时，苏州市注重产业融合发展，将文化旅游、乡村旅游、会展旅游、研学旅游和特色旅游，放在全域旅游发展的重要位置，并积极探索互动性强的旅游市场模式，提升旅游的参与度，打造沉浸式旅游。

第二，市场开放。苏州市旅游产业积极引进各类社会资本，鼓励国有涉旅企业与民营企业相互持股，支持企业通过政府与社会资本合作，共同投资、建设、运营旅游项目，发展混合所有制旅游企业。同时通过资助人才培养、补贴旅游保险和税费减免、鼓励品牌打造以及标准化建设等方面举措，助推旅游企业做大做强。

第三，重视服务。苏州市不断完善面向游客的公共服务系统，构建适应全域旅游的服务体系，加强智慧旅游平台建设，集信息查询、线上导览、在线预订、信息推送和公共服务于一体，有效整合服务资源、景区资源以及政府信息资源，进一步丰富产品供给，为用户提供串联式高品质的旅游产品与服务，进一步健全全域旅游服务体系。

（二）陕西西安曲江新区

1. 西安曲江新区概况

西安作为陕西省省会，是首批国家历史文化名城，世界四大古都之一，拥有深厚的文化底蕴和丰富的旅游资源。曲江新区位于西安市东南，是陕西省西安市确立的以文化产业和旅游产业为主导的城市发展新区。[①] 2002年以来，曲江新区先后建成大雁塔北广场、大唐芙蓉园、曲江国际会展中心、曲江池遗址公园、大唐不夜城等一批重大文化项目，跃升为西部最重要的文化、旅游集散地，陕西文化、旅游产业发展的标志性区域。2022年3月，曲江新区所属的雁塔区成功入选陕西省全域旅游示范区，依托古城传统文化，塑造“文化+旅游+城市”的典范，以城市作为产业融合载体，提升旅游产业综合水平。

2. 实践举措

曲江新区实行文化立区、旅游兴区、城建靓区三大举措，利用三驾

① 参见西安曲江新区管理委员会网站：http://qjxq.xa.gov.cn。

马车拉动区内旅游产业发展。在文化方面，曲江汇集了帝王文化、政治文化、经济文化、节庆文化、科举文化、园林文化及其文学、艺术、旅游、建筑等众多领域和层面的精髓，代表着盛唐文化的核心内容。因此在城市建设方面，曲江新区着力于保护城市特色，又同时将城市文化经营与城市设计相结合，复兴传统文化，致力于建设宜游宜居的现代化城区。在文化与城建的基础上，曲江新区积极实施重大旅游项目带动战略，建设大雁塔北广场、大唐芙蓉园、大唐不夜城、曲江池遗址公园等重大旅游项目，有力地提升了城市全域旅游水平。同时曲江新区规划建设了八大园区和十大旅游景区，实现了全城有产业，处处有风景。

曲江新区重点从四方面出发，落实具体措施，打造了全域旅游示范区。第一，在基础设施建设方面，曲江新区先后投入30亿元进行基础设施建设，基本完成了曲江新区范围内的水电暖等市政配套，在为全域旅游发展提供基础保障的同时，实现了全域全民共建共享。第二，文化遗产保护性开发。曲江新区以开发利用促进历史文化遗产保护，实现传统文化资源的传承性保护与创造性开发，实现文化保护、城市建设、经济发展与民生改善的多赢局面。第三，旅游设施完善。曲江新区建设之前，就进行了全面科学的调研，为建设全域旅游，考虑到信息咨询、旅游集散等需求，设置了大雁塔北广场等一系列旅游集散服务中心；同时曲江新区也开通了运行曲江新区新景线旅游的观光巴士、曲江观光轻轨、旅游公交车等举措，对重要景点进行串联，以线带面，促进全域旅游不断升级。第四，对城市进行精细化管理。2020年，西安市城市精细化管理集中活动月按计划开展，对城市精细化管理的15项重点任务进行安排部署，不断将全域旅游做实、做细。曲江新区在此基础上，增加了景区管理、建设管理、公共服务管理、环境美化等方面的新规定，出台“升级版”的城市精细化管理方案，并严格遵照执行。

3.经验借鉴

曲江新区的发展实质是文化旅游产业与城市新区的耦合协同发展，城区建设与旅游发展相互带动，形成全域旅游与城市发展互促互进的全新格局。曲江新区全域旅游的发展经验有以下几点值得借鉴。

第一，围绕文化主题，营造公共空间，实现全民共建共享。曲江新区以盛唐文化为特色，以旅游项目和城市项目为载体，围绕旅游发展新业态、新模式、新消费，整合本地资源；以“文化国门”西安城墙南门、大唐不夜城步行街等为代表的曲江全域旅游新标杆，打造城市品牌，促进旅游全要素在曲江新区快速成长；同时建设城市公共文化空间，让市民共享全域旅游发展成果。

第二，文化旅游融合，改旧建新同时推进，实现景城一体化。曲江新区以文化和旅游融合为主线，统筹旧城改造和新城建设，实施的大明宫国家遗址公园、西安城墙南门历史文化街区、小雁塔历史文化片区、碑林历史文化街区、汉长安城未央宫遗址公园等项目，实现了遗址保护与城市更新有机共生，创新化解决了旧址保护与新城建设的共性难题，让遗址焕发新生，赋能城市全域化升级发展。

第三，政府从顶层设计发力，为全域旅游发展提供政策便利，实现“审批最简”“流程最优”“效率最高”的项目审批服务，为新区全域旅游工作开展给予鼓励与扶持。同时，曲江新区政府不断致力于做好基础设施配套和交通网络搭建，通过更新理念、完善制度和强化措施，在建设管理、景区管理、公共服务管理等多方面扎实开展工作，产业发展生态不断向优向好，在提升旅游体验感的同时，提高了曲江新区居民的获得感，更新了城市功能，促进了城市价值升级。

第十一章　智慧文旅策划与开发

第一节　智慧文旅行业概述

一、智慧文旅行业的概念

（一）智慧文旅的定义

智慧文旅的概念脱胎于“智慧地球”和“智慧城市”。“智慧地球”是2008年国际商业机器公司首先推出“智慧地球”商业计划，其核心是以更智慧的方法，通过新的信息技术来提高政府、公司和人们相互交互的方式，使其更明确、高效、灵活等。“智慧城市”是“智慧地球”在城市建设和管理中的具体实践。国际商业机器公司认为21世纪的“智慧城市”能够充分运用信息和通信技术手段感测、分析、整合城市运行核心系统的各项关键信息，从而对于包括民生、环保、公共安全、城市服务、工商业活动在内的各种需求做出智能的响应，为人类创造更美好的生活。“智慧旅游”这个词是在“智慧地球”“智慧城市”的基础上发展而来的，它是智慧城市在旅游城市和城市旅游两大领域的推广型应用，是数字旅游的高级阶段。[①]

一般认为，智慧旅游是物联网、云计算、下一代通信网络、智能数据

① 胡强.智慧旅游在旅游企业经营中的运用［J］.大陆桥视野，2019（10）：32-34.

挖掘、高性能信息处理、虚拟现实等技术在旅游体验活动中的应用，为旅游业务主体包括旅游者、景区、旅游企业、旅游管理部门提供相关旅游信息的一种新型旅游形态。①有研究者就智慧旅游的基本概念与理论体系进行了研究，他们认为智慧文旅是以人工智能、移动通信、物联网和云计算技术为支撑而发展的。也有研究者指出，智慧旅游应该结合现代人文社科等综合性学科，以科学技术发展为基础，建设成为服务于国家战略并体现市场发展的有序系统。

综合各种对智慧文旅概念的界定，我们为智慧文旅作出以下定义。

智慧文旅，即智慧文化旅游，是一种以技术为支撑实现“文化+旅游+科技”的智能化旅游业态。智慧文旅以特色文化元素核心作为内在驱动，运用现代信息网络技术手段，通过分析游客的文化旅游行为，建设新的文旅基础设施，提供更多元便捷的服务，用更智能高效的管理方式，为游客带来丰富多样的文化旅游体验，既传播了当地的特色文化，又促进了景区的智慧升级与产业发展。

智慧文旅的“智慧”，主要体现在利用先进的科技手段实现智慧分析、智能建设、智慧服务、智慧管理和智慧营销上。通过人工智能、移动通信、物联网和云计算等先进的科学技术，精准地感知并使用获取到的信息，并通过分析所获取数据更好地建设景区，同时推动游客服务的智能化便捷化和文旅营销的智能化。

（二）智慧文旅的参与主体

智慧文旅的参与主体主要有政府、相关企业和消费者三个方面。

1. 政府

在政府层面，智慧文旅主要体现在景区动态监测和安全预警等方面，通过技术支持了解消费者需求和行业动态，推动传统旅游管理方式向现代管理方式转变，实现政府的科学决策和管理。政府利用数据提升管理、服

① 吴卫东. 对数字旅游、虚拟旅游、智慧旅游的再辨析［J］. 当代经济，2015（30）：40-41.

务和决策的水平，实施全程综合管控，对各方面数据资源进行有效整合，全面监督文旅项目的实施，优化市场秩序，促进文旅产业繁荣发展，推动智慧公共服务建设。

2.相关企业

在相关企业方面，智慧文旅体现在内容服务和产品运营的智慧化，包括智慧出行、景点游乐和大数据营销的全方位多元化服务。开放创新的平台促进文旅企业提升效能，让更多企业积极参与到智慧文旅生态建设中来，文旅企业的主体地位不断得到凸显：文旅企业既是文化事业的主体，也是智慧文旅建设的主体，同时还是文旅服务的主体。

3.消费者

面向消费者的创新文旅体验和消费服务的智慧化，主要体现在推动文化旅游资源与多样化、个性化市场需求的高效对接[①]，实现精准的线上线下无缝服务和深度文化体验等实时、互动、个性化服务，大大提升了用户体验，推动了传统的旅游观光消费方式向现代文化旅游体验消费方式转变。智慧化文旅服务贯穿游前、游中、游后的各环节全过程，为游客提供无缝化、个性化、体验化服务，游客的需求和反馈又源源不断地催生智慧文旅的新业态。

二、智慧文旅行业的特征

（一）数据信息丰富

在智能化产品飞速发展的今天，信息流通不断加快，从而使社会产生了大量的数据资源。数据是“智慧旅游”建设中的核心内容，数据的开发和利用对智慧旅游的发展起着至关重要的作用。对消费者来说，他们可以通过大数据信息获取各种旅游资源；对旅游企业来说，则可以利

① 李寅，冯开春，徐斌.发展数字文旅 构建智慧景区：访武当山特区工委书记、管委会主任沈明云［N］.十堰日报，2021-07-13.

用互联网和电子商务等信息平台进行服务性的经营管理；对企业管理者来说，他们也可以通过丰富的数据资料，对旅游资源进行深入的挖掘、分享和利用，从而实现对景区旅游活动的引导和管理，进一步促进智慧旅游的发展。

（二）技术手段先进

智慧旅游作为信息技术带来的一种革新，其发展建立在技术手段进步的基础之上，包括物联网技术、移动通信技术、云计算技术以及人工智能技术。物联网智慧旅游的核心网络，实现了物与物、人与物、人与人的互联；移动通信技术是支撑智慧旅游物联网的核心基础设施，游客通过移动通信终端设备接收旅游信息；云计算的核心思想是计算、信息等资源的有效分配；人工智能就是智慧旅游用来有效处理与使用数据、信息与知识，利用计算机推理技术进行决策支持并解决问题的关键技术。随着技术手段不断进步，智慧旅游也得到不断完善。

（三）消费服务个性化

在互联网的背景下，智慧旅游是在一切以旅游个体为中心，为游客提供更高质量和满意度的服务建立起来的。而随着人们对旅游业发展要求的不断提高，大众化、散客化和个性化趋势不断加强，智慧旅游就是为旅游个体提供服务，满足旅游个体的个性化需求。

（四）信息服务全面化

在“互联网+”背景下，网络已全面融入人们的生活之中，互联网给旅游者的出游提供了便利。用户可以通过手持设备、可穿戴设备或其他常规、非常规计算设备，无障碍地享用计算能力和信息资源。旅游者个体可以在任何时间、任何地点、通过任何媒介获取全面的信息服务。[①]

① 程金龙.新时期旅游目的地开发与管理［M］.北京：科学出版社，2016.

三、智慧文旅行业的发展现状

（一）智慧文旅的发展模式

国内外较为知名的智慧旅游服务平台均由政府承办，即担任前期的项目发起人和出资方。由于智慧旅游服务平台具备公共服务属性，政府作为旅游行业的监管者和旅游资源的管理者，对平台的资讯发布、资源整合以及市场主体监管均具备较强的掌控力。因此，大部分平台由政府出资进行前期搭建。在前期搭建完成后，出于财政资金压力、对平台掌控力度等方面的考虑，不同平台会采用不同的后期运营模式。如由政府进行后期运营维护，委托第三方进行运营维护。还有部分平台由第三方单独出资、搭建和运营维护，在此模式中政府虽然不出资、不参与平台搭建和后期运营，但会担任平台建设的发起人和协调方，提供必要的支持和管理。

1. 政府主导型

政府主导型的智慧文旅一般由当地政府出资，并负责开发和运营。政府主导型的智慧文旅有着显著的优势，由于政府全程参与运营，因此具有较强的可控性。政府主导发布资讯，更加权威且快捷，但政府主导型的智慧文旅也存在一定的劣势，由于专业团队进行平台开发运营维护，因此对政府人员要求较高。除此之外，也会占用一定的财政支出。

2. 市场导向型

市场导向型的智慧文旅发展模式一般由第三方出资、开发和运营。市场导向型的第三方专业团队开发及运营维护，效率高且不占用政府人力资源财政支出。但是，由于政府掌控力低，需要协调多方资源沟通成本，无法实时监测平台运营情况。

3. 混合发展型

混合发展型的智慧文旅模式一般由政府牵头，企业进行运营，主要有三种形式：第一种形式由政府出资，非营利组织负责运营。优势是政府的主导性强，对平台的掌控力较高，劣势是国内愿意资助的企业十分有限，政府财政支出的要求较高。第二种形式由政府出资，事业单位负责运营。优势是对当地文旅资源的整合力度大，劣势同样是由于国内愿意资助的企业有限，因而对政府的财政支出要求较高。第三种形式由政府出资，当地国企与民企成立合资公司负责运营的模式。优势是政府和企业强强联合，最大限度地发挥双方优势，劣势是股权结构设置的科学性将严重影响资源整合的效果和生态的开放度。

（二）智慧文旅的发展阶段

从技术和产业视角看，国内智慧文旅发展经历了四个阶段。

1.信息化阶段

1997年到2009年，是我国智慧文旅发展的第一阶段，即信息化阶段。在这一阶段，各类互联网旅游信息服务平台纷纷成立，提供宣传介绍、攻略导游、社区交流、机酒预订和路线查询等丰富多样的功能，初步实现文化旅游的信息化。

2.移动化阶段

2009年到2012年，是我国智慧文旅发展的第二阶段，即移动化阶段。在这一阶段，移动手机得到了基本普及，移动端用户数量增长快、数量多，手机App逐渐取代网站，成为消费者使用的主要入口和游客获取信息和消费的主要方式。

3.智慧化阶段

2012年到2019年，是我国智慧文旅发展的第三阶段，即智慧化阶段。在这一阶段，智慧文旅的概念逐渐形成，人工智能、移动通信、物联网和云计算等信息技术迅速发展，景区可以根据顾客需求将感知信息进行加工，建立智慧系统并实现智慧化应用，通过场景创新打造文化科技融合的文化体验服务和产品，强化个性化服务，提升服务体验满意度。

4.智能化阶段

从2019年开始，我国智慧文旅的发展进入第四阶段，即智能化阶段。在这一阶段，新科技、新业态和新模式改变着旅游业的既有发展方式和产业格局，文旅行业将进入万物智联的高智慧期，智慧技术能够使旅游的各个环节无缝连接，给游客带来更舒适、更连续的体验。

（三）智慧文旅的发展环境

1.政策支持

（1）《文化和旅游部关于推动数字文化产业高质量发展的意见》。

2020年11月，发布《文化和旅游部关于推动数字文化产业高质量发展的意见》（以下简称《意见》）。《意见》提出，推进数字经济格局下的文化和旅游融合发展，以文塑旅，以旅彰文。促进文化产业与数字经济、实体经济深度融合，构建数字文化产业生态体系。其中，在“加快新型基础设施建设”方面，支持面向行业通用需求，建设数据中心、云平台等数字基础设施，完善文化产业“云、网、端”基础设施，打通“数字化采集—网络化传输—智能化计算”数字链条。鼓励数字文化企业参与企业级数字基础设施开放合作，完善文化产业领域人工智能应用所需基础数据、计算能力和模型算法，推动传统文化基础设施转型升级，支持5G、大数据、云计算、人工智能、物联网、区块链等在文化产业领域的集成应用和创新，建设一批文化产业数字化应用场景。[①]

（2）智慧景区建设。

2011年，国家旅游局提出了将“智慧旅游”作为我国旅游业未来十年的发展目标。自此，各地纷纷开启“智慧景区”建设，包括智慧停车、人员分流、智能导游等。

新冠疫情发生后，预约制、“无接触”式旅游日益受到关注，客观上推动了各地加快智慧景区建设。旅游消费潜力巨大，为促进疫情防控常态化下旅游业健康发展，2020年11月18日的国务院常务会议确定了支持“互联网+旅游”发展的措施。会议指出，要支持建设智慧旅游景区，普及电子地图、语音导览等服务，提出了打造特色景区数字展览馆，鼓励景区加

① 文化和旅游部关于推动数字文化产业高质量发展的意见［EB/OL］.（2020-11-18）. http://www.gov.cn/zhengce/zhengceku/2020-11/27/content_5565316.htm.

大线上营销力度，引导云旅游等新业态发展等举措。

（3）“十四五”规划。

“十四五”时期，新发展格局为文化和旅游科技创新提供了广阔的空间和场景。文化和旅游科技创新的核心作用将更加突出，科技全面融入文化和旅游生产和消费各环节，全面赋能内容生产创新、产品和业态创新、商业模式创新、治理方式创新等各领域。要把握好数字化、网络化、智能化发展机遇，加强重点领域的关键技术研发和创新工程建设，促进文化和旅游高质量发展。

2. 市场需求

（1）旅游业已成为国民经济战略性支柱产业。

根据文化和旅游部统计数据显示，2010—2019年我国旅游总收入规模保持稳步增长，收入规模从2010年的1.57万亿元，增长到2019年的6.63万亿元，同比增长11.1%；国内旅游人次和旅游收入持续增长，2019年我国国内旅游人次达60.06亿，国内旅游收入5.73万亿元。

（2）文旅融合延长产业价值链。

文化是旅游业发展的灵魂，而旅游活动本身就是一种文化现象。文化与旅游具有很强的融合性，文旅发展具有相互依存、相互促进的作用。旅游作为文化最大的消费市场，有利于提升文化的吸引力、竞争力以及影响力。同时，文化为旅游赋予了更加丰富的内容，为旅游的产品化升级赋予了内涵。从产业融合的视角来看，文化和旅游融合助推了消费升级新动力。2019年，文旅融合战略稳步推进，文旅产业进入高质量发展新阶段，文旅休闲日益成为人民生活刚需，文化和旅游消费更趋日常化，引导消费升级新方向。

（3）数字化催生文旅产业新业态。

随着文化和旅游业数字化进程的加快，数字经济加速了产品和市场从形式到内容的结构性变化，数字产业与文旅产业的深度融合，催生出众多新的文旅产业业态以及新的模式结构。数字化的各种资讯和内容产品加速了相关产业的联动，而旅游业有极其丰富的应用场景、极强的跨界能力以及庞大的产业规模，因此无论是在物理反应层面还是在化学反应层面，都催生出许多新业态、新产品，实现了数字文化产品消费带动上下游产业的发展新格局。[①]

（4）疫情推动旅游业智慧化发展。

受新冠疫情影响，文旅产业复苏程度成为直接体现经济复苏程度的重要指标。从美团实践中推行的交通智慧出行（智行码）、公共场所在线化管理（安心码）、疫情防控通行（畅行码）到餐饮酒店景区“无接触”服务产品，旅游产业上下游链条的智慧化程度将大大推动智慧化水平，也为在线旅游平台将来发挥更大的空间奠定了坚实的物质基础。

（5）“新基建”成为推动文旅产业高质量升级发展的强力突破。

任何一个行业的发展都离不开基础设施的支撑，现有的社会化数字支撑力度不足，成为文旅产业从根本上解决问题的前置障碍。“新基建”对于文旅产业来说，既有战略意义也有战术作用。对于受到疫情严重冲击的文旅产业来说，“新基建”打开了新局面，为文旅产业的发展打造社会化数字生态，使得共享的交通、住宿、出入境、金融消费等朝着越来越智能化、数字化、可视化发展，为文旅产业的智慧化发展提供基础支撑。

3. 技术赋能

（1）大数据。

随着大数据+人工智能、大数据+增强现实、大数据+认知计算、大数据+5G等技术的深度融合，大数据在文化、旅游、科技和教育等行业的应用更加广泛和全面。在文旅行业中，从携程、飞猪等OTA（Over-the-Air Technology，空中下载技术）网站到摄像头、闸机等通信设备，都是大数据采集的端口，他们通过将碎片化的数据结构化后形成过往历史的总结及新趋势的预测，成为智慧文旅的底层生产资料。

（2）人工智能。

人工智能作为整个智慧文旅产业中类似于“人脑”的核心基础结构，是

① 刘洋，肖远平. 数字文旅产业的逻辑与转型：来自贵州的经验与启示［J］. 理论月刊，2020（4）：104-110.

所有对客户端及数据分析端进行个性化反馈的底层技术，不仅大大提升了服务人数及内容质量，更重要的是通过对客户数据的识别与分析，为定制化旅游、沉浸式旅游提供了技术保障，是实现旅游“千人千面”的必备一环。

（3）VR/AR。

随着5G的推进及显示技术的日趋成熟，VR/AR行业也迎来了新的高速发展期。从产业结构看，终端器件市场规模占比位居首位，2020年规模占比逾四成。随着传统行业数字化转型与信息消费升级等常态化，内容应用市场将快速发展，预计2024年市场规模超过2800亿元。从智慧文旅的另外一个载体来看，服务机器人也迎来了暴发期。据中商产业研究院统计，2021年全球移动机器人市场规模约为215.5亿元，同比增长43.28%，预计2023年市场规模将达402.2亿元。其中，2022年国内服务机器人市场规模约为447.76亿元，随着新兴场景的进一步拓展，预计2023年市场规模将有望突破500亿元。

VR/AR和服务机器人是生产力与生产资料最终产出产品的展现方式，也是5G新基建与AI（Artificial Intelligence，人工智能）快速发展的最大受益者，通过更大的带宽、更直接的呈现能力让大数据与人工智能让游客个性化生产结果直达游客内心，真正实现文旅行业的智慧化。

第二节　智慧文旅项目策划

一、智慧分析

（一）智慧分析技术支持

1.大数据

大数据（Big Data），或称巨量资料，指的是所涉及的资料量规模巨大到无法通过主流软件工具，在合理时间内达到撷取、管理、处理，并整理成为帮助企业经营决策更积极目的的资讯。随着信息化社会的快速发展，旅游行业信息量爆发式的快速增长，这些数据的特征表现为数量大，数据类型多，衍生了旅游大数据。通过整合相关数据，形成旅游大数据，通过对各行业务的数据清洗治理形成数据标准，并接入大数据平台，同时利用大数据可视化分析平台对数据筛选、分析，提供景区、酒店等行业发展动态，服务模式，旅游偏好热度数据分析报告，为旅游决策提供数据，研判支撑。目前，很多旅游城市都有自己的大数据中心。

2. 数据可视化

数据可视化是数据分析处理后表达的一种结果，是表现数据价值的一种方式。可视化（Visualization）技术是利用计算机图形学和图像处理技术，将数据转换成图形或图像在屏幕上显示出来，并进行交互处理的理论、方法和技术。可视化技术又名“所见即所得”，它是以数据展示为目的的一种编程化思想。可视化技术支持通过三维建模，对景区三维全景、内部环境、建筑和水体等关键要素进行三维仿真展示，集成景区现有数据资源，基于地理信息系统，对景区内关键要素的分布和状态进行实时监测，并提供丰富的可视化图表，对今日实时客流、游客画像和基础设施等数据指标进行多维度可视化分析，实现一屏掌握重点景区运营态势。

3. 数字孪生可视化

数字孪生通过三维建模，高度还原建筑或设施设备的外形、材质和纹理细节等，实现高精度、超精细的可视化渲染，在数字化世界中构建完全一致的对应模型，通过数字化的手段对实体对象进行动态仿真、监测、分析和控制。数字孪生可视化平台场景功能体现为自由视角观察、分时段场景展示和不同时空画面呈现三方面。数字孪生可视化平台的中心页面则帮助景区统一化场景，场景展示真实时效，在页面场景当中可进行便捷操作管理。数字孪生可视化平台场景的功能还体现在对接平台系统，实现信息上传下达以及监控评价功能。按照系统规则设定，实现对各个子系统的信息传输等功能，做到完全实现对景区内包括电子票务和报警救助等子系统的闭环化管理。例如，在数字孪生可视化平台上可监测到景区内各区域的游客人数，进而对景区最大生态承载量进行实时的监控管理，对景区的最大生态承载量有一个及时的预警发布，实现对景区的精细化管理。

（二）旅游资源可视化分析

1.景区三维全景可视化

基于地理信息系统，对景区进行智能化管理，综合监测分析景观资源、自然环境、景区客流、停车管理以及基础设施运维等管理领域的关键数据，智慧景区的打造让园区人、事、物统一管理成为现实，并且一切景区动态都呈现在大屏上，实现景区综合运营管理态势一屏掌握。

2.景区资源管理可视化

基于地理信息系统，对景区文物资源、建筑景观、自然景观等资源的类型、数量、空间分布等信息进行直观展示，支持查询景观项目详细资料、监控画面等信息，提高景区管理部门对景观资源的管理水平，同时也可为景区功能区规划提供决策依据。

3.自然环境检测可视化

基于地理信息系统，对森林、绿地、水域等环境要素位置分布、面积等信息进行可视化监测，集成各传感器监测数据，对景区天气、水质、温湿度、空气质量、水质等数据进行实时监测分析，对恶劣天气、污染、植被破坏等信息提供预警。智慧景区的建设提高了景区防御自然灾害的能力，为景区环境保护和规划提供了决策支持。

（三）市场条件数字化分析

1.资源数据库建设

在全域数据层，利用大数据等基础设施建设汇聚各类历史文化资源数据库，为文旅服务企业的IP开发和文化体验服务产品开发提供支撑；实时收集游客数据、商户数据、景区数据、交通数据等数据要素，研究分析游客的偏好和需求，为政府的决策提供建议支持，同时也为文旅企业提供开放共享的智库平台。

2. 客流分析监测

支持整合旅游管理部门现有数据资源，支持通过AI摄像头采集人流量和车流量，基于地理信息系统，通过热力图等可视化分析手段，对游客活动区域进行直观呈现；结合专业模型算法，预测当日和未来7日客流量，为管理者提供决策分析。

3. 重要场所监测

通过三维建模，对栈道、步梯、观景平台、制高点等重要位置进行三维仿真展示；基于地理信息系统，对景区周边、水域周边、森林等相关重要场所的实时态势进行监控，为管理者进行游客疏导、灾害预防、应急预案制定实施、指挥调度提供决策支持，增强管理部门对重要场所的监管能力。

4. 景区客流分析

基于地理信息系统，与景区售票系统、检票系统、景点实时监控系统等业务系统结合分析，可实时监测入园游客数量、在园游客数量、游客来源、位置、运行轨迹等信息。分析客流量与景区容客量的关系，便于景区了解景区动态，及时制定营销策略，成为真正的智慧景区。

5. 停车管理监测

结合停车管理系统、地理信息系统等技术应用，对景区人员、车辆通行情况、车位情况等信息进行实时可视化监测，并对人员和车辆异常滞留情况进行提醒，以便管理者实时掌握景区人流、车流态势，为管理者进行车辆指挥、资源合理配置提供现实依据。

二、智慧建设

（一）智慧场景

1. 场景智能化：沉浸式旅游

AR技术是一种将虚拟信息与真实世界巧妙融合的技术，它广泛运用了多媒体、三维建模、实时跟踪及注册、智能交互、传感等多种技术手段，将计算机生成的文字、图像、三维模型、音乐、视频等虚拟信息模拟仿真后，应用到真实世界中，两种信息互为补充，从而实现对真实世界的“增强”。AR作为一种人机交互技术[①]，将计算机生成的虚拟图像通过传感设备营造一种沉浸式环境，以提供多种信息的方式增强人们对现实的感知。以场景为主要内容的旅游行业，AR的应用将从多方面助力旅游行业的升级发展，尤其推动了旅游场景的智能化，对沉浸式旅游起着至关重要的作用。

（1）实景导航。

当游客发起AR实景导航时，眼前立马呈现与实景融合的导航实时指引。路程、时间、路标标志性的建筑路标信息叠加浮现在眼前。实景导航可以为游客提供基于位置方向的景点路线导航，交互式AR地图犹如一份行走的游玩攻略，并可以让游客与景点有更多的3D立体互动特效，各景点规划路线跃然眼前，实现私人定制化专属导游。

（2）场景导览。

景区场景的展示导览可通过AR扫描地图触发AR动态效果，如景点介绍并实现语音讲解。AR技术还被大量应用于博物馆对展品的介绍说明中，该技术通过在展品上叠加虚拟文字、图片、视频等信息为游客提供展品导览介绍。游客可通过语音交互、动作交互和文物进行实时互动，体验360° 沉浸式体验景区场景。例如，甘肃省博物馆将AR互动技术引入展览，当你在观看展品时，文物可以进一步呈现“活态”，带给人们更好的观展体验。[②]

（3）场景还原。

通过AR技术可以进行文物的复原展示，使参观者了解文物原来的模样，达到身临其境的效果。除此之外，AR还可以利用SLAM（Simultaneous Localization and Mapping，即时定位与地图构建）技术对户外建筑进行即时

① 虞萍.AR技术在机电设备招标领域的应用分析［J］.机电信息，2019（30）：135-136.

② 王娅玲.甘肃省博物馆“拍照识文物”系统投入使用［EB/OL］.（2019-03-07）. https://baijiahao.baidu.com/s?id=1627316260854213490.

定位与地图构建，借助真人模型动画，实现虚实结合的历史场景还原效果，用于文化遗址、经典场景重现展示，使人身临其境，体验沉浸式景区独特意境和魅力。例如，增强现实旅行应用程序《巴黎，当时和现在的指南》将旅行者带到20世纪的巴黎，提供了独特的体验和令人难忘的印象。

（4）趣味互动。

近年来，AR大屏互动成为各大展厅博物馆、商场、娱乐场所的新宠。来往的人群可以和屏幕中的画面互动，虚实融合惟妙惟肖，崭新的游玩互动能让众人流连忘返。可结合景区具体需求在游玩路线中，添加各类AR互动游戏，增加游客游玩途中的趣味性。例如新加坡国家博物馆创建了一个“Story of the Forest”的应用程序，借助AR技术，游客可以寻找不同的动植物，获得娱乐同时还能了解植物在哪里生长以及动物在哪里生活。

（5）虚拟融合拍照。

与景区进行拍照几乎是每一个游客的诉求，借助AR技术可以构建任何虚拟形象，游客“虚拟游玩”的同时也能拍照。如，只要你站在外面，将手机对着莫高窟洞窟，手机屏幕就能呈现洞窟内详细的壁画内容和佛像，游客可实时拍照合影留念。

2.实景虚拟化：虚拟旅游

虚拟旅游是通过互联网与VR技术，在现实旅游基础上，通过结合三维实景和电子地图等多种技术，将旅游景观生动地呈现在游客面前，让游客根据自己的需求来选择游览路线，足不出户就可以遍览千里之外的自然风光、人文历史资源等，使游客在虚拟世界中获取现实世界旅游体验。①

虚拟旅游依托VR、三维建模和人机交互等现代高科技手段，联通了现实世界与虚拟世界，游客可以通过视觉和听觉等多种感知方式与虚拟世界

① 汉思.旅游管理创新理论［M］.长春：吉林文史出版社，2019.

的信息环境产生交互，带来视觉、听觉、触觉等多方位的感官享受，为游客展示尽可能模拟现实世界的历史遗存与名胜古迹。虚拟旅游为游客带来了更加自主个性的选择，游客可以通过客户端进入虚拟世界，随心所欲地制定游览路线，打破时空限制，从不同的角度参与到景区游览中，并随时获得详尽的景点资料。同时，虚拟旅游也大大降低了旅游成本，游客足不出户便可以体验到各地风光，也避免了衣食住行的成本和交通不畅、人潮拥挤等风险。

（二）智慧服务

1.信息平台

智慧旅游是当今社会旅游行业发展的趋势，通过整合国家智慧旅游公共服务平台、交通、气象、酒店、餐饮、旅行社等相关数据，并结合旅游管理和目的地促销活动中产生的所有数据形成旅游大数据集成平台。通过对数据筛选、分析，提供如旅游行业发展动态、服务模式、旅游者偏好等的数据分析报告，既为国家旅游决策提供数据支撑，也可以为消费者提供更为多样、精准的旅游信息。

智慧文旅信息平台的建设对文旅集团和景区而言，一方面可以为游客提供更加丰富多元的信息服务，另一方面有助于其实现精准营销，还可以便于景区管理。因此，智慧文旅信息平台建设需要采集游客相关信息，并在景区内设有监控、广播、停车场、公共卫生间、景点和票务销售等信息，全方位地监测景区动态。对于文旅主管政府部门而言，智慧文旅信息服务平台的建设有助于管理下属景区产业监测，还可以了解游客的旅游体验。因此，除采集游客相关信息外，他们更侧重于对舆情、交通、天气、环保和景区等相关信息的收集。

2.产业云集群

产业云集群是指集中于一定区域内特定产业的众多具有分工合作关系的、不同规模等级的企业与其发展有关的各种机构、组织等行为主体，通过纵横交错的网络关系紧密联系在一起的空间积聚体，代表着介于市场和等级制之间的一种新的空间经济组织形式。产业云集群正是依托互联网、物联网、云计算等技术手段，实现产业云端集群的组织形式。[①]

新型基础设施支撑下的云南省省级全域旅游智慧平台“一部手机游云南”打通了消费者端、商业端和政府端，实现了全域智慧文旅服务，是产业云集群的重要代表。“一部手机游云南”面向消费者端建设应用软件，满足游客衣食住行的各方面需求；面向商业端支持商户入驻，为旅游过程中涵盖的企业提供了交易平台；面向政府端提供服务评价、投诉受理、联动执法等功能，建设政府综合管理平台。

3. 智慧文旅服务链

（1）感知基础层。

智慧旅游的感知基础层主要通过深层感知全方位地获取旅游系统数据，这一层面主要涉及智能摄像头、智能传感器、GPS（Global Positioning System，全球定位系统）定位器、探测器以及智能基建等。

①传感器。

传感器是一种检测装置，能感受到被测量的信息，并将检测感受到的信息按一定规律转换成为电信号或其他所需形式的信息输出，以满足信息的传输、处理、计量、存储等要求。[②]

②视频监控。

视频监控是安全防范系统的重要组成部分，传统的监控系统包括前端摄像机、传输线缆、视频监控平台。视频监控是一种防范能力较强的综合系统，以其直观、准确、及时和信息内容丰富而广泛应用于许多场合。通过视频监控，管理层可以更直观地感知到景区的动态，并做出相应的调整对策。

---

① 刘承昊. 基于互联网背景下的现代企业品牌形象的影响［J］. 全国流通经济，2017（8）：8-9.

② 宋晓帆，陈晨，樊庆玲，等. 基于智能传感器的新型巡检机器人应用研究［J］. 河南科技，2019（10）：19-21.

（2）通信网络层。

①5G。

第五代移动通信技术是具有高速率、低时延和广连接特点的新一代宽带移动通信技术，5G通信设施是实现人机物互联的网络基础设施。5G智慧文旅应用场景主要包括景区管理、游客服务、文博展览、线上演播等环节。5G智慧景区可实现景区实时监控、安防巡检和应急救援，同时可提供VR直播观景、沉浸式导览及AI智慧游记等创新体验。

②物联网。

物联网是指通过各种信息传感器、全球定位系统、激光扫描器等各种装置与技术，实时采集任何需要监控、连接、互动的物体或过程，通过各类可能的网络接入，实现物与物、物与人的泛在连接，对物品和过程的智能化感知、识别和管理。物联网是一个基于互联网、传统电信网等的信息承载体，它让所有能够被独立寻址的普通物理对象形成互联互通的网络。[①] 近几年来，物联网概念加快与产业应用融合，成为智慧城市和信息化整体方案的主导性技术思维。

（3）平台服务层。

①云计算平台。

狭义上的云计算通常是指云计算服务提供商通过虚拟化和分布式计算等一系列技术建立的数据中心，广义上的云计算指的是云计算服务提供商利用自身建立起来的大规模服务器集群来根据不同类型的客户来定制化地提供一套解决方案，这些服务涵盖了计算分析、硬件租借和在线软件服务等。[②]

②网络支付。

网络支付，是指电子交易的当事人，包括消费者、厂商和金融机构，

① 刘陈，景兴红，董钢．浅谈物联网的技术特点及其广泛应用［J］．科学咨询（科技·管理），2011（9）：86.

② 袁佳欣．云计算平台任务调度算法研究［D］．南京：南京邮电大学，2018.

使用安全电子支付手段通过网络进行的货币支付或资金流转。网络支付是采用先进的技术通过数字流转来完成信息传输，网络支付各种支付方式都是采用数字化的方式进行款项支付的。近年来，物联网、近场通信等新技术在垂直领域加速渗透，不断催生并变革着相关支付方式与形态。

三、智慧管理

（一）智慧管理特征

智慧管理通过信息技术掌握旅游活动、旅游企业的经营信息，实现以数据支撑科学管理和科学决策。对相关职能部门而言，智慧管理通过多样技术手段为管理层提供管理支撑，其相关服务的建设可以有助于进行景区的统一管理和高效监督，并给予相关的数据支撑，从而帮助相关部门定制更好的产业策略，增强管理能力、提高管理水平、创造管理效益。在管理效能上，通过管理平台和硬件设施，可以提升管理水平，有效监测景区的生态环境、服务设施、游客安全、街区流量，从而提升景区治理效能。

智慧文旅中的管理服务呈现出三个显著特征。

首先，智慧管理的对象由旅游景区管理向目的地管理转变。游客的旅游对象不再局限于个别景区景点，而是拓展到旅游景区周边的文化街区、居民社区、产业园区、名牌大学校区等，旅游景区通过与其合作，提高游客的满意度，增加旅游接待功能。

其次，智慧文旅的管理模式由粗放式管理向精细化管理转变。以满足每个游客的个性化需要为前提，游客对于旅游过程的体验质量取决于每一个服务细节。因此，必须转变过去以供给方盈利为主导的粗放式管理，向以提升需求方满意度为导向的精细化管理转变。

最后，管理范围由单一行业管理向社会全行业管理转变。智慧旅游通过与游客服务相关的商业、餐饮业、娱乐业和其他接待业等建立合作关系，从而提升旅游整体服务质量。

（二）智慧管理体系

1.售票系统

（1）窗口售票。

窗口售票是指在景区入口设立售票点的销售方式，售票系统主要由售票电脑、售票软件和打印出票设备组成，可提供现场出票、销售通票、单景点门票等多种类型门票，还可以办理会员卡、员工卡等，除此之外可以专门设计一个年卡管理终端，作为年卡办理、充值窗口。

（2）官网售票。

官网售票是指游客通过景区官方网站进行门票的预定、购买和支付，订单支付完成后获取二维码，景区工作人员扫描此二维码或者身份证取票后，游客即可入园。

（3）微信售票。

微信售票是指游客通过景区的微信公众号进行门票的预定、购买和支付，订单支付完成后，系统生成电子二维码，景区工作人员扫描此二维码后，游客即可入园。

（4）PDA（Personal Digital Assistant，手持智能终端）售票。

景区工作人员通过使用PDA生成门票订单，游客对订单进行付款，支付完成后，由PDA打印出相应的纸质小票，游客手持小票即可核销入园。

（5）自助售票。

自助售票是指游客持有自助售取票终端认可的证件，通过触摸式操作界面，在语音和文字的提示下自行完成整个购票的过程。

（6）闸机售票。

闸机售票是指游客调出手机中微信或者支付宝的付款二维码，将电子二维码在闸机上进行扫描付款，支付完成后，即可完成购票入园。

2.检票系统

（1）闸机检票。

智能闸机检票系统是计算机与智能闸机之间采用TCP/IP通讯（传输

控制协议/网际协议），单台计算机可接多台智能闸机。闸机检票主要是指景区、游乐园等检票闸机的检票功能，相对于人工检票，闸机检票功能更加强大，如扫码快速入园、无须人工值守，并对游客流量进行监控等。闸机检票可实现高效、安全的出入口管理，能更好地控制人员进出，阻止其他人员随意进出，从而减少很多麻烦。检票闸机中嵌入二维码扫描器，检票时将手机购票的电子二维码或票面上的纸质二维码放在自动检票闸机的扫描窗口刷一下，验证成功后就可以通过检票闸机了。

（2）小程序检票。

小程序是一种无须下载安装即可使用的应用，能以最低成本触达用户。小程序实现了用最低的成本，让产品出现在用户的微信中的可能。通过小程序检票，可以使得工作人员效率迅速提升，景区工作人员只需要通过微信小程序的检票功能扫描客户手中的门票二维码就可进行核销。游客不必担心忘记携带门票，也不需要担心下载App占用手机内存，可随时打开小程序应对工作人员检票。

（3）PDA售票。

PDA检票是在景区门票上印刷条形码，结合PDA的条形码扫描功能，游客购买好门票以后，工作人员用PDA对门票上的条码进行扫描，门票的相关信息就可以在终端上看到，只需几秒钟就可以完成一个游客的票面信息验证。

3.导览系统

（1）语音导览。

语音导览系统解决了游客游览时不知所以的状态，通过全程真人自动语音讲解，游客可以合理规划路线，即便没有事先攻略，也可以通过语音导航了解景区各景点的背景与特色，无须导游也能充分感受到当地的风土人情，让游客获得全面、丰富的导游导览服务，同时让手机成为景区内的活地图。

（2）720°全景导览。

720°全景是视角超过人的正常视角的图像，利用3D全景技术与虚拟现实技术构建全景，构建出给人以三维立体感觉的实景360°全方位图像。720°全景导览可以最大限度地拓展人的视野空间，游客可以用不同的视角进入场景。同时，全景导览尽可能地保留场景的真实性，通过科技的处理给人以三维立体的感觉，增强游客的游览体验。

（3）手绘地图。

手绘地图基于原始比例绘制形象生动的景区导览图，用手绘的方式进行地图的创作。虽说在一定程度上对地图的准确性有轻微的削弱，但在不影响使用的前提下，手绘地图比起机器制作的地图更有亲和力，更能打动人心，更加符合年轻人的旅游喜好，也更符合时代发展的潮流。手绘地图呈现的效果是色彩丰富、道路清晰、生动形象的，可实现精准定位、朝向识别和自动语音播报等一系列功能。

（4）触摸屏导览功能。

触摸屏导览功能具有查看景区介绍、游玩路线、购票说明的作用，还可以总览景区设施，包含游客的吃住行购指南，景区的主题活动和交通状态也会展现在其中。触摸屏主要应用于导览景区、展品查询、公告信息发布和展馆会场布置展示等场景中。

4.分销系统

（1）OTA分销系统。

OTA是旅游电子商务的专业术语，以去哪儿网、携程旅行网、同程旅行网等为代表，主要为用户提供咨询和订购服务的在线旅游网和旅游杜。OTA模式改变了传统的景区营销模式，各大景区积极在OTA模式下采用网络营销模式开展网络订购，以提高景区的流量，扩大景区的宣传力度。

（2）旅行社分销系统。

景区通过旅行社分销系统来管理各个旅行分销商，为他们开设分销账号，设置分销底价、充值预付款、透支金额等。

5.商城系统

在线消费越来越普及，旅游景区营销不仅需要智能的信息平台，更需要能够提供个性化消费的电商平台，以满足游客个性化的需求，打破时空限制和技术瓶颈，帮助景区实现价值最大化。商城系统就是功能完善的网上销售系统，主要包括产品发布、在线订购、在线支付和在线客服等功能模块，具有服务有保障、后续有升级等优点。

6.酒店民宿系统

旅客可以通过微信或OTA平台支付房费预订酒店，游客凭身份证到酒店前台或者自助入住机办理酒店入住。针对酒店业务的商家，利用此系统进行线上酒店销售与直传，可以对酒店产品进行发布、修改和报价。游客通过商家搭建OTA平台，可以查看酒店产品，在线预订酒店产品，帮助商家将传统线下酒店销售转移到线上来，拓展更多销售渠道，建立新的盈利增长方式。

开发酒店预订系统优势可以提高线上客房预订效率，实现在线预订；降低人工成本，无须人工干预，由系统自动完成；扩大销售渠道，通过互联网将产品进行传播；提高客户满意度，通过预订收集客户信息，进行数据分析，为客户提供更加个性化服务。

7.收银系统

收银系统是指景区内部商户收银后，资金统一进入景区平台账户，再由平台系统计算抽成比例后，转入对应商家账号，商家凭独立后台可查看自己的产品营业额数据等其他统计报表。此系统有助于提升景区的管理规范，景区负责人可以确切掌握各商家的销售数据，有利于统一管理。收银系统配合票务系统、酒店系统、点餐系统和线下线上商城系统等多种收费场景，有效避免贪污等情况的发生，且支付类型丰富，支持信用卡、微信、支付宝、花呗等多种线上支付方式。

8.大数据平台

大数据分析系统结合景区管理，通过图形化的界面更直观地呈现景区客流、车流的各种分析统计业务图表，展现景区重要业务的实时和历史分析统计的数据。同时，景区主要点位的相关高清视频可进行同步展现，让管理人员能轻松应对各种突发事件，并对相关的景区游客和车辆分流进行管控。

大数据分析系统为景区智慧管理提供了以下便利：

（1）实时客流监控：以热力图方式实时展现景区客流的分布及密布。

（2）客流量趋势预测：结合历史数据对游客趋势进行预测。

（3）游客预警：当客流量达到预定值时报警，预定值可通过历史数据进行变更。

（4）游客属性分析：对游客来源、性别、年龄等进行分析。

（5）车流分析预警：实时车流分析，结合历史车流数据，改善接待能力。

（6）实时监控：重要区域监控视频实时扫描，及时处理旅游恶性事件。

（7）热门景点分析：根据游客游玩人数分布规律挖掘热门景点。

（8）天气预测：当地天气预测，保证游客游玩属性。

第三节　智慧文旅项目开发

一、智慧文旅项目开发现存问题

随着信息化产业的蓬勃发展，互联网与各行各业逐步深度融合，智慧城市系列的建设也越来越多，智慧文旅作为智慧城市建设的有机组成部分，也在全国各地的信息化建设中崭露头角，同时也在建设和使用过程中出现了很多问题。

（一）观念认识

文旅规划的观念如果未与产业发展的实际要求相匹配，就无法深入地对文旅资源、民风民俗和地方特色等规划要素进行挖掘与提炼，从而难以形成独具地方特色的文化旅游项目与资源特色。在对“智慧化”的认识上，很多景区常与“数字化”的概念相混淆，将智慧化等同于数字化。数字化与智慧化都是以信息技术为依托的技术，不过这两者之间存在本质上的区别。数字化建设更重视平台和技术的建设，将数字化水平的提升放在较为重要的地位。而智慧化建设虽然也需要平台和技术的加持，但生态与内容却是着重发展的主体。在科技为骨架的基础上搭建内容的肌理，才能真正使得景区步入智慧化的行列。由于对“智慧化”概念的理解偏差，也导致了管理层面重点的偏移。用传统的方式辅之以先进的科学技术，在服务层面看似做到了智慧化，但是却不能有效地进行监测，并将各项数据有效反哺于景区管理，这一理念严重妨碍了景区智慧化的进展，并导致很多智慧景区名存实亡。

（二）信息服务

在信息服务方面，当前我国的智慧文旅项目仍存在信息化水平参差不齐、公共信息服务相对单一和应急处理支撑不足等问题。在信息化水平发展上，东南部等旅游发达地区信息化程度相对较高，偏远地区的信息化程度普遍不高；开发比较成熟的旅游目的地和开发不那么成熟的旅游目的地的信息化水平差异非常大；机票、酒店预订等信息化水平较高，线上化达80%以上，而景区等游览环节的信息化水平不高，有些景区的线上预订比例非常低。[①]在信息服务上，旅游服务设施、游客信息、监管信息、涉旅信息等大量信息尚未进行数字化整合，而已整合的部分开发利用程度低，与旅游产业运行脱节，所以一直缺乏有效的机制和信息化手段去汇集和整合。同时，旅游公共服务信息相对单一，现有旅游公共信息服务仅停留在旅游资源介绍，对于游客切身利益密切相关的信息缺乏整合发布。旅游数据来源涉及的信息化系统原本并不是服务旅游产业，其数据用途呈现出单

① 邓宁.数字文旅的理论逻辑与实现路径［N］.中国旅游报，2020-04-20.

一性的特征。信息化未在旅游安全应急处理中给予支撑，旅游安全应急处理仍处于人工阶段，依托数据开展产业监管、预测预警、调度指挥尚处于起步阶段。

（三）盈利模式

智慧文旅还没有形成持续的盈利模式。一个行业发展是否成熟，一个重要的衡量指标就是看它能不能形成持续的盈利模式。智慧文旅发展至今，还没有形成成熟的商业模式。低技术门槛、过度竞争、资本过多涌入引起的无效投资，导致产能过剩、信息过剩和价值稀缺。在这样的情况下，很多企业上线智慧旅游项目，也是捆绑式的方法。相关资料显示，国内盈利的文旅项目近八成实质是地产项目，通过文旅项目低成本获得土地使用权，旅游投资本身或许不产生利润，核心利润由地产业务带来，这样的畸形发展使得智慧旅游难以真正获得良性发展。正是产业链割裂、盈利模式不明晰等原因，也导致了行业内部资金流动难度较大、项目超额收益不显著、创新乏力，制约了资本参与文旅产业链的积极性。

二、智慧文旅项目的开发途径

（一）开发流程

1. 挖掘项目资源，确定项目定位

智慧景区建设的第一步需要先充分挖掘景区所在地的项目资源，深入了解当地的生态环境和人文风情，并依据旅游目的地的特色资源和区域文化，确定当地的核心资源，对其进行差异化定位，其中包括战略定位、市场定位、功能定位、产业定位和形象定位等。

2. 充分市场调研，完善风险评估

在确定项目定位之后，就可以进行市场调研了。通过对市场环境的调查研究，分析出项目的优势和劣势，就此制定好项目战略，并对项目执行过程中可能遇到的风险进行合理评估，制定出应急策略。

3. 制订项目方案，提炼核心价值

根据前期项目定位与市场调查取得的成果，进一步细化项目内容，提炼核心价值，制订合理可行、与景区资源相匹配的项目实施方案。

4. 项目正式实施，线上线下相结合

当项目经过完善确认可行后，便可以正式启动项目的实施了。在项目实施过程中，一方面要注意线下景区基础设施的建设，另一方面要注意线上的信息服务与营销宣传。

5. 项目营销与升级

除了景区本身的建设外，项目营销也是工作中的重要的一环。通过多平台的营销推广景区，吸引更多流量，保证景区的营收。同时，景区要有强大的自我更新能力，及时跟随时代发展优化升级。

（二）智慧应用

1. 景区人员管理

深度整合景区现有人力资源管理系统、勤务系统、移动终端等，动态反映景区各类勤务人员的出勤情况、分布及状态，支持实时调取视频监控回传画面，为勤务人员安排实时调整、勤务工作实时监督、指挥调度等方面提供支撑。

2. 游客人口热力图

通过对游客人口密度的可视化成果，不仅可以直观地了解到景区的人流变化，同时也能够做到重点把控热点区域，降低事故风险。

3. 景区视频监控

深度集成各种视频监控系统，并关联其视频信号源，可以通过在地图上点击、圈选等多种交互方式，调取相应监控视频，对全域进行实时监控预警，实现景区内游客、设备运行的有序、可靠、可管理。

4. 景区应急指挥

充分整合现有各种资源，利用先进的软交换技术、应急通信技术及网络数据融合技术，集互联互通应急通信指挥网络、应急基础数据及应急指挥可视化于一体，跨部门调用实时信息和现场视频、移动视频、应急资源分配等信息，集中展示在大屏上，并通过内置即时通信能够对接警务终端，实现单聊、群聊、语音、文字、图片、视频等多种通讯方式，使指挥与前线实时联动。

5.标准化流程应急预案管理

针对不同类型事件预先建立预案库，并在事件发生时快速选择预案，结合各类应急预案，基于三维地图标绘应急资源位置、生成救援物资的分布、救援人员的行进路线、人员的撤离路径等方案，快速配置调配对象，进行结构化编组及自动流程驱动，并通过定制的预案启动应急回应。预案流程会与当前事件数据结合，如处理人员、联系方式等会实时提示。支持针对人身、交通、火灾、爆炸、自然灾害等不同事件和原因进行不同的应急预案管理。

6.景区服务信息查询

游客可对景点兴趣点、停车场、周边、娱乐、住宿等点位进行查询，并可推荐附近特色景点和最近路线，从查询到游玩一站式服务。

7.景区导览

针对不同人群，设计出不同景区的游玩路线，并在小镇总览图中以动态线条勾勒出，以小标题形式展示不同路线中的重要景点，服务于各级领导和各类游客，使其有多样化选择和不同的游览体验。

（三）开发重点

1.满足游客个性化需求

智慧文旅项目的开发需要满足游客个性化的需求。游客自主规划旅行已成为当下最主要的出游方式之一，大量游客需要为自己量身定制出最适合的旅游方案，因此在共性的需求外，对游客个性化需求的满足成为智慧文旅项目开发的重点。

2. 为企业提供多元化服务

智慧文旅项目的开发需要为企业提供多元化的服务。企业是智慧文旅服务平台中不可或缺的部分，为企业提供多元化的服务有利于吸引更多企业入驻，为其节省信息化建设投资与运营成本，是旅游中小企业和小微企业进行智慧文旅集约化建设的最佳方式。

3. 完善信息化平台建设

智慧文旅项目的开发需要完善信息化平台建设。信息化平台是智慧文旅发展的重要依托，不断完善信息化平台的各项服务，增强信息流通能力，确保游客信息安全，有助于扩大信息化平台的影响力，为游客带来更好的使用体验。

三、智慧文旅的营销

（一）内容营销

1. 平台对标合适内容

数字化时代，人们的时间大多碎片化，注意力不集中。在这样的大环境下，智慧景区管理如何做出更优质、契合主题的内容对营销成功与否有着相当重大的影响。景区通过平台大数据分析，能够在很大程度上精准匹配到关键节点上的消费者，构建一个管理平台，实现精细化探究和管理游客的体验，将合适的内容推送给合适的游客，例如通过更复杂的受众定向数据来识别在社交频道与他人分享内容的用户和浏览量无法达到旅游消费欲望的用户等。技术只是手段，内容才是永恒的核心。

2. 媒体矩阵锁定目标用户

媒体渠道的大量增生，形成了主流的新媒体矩阵，如小程序、微信公众号、微博、抖音、头条等。这些应用被群众重度使用，使得用户画像也日渐精准，现代人比起阅读长篇累牍的书面文字，似乎更倾向于拿起手机利用零碎时间刷一下短视频或短篇幅的文字。景区营销也应当重视将数据与内容的文字以外的展现方式及展现的位置顺序做分析，使得最相关的内容在这些平台上能够精准推送至相关的受众群体，让智慧景区管理在众多内容类型的市场环境下抓住重点，直击目标用户。

3.数据指导营销活动

数字文旅时代更需要创新发展，为适应市场灵活的需求和不断更新的竞争形态，景区应当选择合适的技术手段将管理事务工具化、数字化，并持续以数字化技术不断驱动景区消费的转型和升级，以形成新的自有核心竞争力。技术是基础手段，利用数据驱动的洞悉力来创建策略，并不断调整，将有价值的内容整合组织成关键的商业信息，针对这些信息来策划和组织景区营销活动，目的在于在简化运营管理的基础上，更有效地提升游客体验，不仅有益于提高品牌知名度，也助力景区获得更好的营收效果。

（二）整合营销

1. IP营销

IP营销借助品牌效应吸引粉丝，从而达到流量和价值的双重变现。品牌和IP要从内容上建立起强关联，深耕于内容的整合营销，从曾经传统的去商业化转变成娱乐化，不但让粉丝观感舒畅，甚至亦可反哺商业销售。例如“第五人格”游戏在2018年与深圳欢乐谷合作举办了“盛夏宝藏之旅”活动，“第五人格”为深圳欢乐谷吸引了人流量，而深圳欢乐谷也为“第五人格”提供了合适的现实场景。

2.情感营销

情感营销是从消费者的情感需要出发，唤起与激起消费者的情感需求，诱导消费者心灵上的共鸣，寓情感于营销中，让有情的营销赢得无情的竞争。例如山西洪洞大槐树景区，一度被称为“中华儿女的寻根之地”，不少人远渡重洋前来祭祖，通过情感将各地游客联结在一起。

3. KOL（Key Opinion Leader，关键意见领袖）营销

KOL营销发挥了社交媒体在覆盖面与影响力方面的优势，借助有影响

力的意见领袖，可以吸引来一批忠实粉丝为景区带来流量。例如，在抖音、快手等短视频平台，通过达人介绍景区吸引游客已成为一种常态化的营销模式。

4.体验营销

在全民体验时代，营销应该快速转变固有的“观光”思维，需通过看、听、用、参与等手段，充分刺激与调动消费者的感官、情感、思考、行动、联想等向社会化和生活化发展。旅游体验营销根据游客情感需求的特点，结合旅游产品服务的属性，策划有特定氛围的营销活动，让游客参与并且获得美好深刻的体验，满足他们的情感需求，扩大旅游产品与服务销售的一种新型的营销活动方式。

第四节　案例分析

一、故宫博物院“智慧开放项目”

（一）案例详情

故宫博物院的“智慧开放”项目，是通过实地调研及游客行为分析，将参观体验从吸引—攻略—参观—关注—记忆全方位提升。观众在到达故宫前，可通过查询购买门票，了解故宫建筑和宫廷历史故事，启发旅行灵感，感兴趣的建筑可提前收藏至地图的收藏夹，便于实地游览查找，合理安排路线。观众到达故宫后，可利用位置服务引擎，对最近的古建筑、展览、餐饮、商店、卫生间、出入口等常用设施位置快速查询。全景游、精华游、观花游、宫廷历史游提供个性化的路线选择。5分钟更新一次的地图的舒适度功能实时展示故宫客流，既能提供路线参考，又有效疏导人群，避免拥堵造成的安全隐患。对于不能进入游览的大殿和容易忽略的建筑细节，则可以通过AR实景导航，查看宫殿内景、瑞兽3D模型、屋檐细部等。祥瑞打卡和明信片功能，是通过游玩与互动将旅程向社交化裂变。

全程陪伴的AI专属导游通过文字、语音等多种交互形式，向游客解说故宫相关知识并回答提问，不仅为观众提供建筑讲解、导览服务，还有故宫知识百科、语音闲聊等多种功能。“传给故宫”“故宫书店”等功能，提供了更流畅的游览和购物体验，通过线上线下的场景结合，为观众减轻参观负担，提供更多消费选择。游客回到家中，数字故宫小程序仍可持续提供花样赏文物、慢直播等服务，带领观众以另一种形式了解故宫、走进故宫。

（二）实施效果

“智慧开放项目”是故宫加速智慧文旅产业数字化进程的重要成绩，让故宫的开放服务向智慧化迈进。

1. 游客参观体验智慧化

依托云计算、大数据、人工智能等方面的技术积累，“玩转故宫”为观众参观游览故宫提供旅行前、中、后期全环节的数字服务；在不同场景提供建筑、展览、卫生间、餐饮、商店等地点搜寻服务，AI可为观众提供私人专属的智能讲解、语音问答、知识百科语音互动，满足多样化、个性化的旅游需求。

2. 开放管理智慧化

通过大数据，开放管理部门识别差别化、个性化的服务需求，能更有效地从运营管理、服务质量、游客需求、开放安全、古建安全保护等多个维度抓取核心问题，提升公共服务效率，为监管提供了技术支撑。比如基于位置的大数据可进行开放信息的及时更新及路线指引，游客行为形成的大数据，可以为游客提供更好的疏导，缓解运营压力。

3. 文化创新发展的智慧化

文化资源借助VR、5G等数字技术“活起来”，实现馆内管理与保护、文物价值创新、优化参观体验，从而改变文旅产业发展的商业模式，提升文旅产业有效供给水平，开拓文旅产业发展新空间。

（三）实践案例创新点

1. AR、全景技术应用场景的创新

全景技术的接入，突破了传统博物馆参观时间和空间的限制，可随时浏览全景故宫，即使不在故宫或是闭馆日，也可以独享“空无一人”的紫禁城。通过AR技术深度挖掘和释放传统文化内涵，并以虚实融合一镜到底的直观体验进一步满足游客对于学习传统文化、了解故宫故事、提升游玩便利性和互动趣味性的需求。“AR故宫”集成了基础地图、微信和地图AR的关键数据和能力，提供沉浸的、连续低延时的空间交互体验。①

2. 智慧地图服务创新

导航技术和定位技术为游览提供了精确位置服务，运用数字化手段结合故宫实体，观众可以通过位置查找服务快速到达目的地，也可以根据基础设施信息就近获取服务，解决院内导航需求。大数据分析为观众提供故宫游览所需的位置查找、了解客流舒适指数、路线规划等精准的地图服务。

3. AI专属导游

全新升级的数智人让原本只有语音、文本、图片的人机交互模式升级为最接近人与人之间自然交互的方式。AI交互技术提供了拟人化导游助手，结合强大的地图导航能力和故宫知识图谱数据，实现精准互动能力，让观众的问题能够直接返回指定答案，使得获取信息更直接，阅读成本更低。通过故宫知识语料的学习及来自一线的游客常见问题收集，AI数智人可预测观众大部分关于开放信息的提问，主动推荐相关信息。

4. 无障碍服务创新

AI Lab（人工智能实验室）的“图像描述生成”技术，优化完善无障碍

---

① 夏杰长，徐金海. 以数字化推动文旅产业融合发展［N］. 经济参考报，2020-03-31.

体验，增加图像语音即时描述功能。解决了地图上建筑无障碍形态下的播报问题，以实现地图元素在无障碍场景下的焦点顺序语音播报以及点击语音播报等。帮助视障人群实现了可通过声音读取地点、道路、推荐路线、景点讲解等内容，使视障人群能够与普通用户一样，无障碍地享受地图服务。另一方面，故宫结合轮椅外借服务与无障碍通道查询，为不方便步行的人群智能规划路线。

5. 传播模式创新

“智慧开放项目”加强了游览的社交属性，通过线上线下联动，让观众更有参与感，祥瑞动物打卡、明信片送祝福、季节性特色路线推荐等多项服务，以趣味化的形式释放故宫深厚的文化底蕴，用公众喜闻乐见的数字化形式让中国传统文化“活”起来。①

二、大连市发现王国“智慧潮玩”新模式

（一）案例详情

1. 智慧游园

发现王国自主研发的智慧导览系统，是一款专业提供在线电子导览的云端产品，该产品基于GIS（Geographic Information System，地理信息系统），以手机为载体，按位置坐标提供周边产品或商业信息推荐、各种游乐设备排队时长实时查看与定时提醒、特色游玩路线推荐，并提供餐厅、商店、洗手间及其他服务设施的精准查询，满足景区内游客吃、住、行、游、购、娱的全面需求。

智慧导览系统以数据为中心，绘制出游客的行为轨迹，形成数据资产，让景区管理智慧化，运营决策数据化。研发人脸识别系统，应用于入园闸机、年卡通道等场景，实现游客无停顿快速入园，提高入园效率。智慧导览和人脸识别等技术，使游玩体验“潮”起来，让游客感受到数字科

① 故宫博物院“智慧开放项目”[EB/OL].（2022-01-26）. https://mp.weixin.qq.com/s/vUvArLZVmlY0L77 LrFIRDQ.

技带来的畅快与便捷。

2.智慧餐饮

公园引进高端机器人餐饮设备30多台，包括机器人冰激凌、机器人棉花糖、机器人咖啡机等。这些设备通过先进的互联网技术和计算机程序应用，从点单、制作到交予游客之手，实现一条龙自动服务。游客只需在机器人设备前扫码点餐、选择款式和口味、在线支付，“机器人厨师”便可进行自动化操作。游客透过橱窗可观摩到美食制作的全过程，在品尝美味之余，体验到未来感十足的科技乐趣。

2021年“五一”期间，公园开启首届“科技美食潮玩节”，机器人餐厅惊艳亮相，吸引众多游客驻足围观、扫码体验，成为公园里又一个网红打卡点。

3.智慧娱乐

公园突破以往只靠演员表演互动的传统模式，以天、地、湖三个空间维度为载体，引入前沿科技，打通视听场景。打造了7000平方米的东北首家亲子娱乐中心，还有塔防游戏、魔骑驾校、梦想森林、互动拍照等寓教于乐的游乐设施，受到家庭客群的普遍好评。

作为一座大型户外主题公园，发现王国不仅拥有40余项游乐设施，还蕴藏了品类丰富的自然资源。发现王国充分利用植物资源，结合“Z世代”群体（新时代人群）对知识付费的接受度，推出“植物研学”实景课程，聘请专业讲师，策划生动教案，带领游客在游园中接触植物，在接触中获得知识，在获得中敬畏自然。

公园引进几百架无人机，通过计算机编程，组成各种文字和图案，并以五彩灯光秀的形式，呈现在公园的上空，精彩的造型吸引游客拍摄分享，形成网络热点。此外，发现王国在9万平方米的中心湖上，打造了一个水上舞台，海浪形的LED屏（通过控制半导体发光二极管的显示方式）、飞瀑状的冷焰火、漫天绽放的烟花秀，再配合外籍演员团队演绎的《人鱼公主》情景舞台剧，组成了一个童话般的水上世界。

近年来，每逢旺季夜场，发现王国还会打造一个充满现代科技感的大型舞台：首创“DTM电音节”夜场主题活动。领舞台融入喷火、喷气枪、冷焰火等特效，以多块LED屏幕组合勾勒出时尚的舞动现场。

（二）实施效果

1. 智慧游园

智慧导览系统自2021年3月上线以来，用户规模迅速突破15万。手机电子导览功能也在不断拓展，已成为游客游园不可或缺的辅助工具。

2. 智慧餐饮

机器人餐饮设备推出以来，累计为10余万人次制作了科技美食，在增加公园消费亮点的同时，减少了人力成本的投入，大大提高了游客自助餐饮的效率及趣味体验性。

3. 智慧潮玩

植物研学旅游推出后，在游客中引起了强烈反响，取得了较好的社会口碑和经济收益。

（三）实践案例创新点

1. 智慧化服务创新

“人脸识别系统”为游客提供快速便捷、无接触式入园服务，“电子导览系统”为游客提供全园引导、高效畅玩的服务。通过数字科技手段和细节功能设置，将传统的人工服务升级为自助服务，将问答式服务升级为智慧化服务。

2. 科技体验创新

引进代表前沿科技产品的机器人设备，为游客提供探索未来、触碰未来的新奇体验，结合主题公园的餐饮产品，满足游客游园刚需，点单、支付、制作、交付一条龙的无接触式设计，也符合健康绿色的游园需求。

3. 研学旅游创新

以“寓教于玩”的理念，依托自身具有的独特自然资源，在游乐场里打造实景研学项目，是对主题公园在知识性、娱乐性产品延展上进行的探索和实践。

4.集聚化设计创新

打通天、地、湖三个空间维度和白天、夜晚两个时间维度，将以高端科技手段支撑的娱乐项目进行集聚化整合设计，集中布局、集群发展、集约利用、集合构建，贯穿主题公园各时段、各角落，并实现“科技搭台、文化唱戏”，融入丰富的文化元素，使游客在畅玩中领略民族艺术和国风国韵，增强文化自信。①

三、基于大数据的“烟台文旅云”平台

（一）案例详情

1.建设烟台智慧文旅大数据中心

打破数据交换条块分割，横向对接公安、大数据、通信、金融等部门，融合同程、携程等OTA数据；向上对接国家公共文旅云、好客山东网、“云游齐鲁（一部手机游山东）”等平台；向下接入烟台市各区市、文旅要素主体，构建全市文旅智慧“大脑”。截至2022年1月份，共对接数据源335项，数据条目12.3亿条，其中，旅游要素相关数据超过8亿条，构建了统一采集、集中存储、快速处理和应用共享的数据融合共享体系。

2.实现“文化随身，旅游随心”智慧服务

“烟台文旅云”融合五大类36项服务应用，先后上线艺术欣赏、精品慕课、非遗体验、读好书、攻略游记等主题产品6000余项；推出分时预约、产品预订功能，实现烟台全市4A级以上景区的分时预约和旅游产品的在线订购；新增“智能魔镜”“我在现场”等沉浸式智能体验场景，增强互动体验；推出意见反馈、百姓点单等应用，云助力“放管服”改革，加快实现文旅公共服务事项“一云”查询与办理，文旅需求“一云”反

① 大连市发现王国“智慧潮玩”新模式［EB/OL］.（2022-01-26）. https://mp.weixin.qq.com/s/3BcaGKuVCDCi8Jn8SEt9BA.

馈与互动。

3. 实现“开放共享，惠捷精准”智慧营销

搭建展示平台，通过线上文旅推广中心，系统展示烟台优质文旅资源，实现全市75家A级旅游景区VR体验和云导览全覆盖；搭建宣传平台，上线文旅活动、在线直播、旅游线路、影像烟台等主题产品4000余项；搭建优惠平台，通过积分商城、文旅消费券申领、烟台市民休闲护照等应用，构建展示、宣传、销售“一条龙”消费闭环。

（二）实施效果

1. 有效扩大智慧旅游服务覆盖面

“烟台文旅云”覆盖网站、手机网、小程序、App多终端应用，建立起面向市民游客、旅游企业、管理部门等不同用户群体的36个智慧服务应用集群。2022年3月28日，平台上线游玩推荐、智能导游、VR全景、产品预订等主题产品4000余项，存储发布各类资讯信息6.2万条，累计用户量440余万人次，浏览量超过3000万人次，有效扩大智慧旅游服务覆盖面。

2. 有效拉动旅游消费市场

“烟台文旅云”每年发布上万项文旅活动资讯，通过线上销售平台和“烟台文旅云直播”平台，有效拉动了旅游消费。“云直播”平台自2020年3月开播以来，共推出各类营销宣传直播活动270余场次，累计观看量超过1600万人次，取得了良好的宣传营销效果，为持续不断激发市场消费活力起到了积极有效的作用。

3. 有效应对疫情防控常态化

“烟台文旅云”为市民游客开辟了获取文旅公共服务的便捷渠道，线上智慧旅游体验模式的搭建，如线上旅游、“微课堂”旅游营销培训等网络服务项目，以及VR全景、智能导游导览等体验式应用，也为应对新冠疫情冲击、适应疫情防控常态化、满足人民群众对旅游服务的需求提供了

有效解决对策。[①]

（三）实践案例创新点

1. 创新行业数据整合

打通数据壁垒，实现共享共用。利用互联网、大数据、云计算、物联网、AI、VR等现代信息技术手段，按照信息规范、融合标准、数据管理、技术体系“四个统一”原则，以市民游客需求为先导，串联文旅政务管理体系和公共服务体系，实现国家、省、市、县、企五级数据信息融合共享，为市民游客体验提供数字化支撑和智能化一站式服务，为文旅企业提供营销运营支撑，为政府部门提供决策管理参考。

2. 创新服务供给模式

完善供给服务，推动旅游服务供给侧结构性改革落地。依托网站、App、小程序、手机网“四端”，以贯穿全年的“烟台人游烟台”主题节庆品牌为依托，建立“线下+线上”旅游产品供给、服务机制，呈现全市优质旅游资源和产品，展示行业工作举措和成效；通过机制体制创新，转变现有政府信息服务模式，推进文化和旅游领域流程再造，将旅游服务和群众需求建议反馈进行系统化、常态化呈现，搭建智慧旅游服务的“一站式窗口”。

3. 创新智慧服务形式

突出“智慧”“时尚”“趣味”等特点，构建“吃、住、行、游、购、娱”等场景的数字化、智慧化服务矩阵，基于兴趣爱好、行为轨迹等使用需求和习惯，提供千人千面的个性化精准服务，满足市民游客对于文旅资讯精准推送、文旅产品智能化推荐、交通出行智能化服务、人工智能助手行程规划以及景区、文博非遗互动导览等全流程文旅需求。通过融合多渠道新媒体终端，形成上下贯通、纵横连接的“一云多屏”云服务网络，实现产品服务下沉基层，随时“进村头、上地头、到炕头”。

① 智慧旅游：创新探索方式 推动落地见效［EB/OL］.（2022-01-25）. https://baijiahao.baidu.com/s?id=1722931593029634600&wfr=spider&for=pc.

4. 创新营销推广渠道

为文旅企业开拓了标准化、智慧化的营销推广渠道，搭建虚拟现实和沉浸式场景体验，提升文旅企业的产品供给能力和服务品质。通过向市民游客、会员用户提供精准定向数据化工具，实现补贴、优惠申领，提高营销能力。整合旅游商品、文创精品数据平台，多渠道促进文旅资源产品化、市场化。

5. 创新智慧管理体系

以安全、文物、诚信等行业管理系统的构建，强化旅游安全监管与应急救援体系、动态监测型诚信监管体系，以及智慧景区监测预警体系等"互联网+旅游"行业管理体系建设，开发数字文博院馆，实现文物、非遗资产数字化，助力文化资产的保护、传承、创新、应用。通过物联网、大数据、人工智能等技术应用，强化数据分析和数据应用能力，实现高效精准、即调即控的智慧化动态管理。[①]

① 基于大数据的"烟台文旅云"平台［EB/OL］.（2022-01-28）. https://mp.weixin.qq.com/s/Tgx7n2nlEUC2qKEaMQOYPw.

第十二章　文化旅游文创产品的策划与开发

第一节　文旅融合背景下旅游文创产品发展现状

一、文旅背景下旅游商品亟待转型

（一）旅游商品的概念

旅游商品是旅游经济的重要组成部分，其为旅游“吃、住、行、游、购、娱”六要素中“购”这一部分的重要载体。旅游产业生产的所有商品，包括有形的商品以及无形的服务，其中可流通的有形商品就是旅游商品。旅游商品具备商品的基本特性，根据历年来国内外旅游学学者的研究，可从需求者、供给者的角度对其概念进行定义。从需求者的角度出发，旅游商品即为旅游者在旅游活动过程中购买的有形商品[①]，旅游者购买旅游商品以满足其使用价值、交换价值、符号价值以及精神价值[②]。从供给者角度出发，旅游商品是为旅游生产系统供应的、具有“旅游”内涵、可为旅游者提供旅游体验、满足旅游者需求的有形商品。

① 卢凯翔，保继刚.旅游商品的概念辨析与研究框架［J］.旅游学刊，2017，32(5)：116-126.

② PARASKEVAIDIS P，ANDRIOTIS K.Values of souvenirs as commodities［J］.Tourism management，2015(48)：1-10.

旅游商品因其“商品”以及“旅游”的内涵具有特殊的双重特性。一方面，旅游商品具备使用价值，即实用性、礼品性、经济性、便携性等，这代表了其功能属性。另一方面，旅游商品作为旅游目的地特有的有形物质载体，承载了当地的风土人情，便具有了符号特性，这赋予了旅游商品纪念性、地方性、民族性、艺术性、文化性、时尚性、独特性，代表了其象征意义。

旅游商品种类繁多，主要分为五大类，分别是旅游纪念品、旅游工艺品、旅游土特产品、旅游食品、旅游日用品。[①]旅游纪念品，主要目的是纪念当地的旅游景点，通常具有重量轻、体积小、方便携带、极具纪念意义的特点，以景区自然风光、名胜古迹、标志性建筑为题材，多采用石、木、竹、泥、根等原料进行制作。旅游工艺品展现旅游目的地的特色手工艺、传统技艺，富有地方特色、民族特色，艺术价值较高，满足审美需求、陶冶情操，依托雕塑、编织、扎染等特色工艺制作而成，材质多就地取材。旅游土特产品，以农副产品、当地传统产品为主，可促进当地特色产业发展、完善当地产品结构、提升产品质量，促进当地经济发展。旅游食品，来自旅游目的地的特色食品商品，承载当地饮食习惯、饮食文化，主要有名小吃、绿色食品、特色食品等。旅游日用品，满足旅游者的日用需求，实用性强、功能性突出、方便购买、质量有保障，包括洗漱用品、餐具、服装鞋帽、包具、地图指南、药品等。

（二）旅游商品的发展

在旅游业高速发展的今天，旅游商品的发展出现了诸多问题，既不能表现出旅游目的地独特的风土人情以及文化内涵，又无法满足人们对高质量旅游的期待。

各地旅游商品呈现出同质化趋势，千篇一律，缺乏了当地特色与独创设计的旅游商品，只能沦为低层次的复制品。

① 陈绍友.旅游商品发展对策思考［J］.资源开发与市场，2002（5）：59-60.

创新、创意的缺失让旅游商品囿于款式陈旧老套、品类单调乏味的窘境，无法展现景区景点的亮丽风采，更无法吸引旅游者对其进行消费。此外，文化驱动不足，旅游商品缺乏旅游目的地民族文化、地域文化、传统文化等文化资源的浇灌，落入形式大于内容的窠臼，浮于表面，无法代表当地独特又璀璨的文化结晶，难以真正打动游客。

旅游商品运营主体缺乏品牌化意识，没有意识到旅游商品蕴含的巨大品牌价值以及商业潜能。一方面，不注重品牌的打造，以致不重视旅游商品质量的保障，假冒伪劣的现象屡见不鲜，造成一定负面影响。另一方面，旅游商品品牌化进程缓慢，导致后续产业链发展乏力，这无疑是对当地旅游资源、文化资源的浪费，也使得旅游产业无法提质升级。

旅游商品开发相关政策缺失，各地政府在旅游业更关注景区建设、基础设施、环境营造、服务质量等方面，对旅游商品的引导以及支持不足。①

而随着旅游商品带来的经济效益持续增长，其潜藏的产业价值、文化力量日益显现，政府以及社会各界纷纷开始探寻旅游商品精品化开发的升级路径。2021年7月，文化和旅游部办公厅发布了《关于推进旅游商品创意提升工作的通知》，指出旅游商品肩负着延伸旅游产业链条、促进旅游消费、推进旅游业态提质升级的重要任务。其中，“坚持文化为魂，挖掘文化内涵、提升商品价值”被列为此次工作的首要任务，应当充分拓展旅游商品产业链，让人民群众能通过旅游商品这一载体，领略中华文化，坚定文化自信；在开发过程中充分挖掘本地的特色资源，将文化内涵以创新形式、创意设计呈现出来；通过政策引导支持、体制机制创新，激发文物文化单位内生力，开发生产更多满足人民群众文化需求的文创产品，让旅游市场的特殊优势得以发挥，让文旅消费提质扩容。②

文化与旅游深度融合的今天，在各级政府引导鼓励、市场主体着力创

---

① 王昆欣.文旅融合推动旅游商品转型升级［N］.中国旅游报，2019-05-10.

② 文化和旅游部办公厅关于推进旅游商品创意提升工作的通知［EB/OL］.（2021-07-05）.http://www.gov.cn/zhengce/zhengceku/2021-07/08/content_5623367.htm.

新、旅游消费者持续高要求三方合力推动之下，旅游文化创意产品将成为旅游商品开发的新热点。

二、旅游文创产品与旅游商品

文旅融合深入发展的今天，文化与旅游之间的关系更为紧密，双方相互促进，共同发展，这也相应地推动了旅游商品的发展。旅游文创产品属于旅游商品，但相较之下更具文化内涵与创新创意，更具备品牌化发展以及产业化发展的潜力。大力发展优质旅游文创产品，对我国优质的民族文化、地域文化进行创新性表达，通过旅游文创产品弘扬文化精神以及价值内涵，为广大游客提供符合精神需求、审美需求的旅游商品，从而推动旅游商品发展。

（一）旅游文创产品突出创意性，从而推动旅游商品发展升级

由于文化具备影响及传播功能，文化能够提升商品附加价值，旅游文创产品对旅游目的地特色的文化资源进行设计开发，能彰显当地文化风貌和地域形象，进而使旅游商品提质升级。文创产品背后蕴含着深厚的文化内涵，能满足人们的情感需求、精神需求、价值需求、审美需求。近几年，国内文创产业取得较大进展。以文创产业发展最为亮眼的故宫博物院为例，其文创产业为故宫带来巨大的商业价值。诸多富有创意、贴近生活的文创产品使故宫成为文创界炙手可热的新星，从行李牌、胶带、手机支架到彩妆、日历，故宫文创产品种类已经超过一万种。故宫每当发布新品时，总能收获各界的广泛关注，引起“故宫文创热”。近年来，故宫文创产品每年为故宫博物院都带来了超过数十亿元的收入。文创产品的核心要义就在于发现文化的价值，并进行创新的转化与表达，最终以一种全新的形式凝聚文化，用消费的形式来传播文化。文旅融合背景下，旅游文创产品呈现产业化发展，为旅游者提供更具文化力与创新力的旅游商品。

（二）旅游文创产品丰富服务旅游市场，使旅游商品内涵多元化

我国旅游商品产业在长时间内处于缓慢发展，重要原因之一就是消费者对旅游商品的认知较为单一，通常只把旅游商品的概念与纪念品、工艺品、副食品等同起来，导致各个旅游景区内的旅游商品店售卖商品种类样式雷同，无法吸引消费者。文创产品的兴起，加速融入旅游市场，进一步推动文化旅游发展深度，使旅游商品价值内涵多元化，丰富了旅游商品的种类，大力推动优秀传统文化、特色地域文化的传播。旅游文创产品使游客更易感知当地文化魅力，也让旅游商品更受市场欢迎。

（三）旅游文创产品依托特色文化资源，易于提升旅游商品的文化附加值

文创产品融合旅游目的地历史文化资源，进行因地制宜地开发。旅游文创产品的开发设计应当与旅游景区的建设同步规划，实现同频共振。在设计旅游文创产品时，应当取材于旅游目的地特有的文化资源以及物质资源，充分发挥独创性。例如，旅游大省海南省，物产资源丰富，盛产椰子，因此当地的旅游文创产品便以当地特产椰子为主要创意元素，陆续开发了包括椰子汁、椰子糖、椰奶、椰雕饰品、椰子油，以及椰子提取物护肤品、化妆品等特色产品，当地旅游商品的价值也得到了极大提升。

（四）旅游文创产品有助于提升旅游商品的形象，有利于品牌化发展

旅游商品的运营过程中一直存在缺乏品牌意识的问题，而旅游文创产品可以将文化价值转化为品牌价值，从而进行品牌化运营。因此旅游目的地应当加大当地特色旅游文创产品的宣传力度，提高旅游文创产品知识产权的保护力度，着力打造旅游文创产品品牌，生产创造当地特色文创知名品牌和知名产品。以近年来靠“考古盲盒”吸引广泛关注的河南博物馆为例，“河博文创”已成功走出一条品牌之路，拥有河南博物馆官方旗舰店等多家线上店铺，推出了一系列受人欢迎的文创产品，“河博文创”的品牌也让河南传统文化成功走向社会。

旅游商品随着旅游业的繁荣而迅速发展，它既能够满足旅游者的消费、情感等各类需求，又能够使旅游目的地的特色精神文化广泛传播。随着文旅融合深入发展，旅游文创产品必将成为进一步推动旅游商品高质量发展的重要抓手。

三、旅游文创产品的发展现状

（一）政策层面：文旅部门高度重视产业发展，各级单位积极响应推进落实

2019年8月，国务院办公厅印发《关于进一步激发文化和旅游消费潜力的意见》，提出了九条政策举措以提升文旅消费质量水平。其中第三条“提升入境旅游环境”中提到，鼓励各地大力开发能够满足游客需求的优质特色商品，提升旅客消费体验；第八条“促进产业融合发展”中提到，应当促进文化、旅游与现代高新科技的相互结合，共融促发展，丰富旅游文创产品样态。

在疫情防控期间，文化和旅游部门采取一系列措施推动数字文旅产业发展。旅游“云、网、端”基础设施建设逐步完善，旅游行业不断向着数字化、网络化、智能化发展。文化旅游产业将进一步与技术融合，联合旅游场馆以及景点，融入虚拟现实以及可视化交易等手段，推进数字化文旅产品的开发。[①]在文旅数字化发展的趋势下，旅游文创产品开发科技应用水平将被大大提升，其形态将更多元，甚至更多维，其经营模式也将更加灵活。

2021年7月，文化和旅游部办公厅出台《关于推进旅游商品创意提升工作的通知》（简称《通知》），重点围绕旅游商品创意提升展开，从文化、市场、营销、政策、人才等方面切入，提出相关建议助力旅游商品创意升级。《通知》提出，应当重视文化资源，深入挖掘内涵，着力提升商品文

① 让数字文旅产业成为发展新引擎[EB/OL].(2020-04-10). https://www.mct.gov.cn/whzx/bnsj/whcys/202008/t20200812_874072.htm.

化价值；坚持市场导向，积极培育多元的市场主体，增加产品种类；打造精品品牌，拓展营销渠道，引领市场需求；强化模范带动作用，总结成功经验，归纳典型模式，加强政策扶持；推动产学研融合，夯实理论研究基础，重视人才培育。[①]发展旅游文创产品是旅游商品创意化升级的必由之路，旅游文创产品必将在各级政府的重视与落实下取得实质性的进展。

此外，文化文物单位是文化旅游目的地的重要组成部分，因此鼓励文化文物单位进行文创产品开发也成为各级部门关注的重点。2016年5月16日，《关于推动文化文物单位文化创意产品开发的若干意见》（简称《意见》）在原文化部、国家发展改革委、财政部、国家文物局四部委联合之下发布。《意见》指出，应当对文化文物单位所藏的文化资源进行深入挖掘，积极发展文创产业，进行文创产品的开发，以弘扬中华优秀传统文化，传承中华文明，进而推动我国经济社会的协调发展，提升我国软实力。[②] 2021年8月，文化和旅游部等八部门联合发布《关于进一步推动文化文物单位文化创意产品开发的若干措施》（简称《措施》）。《措施》指出，鼓励开发实用性与艺术性兼备、符合现代生活需要、满足广大消费者需求的文创产品；坚持文旅融合的导向，“以文塑旅、以旅彰文”，以高质量的文创产品吸引旅客进行消费，同时鼓励旅游文创消费；在保护的基础上进行合理的利用与开发，避免过度庸俗化、娱乐化、商业化。此外，通知还从推进先行先试、健全收入分配机制、善用税收优惠政策、增强文化创意产品开发主体活力、提升知识产权评估管理水平等维度，就文创产品开发进行了全面的部署工作。[③]对文化文物单位文创产品开发的要求与旅游文创产品开发的要求事实上是一脉相承的，旅游文创产品也能从中汲取经

① 文化和旅游部办公厅关于推进旅游商品创意提升工作的通知［EB/OL］.（2021-07-05）. http://www.gov.cn/zhengce/zhengceku/2021-07/08/content_5623367.htm.

② 国务院办公厅转发文化部等部门关于推动文化文物单位文化创意产品开发若干意见的通知［EB/OL］.（2016-05-16）. http://www.gov.cn/zhengce/content/2016-05/16/content_5073722.htm.

③ 关于印发《关于进一步推动文化文物单位文化创意产品开发的若干措施》的通知［EB/OL］.（2021-08-17）.http://www.gov.cn/zhengce/zhengceku/2021-08/31/content_5634552.htm.

验，从而取得更高质量的发展。

旅游文创产品作为旅游目的地历史文化、人文精神的物质载体，蕴含着文化与经济的双重价值，是促进当地旅游业提质升级的重要抓手。各级单位积极响应文旅部门发布的相关政策，切实发展旅游文创产品，增添旅游文化附加值，推动当地旅游业特色化、品质化发展，为旅游高质量发展插上了腾飞的翅膀。

（二）行业层面：旅游业发展强势助力，多元主体协力推动

1.旅游业发展促进旅游文创产品提质升级

随着旅游产业持续扩张，我国中央政府对文化和旅游支出逐年增长，占比财政支出逐年增长。根据文旅部数据显示，我国文旅产业事业费自2011年快速增长，到2020年达到1088.26亿元，比2019年增加23.51亿元，增长2.1%；全国人均文化和旅游事业费77.08元，比上年增加1.01元，增长1.3%。同时财政占比除了2020年受疫情有所下降，在2011—2019年整体支出占比逐年增长。[①]国家对旅游业的重视，直接为旅游文化产业的快速增长提供了强大助力。

我国居民生活水平的不断提升，居民参与旅游活动的欲望及支付能力均不断增强，加上交通设施便利，人们潜在的旅游需求正不断地转化为现实的、有效的旅游需求。根据中国文化与旅游部，国家统计局以及华经产业研究院整理的数据，截至2021年前三季度，随着旅游产业逐步回暖，就人均旅游消费情况而言，我国人均每次旅游消费879.68元，比2020年同期增长17.5%。[②]观察2015—2019年的数据，随着人均可支配收入的持续增长，我国国民人均旅游消费也在逐年上升，自2015—2019年实现了10%的增长。而旅游文创产品作为旅游消费中重要的一环，也随着人们旅游消费能力的提升不断发展。

① 2021年中国旅游产业整体现状分析，疫情后市场恢复不及预期「图」[EB/OL].(2022-02-25).https://www.163.com/dy/article/H12HUK7J05387IEF.html.

② 2021年中国旅游产业整体现状分析，疫情后市场恢复不及预期「图」[EB/OL].(2022-02-25).https://www.163.com/dy/article/H12HUK7J05387IEF.html.

旅游文创产品发展如火如荼，其产业发展广度、深度大幅提升，产品种类丰富，各级政府、相关企事业单位以及各大高校都积极投身壮大旅游文创产业，加深文旅融合，让旅游文创产品成为展示景区地方文化和历史文化资源的重要载体，推动文旅产业高质量发展的崭新动力。

2.地域合作，打通文旅资源，拓宽旅游文创产品发展空间

地域合作已成为旅游文创产品发展的新助力，这种模式旨在整合各地的文化资源、设计资源以及推广资源，会集文创产业人才，实现多方协同促合力的良好效果。地域合作发展模式能提升各地文化资源利用效率，丰富了文创产品的设计资源，增强了文创产品的发展活力，有效开拓了当地旅游文创产品的市场。

京津冀地区的地域合作发展模式为旅游文创产品的升级提供了可借鉴的范本。京津冀地区旅游资源丰富、技术资源集中，文创产品的发展具有一定的优势。在政策的支持下三地旅游资源优势互补，加速了地区之间各方面的交流，一体化为三地在各方面的合作提供了强劲的动力。[①]三地取长补短，对不同的文化背景、故事信息的资源链加以完善，并将其融入文创设计中。同时探寻历史文脉信息，对地区历史中的盲点加以解读，使文创产品所表达的内容更加全面。三地共同开发了多种旅游线路，对各地区的旅游资源进行有效利用。针对地方民族特色资源举办了多种特色活动，如古城花灯、民族特色过大年等。在体育赛事上，充分利用三地的冰雪资源，举办了京张高山滑雪交流赛、全国速度滑冰马拉松赛等活动。三地在顶层设计、产业交流与合作、市场要素三方面达成了共识，在人才、科技、资金等方面进行了更为高效的交流，在实践合作中寻找突破口，共同搭建了更加完整的产业体系，为文创设计的发展提供了保障。[②]

---

① 许爱萍，余桂玲．京津冀协同发展视阈下的天津文化 创意产业发展对策［J］.城市，2018（12）：3-9.

② 张海林，李冲.京津冀视域下的区域旅游文创产品发展策略［J］.包装工程，2020，41（16）：26-30.

3. 企业合作，整合优势资源，打造精品旅游文创产品

企业合作能够整合优质资源，精准掌握市场动向，易于打造本土化、特色化的知名旅游文创产品品牌，更好地传承、发扬当地特色工艺与地域文化。企业合作模式下开发生产的旅游文创产品，能有效提升旅游产业附加值，推动当地特色文化产业的进一步发展。

2018年，围绕贵州银饰产业发展，由多彩贵州文化产业集团孵化的优质本土品牌——贵州省多彩贵州贵银产业发展有限公司成立。同年，贵州"贵银"品牌与施华洛世奇集团展开合作，联合开发出以苗族古歌《蝴蝶妈妈》中的蝴蝶造型为设计灵感的"梦里蝶"系列饰品。贵州民族文化元素与施华洛世奇水晶巧妙融合的"贵银"旅游文创产品，受到了游客的广泛欢迎。①

4. 政企合作，全面提升旅游文创产能，大力拓展产业价值

政企合作是促进旅游文创产品产业化发展，助力当地文化旅游产业高质量发展的有效路径。政府充分发挥引导力，为当地企业指明方向；企业发挥能动性，为产业注入活力，两者结合能够使当地特色旅游文创产品实现品质与效益相结合，推动旅游文创产品呈产业化发展。

风靡一时的西湖文创雪糕就是杭州政企合作促进文创发展的亮眼成果。2020年，杭州西湖风景名胜区国有资本投资运营有限公司联合浙江博物文化旅游发展有限公司以及北京枯石食品，共同开发了极具杭州韵味、宋氏风雅的文创冰激凌产品。该款文创冰激凌造型别致，设计灵感来源于杭州西湖经典文化元素，能带给游客沉浸式文化旅游体验。未来，杭州西湖将持续贯彻政企合作的模式，开发生产展现杭州文化的多品种旅游文创产品，致力打造杭州特色旅游文创生态，树立西湖典范、形成西湖效应，促进杭州文创产业蓬勃发展。②

---

① 聚焦旅游产业化旅游+文创产业融合千亿"贵银"扬帆起航［EB/OL］.（2021-01-08）. https://baijiahao.baidu.com/s?id=1688310150548685781&wfr=spider&for=pc.html.

② 西湖文创棒冰2.0新款全面上市！浙博文旅携手哈根达斯文创打造西湖双网红［EB/OL］.（2022-04-30）. https://baijiahao.baidu.com/s?id=1731516550693436394.

四、旅游文创发展趋势

（一）旅游文创产品开发更注重实用性

近年来，在国内的旅游商品销售中，生活类工业品在高速增加，其在旅游购物中所占的比重也在逐年上升。在一些经济发达地区旅游时，游客购买的生活类工业品在旅游购物中的比重已高达80%。旅游文创产品开发不再将文化元素直接生搬硬套上文化元素，而是与旅游消费者的生活进行结合，审美、文化与实用并重。

（二）旅游文创与游览体验深度结合

长期以来，旅游文创销售主要是在专门的旅游购物店或普通商店的自然销售。大多数商店与旅游关联不大，更没有主动与旅游相结合。现在商店开始与“游”深度结合销售旅游商品，包括商店位置的选择，建设特色商业街、特色购物街，针对游客宣传促销，等等。这些都有力地促进了旅游文创产品的销售，使人们在旅游的时候得到方便轻松以及更加沉浸式的购物享受。尤其是商业街和商店内外旅游吸引物的出现，使旅游购物店、旅游商业街、旅游购物街呈现景点化趋势，更利于旅游文创销售。

（三）旅游文创与旅游目的地的建设同步发展

旅游目的地的主要作用包括旅游的六要素：吃、住、行、游、购、娱的服务。旅游目的地是包括旅游景区的一个完整的旅游服务系统，让游客不光是游，还要留下来，在此住、吃、玩、娱乐、购物，而旅游购物最主要的对象就是旅游文创产品。中国香港、新加坡等地都是比较成功的旅游目的地，它们将旅游中的各要素融合在一起，让游客在旅游的同时又享受了购物的乐趣。现在旅游目的地的建设逐渐被重视，突出旅游目的地特色的旅游文创产品也大量出现，两者相辅相成。

（四）文创产品与新技术的结合

科技发展让人们的生活方式及接收信息的方式得到了极大的改善，文创产品的表现方式也随之改变。当下的旅游文创产品更多基于博物馆、历史文化的实体方向，基于数字媒体技术，旅游文创产品也经历着由物质向非物质形态的转变。对于旅游文创产品的开发也需要充分考虑这一条件，物质形态下的产品也要与非物质形态的产品进行结合，通过图像、影视、音乐等形式来进行开发，同时在网络上进行形象宣传，提高其知名度，从而带动配套服务的发展，最终带动经济的发展。

第二节　文化旅游文创产品策划与设计

一、旅游文创产品策划理念

（一）依托当地特色文脉，彰显丰富文化内涵

旅游文创产品的核心就是地方文化及创新表达，其本质就是以符合时代的表达方式，贴近当下人们生活方式的形式载体，凸显当地文化丰富多彩的内涵。文化是旅游文创产品的关键支柱，缺乏文化挖掘的旅游文创产品，只能沦为现代工业化生产背景之下流水线作业工业产品。只是一味地复制，便会失去文化这一最重要的产品价值。

在开发旅游文创产品伊始就应当深入、全面地对当地特色文化、地域文化、历史文化进行调研与学习，挖掘其中的核心意义，选取最符合当下时代特色的文化元素，通过创新表达，与当今的游客、消费者实现共鸣；在满足旅游者消费、情感等各种需求的同时，让他们领略到当地的文化魅力，从而在旅游目的地和旅游者之间建立更深层次的联结。

成功的旅游文创产品除了能为旅游者提供更好的旅游体验，推动当地旅游业提质升级，更重要的是，这也是一次对当地文化“去糟粕、扬精华”的再发展过程。当地特色文化因此得以“创造性转化，创新性发展”，

借力旅游业腾飞实现当地文化价值的焕发，有力地传播了地方文化品牌形象，并且为当地文化产业发展注入了强劲动力。强化融合发展理念，把更多的文化资源转化为旅游产品，用文化增加旅游附加值，以文化要素的注入推动旅游特色化、品质化发展，为旅游高质量发展插上腾飞的翅膀。

（二）符合当下时代价值，以创新为驱动力

旅游文创产品，最重要的就是文化与创新。旅游文创产品的设计与策划，需将当下社会、当今时代的价值观凝练、转化，以巧思呈现。如果说文化是旅游文创产品的灵魂，那么时代价值就是旅游文创产品的血肉，只有文化内涵与时代精神共振，才能让消费者感受到这是来自新时代的优质文创产品，呈现其蕴含的文化价值、时代价值，彰显其蕴含的创新力量。

创新则是旅游文创产品得以茁壮成长的生命线，原创力量不容小觑，不可忽视，必须基于旅游目的地的特色文化内涵进行创新创造，使其具备独创性。千篇一律的复制没有意义，绝不是长足发展的正道，唯有坚持初心的创造，才能缔造更多可能性，将无形的文化资产转化为有形的优质文创产品。

（三）以游客需求为导向，给予旅游者良好体验

旅游文创产品作为市场经济环境下，旅游的主要消费品之一，具有商品属性，需以市场需求为导向进行开发与设计，这是旅游文创生产者的根本指导方针。目前，随着经济发展，人们消费水平提升，在消费时人们更关注体验，希望所购买的物品能满足自己的实用、情感等需求。个体的需求往往与其所处的文化环境、生活方式、消费习惯、性格特征等息息相关，但综合来看，旅游者的诸多需求总有共性特点，这便是旅游文创产品在策划与设计时需要着重考虑的。

第一，生活实用需求。对于绝大多数消费者来说，在购买商品时最基础的需求就是实用，他们关注产生购买行为的商品能否融入自己的生活，是否符合自己的生活习惯，是否能为自己的生活带来实际的便利。

第二，求新求异需求。好奇心是人的天性，人们总在追求新颖、奇特的事物，此前未见过的新奇又罕见的事物对人们来说总是有着天然的吸引力。人们也正通过对新奇事物的追求与拥有彰显自己与众不同的个性，希望通过新鲜的事物为自己的生活增添一抹别样的色彩。并且人本来就是包容的群体，接纳新奇而不同的事物能丰富人们的精神世界，让人类社会更加多元。

第三，纪念收藏需求。旅游是一个了解与自己长久以来所在地不同地方的过程，这种过程美妙却短暂，为了留住在旅游目的地的记忆与感受，人们往往倾向于以当地特色物品为载体，寄托留念；并且优质的旅游文创产品往往具有高度的凝练性，能恰到好处地彰显当地特色与文化底蕴，其本身就具备较大的收藏价值。

第四，情感需求。真正打动人的商品一定能与消费者产生强烈共鸣，满足其情感需求，能够给予其细腻、正向的情感价值。

第五，体验需求。在旅游中人总是处在不同景点的移动当中，那么旅游文创产品设计便携、不易破损就成为旅游消费者最实际的需求。

（四）坚持可持续发展，绿色环保理念贯彻始终

“绿色生态化”是旅游文创产品策划与设计中不能忽视的基本原则，其具备鲜明的当地特色，就地取材，取之于民，用之于民是最好的方式，为消费者提供了一种“回归自然”的美好感受。使用当地原材料进行设计开发是最有效率的开发方式，因地制宜，合理利用当地资源用于旅游文创生产是资源利用最大化的最优解。在开发生产过程中，切勿毫无节制、破坏生态，使用自然资源的同时不忘回馈自然、保护自然。

在旅游文创产品的设计中，注意“简约轻量化”①，不使用毫无必要的包装，将重点放在保障产品质量及设计上，而不是用奢华繁复的外壳塑造一个“金玉其外，败絮其中”的产品。

---

① 旅游文化创意产品创新设计研究［EB/OL］.（2020-08-19）. https://www.gwyoo.com/lunwen/whztlw/lvyouwenhualunwen/202008/726200.html.

二、旅游文创产品的设计原则

（一）实用性

我国古代著名的物质文化丛书《长物志》作者文震亨认为："古人制器尚用，不惜所费，故所制作极备，非若后人苟且。"日本设计大师原研哉认为"设计的落脚点侧重于社会，解决社会上多数人共同面临的问题，是设计的本质"，意思都是指人们创造器物、产品的目的都是为人所用，无论是为了满足人的物质需求还是精神需求，设计的本质就是为了解决人类的问题而提供一定的功能及作用。旅游文创产品设计的本质仍然是产品设计，在为其加入文化附加价值的过程中进行了"再设计"的过程，在这个过程中有两个目标，第一个目标是通过产品的"再设计"过程使产品发生"更好"的变化，能够在原有的基础上变得更美观、更便捷、更有趣；第二个目标是通过"再设计"过程为地方特色文化资源的可持续性作出贡献。旅游文创产品的设计，在注重给广大消费者带来感官上的享受的同时，更需要考虑产品的实用性、功能性。在产品设计载体的选择上应该考虑在景区旅游的消费者会有行李负担，需要选择便携小巧的设计材料，如马克杯、书签、笔记本、明信片等。设计师还应该充分考虑产品构造与产品包装的贴合程度，考虑存放和运输等客观条件，对产品、包装的材质、大小进行合理规划，使线下游客能感受到人性化的设计服务带来的购物乐趣，旅游文创产品设计的人性化程度越高，消费者对其关注度和购买力就越高。

（二）文化性原则

旅游文创产品的文化性原则包括两方面含义。其一，旅游文创产品设计的素材是文化资源中提取的文化元素，设计师需要把创意产品与文化的附加值融为一体，使消费者可以通过旅游文创产品去了解该文化资源的历史或特色。其二，通过文化元素的创意转化，把文化资源的文化内涵、人文气息进行提炼，旅游文创产品设计可以有趣，但不能恶俗，要让产品体现出“文雅、儒雅、风雅”之感。旅游文创产品的设计反过来也影响了旅游业，从产品上反映出的文化气息直接影响了消费者对旅游景点的印象，设计师应当注重旅游文创产品的文化性原则，即以追求高级的审美品位和表现积极的价值观为原则，为探索文创产业开发及历史文化资源的“活化”提供新的思路和借鉴价值。

（三）创新性原则

旅游文创产品设计的着重点在于创新性，创新性主要体现在三个方面；一是产品外观造型创新，二是产品功能创新，三是表现形式创新。旅游文创产品设计的创新性是解决旅游文创市场“同质化”问题的根本途径。

1. 产品外观造型的创新

要求设计师需要把地方文化资源中特色的、有形的文化元素，如建筑、服饰、饮食文化元素等通过设计手段转化成民俗、风俗、人文等无形文化并使之表现在产品上。在应用文化元素时紧紧把握旅游文创产品设计的地域性特色是产品外观造型创新的关键。另外，还要赋予旅游文创产品美的特质，利用中国传统美学理念和当代设计思路，并通过创新设计使文化元素与设计载体使旅游文创产品体现出独特的高级美感，符合当代大众的审美价值观。

2. 产品功能性的创新

要求设计师在充分考虑产品使用情景后，通过设计便利消费者的使用方式充分体现人性化设计，使旅游文创产品的设计创新与科技共进步。例如，在日常生活用品类的旅游文创产品中，有自动搅拌的马克杯、可以当作漫射台灯用的手电筒、无线蓝牙耳机等；在图文资料类的旅游文创产品中，有声读物和电子读物已经占据了市场。设计师需要选择功能性强的设计载体，并把旅游文创产品的审美价值与产品载体的功能价值巧妙地结合起来，才能让产品更受欢迎。

3.产品表现形式的创新

要求打破传统旅游商品销售情景、销售方式，在产品配件、产品包装、销售展柜的设计上下功夫，构建沉浸式的消费体验。其次，利用口碑营销建立有序、有趣的文创品牌，形成品牌设计的独立风格，发挥品牌个性。

三、旅游文创产品设计的文化内涵

（一）根基：中华传统美学

中国传统美学是中国文化艺术的精髓，对旅游文创产品设计具有普遍的影响和作用。中国的旅游文创产品设计要建立在中国美学基础之上，产品审美境界实则是体现人对生活的情感价值态度，用来彰显自我意识和个体个性。旅游文创产品设计不仅包含了对哲学、美学的理性思考，同时它也是一种感性的存在。

1.美在意象

中国传统艺术文化之美美在意象，艺术家往往在作品中投入浓厚的情感，善于直觉感悟，强调画面整体平衡和谐。南齐谢赫对中国古代绘画进行了理论总结，概括为“六法论”，即气韵生动、骨法用笔、应物象形、随类赋彩、经营位置、传移模写。其中气韵生动指的是在作画过程中要体现作品的气度韵致，表现作品的内在精神。气韵生动的线条美感在器物设计中应用广泛，中国传统器物制作讲究“宜简不宜繁”，反对器物造型过于烦冗复杂，提倡简洁圆润的自然美感。中国的木雕、玉雕的上乘之作讲究贴合原材料的自然形态、纹理，设计与材料之间要体现出浑然天成的美感，因此设计师需要通过巧妙的设计体现出中国的“韵味”。意象存在于审美活动之中，是审美对象所具有的内在气势与韵律节奏；意境是欣赏主体通过作品的形态与样式所感觉到的精神体验，李可染认为，“意境是艺术的灵魂，是客观事物精粹部分的集中，加上人的思想感情的陶冶，经过高度艺术加工，达到情景交融，借景抒情，从而表现出来的艺术境界，诗的境界。”在艺术设计过程中，要通过营造意境美来表达作品的意象美。产品设计的意境美除了体现在外观造型的形式美之中，产品的功能也反映出意境美，衡量产品功能上意境美的标准是：是否体现人本精神、是否有利于生态可持续。伦理境界是中国艺术的意境美中更高远的追求，中国古代将个人修养与社会教化融为一体，这代表了伦理秩序与艺术主体的生命追求一脉相承，中国艺术的伦理境界要求艺术创作、艺术设计必须要体现出社会进步的客观要求，传播正向价值观、审美要求、伦理道德标准。

2.象征表意

从旧石器时代开始，中华文明的雏形就诞生了，而到了原始社会时期，人们的生产生活劳动只能是“靠天吃饭”，顺应自然节气的变化，日出而作，日落而息。过去的科技水平有限，人们依靠“神明”“占卜”来预测未来、寄托希望，人们认为万物皆有灵，这种对自然的崇拜产生了原始图腾艺术。“万物有灵”是中国最早的意识文化形态，这种意识文化形态对后世产生了巨大影响，中国传统艺术文化中经常能看到动物、植物、五行等自然元素的应用，并且每种自然元素都代表了不同的含义。在古代，人们将这种意识文化形态具象化，便产生了充满神秘色彩、联想与象征的神话故事、器物设计、建筑设计等。比如在十二生肖神话故事中，每种动物形象都有不同的寓意，人们把对动物的主观意识具象成为动物的性格、灵魂，这其实是人性化的反射，而动物本身并不具备。故宫太和殿上的脊兽除了有防止脊瓦下滑的作用之外，又被认为是殿宇威严的象征，寓意消灾避祸、逢凶化吉、消除邪恶、主持公道，期盼风调雨顺、国泰民安在旅游文创产品设计中，利用这些有吉祥寓意的文化元素进行“中国式”设计，能激发民族认同感和中国消费者的文化共鸣。设计师可以根据产品使用功能的不同，赋予产品不同的寓意或主题。

在旅游文创产品设计过程中，设计师可以将传统工艺绘画技法、中国传统色彩、地方特色产品材料、传统器物形态等运用新的方式和手段加入设计中去。设计中还可以考虑包装、手卡、展示情境等方面营造产品的整体意境。在中国美学的伦理境界偏向理性、教化，与现代设计的感性有着一定的矛盾，解决矛盾的方法不是孤立伦理或感性，而是把二者结合起来。旅游文创产品设计要迎合大众的审美、伦理道德标准，这种大众化的是非、荣辱、美丑的评判标准既是消费主体的感性又是整个社会意识的形态表现，与伦理境界脱节、只一味表达设计者的技法表现和感官快感，能成为艺术，但成为不了商品。

（二）创新：当代艺术美学与设计理念

旅游文创产品必须符合当代设计审美，当传统文化变成流行文化时，对产品更新速度有了更高要求，想要长期吸引大众的目光，要密切关注当代设计的流行趋势。例如，2018年掀起的中国风插画风格，除了频频应用在各大广告、自媒体中，在旅游文创产品设计中也成为设计师们偏爱的风格，其应用在笔记本、日历、手机壳等平面类旅游文创产品中最多。随着科技的不断进步，通过软件绘制的平面设计如2.5D插画、3D插画、扁平设计、合成技术也在旅游文创产品设计中有所应用。

旅游文创产品设计风格的归宿应该是情感化设计，强调产品能够为消费者带来心理上的愉悦感。情感化设计的三个层次分别是：本能层次、行为层次、反思层次。本能层次是消费者对产品感官上的感受，情感化设计要求产品能够在感官上给消费者带来愉悦感，如外观造型、色彩搭配、触觉感受。行为层次是消费者在使用过程中对产品产生的感受，即是否能够高效便捷地帮助消费者解决问题使其产生愉悦感。反思层次是消费者接触产品时心理产生的变化，能否在一定程度上满足消费者的生活情趣、彰显消费者的个人品位，能否引起消费者文化共鸣、情感回忆。

在设计旅游文创产品时，要实时关注流行文化；减少不必要的设计元素，追求简约设计；针对不同的消费群体，在情感化设计的不同层次上进行量身定制。

（三）本土：旅游目的地地域特色文化

地方特色文化是旅游文创产品设计的核心竞争力，将本民族特色文化融入产品中再引入市场，能够鼓励大众参与文化的保护性开发和传承。通过观察本土文化特征，分析本土文化内涵，使其成为本土文化基因遗传给下一代。民族文化基因的外在表现就是该民族散发出的精神气质，把握好地方文化的精神气质就是确定了旅游文创产品设计风格的大基调。

1.全面了解地域文化

首先设计者要对当地特色文化有全面的了解与整体的把控，才能更好地对当地文化进行开发和传承。由于历史、环境的不同，每个地方的文化呈现的精神气质也有所差异。苏州城的文化精神就是静谧古朴、柔婉秀美；北京城的文化精神重在凸显雍容大气、精致华贵，了解地方的文化精神才能更准确地概括设计元素，在使用设计元素时也能更加准确。例如，在开发北京旅游文创产品时，可以使用对称式的构图、色彩鲜明的颜色搭配、饱满的元素排列方式增强旅游文创产品的整体气势，表现北京文化华丽大气的精神气质。①

2.精准归纳地方文化元素

地方特色文化通常与本地区的宗教、历史息息相关，旅游文创产品虽然是商品，但同时也要对文化资源进行保护性开发。当地文化部门应该对本土文化进行收集梳理归纳，把文化资源依据文化价值、利用价值分为文化典藏类、传承保护类、设计开发类等类别，将归纳好的文化资源通过网络数据平台进行资源共享，可供民间设计师加以利用设计，实现大众创新，最大程度地调动起群众和文化资源的互动性，有利于本地文化的保护传承。

3.建立文化自觉意识

中国的历史文化深厚绵长，但并不代表所有的中国文化都是优秀文

① 汪慧娴.北京旅游文创产品的设计研究［D］.北京：北京建筑大学，2020.

化，比如封建迷信思想，它与民风民俗绝不是一个旅游文创产品设计的本土文化基因。地方特色文化是旅游文创产品设计的核心竞争力，将本民族特色文化融入产品中再引入市场，能够鼓励大众参与文化的保护性开发和传承。通过观察本土文化特征，分析本土文化内涵，使其成为本土文化基因遗传给下一代。民族文化基因的外在表现就是该民族散发出的精神气质，把握好地方文化的精神气质就是确定了旅游文创产品设计风格的大基调。

四、旅游文创产品设计中文化的创造性转化

文化元素在旅游文创产品设计中的创意转化方式有具象转化、抽象转化两种。具象转化是对文化元素筛选过后，进行直接提取应用的创意转化方式。抽象转化是设计师对文化内涵进行解读后，通过创意设计手法将内在的文化意境传达出来，有时这两种方式也可同时应用于旅游文创产品设计。

（一）具象转化：筛选、提炼文化元素

具象转化是把客观、具象存在的文化元素应用设计到旅游文创产品中去的过程。中国文化博大精深，文化元素大多数源自大自然和生活中，与人民生活息息相关，因此具象转化在设计表现上更具有亲和力，并且能直观地看出设计师的设计意图。

在生活中，文化元素常常以实体、客观的方式存在，比如剪纸、书法、园林、各类文物古迹等，每种文化元素都有独特的象征意义，蕴含无数的故事、情感。但是文化元素要被应用到艺术创意设计中，还需要设计师对其进行梳理归纳并提取出可供设计的元素符号，才可以很好地传达地方特色文化风格，提升产品的文化内涵。

旅游文创产品具象转化的设计方法可以使用拼贴、截取等方式把已经存在的文化艺术元素应用到旅游文创产品设计当中去，或者使用手绘、雕

塑、三维建模等方式把具体的建筑、物象创意艺术化处理后再应用到设计中。经过创意艺术化处理后的文化元素受制于物象自然形态制约，呈现出客观、真实、具体的画面感，反映着具有普遍现实意义和广泛联想的审美价值观。拼贴、截取是将某种文化的象征性符号直接转移到另外的物体上的行为，它是一种外在表现形式，这里的象征性符号包括但不限于肉眼能观察到的文化元素，还包括色彩搭配、材料选取以及技法工艺等。

（二）抽象转化：表现内在文化精神

文化内涵与文化意识形态是抽象的，包括人民精神信仰和价值观念，是具体的生活方式和行为习惯的客观反映。好的旅游文创产品传达的文化内涵与社会意识、人民精神信仰应该是保持一致的。旅游文创产品的抽象转化要求设计师通过恰到好处的设计、富有创意的使用方式，引导或改变人们的生活方式和行为习惯。

旅游文创产品设计的抽象转化要把抽象的文化内涵具象化，这种具象不是直接具象，而是在文化的熏陶下，设计师通过对文化的理解把某种生活方式和行为习惯作为创意设计目标，再通过自己的设计把目标具象地表现出来。经过抽象转化后，旅游文创产品设计的价值将在消费者每次使用产品时得以体现，让消费者在每次使用过程中体验到文化的内涵和深度，使产品从内在散发魅力。

旅游文创产品的抽象转化的具体设计方法可以通过比拟、谐音、虚构等方法将某文化主题中无形的概念、思想寓意创意转化到实际的产品中去。在旅游文创产品的抽象转化设计中，设计师将借由产品所传达的抽象讯息，具象转化成某一种设计元素并融入产品中，让消费者凭借产品外观造型、产品使用方式、使用感受从而得知旅游文创产品所要传达的信息。换句话说，通过抽象转化设计出的旅游文创产品在功能属性、材料属性、组成结构、来源背景中所体现出的风格、内涵、品位、美感等都应与文化主题密不可分，产品给人的整体意象与感受应与文化主题相和谐。

第三节　文化旅游文创产品开发优化路径

一、依托文化资源创新 优化旅游文创开发

（一）立足当地文化资源，深度挖掘精神内核

竞争战略之父迈克尔·波特说过："基于文化的优势是最根本的、最难以替代和模仿的、最持久的和最核心的竞争优势。"推动旅游业实现由"大"到"强"的跨越，其优势已然不仅仅在于当地的景色，更重要的是当地特色的风土人情与历史人文，推动文化资源与旅游资源的深度融合，能够为当地旅游业注入崭新活力，焕发别样魅力。文化旅游产创产品，其根基及源泉就在于这"文化"二字。有人的地方就有文化，文化孕育带有地方特色的习俗、节日，文化浸润当地色彩的语言、文字，文化塑造着当地独有的建筑、风物。文化带着或潜移默化或震撼人心的力量感动、影响着一代又一代来此游历的旅客，构筑起游客心目中最难以磨灭的印象与记忆。文化是宝贵的资源与财富，是文创产品滋生的土壤。

优质旅游文创产品的开发必须充分了解当地文化发展脉络，深入发掘文化精神内核，精准归纳核心文化元素，"取其精华，去其糟粕"，与当下的价值观融合起来，突显传统文化、地域文化的时代价值。流于表面的纯文化元素也许能给人一时的新奇体验，但无法予人深刻的印象与情感碰撞，只能沦为没有灵魂的空壳。因此，必须为文化产品注入精神力量，使其能够在日常生活中为人们带来感动、带来激励，实现情感共鸣与精神共振。

（二）充分调研市场需求，满足并引领消费者

成功的文化创意产品因其文化性、创意性以及与消费者日常生活的巧

妙结合总是能在短期内吸引较多关注，形成一股独特的文化风潮，从而实现高影响及高利润。一个成功案例的崛起，往往会引起市场的关注，开发者趋之若鹜纷纷开始效仿，一时间各种文创产品频出，好不热闹。但实际上，快速且大规模的扩张背后是开发者的急功近利和盲目、盲从，只看到成功案例带来的利润，却忽视了成功的原因与积淀，可谓是本末倒置，可笑可叹。一个合格的产品诞生伊始，必然要经过充分的市场调研，了解市场需求、产业发展概况，掌握消费者的喜好与习惯，才能明确一款产品的设计思路、依托的文化资源以及产品定位。

其中，消费者研究尤为重要，开发者应当站在消费者的角度进行分析，充分考虑消费者的人群特点、兴趣爱好、生活方式，才能打磨出打动消费者的优秀产品。同时，一个有远见、有思想的开发团队不应仅仅满足消费者的需求，甚至可以开发消费者的需求，引领消费者的需求，让产品及其理念为消费者提供更积极、健康、有趣的生活方式选择，让消费者能更好地享受优质产品为他们带来的生活美学。

（三）创意开发原创设计，保障品质精益求精

文化创意产品承载文化精神内涵的同时，更要凸显出创新能力。旅游文创产品的创新以当地地域、历史文化资源为基础，融合时代特色，是兼具历史性与时代性、知识性与通俗性、思想性与观赏性的优质文化产品。旅游文创产品的开发设计离不开原创力量，要对当地的文化资源进行充分掌握之后，挖掘其中现代人生活方式的元素，归纳与现代人价值观相契合的文化精神，通过“旧元素的新组合”实现创新表达。旅游文创产品的创新需要大量的调研工作基础以及长时间的灵感碰撞，既不是对爆款的盲目跟风与复制，也不是对某一图案元素进行机械贴图。

旅游文创产品作为产品，具有商品属性，保障质量是重中之重。在把住文化关、创意关的同时，不能忽略品质的控制。旅游文创产品发展前期，行业注重拓展速度的同时质量把关就难免会不到位，常常出现质量

差、货不对板甚至假冒伪劣的乱象。忽视质量会给旅游文创产业的发展带来巨大打击，只有注重细节，严控质量才能带来健康发展。

（四）依托多元科技力量，丰富文创产品表达

随着科技的不断发展，人们的文化生活也受到了巨大的影响，科技的应用不断丰富着文化的表达，文化与科技越来越呈现出深度融合发展的态势。而两者的融合也为旅游文创产业的转型提供了源泉，为其高质量发展带来了新的助推。近年来，AI、VR、数字化等新技术在旅游文创行业被广泛运用，多元科技力量被注入旅游文创产品的开发与设计中，让文创之中的文化精神内涵更有触感，让人们借助技术的力量贴近感受特色历史文化、地域文化的魅力，无限丰富着旅游文创产品的表达。科技创新让旅游文创产品内容创意升级的同时，强化了文创产品的传播效果，拓宽了文创产品的大众认知度，进一步打破了接受门槛，让文化创意获得广泛群众的认可，更好地让科技应用赋能景区以及地域名片，并促进文创项目的商业化、市场化以及产业化，推动旅游文创行业发展进步。

二、整合优势资源　助力文创营销

（一）打造优质文化IP，扩大文旅文创影响力

IP，是一种文化之间的相互融合，具有高辨识度、高流量、强变现的独特优势。近年来，随着文旅融合发展的不断深化，IP也延伸到了旅游文创行业这一领域。文旅文创以旅游目的地知名景点的特色文化以及独特元素为基础，本就自带强IP属性，例如故宫博物院的“故宫猫”、苏州博物馆的“吴门四家”、敦煌研究院的“飞天”、陕西历史博物馆的“唐妞”等都是人们耳熟能详的文化IP，并收获广泛好评。以这些IP为核心设计开发的一系列文创产品趣味地凸显了文化性，并且还极具二次开发的旺盛生命力，它们就像健壮的根系，能够滋生出一个丰富的文创生态。

文创IP的打造依旧是以文化为根基，并不仅仅是从历史文物中简单

归纳总结出一个形象或是概念，而是以具象化的载体作为精神和感情的寄托，呼应现代人的价值呼唤。旅游文创IP通过现代人更能乐于接受的呈现方式，体现了博大精深的中华文化、精彩绝伦的当地文化，又与人们的生活息息相关，对游客有着极强的吸引力，对旅游文创产业的发展有着极大的助推力。优质文创IP以其故事性及创意性赋予文创产品场景性、体验性以及适配性，增强文旅文创在消费者心目中的深刻印象，从而拓展其未来发展空间，扩大其影响力。

（二）创造特色文创品牌，走品牌化发展道路

旅游文创产品走品牌化发展道路理念具有重要意义。品牌化能有效帮助旅游文创产品进行身份识别，通过形象化、具体化、视觉化的符号传播，在消费者心目中建立明确的定位，让品牌内容更清晰，从而让消费者对品牌产生正向积极的情感联想，激发起消费者的消费欲望。在进行旅游文创产品的开发设计时，需要将品牌化发展理念作为景区文化、地域文化建设的核心内容，依托当地特色文化资源，让文化元素在当代社会得到应用和体现，从而为当地特色旅游文创产品品牌塑造良好的品牌形象，全面升级品牌的价值观念。并且，在打造旅游文创品牌时，应当注重凸显品牌差异性、独特性，并以此开展一系列营销活动，巩固品牌形象，增强品牌生命力，提升旅游文创品牌价值。

三、助力文创企业 完善版权保护

（一）完善综合服务体系，助力文创企业壮大

旅游文创行业的持续发展离不开综合的服务体系支撑。政府应当针对旅游文创行业优化财政支持结构，完善专项资金管理机制，积极创新文化创意产业投融资服务体系，搭建“政、银、企”和“政、投、企”合作平台，进一步激发市场活力，通过设立文创专项资金、建立投融资专营机构、搭建投融资服务平台等措施，建立起一套立体、全面的综合性投融资服务体

系，为文创企业提供助力，促进发展。良好的信用和信誉是其获得社会资助渠道的重要筛选机制，应当加快构建以信用体系为核心的市场建设，促进文创产业合作共赢。

在我国鼓励“双创”和网络环境的文化创作实践中，要通过资本置换、地产开发、投融资合作等方式，不断推动旅游文创行业升级，同时配合以下几点建议：一是保险为行业保驾护航，保险公司可以开发更多适合文化创意产业的新险种；二是需要商业银行提高其资金配置效率、控制风险的能力；三是加大对文化企业的税收优惠，增加文化业务内源融资的能力，如此便于促进一些中小文化创意公司抱团取暖，形成产业联盟，带来更加持续健康的发展。①

（二）完善版权保护机制，切实保护旅游文创产品知识产权

旅游文创产品，是基于旅游目的地特色文化资源，由研究人员及开发团队，对景点、文物背后的文化精神、历史价值进行挖掘和凝练，并通过有创意的形式进行表达。在进行文创开发时所用的这些元素与当地文化资源有千丝万缕的关系，传递并表达着特定的文化意蕴。它们被视为文创开发的核心，是创作的主要灵感，并且加入设计者、开发者的巧思，通过二次创造，以文创产品的形式呈现出来。

旅游文创产品的开发过程具备创新性，开发团队为此付出了创造性劳动和一定的开发成本，是凝聚了智慧的创新成果，理应得到尊重，并受到妥善的保护。如果旅游文创知识产权无法得到相应的保护，那么具有巨大商业价值的文创将被其他市场经营者免费使用甚至仿冒，这会大大伤害旅游文创知识产权的开发积极性。并且其他市场经营者生产的产品无法保障质量，这也是对消费者权益的侵害。更重要的是，这将对当地文化产业产生巨大的负面影响。当当地文化资源以及创新成果符合知识产权客体的法定要求时，可以受到法律保护。因此，应该提高知识产权意识，重视文创

① 文创产品如何让文化“活”起来？［EB/OL］.（2020-12-04）. http://www.360doc.com/content/20/1204/18/72760306_949508781.shtml.

知识产权的保护，对旅游文创的商标权、著作权、专利权、域名权、名称权进行保护，进而激发文创工作的创作热情，开发出更多既能彰显文化魅力又符合时代特色的优质文创产品，为文创产业的提质升级助力。

旅游文创产品开发主体应当构建起知识产权管理体系，主动对工作人员进行知识产权的相关培训，及时、全面地对文创产品进行版权登记。在进行文创知识产权开发时，如有与外部机构或外来人员进行合作或是授权情况的，应提前就专利人和发明人的版权归属问题作出具体而详细的约定，避免后续产生专利、版权纠纷，导致利益受损。此外，还应对合作生产的厂家、企业进行知识产权的普及，加深其对文创产品权属主体、客体、权利范围的认知。成立专门的知识产权管理部门，吸纳专业人才团队进行运营，如此可以对旅游文创知识产权的保护起到整体的把控作用。

另外，应当建立旅游文创产品知识产权法律保护体系，在打击侵权方面，应当坚持“零容忍”的态度，组建优秀的维权队伍，聘请专业的律师团队，对侵权行为进行快速有力的打击。

第四节　案例分析

河南博物馆“考古盲盒”引发文创热，“动态文创”增加文创体验沉浸感

2020年底，河南博物馆推出的“失传的宝物”系列考古盲盒文创产品，这款匠心独运的文创产品一经问世，其设计创新性、使用趣味性便收获行业内外广泛的关注，社交平台上涌现出大批“考古挖宝”体验分享以及使用攻略探讨。并且“考古盲盒”也切切实实地受到了市场的青睐，考古盲盒每每发售总是在极短的时间内受到消费者抢购，引发了一场盲盒文

创热潮。

一、文创基本情况

河南博物馆的“考古盲盒”将当下在年轻群体中流行的“盲盒”概念和文物文创产品相融合，其外观就是一块毫不起眼的土块，然而其中暗藏玄机，土中埋藏着青铜器、铜佛、银牌、元宝、铜鉴等微缩文物。“考古盲盒”推出了不同等级的产品，不同的等级对应着文物的大小以及考古的难易程度，分别有传说级别、传承级别和史诗级别，而由于文物被隐藏在土块中，挖到什么文物全凭玩家的运气，这也是为了模拟考古的未知性。玩家需要使用“迷你洛阳铲”以及毛刷等工具，对土块中的文物进行挖掘。文物伴随着玩家的动作逐渐显露，如此沉浸式的考古体验和有趣的开盲盒体验让玩家轻松获得高参与度带来的喜悦与成就，也让这款创意极强的考古文物文创产品给人们留下了深刻的印象。

玩家通过具有极高参与感的挖掘，既对考古有了初步的认识并产生兴趣，又重新认识了文物及其背后的故事。而河南博物馆以及“十二生肖兽首印章”“大将军虎符”“武则天金简”“杜岭方鼎”等诸多著名文物也因为这款考古盲盒的成功受到了更多关注。

二、文创设计思路

1.考古与盲盒巧妙结合，打造高参与度动态文创

近年来，随着国人文化自觉与文化自信的树立，人们对我国优秀传统文化以及特色地域文化关注度逐渐提升。而《国家宝藏》《探索·发现》等文化类综艺、纪录片的热播无疑加深了大众对文物、考古的认知，并增加了大众对这一领域的兴趣。考古过程中的不确定性、待发掘文物的未知性以其独特魅力不断吸引着人们。而盲盒则是近年在年轻群体中备受青睐的潮流玩具，拆盲盒所获得玩具款式的不确定性是其最大的特色

与魅力。河南博物馆的文创开发团队把握到了考古与拆盲盒的共性，并精准提取了两个最为关键的要点：不确定性与参与感，将考古与盲盒进行了极具创新的结合。开发团队由此设计了考古盲盒这一不再是静态、孤立的“动态文创”。所谓动态，就是指玩家需要深度参与其中，通过各种互动获得的文创产品。玩家在进行考古获取盲盒时，能够充分体验到发现文物的惊喜、模拟考古工作的代入感以及最终获得文物的满足感，精确触达年轻人的好奇心、求知欲。“动态文创”也成为河南博物馆文创开发的主要路线，文物修复盲盒、传拓文物盲盒陆续问世，依旧是沉浸感十足。

2. 创意赋能活化文物资源，文化内涵引发大众兴趣

河南博物馆考古盲盒以其沉浸式极强的体验、新奇有趣的玩法彰显了一次令人叹为观止的创意。“盲盒+考古”的创新让馆藏的文物资源、当地的人文历史以及文化元素不再只是单调、孤立地呈现在橱窗内的展品，而是变得生活、具体、鲜活了。考古盲盒的创新是设计思路、文化理念的创新，它将形式与功能进行了精巧结合。并且玩家在开盲盒的过程中，由于付出了更多的时间和精力才能获得最终的文物，也会让玩家将更多注意力放在文物本身；再加上生动的文物介绍，文化传播的目的被潜移默化地实现，玩家也对文物故事以及考古产生了浓厚兴趣。

3. 趣味文创融入年轻群体，实用产品贴近日常生活

河南博物馆文创产品设计团队与各高校、各设计机构展开合作，广泛吸纳年轻的90后、00后设计、策划人才，为团队注入新鲜血液，为文创设计工作带来灵动活力。目前购买文创产品的消费者中年轻人比重较高，而同样年轻的设计师则更了解年轻人的喜好、审美，更能掌握年轻群体的生活习惯和消费习惯。因此设计团队才能精准触达年轻市场，开发设计出年轻人喜爱的文创产品。并且，设计团队在进行文创开发时非常注重产品的实用性，他们希望“河博文创”能够真正在生活中陪伴消费者，融入使用者的日常生活，让人在生活中潜移默化地感受到文化之美。

三、文创营销路径

1.线下营销活动助力文创走进生活

2021年7月，河南博物院首次将文创特展“搬”进购物场景，在郑州二七万达广场举办“探见博物馆之旅——河南博物院‘失传的宝物’考古盲盒互动展”。2021年11月，河南博物院将复刻文物与考古盲盒搬进郑州市市井文化主题街区“郑州1948”，打造“嗨！国宝”考古盲盒主题展馆，通过考古盲盒挖掘郑州文化的内驱力量。此外，“失传的宝物”系列考古盲盒先后入驻TOPTOY亚洲潮玩集合店和加拿大大型商超，在大洋彼岸也拥有了一批“忠实粉丝”。[①]河南博物院展开了丰富的线下营销活动，让人们近距离亲身感受了考古盲盒文创的趣味与传统文化的魅力，充分发挥产品文化潮玩的特性，让文创真正走入了生活。

2.联名策划扩大文创文化影响力

河南博物院“考古盲盒”受到广泛关注后，与许多品牌陆续达成联名合作。豫博文创依托考古盲盒系列产品，先后与腾讯视频、百度百科、万达、支付宝、鸿星尔克、凯迪拉克、联想等品牌达成合作。以百度百科为例，河南博物院和百度百科合作推出了“百度百科款联名盲盒”，并且在国际博物馆日当天发起直播，邀请知名主播与博物院讲解员带观众云游河南博物院，分享多个镇馆之宝背后的故事。这种合作模式是对文创产品和互联网直播模式的创新，探索吸引大众了解历史文化，也利用科技力量切实增强了文创的文化影响力。

3.举办文创设计赛事吸纳新兴设计人才

河南博物院每年都会举办文创设计大赛，重点邀请高校学生参与，从中遴选优质设计投入生产，并且永久保留作者署名权。被选中的作品经生产投入市场进行售卖后，设计者还能持续从中获得收益。这种形式不仅能

① 河南博物院“失传的宝物”系列旅游产品：文物文创体验更沉浸［EB/OL］.（2022-05-06）. https://www.sohu.com/a/544224079_120006290.

有效选出优秀的设计，还能切实保障设计者权益，并且鼓励更多年轻设计者了解文创设计行业，投身其中进行创作，真正实现薪火相传，为当地文创产业积累新兴人才资源。

后　记

近年来，文化旅游融合迅速发展。党的二十大报告提出“要坚持以文塑旅、以旅彰文，推进文化和旅游深度融合发展”重要精神论述，进一步推动了文化旅游向更广范围、更深层次、更高水平融合、发展和提升。

本书将“文化旅游融合”作为根本的设计维度和写作逻辑，聚焦传统文旅融合业态、文化旅游新业态、全域旅游、智慧文旅等领域，结合相关案例，力图系统完整、深入浅出、生动具体地介绍文旅项目策划管理的基本方法，为区域文旅创新发展提供思路。

本书不仅可作为高等院校文化产业专业、旅游专业的学习资料，也可为从事文化旅游经营管理以及理论研究的人员提供业务和理论的借鉴和参考。

写作过程中，笔者主导各章节的写作，王孟璟具体指导实施全书的统筹、写作和修改。各章节分工具体如下：

第一章　王孟璟（河北金融学院管理学院教师）

第二章　张树锋（山西传媒学院副教授，中国传媒大学文化产业管理学院2021级博士研究生）

第三章　夏紫芸（中国传媒大学文化产业管理学院2020级硕士研究生）

第四章　殷瑞东（中国传媒大学文化产业管理学院2021级硕士研究生）

第五章　高诗涵（中国传媒大学文化产业管理学院2021级硕士研究生）

第六章　杨珊（中国传媒大学文化产业管理学院2020级硕士研究生）

第七章　张彦杰（中国传媒大学文化产业管理学院2019级硕士研究生）

第八章　裴文卿（中国传媒大学文化产业管理学院2020级硕士研究生）

第九章　徐已然（中国传媒大学文化产业管理学院2021级硕士研究生）

第十章　王孟璟（河北金融学院管理学院教师）

第十一章　朱盈静（中国传媒大学文化产业管理学院2021级硕士研究生）

第十二章　敖甜甜（中国传媒大学文化产业管理学院2020级硕士研究生）

以下同学也参与了本书的资料搜集、调研讨论和书稿修改等工作：

辛月（西安工程大学新媒体艺术学院2019级硕士研究生）

赵航玉（四川传媒学院电影电视学院2018级本科生）

柏合（中南财经政法大学中韩新媒体学院2020级本科生）。

本书写作过程中借鉴、吸收了许多专家、学者和一线从业者的相关优秀成果，也得到了众多师友和同人的支持和帮助，在此向各位人士表示衷心感谢。

因时间仓促、水平浅陋，书中肯定存在不足之处，敬请专家和读者批评指正。

靳斌

2022年10月